民法典

婚姻家庭编继承编案例与实务

Case Study & Practice of
Marriage Family and Inheritance Parts of

Civil Code

广和龙律师民商事团队 编著

法律出版社
LAW PRESS·CHINA
北京

图书在版编目(CIP)数据

民法典婚姻家庭编继承编案例与实务 / 广和龙律师民商事团队编著. -- 北京 : 法律出版社, 2022
ISBN 978 - 7 - 5197 - 6449 - 4

Ⅰ. ①民… Ⅱ. ①广… Ⅲ. ①婚姻法 - 案例 - 中国②继承法 - 案例 - 中国 Ⅳ. ①D923.905②D923.55

中国版本图书馆 CIP 数据核字(2022)第 030125 号

民法典婚姻家庭编继承编案例与实务
MINFADIAN HUNYIN JIATINGBIAN JICHENGBIAN ANLI YU SHIWU

广和龙律师民商事团队 编著

责任编辑 朱轶佳
装帧设计 李 瞻

出版发行 法律出版社
编辑统筹 司法实务出版分社
责任校对 王 丰 郭艳萍
责任印制 胡晓雅
经 销 新华书店

开本 710 毫米×1000 毫米 1/16
印张 24.5 **字数** 452 千
版本 2022 年 1 月第 1 版
印次 2022 年 1 月第 1 次印刷
印刷 三河市兴达印务有限公司

地址:北京市丰台区莲花池西里 7 号(100073)
网址:www.lawpress.com.cn
投稿邮箱:info@lawpress.com.cn
举报盗版邮箱:jbwq@lawpress.com.cn
销售电话:010 - 83938349
客服电话:010 - 83938350
咨询电话:010 - 63939796

书号:ISBN 978 - 7 - 5197 - 6449 - 4
定价:88.00 元

凡购买本社图书,如有印装错误,我社负责退换。电话:010 - 83938349

《民法典婚姻家庭编继承编案例与实务》
编辑委员会

序

《民法典》是中华人民共和国成立以来第一部以“法典”命名的法律,具有里程碑意义,对于规范民事领域的社会经济活动、健全民事法律秩序具有重要指引作用。《民法典》全文共1260条,包括总则编、物权编、合同编、人格权编、婚姻家庭编、继承编、侵权责任编和附则,在原有单行法律的基础上编订纂修、系统整合而成,并结合社会发展需要,对部分规定进行了增删、修改,以便条文内容更加精简、准确。

《民法典》的内容如此丰富,体量如此庞大,限于篇幅,本书仅从其中与人们日常生活联系最密切的婚姻家庭编和继承编入手。婚姻家庭制度是规范夫妻关系、家庭关系的基本准则,继承制度是关于自然人死亡后财富传承的基本制度。随着人民群众生活水平的不断提高和思想观念的不断开放,个人和家庭拥有的财产数量持续增加、财产行使方式日益多样、离婚率居高不下,同时人们的法律意识逐渐增强,因婚姻家庭和继承问题引发的纠纷也越来越多。本书按照《民法典》婚姻家庭编和继承编章节顺序进行写作,根据婚姻家庭编新增确立的夫妻共债共签原则、限缩无效婚姻的范围、婚姻登记机关办理离婚一个月冷静期的规定,以及继承编增加打印遗嘱、录像遗嘱形式,取消公证遗嘱的优先效力等,总结出具有代表性的法律实务热点、难点、疑点问题,结合《民法典》配套司法解释以及《中华人民共和国民法典婚姻家庭编继承编理解与适用》,并联系相关案例进行分析和解读。

本书引用的案例均源于中国裁判文书网、中国普法网或各大法院公布的典型案例,其中若是来自中国裁判文书网则未特做说明。每个实务问题中尽可能选用《民法典》实施后的案例,但由于《民法典》实施时间不长,部分实务问题未能找到适用《民法典》作为裁判依据的案例,故选择了虽于《民法典》实施前公布但相关规定未做修改,裁判观点仍可适用的案例,对于案例中适用法律已失效或已有修改的,笔者团队均在提及相关法律规定时标注说明,并在脚注或律师小结中作出相应说明。律师观点、法律依据、律师小结部分都以《民法典》实施后的最新规定进行分析和解读。

在对每个实务问题进行分析时,笔者团队尽量做到表述通俗易懂,以便更易于理解，旨在解决大多数人在社会生活中面临的相关法律问题和困惑。笔者团队亦希望能借由本书，引导大众知法懂法守法，形成遇事找法找律师的习惯，认识到《民法典》是保护自身合法权益的法典，减少法律风险；践行和弘扬社会主义核心价值观，维护社会公平正义，增进人民的福祉。

广和龙律师民商事团队

2021 年 10 月

法律文件名称对照表

文件名称	施行日期	发文字号	简称
《最高人民法院关于适用〈中华人民共和国民法典〉婚姻家庭编的解释(一)》	2021年1月1日	法释〔2020〕22号	《民法典婚姻家庭编解释(一)》
《最高人民法院关于人民法院审理未办结婚登记而以夫妻名义同居生活案件的若干意见》	1989年12月13日	法(民)发〔1989〕38号	《未办结婚登记而以夫妻名义同居生活案件意见》(于2021年1月1日失效)
《最高人民法院关于适用〈中华人民共和国民事诉讼法〉的解释》	2015年2月4日	法释〔2015〕5号	《民事诉讼法解释》(于2020年12月23日修正)
《最高人民法院关于审理人身损害赔偿案件适用法律若干问题的解释》	2004年5月1日	法释〔2003〕20号	《人身损害赔偿案件解释》(于2020年12月23日修正)
《最高人民法院关于确定民事侵权精神损害赔偿责任若干问题的解释》	2001年3月10日	法释〔2001〕7号	《民事侵权精神损害赔偿责任解释》(于2020年12月23日修正)
《最高人民法院关于适用〈中华人民共和国婚姻法〉若干问题的解释(一)》	2001年12月27日	法释〔2001〕30号	《婚姻法解释(一)》(于2021年1月1日失效)
《最高人民法院关于适用〈中华人民共和国婚姻法〉若干问题的解释(二)》	2004年4月1日	法释〔2003〕19号	《婚姻法解释(二)》(于2021年1月1日失效)
《最高人民法院关于适用〈中华人民共和国婚姻法〉若干问题的解释(三)》	2011年8月13日	法释〔2011〕18号	《婚姻法解释(三)》(于2021年1月1日失效)

续表

文件名称	施行日期	发文字号	简称
《最高人民法院关于适用〈中华人民共和国民法典〉时间效力的若干规定》	2021 年 1 月 1 日	法释〔2020〕15 号	《民法典时间效力规定》
《最高人民法院关于审理民间借贷案件适用法律若干问题的规定》	2015 年 9 月 1 日	法释〔2015〕18 号	《民间借贷案件规定》（于 2020 年 12 月 23 日第二次修正）
《最高人民法院关于审理涉及夫妻债务纠纷案件适用法律有关问题的解释》	2018 年 1 月 18 日	法释〔2018〕2 号	《夫妻债务纠纷案件解释》（于 2021 年 1 月 1 日失效）
《最高人民法院关于适用〈中华人民共和国民法典〉继承编的解释（一）》	2021 年 1 月 1 日	法释〔2020〕23 号	《民法典继承编解释（一）》
《最高人民法院关于审理涉及农村土地承包纠纷案件适用法律问题的解释》	2005 年 9 月 1 日	法释〔2005〕6 号	《农村土地承包纠纷案件解释》（于 2020 年 12 月 23 日修正）
《最高人民法院关于贯彻执行〈中华人民共和国继承法〉若干问题的意见》	1985 年 9 月 11 日	法（民）发〔1985〕22 号	《继承法意见》（于 2021 年 1 月 1 日失效）
《最高人民法院关于民事诉讼证据的若干规定》	2002 年 4 月 1 日	法释〔2001〕33 号	《民事诉讼证据规定》（于 2019 年 10 月 14 日修正）

目　　录

第一编　婚姻家庭

第二编 | 继　承

第一编

婚姻家庭

第一章　一般规定

一、遭遇家庭暴力，如何通过法律途径保护自己？

（一）律师观点

家庭暴力，是指家庭成员之间以殴打、捆绑、残害、限制人身自由以及经常性谩骂、恐吓等方式实施的身体、精神等侵害行为，主要包括肉体摧残、精神迫害、性虐待、虐待体罚以及经济虐待，如剥夺生活必需品、遗弃家庭成员等。当前，家庭暴力出现率居高不下，妇女和儿童是家庭暴力的主要受害者，有些中老年人、残疾人等弱势群体或其他少数男性也可能成为家庭暴力的受害者。家庭暴力轻则造成身体疼痛和精神痛苦，严重者甚至会造成重伤、死亡的结果。

家庭暴力发生于家庭成员之间，而《民法典》首次明确规定了家庭成员的范围，包括配偶、父母、子女以及其他共同生活的近亲属。《民法典》规定的家庭成员，当然是《反家庭暴力法》所保护的对象。家庭成员之间，如一方以殴打、捆绑、残害、限制人身自由等暴力手段，对其他成员实施身体、精神等侵害行为，就可以认定为家庭暴力，不再要求造成一定伤害后果，即以《反家庭暴力法》中对“家庭暴力”的定义为准，这体现了国家在法律层面上对家庭暴力坚决说“不”的鲜明价值导向。实施家庭暴力的，受害者可以要求其承担损害赔偿的民事责任；构成违反治安管理行为的，依法给予治安管理处罚；构成犯罪的，如暴力干涉婚姻自由罪、虐待罪、故意伤害罪、故意杀人罪、侮辱罪等，则应依法追究其刑事责任。

遭遇家庭暴力时，受害者首先要做的是及时报警，或者向所在单位、居（村）民委员会、妇女联合会等单位投诉、反映或求助，或者向法院申请人身安全保护令，保护自身安全。当家庭暴力已成为夫妻日常时，要果断向法院申请离婚。当事人因遭受家庭暴力或者面临家庭暴力的现实危险，还可以向法院申请人身安全保护令。一旦遭受家庭暴力，作为受害者应当尽早收集和保存相关证据，发生家庭暴力时，是收集证据的最佳时机，如果时间过长，没有及时保存相关证据，就可能导致证据的灭失，这对于事后的权益的保护和救济都会造成不利。

具体而言,因家暴离婚时受害一方可以收集、提供如下证据:(1)在对方实施家庭暴力时,应及时请居民委员会、村民委员会、妇联组织、庇护所及所在单位、组织进行制止、劝阻、调解,相应机构制作的书面材料可以作为证据提交。(2)公安机关的出警记录、询问笔录。报警记录是认定当事人一方实施家庭暴力的重要证据,出警记录能够证明报案的方式、案由、出警时间、处理结果等内容。(3)在遭受家庭暴力后及时到医院就诊,医院的诊断证明和治疗的凭据可以作为证据提交。(4)证人证言。除双方当事人外,其子女和邻居出具的证言也是认定一方实施家庭暴力的有力证据。(5)视听资料。被对方殴打后如果拍摄过相关照片或有视频录像资料的,也可以作为证据。视听资料属于间接证据的一种,其不能单独或者直接作为证明案件事实的证据。除了需要法院审查核实外,还需要同其他的证据相互印证,才能组成一个证据链被认可。(6)书面证据。加害人在诉讼前出于愧疚、维持婚姻关系等原因向受害方出具的《悔过书》《保证书》等可以作为书面证据直接向法院提交。

鉴于此,我们也在这里呼吁遭受家庭暴力的受害者增强维权意识,面对家庭暴力,及时报警,及时收集、固定证据,及时进行伤情鉴定,向妇联组织和“12338”妇女维权公益服务热线或律师进行咨询,寻求帮助。

(二)法律依据

《民法典》

第一千零四十二条 禁止包办、买卖婚姻和其他干涉婚姻自由的行为。禁止借婚姻索取财物。

禁止重婚。禁止有配偶者与他人同居。

禁止家庭暴力。禁止家庭成员间的虐待和遗弃。

第一千零四十三条 家庭应当树立优良家风,弘扬家庭美德,重视家庭文明建设。

夫妻应当互相忠实,互相尊重,互相关爱;家庭成员应当敬老爱幼,互相帮助,维护平等、和睦、文明的婚姻家庭关系。

第一千零四十五条 亲属包括配偶、血亲和姻亲。

配偶、父母、子女、兄弟姐妹、祖父母、外祖父母、孙子女、外孙子女为近亲属。

配偶、父母、子女和其他共同生活的近亲属为家庭成员。

《民法典婚姻家庭编解释(一)》

第一条 持续性、经常性的家庭暴力,可以认定为民法典第一千零四十二条、第一千零七十九条、第一千零九十一条所称的“虐待”。

《反家庭暴力法》

第二条 本法所称家庭暴力,是指家庭成员之间以殴打、捆绑、残害、限制人身自由以及经常性谩骂、恐吓等方式实施的身体、精神等侵害行为。

第二十条　人民法院审理涉及家庭暴力的案件,可以根据公安机关出警记录、告诫书、伤情鉴定意见等证据,认定家庭暴力事实。

第二十三条　当事人因遭受家庭暴力或者面临家庭暴力的现实危险,向人民法院申请人身安全保护令的,人民法院应当受理。

当事人是无民事行为能力人、限制民事行为能力人,或者因受到强制、威吓等原因无法申请人身安全保护令的,其近亲属、公安机关、妇女联合会、居民委员会、村民委员会、救助管理机构可以代为申请。

第二十七条　作出人身安全保护令,应当具备下列条件:

(一)有明确的被申请人;

(二)有具体的请求;

(三)有遭受家庭暴力或者面临家庭暴力现实危险的情形。

第二十九条　人身安全保护令可以包括下列措施:

(一)禁止被申请人实施家庭暴力;

(二)禁止被申请人骚扰、跟踪、接触申请人及其相关近亲属;

(三)责令被申请人迁出申请人住所;

(四)保护申请人人身安全的其他措施。

第三十四条　被申请人违反人身安全保护令,构成犯罪的,依法追究刑事责任;尚不构成犯罪的,人民法院应当给予训诫,可以根据情节轻重处以一千元以下罚款、十五日以下拘留。

(三)典型案例

【案件索引】

案由:曹某1申请人身安全保护令案

审理法院:北京市石景山区人民法院

案号:(2021)京0107民保令2号

【基本案情】

申请人:曹某1

被申请人:李某1

被申请人:曹某2

曹某1与李某1系夫妻关系,曹某2系二人之子,2020年7月4日二被申请人将曹某1殴打至轻伤二级,2021年4月16日、17日二被申请人又两次对曹某1实施殴打，为保障人身安全，曹某1依据《反家庭暴力法》于2021年4月27日向法院申请人身安全保护令。

【法院裁定】

曹某1的申请符合《反家庭暴力法》第27条规定的发出人身安全保护令的条件，故法院依照《反家庭暴力法》第27条之规定，裁定如下：

1. 禁止李某1、曹某2对曹某1实施殴打、威胁等行为；

2. 禁止李某1、曹某2对曹某1实施骚扰、跟踪等行为。本裁定有效期为6个月，自作出之日起生效，送达后立即执行。

如李某1、曹某2违反上述禁止令，法院将依据《反家庭暴力法》第34条之规定，视情节轻重，处以罚款、拘留；构成犯罪的，依法追究刑事责任。

（四）律师小结

上述案例是受害人在遭遇家庭暴力时向法院申请了人身安全保护令，法院以裁定方式作出人身安全保护令。对于家庭暴力中受害的一方，由法院发出的人身安全保护令不仅仅是一纸文书，它是法院依法作出的具有法律效力的裁判文书，相关人员必须严格遵守，否则应承担相应的法律后果。人身安全保护令一旦下发，可禁止被申请人跟踪申请人，或通过电话、信件、短信、网络等方式骚扰申请人；有必要的话，还可责令被申请人暂时搬出双方共同居住的住所，因此在很大程度上可以保护受害一方。对于违反人身安全保护令的施暴者，还可以通过罚款、拘留等司法强制措施对其严惩；构成犯罪的，依法追究其刑事责任，让反家暴不再停留在仅仅发布相关禁令的司法层面，从而对施暴者予以震慑，也在一定程度上推动整个社会反家暴态势的良性发展。我们要认识到，家庭暴力不是家务事，而是违法行为，受害人一旦遭遇家庭暴力要及时维权，保护自身合法权益。

二、男女同居，一方能否要求法院解除同居关系？

（一）律师观点

随着社会观念的不断转变，年轻男女非婚同居的现象越来越普遍，随之引发的争议纠纷也越来越多。“非婚同居”，即未办理结婚登记的单身男女共同生活在一起。单纯的解除同居关系不属于法律调整的范畴，如果不涉及财产分割或子女纠纷问题，当事人一方或双方向法院提起单纯解除同居关系的诉讼，法院是不会受理的，即使已经受理的，法院也会裁定驳回起诉。2001 年修正的《婚姻法》（已失效）取消了“非法同居”概念，使用“无效婚姻”代替，说明没有领取结婚证而居住在一起不再被认定为非法，法律充分尊重当事人自由抉择生活方式的权利。如继续使用“非法同居”概念，是对公民合法权利的侵害。同居行为既未被法律明确禁止，但也不受法律保护。同居关系非法律上的婚姻关系，两者在性质上存在很大差异，同居关系的解除由男女双方自行协商解决，一方搬走则同居关系自动解除，如同日常生活中的男女朋友分手一般，法院不会干涉，更不会提供具有法律效力的裁判文书。

尽管解除同居关系不属于法律调整的领域，但是当事人因同居期间财产分割或子女抚养纠纷提起的诉讼，属于法律保护的民事法律关系，当事人可以同居关系析产纠纷、同居关系子女抚养纠纷为案由向法院提起诉讼，法院应当受理。

（二）法律依据

《民法典婚姻家庭编解释（一）》

第三条 当事人提起诉讼仅请求解除同居关系的，人民法院不予受理；已经受理的，裁定驳回起诉。

当事人因同居期间财产分割或者子女抚养纠纷提起诉讼的，人民法院应当受理。

（三）典型案例

【案件索引】

案由：张某 1 与李某同居关系纠纷案

审理法院：四川省西充县人民法院

案号：(2021)川 1325 民初 906 号

【基本案情】

原告：张某 1

被告：李某

四川省西充县古楼镇桃博园村 4 组村民张某 1，于 1994 年 6 月与西充县凤鸣镇村民李某同居生活，未办理结婚登记手续，后双方生育一子。2003 年 2 月李某离家出走，至诉讼发生仍杳无音讯。张某 1 认为，其和李某是在 1994 年 2 月 1 日以后以夫妻名义在一起共同生活，双方属于同居关系，据此向法院起诉要求解除同居关系。

【法院裁定】

法院依照《民法典婚姻家庭编解释(一)》第3条第1款“当事人提起诉讼仅请求解除同居关系的,人民法院不予受理;已经受理的,裁定驳回起诉”之规定,裁定驳回原告张某1的起诉。

(四)律师小结

未婚同居行为是当下常见的一种社会现象,其属于道德伦理范畴,法律不作干涉。并且,因为未办理结婚登记,不受法律保护,一方或双方仅想解除同居关系的,由当事人自行解除即可,对于当事人向法院提起的单纯解除同居关系的诉讼,法院不会受理,即使受理的也会裁定驳回起诉,上述案例中法院即依法驳回了当事人的起诉。

三、同居期间形成的财产应当如何分割?

(一)律师观点

近年来,随着同居行为变得越来越普遍,涉及同居关系析产纠纷的案件越趋复杂,如何确定同居期间的财产归属,对当事人来说尤为重要。与合法的婚姻关系不同,同居关系双方未办理婚姻登记手续,不享有和承担基于夫妻关系配偶身份而产生的权利和义务。双方在同居期间形成的财产,不能当然认定为共同共有,对于同居期间一方的工资、奖金、生产经营收益以及因继承、赠与等途径所得的合法收入,原则上归本人个人所有。双方在同居期间有共同购置的财产或者共同经营所得的收入,如果查明属于按份共有,按照各自的出资额比例分享权利;如果查明属于共同共有,则对共有财产共同享有权利;如果无法查明是按份共有还是共同共有,视为按份共有,不能确定出资额比例的,视为等额享有。需要注意的是,对于被宣告无效或者被撤销的婚姻,当事人同居期间所得的财产,按共同共有处理,但有证据证明为当事人一方所有或者按份共有的除外。

(二)法律依据

《民法典》

第二百零九条 不动产物权的设立、变更、转让和消灭,经依法登记,发生效力;未经登记,不发生效力,但是法律另有规定的除外。

《民法典婚姻家庭编解释(一)》

第三条　当事人提起诉讼仅请求解除同居关系的,人民法院不予受理;已经受理的,裁定驳回起诉。

当事人因同居期间财产分割或者子女抚养纠纷提起诉讼的,人民法院应当受理。

(三)典型案例

【案件索引】

案由:孙某诉石某同居关系析产纠纷案

审理法院:广东省广州市中级人民法院

案号:(2020)粤01民终20868号

【基本案情】

上诉人(原审原告):孙某

被上诉人(原审被告):石某

孙某与石某相识后开始同居生活,未办理婚姻登记。孙某主张双方于2018年4月15日解除同居关系;石某主张双方于2014年5月开始分居,2016年解除同居关系。涉案房产1202房登记在石某名下,占有份额为"全部",权属来源说明为"石某向周某购买",登记日期为2017年12月1日;2017年12月19日办理抵押登记,抵押权人兴业银行股份有限公司广州花都支行,抵押人石某,债权数额550,000元。双方对涉案房产1202房归属发生争议,引发纠纷。

【一审法院判决】

一审法院认为,同居关系不同于合法婚姻关系,同居关系双方未办理结婚登记手续,不享有和承担基于夫妻关系配偶身份而产生的权利和义务。同居关系双方在同居期间形成的财产,不能当然认定为共同所有,属于一方的工资、资金、生产经营收益等合法收入,归一方所有。对于有证据证明双方同居期间形成的财产是共同劳动、经营或者管理所得,且双方财产混同的,有约定的从约定;无约定的,推定为按份共有。

对于双方诉争的1202房是否属于共同财产。第一,双方未办理结婚登记手续,且无证据证明系以夫妻名义同居生活,故本案不适用《未办结婚登记而以夫妻名义同居生活案件意见》(已失效)第10条的规定处理;而且双方均有工作收入,无证据证明双方财产混同,故登记于一方名下的财产不能当然认定为共同财产。第二,《物权法》(已失效)第9条[1]规定,不动产物权的设立、变更、转让和消灭,经依法登记,发生效力。本案所涉1202房登记的产权人为石某,登记为石某单独所有,且双方均确认购房款均是从石某银行账户支出,从双方的陈述及举证可知,双方均明确知悉该房屋是以石某一人名义购买,即使孙某有出资,亦不能变更生效的产权登记。第三,孙某起诉主张的1202房购房时间、签约时间、房价总额等内容,以及其提供微信聊天记录截图反映的所谓"出售方"身份信息,与石某提供的代办房屋买卖交易合同、收款收据、完税证明等证据完全不符。第四,孙某主张其为购买1202房支出530,280元并提供了银行账户交易截图佐证,虽然其中部分截图反映转账备注摘要用于1202房购房、税费、按揭手续费、尾款,但均是孙某自行登记备注,同时部分截图并无备注与1202房相关,且石某均不予确认。第五,孙某主张其转账53万多元给石某用于购买1202房,但现有证据证实1202房购买价格85万元,石某需要支付的首期房款仅30万元,而余款55万元由石某通过银行按揭贷款支付,孙某转账支付的金额与购房实际需要的金额不吻合。第六,孙某主张与石某协商共同出资购房,而且由于孙某不具备购房资格,双方同意以石某名义共同购房,仅有孙某单方面陈述,缺乏证据支持。综上所述,本案现有证据不能认定1202房为双方共同财产。孙某主张1202房为双方共同共有的意见缺乏事实和法律依据,一审法院不予支持。至于孙某在石某购房期间转账给石某的资金是否应当予以返还,孙某可以另循法律途径解决。

关于孙某主张石某返还其为石某及石某女儿支付的保险费75,800元、证券账户余额50,963.66元以及借款5万元共计176,763.66元的意见。经查,孙某并未提供石某及其女儿的保险合同,其银行账户转账记录不能证明支出的款项用于交纳保险费用。孙某未提供证券账户开户资料、交易明细清单,不能证明其提供的证券账户交易截图属于石某证券账户以及账户余额50,963.66元是何时形成。孙某主张于2018年4月15日借款5万元给石某,并提供了银行账户交易明细清单、银行账户交易截图等证据证实,且当时双方已经解除同居关系,孙某主张该款项支出属于借贷关系合理,石某虽然否认但缺乏证据支持,故一审法院支持孙某主张,认定该款为石某向孙某借款,石某应予返还。

---

① 相关规定参见《民法典》第209条。

关于孙某主张石某返还个人物品的意见。经查,石某承认除了周大福手镯及女士戒指外,其他物品都在1202房,愿意归还给孙某。由于孙某并未提供周大福手镯及女士戒指的证据,石某否认,故该主张缺乏证据,一审法院不予支持;虽然孙某对于其他物品亦无提供证据,但石某无异议并同意返还,系石某对自身权利合法处分,予以照准。石某应当返还孙某三星平板电脑、ThinkPad电脑、惠人果汁机、科沃斯扫地机器人、Boss音响、全款床上用品、手动吸尘器。

综上所述,一审法院于2020年6月28日作出如下判决:(1)自判决发生法律效力之日起10日内,石某向孙某返还借款50,000元。(2)自判决发生法律效力之日起10日内,石某向孙某返还三星平板电脑、ThinkPad电脑、惠人果汁机、科沃斯扫地机器人、Boss音响、全款床上用品、手动吸尘器。(3)驳回孙某的其他诉讼请求。

【二审法院判决】

二审法院认为,本案是同居关系析产纠纷,根据双方当事人的上诉、答辩意见,本案的争议焦点是孙某是否享有1202房的产权份额。

1. 关于1202房的购房价格问题。孙某上诉主张1202房的实际购房价格为113.8万元,并提供了收款收据、银行流水等证据予以证实,证据充分,足资认定。况且,石某亦承认1202房的购房价格为113.8万元。一审法院认定1202房的购买价为85万元,认定有误,二审法院予以纠正。

2. 关于孙某是否享有1202房的产权份额问题。1202房登记的产权人为石某,占有份额为"全部",因此,根据《物权法》(已失效)第9条①的规定,1202房应为石某的个人财产。孙某上诉主张,其与石某存在同居关系,其出资购买1202房,故其享有1202房的产权份额,对此二审法院认为,孙某所援引的法律依据是《未办结婚登记而以夫妻名义同居生活案件意见》(已失效),顾名思义,其适用前提是"未办结婚登记而以夫妻名义同居生活",而本案中无证据证明双方以夫妻名义同居生活,故即使孙某(部分)出资购买1202房,其主张亦缺乏法律依据。一审判决论证有理,处理得当,二审法院予以维持。孙某上诉提出,如法院认定1202房不属于孙某与石某的共同财产,应判决石某返还孙某购房款、税费及手续费等,此属二审变更诉讼请求,故二审法院不予准许。孙某如坚持其上述诉求,可另寻合法途径解决。

---

① 相关规定参见《民法典》第209条。

综上所述，二审法院认为，一审判决认定1202房的购房价格有误，但适用法律及判决结果正确，予以维持。孙某的上诉请求理由不足，不予支持。最终判决：驳回上诉，维持原判。

（四）律师小结

对于当事人起诉请求解除同居关系的，法院不予受理，若当事人要求解除同居关系并处理财产问题，法院只需要对财产处理作出判决，在判决书中不应涉及解除同居关系的问题。对于同居关系析产纠纷，难点在于分清同居之前的个人财产和同居关系期间的共有财产。一方面，绝大多数当事人对于同居关系存续期间的财产归属问题既无约定，也很难提供有效的证据，因此很难分清财产是个人所有还是共同共有、按份共有；另一方面，在双方解除同居关系后，一方将本属共有的财产转移，加大了法院分割财产的难度。因此，律师建议当事人在同居时要注意对双方的财产有所区分，对同居前的个人财产与同居后的财产也最好有所区分，特别是在同居期间双方有债务往来的，要予以明确，如出具借条或以电话录音、微信聊天记录形式确定双方借贷合意等，注意保存好相关证据。

此外，实践中还存在一种情形，即有配偶者与他人同居，双方约定了财产性补偿，该补偿通常以欠款、协议等形式表现。对于此类债务，应当认定为不可强制执行的自然债务，对于已经给付的不得请求返还，尚未给付的不得请求支付。当然，若有配偶者一方是以夫妻共同财产给付，则配偶可以侵害夫妻共同财产为由主张返还。

四、同居期间所生子女与婚生子女权利一样吗？分手后由谁抚养？不抚养的一方是否需要支付抚养费？

（一）律师观点

《民法典》规定，结婚的男女双方必须到婚姻登记机关进行结婚登记。经过结婚登记的夫妻关系当然受到法律保护，而未经结婚登记即同居生活，其同居关系不受法律保护。婚姻关系的前提是办理结婚登记，但现实生活中存在很多没有办理结婚登记而同居生子的情形，虽然我们不提倡非婚生育，但是非婚生子女的权益却是应当得到保障的。因此，若当事人仅起诉要求解除同居关系，法院不会受理，而若因同居期间的财产分割或子女抚养纠纷发生争议，法院应当受理，案由为“同居关系析产纠纷”或“同居关系子女抚养纠纷”。

同居期间所生的非婚生子女与婚生子女在法律地位上完全相同,有同等的权利和义务。《民法典》也强调了民事主体在法律面前平等的原则,因此不能因为父母的原因而对非婚生子女与婚生子女的法律地位进行区别对待。同居期间所生子女的法律权利和义务应比照婚生子女的规定,具体而言,无论是婚生子女还是非婚生子女,都有继承父母遗产的权利,父母对其都有抚养的权利和义务。

在双方解除同居关系时,所生育的非婚生子女由哪一方抚养,可由双方协商,通过协议约定抚养权和抚养费。协商不成的,可根据子女的利益并结合父母双方的抚养能力和抚养条件等具体情况综合考虑由哪一方抚养。不直接抚养非婚生子女的生父或生母,应当负担子女抚养费,包括生活费、医疗费、教育费等,直至子女18周岁或能独立生活为止,抚养费的数额,则根据子女的实际需要、父母双方的负担能力和当地的实际生活水平确定。同婚生子女一样,若父母不履行抚养义务,未成年子女或者不能独立生活的成年子女,有权要求父母给付抚养费,一方不给付的,可以通过诉讼途径主张权利,要求支付抚养费。

(二)法律依据

《民法典》

第一千零六十七条　父母不履行抚养义务的,未成年子女或者不能独立生活的成年子女,有要求父母给付抚养费的权利。

成年子女不履行赡养义务的,缺乏劳动能力或者生活困难的父母,有要求成年子女给付赡养费的权利。

第一千零七十一条　非婚生子女享有与婚生子女同等的权利,任何组织或者个人不得加以危害和歧视。

不直接抚养非婚生子女的生父或者生母,应当负担未成年子女或者不能独立生活的成年子女的抚养费。

第一千一百二十七条　遗产按照下列顺序继承:

(一)第一顺序:配偶、子女、父母;

(二)第二顺序:兄弟姐妹、祖父母、外祖父母。

继承开始后,由第一顺序继承人继承,第二顺序继承人不继承;没有第一顺序继承人继承的,由第二顺序继承人继承。

本编所称子女,包括婚生子女、非婚生子女、养子女和有扶养关系的继子女。

本编所称父母,包括生父母、养父母和有扶养关系的继父母。

本编所称兄弟姐妹,包括同父母的兄弟姐妹、同父异母或者同母异父的兄弟姐妹、养兄弟姐妹、有扶养关系的继兄弟姐妹。

《民法典婚姻家庭编解释(一)》

第三条 当事人提起诉讼仅请求解除同居关系的,人民法院不予受理;已经受理的,裁定驳回起诉。

当事人因同居期间财产分割或者子女抚养纠纷提起诉讼的,人民法院应当受理。

第四十二条 民法典第一千零六十七条所称"抚养费",包括子女生活费、教育费、医疗费等费用。

第四十六条 对已满两周岁的未成年子女,父母均要求直接抚养,一方有下列情形之一的,可予优先考虑:

(一)已做绝育手术或者因其他原因丧失生育能力;

(二)子女随其生活时间较长,改变生活环境对子女健康成长明显不利;

(三)无其他子女,而另一方有其他子女;

(四)子女随其生活,对子女成长有利,而另一方患有久治不愈的传染性疾病或者其他严重疾病,或者有其他不利于子女身心健康的情形,不宜与子女共同生活。

第四十七条 父母抚养子女的条件基本相同,双方均要求直接抚养子女,但子女单独随祖父母或者外祖父母共同生活多年,且祖父母或者外祖父母要求并且有能力帮助子女照顾孙子女或者外孙子女的,可以作为父或者母直接抚养子女的优先条件予以考虑。

第四十九条 抚养费的数额,可以根据子女的实际需要、父母双方的负担能力和当地的实际生活水平确定。

有固定收入的,抚养费一般可以按其月总收入的百分之二十至三十的比例给付。负担两个以上子女抚养费的,比例可以适当提高,但一般不得超过月总收入的百分之五十。

无固定收入的,抚养费的数额可以依据当年总收入或者同行业平均收入,参照上述比例确定。

有特殊情况的,可以适当提高或者降低上述比例。

第五十条 抚养费应当定期给付,有条件的可以一次性给付。

第五十三条 抚养费的给付期限,一般至子女十八周岁为止。

十六周岁以上不满十八周岁,以其劳动收入为主要生活来源,并能维持当地一般生活水平的,父母可以停止给付抚养费。

（三）典型案例

【案件索引】

案由：蒋某某、李某某同居关系子女抚养纠纷案

审理法院：四川省广安市广安区人民法院

案号：（2021）川1602民初4877号

【基本案情】

原告：蒋某某

被告：李某某

原告、被告于2015年6月经人介绍认识相恋、同居生活，后分别生育长女李某1、次女李某2，双方未领取结婚证。2017年11月长女李某1出生后，原告、被告因感情不和发生纠纷，分居大半年，其间李某1随被告共同生活。生育次女李某2后，原告、被告再次因琐事发生纠纷，双方结束同居关系，李某2亦由被告抚养。后李某1、李某2均由被告李某某及李某某父母共同抚养，居住在广安区。诉讼中，李某某的母亲叶某某出具声明书，表明其愿意帮助女儿共同抚养孩子李某1、李某2。原告蒋某某现在成都从事建筑园林方面工作，被告李某某现在广安风顺劳务有限公司上班，在四川省广安市广安区有住房一套。

【法院判决】

原告、被告系同居关系，李某1、李某2系原告、被告非婚生子，依照《民法典》第1071条之规定，非婚生子女享有与婚生子女同等的权利，不直接抚养非婚生子女的生父或生母，应当负担未成年或者不能独立生活的成年子女的抚养费。在起诉时，李某1尚未年满4周岁，李某2尚不满2周岁，二人从小随被告李某某共同生活，由被告照顾，与被告建立了相对较深的感情，若贸然改变孩子的生活环境，恐对小孩的健康成长不利；且李某某的母亲叶某某一直与李某某共同抚养孩子并愿意一直帮助照顾孩子；原告蒋某某现在外地上班，无法亲自照顾孩子，而生父母对孩子亲力亲为的关怀和照顾，对孩子身心和人格的培养和形成将远胜于由祖父母辈代为抚养。综合双方实际情况，从更有利于孩子身心健康角度出发，法院判定李某1、李某2由被告抚养。无论孩子由谁抚养，父母都是孩子的至亲，原告仍可对李某1、李某2进行探望和陪伴。同时，抚养子女也是父母的法定义务，结合实际情况与当地经济水平，法院酌情判定原告蒋某某每月向两个孩子各支付抚养费500元。

（四）律师小结

非婚生子女与父母间具有法定的权利义务关系，享有与婚生子女同等的权利，任何人不得加以危害和歧视。关于子女的抚养权归属与抚养费问题，非婚生子女同婚生子女适用相同的法律规定，在解除同居关系时，双方可以对上述问题进行协商；协商不成时还可向法院提起诉讼。法院则从保护未成年人合法权益的角度出发，以有利于子女身心健康原则确定抚养权归谁以及不直接抚养的一方所需要支付抚养费的数额。

五、有配偶者与他人婚外同居，发生的赠与纠纷问题如何处理？

（一）律师观点

司法实践中，夫妻一方擅自将共同财产赠与婚外同居者从而引发纠纷的案例屡见不鲜，《民法典》出台前司法实务中的做法不太一致，但在《民法典》实施后，对于此类问题应当明确知悉。

首先，《民法典》明确规定"禁止有配偶者与他人同居"。有配偶者与他人同居，是法律禁止的行为，这种同居关系属于违法关系，不受法律保护。其次，夫妻对共同财产有平等的处理权。夫妻对共同财产形成共同共有，而非按份共有。根据共同共有的一般原理，在婚姻关系存续期间，夫妻共同财产应作为一个不可分割的整体，夫妻对全部共同财产不分份额地共同享有所有权，夫妻双方无法对共同财产划分个人份额，在没有重大理由时也无权于共有期间请求分割共同财产。

夫妻对共同财产享有平等的处理权，并不意味着夫妻各自对共同财产享有一般的处分权。只有在共同共有关系终止时，才可对共同财产进行分割，确定各自份额。因此，有配偶者擅自将夫妻共同财产赠与婚外同居者，显然超出了日常生活需要的范围，侵犯了另一方的财产权利，同时也违背了公序良俗和社会道德，违反了《民法典》婚姻家庭编的有关规定，该赠与行为无效，且赠与行为全部无效，而非部分无效，夫妻中的另一方有权以侵犯共有财产权为由请求婚外同居者予以返还。对此，关于有配偶者与他人婚外同居发生的赠与纠纷如何处理问题，最高人民法院在《中华人民共和国民法典婚姻家庭编继承编理解与适用》一书中也进行明确。

（二）法律依据

《民法典》

第一千零四十二条　禁止包办、买卖婚姻和其他干涉婚姻自由的行为。禁止借婚姻索取财物。

禁止重婚。禁止有配偶者与他人同居。

禁止家庭暴力。禁止家庭成员间的虐待和遗弃。

第一千零六十条　夫妻一方因家庭日常生活需要而实施的民事法律行为，对夫妻双方发生效力，但是夫妻一方与相对人另有约定的除外。

第一千零六十二条　夫妻在婚姻关系存续期间所得的下列财产，为夫妻的共同财产，归夫妻共同所有：

（一）工资、奖金、劳务报酬；

（二）生产、经营、投资的收益；

（三）知识产权的收益；

（四）继承或者受赠的财产，但是本法第一千零六十三条第三项规定的除外；

（五）其他应当归共同所有的财产。

夫妻对共同财产，有平等的处理权。

《民法典婚姻家庭编解释（一）》

第二条　民法典第一千零四十二条、第一千零七十九条、第一千零九十一条规定的“与他人同居”的情形，是指有配偶者与婚外异性，不以夫妻名义，持续、稳定地共同居住。

（三）典型案例

【案件索引】

案由：胡某某与杨某赠与合同纠纷案

审理法院：广东省深圳市龙华区人民法院

案号：（2019）粤0309民初14712号

【基本案情】

原告：胡某某

被告：杨某

原告胡某某与第三人龚某于2012年1月25日登记结婚，于2018年12月20日双方登记离婚，双方签订的《离婚协议书》中对财产和债权债务进行了分割,未涉及与被告杨某相关内容。龚某与杨某于2018年3月20日开始建立婚外恋人关系,后发展为婚外同居关系。其间,双方各自已经结婚且明知对方的婚姻情况。杨某与龚某交往期间,龚某通过银行转账向杨某支付了80,360元,通过微信向杨某支付了142,987.76元。龚某承认转账中含有杨某代其支付的消费4000~5000元。此外,龚某还为杨某进行隆鼻手术付款30,000元。2019年10月20日,龚某醉酒后与杨某发生口角并抓伤杨某脸部,双方分别于2019年10月21日和11月1日达成《和解协议》和《调解协议》,确认双方属于非正常恋人关系,其间龚某给予杨某的一切物品与金钱不成立且永远不得追究。后胡某某起诉杨某,要求杨某归还龚某擅自支付的款项。

【法院判决】

夫妻在婚姻关系存续期间所取得的财产,除法定应当归夫妻一方的情形外,原则上均属于夫妻共同财产,夫妻对其共同财产有平等的处理权。本案胡某某与龚某在婚姻关系存续期间对夫妻共同财产无特别约定,故应认定实行夫妻共同所有制。龚某在婚姻关系存续期间与被告杨某进行不正当交往,并将其与胡某某的夫妻共同财产赠与杨某的行为,擅自处分了夫妻共同财产,侵害了胡某某对该共同财产的合法权利,其赠与及承诺不要求返还财产的行为无效。胡某某虽然以财产损害赔偿为由提起诉讼,与法院根据案件事实作出的认定不一致,但本案法律关系性质对裁判理由及结果没有影响。胡某某要求杨某返还财产,符合法律规定,法院予以支持。结合已查明的事实,法院酌定扣除龚某自认用于个人消费的款项5000元后,由被告杨某返还248,347.8元(80,360元+142,987.76元+30,000元-5000元)给胡某某。对于胡某某的其他诉讼请求,法院不予支持。

需要指出的是,被告杨某和第三人龚某在明知对方已婚的情况下,无视法律关于夫妻忠实义务的规定,长期保持不正当交往,私相授受大额财物,违背社会公序良俗,应当予以谴责。

(四)律师小结

在婚姻关系存续期间,夫妻双方对共同财产拥有平等的权利,因日常生活需要而处理共同财产的,任何一方均有权决定;非因日常生活需要对夫妻共同财产作出处理的,应当平等协商,取得一致意见。无论是《民法典》实施之前还是之后,夫妻一方非因日常生活需要将共同财产无偿赠与他人,严重损害了另一方的财产权益,有违民法上的公平原则,这种赠与行为根据相关法律规定应认定无效。常见的就是夫妻一方出轨将夫妻共同财产赠与第三者，这种赠与行为同时也因违背公序良俗原则而导致赠与无效，另一方可以主张受赠与的第三人返还财产。

六、夫妻签订“忠诚协议”，该协议是否具有法律效力？

（一）律师观点

实践中，经常会出现夫妻在婚姻关系存续期间签署忠诚协议的情形，双方约定，如果夫妻一方违反忠诚义务，将赔偿另一方违约金或者精神损害抚慰金。在一方违反忠诚义务时，另一方向法院起诉主张确认忠诚协议的效力或者以夫妻另一方违反忠诚协议为由主张其承担责任。

夫妻忠诚协议是具有合法婚姻关系的夫妻所签订的，以夫妻彼此忠诚，不发生婚外情、婚外性行为为义务，约定违约责任为变更夫妻人身权利义务或财产权利义务为内容的协议，目的是维系夫妻双方婚姻的持续稳定，或是惩罚婚姻中的过错方，补偿无过错方。

夫妻之间签订忠诚协议，应由当事人本着诚信原则自觉自愿去履行，法律并不禁止夫妻之间签订此类协议，但也不赋予此类协议强制执行力，法院对夫妻之间的忠诚协议纠纷一般不予受理。这是为何呢？

首先，如果法院受理此类忠诚协议纠纷，主张按忠诚协议赔偿的一方当事人，既要证明协议内容是真实的，无欺诈、胁迫等情形，又要证明对方具有违反忠诚协议的行为，可能导致当事人为了举证而去捉奸，为获取证据窃听电话、私拆信件，甚至可能发生对个人隐私权更为恶劣的侵犯情形，夫妻之间的感情纠葛可能演变为刑事犯罪案件，其负面效应不可低估。其次，赋予忠诚协议法律强制力的后果之一，就是鼓励当事人在婚前签订一个可以“拴住”对方的忠诚协议，这不仅会加大婚姻成本，而且会使建立在双方情感和信任基础上的婚姻关系变质。最后，忠诚协议实质上属于情感、道德范畴，当事人本着诚信原则也可自愿履行，如违反忠诚协议一方心甘情愿净身出户或赔偿若干金钱，为自己的出轨行为付出经济上的代价，但是如果一方不愿履行，不应强迫其履行忠诚协议。因此，夫妻一方以另一方违反忠诚协议为由要求对方按协议赔偿的，法院一般不会受理。

虽然一般来说忠诚协议没有法律效力，但如一方有重婚、有与他人同居或有其他重大过错等情形而导致离婚的，无过错方可以依据相关法律规定要求对方赔偿损害。若双方签订了忠诚协议，可以向法院提交该忠诚协议，在实务中忠诚协议对于赔偿数额的酌定可能具有一定的参考意义。

（二）法律依据

《民法典》

第一千零四十三条 家庭应当树立优良家风，弘扬家庭美德，重视家庭文明建设。

夫妻应当互相忠实，互相尊重，互相关爱；家庭成员应当敬老爱幼，互相帮助，维护平等、和睦、文明的婚姻家庭关系。

（三）典型案例

【案件索引】

案由：李某与马某离婚纠纷案

来源：2019年度江苏法院婚姻家庭十大典型案例之四

【基本案情】

原告：李某

被告：马某

李某（男）与马某（女）于2012年登记结婚并生有一女。婚后李某与异性罗某存在不正当交往，导致罗某两次怀孕。2017年1月，李某与马某签订婚内协议一份，约定今后双方互相忠诚，如因一方过错行为（婚外情等）造成离婚，女儿由无过错方抚养，过错方放弃夫妻名下所有财产，并补偿无过错方20万元。协议签订后，李某仍与罗某保持交往，罗某于2017年7月产下一子。李某诉至法院要求离婚，马某同意离婚，并主张按照婚内协议的约定处理子女抚养和夫妻共同财产分割。

【法院判决】

一审法院经审理认为，李某与马某夫妻感情确已破裂，应准予离婚。上述协议中，关于子女的抚养约定因涉及身份关系，应属无效；关于财产分割及经济补偿的约定，系忠诚协议，不属于《婚姻法》（已失效）第19条①规定的夫妻财产约定情形，马某主张按照婚内协议处理子女抚养及财产分割无法律依据，但考虑李某在婚姻中的明显过错等因素，应对无过错的马某酌情予以照顾。综合考虑孩子的成长经历、双方收入水平、家庭财产来源等情况，判决女儿随马某共同生活，并由马某分得夫妻共同财产的70%。一审判决后，李某、马某均提起上诉。二审法院驳回上诉，维持原判。

---

① 相关规定参见《民法典》第1065条。

(四)律师小结

根据《民法典》相关规定,夫妻可以约定婚姻关系存续期间所得的财产以及婚前财产归各自所有、共同共有或部分各自所有、部分共同共有。夫妻财产特别约定制度给予夫妻双方处分财产的自由和空间。但此类约定一旦与“保证忠诚”挂钩,即成为忠诚协议。夫妻忠诚协议是夫妻双方在结婚前后,为保证双方在婚姻关系存续期间不违反夫妻忠诚义务而以书面形式约定违约金或者赔偿金责任的协议。无论《婚姻法》(已失效)还是《民法典》,均规定夫妻双方互负忠诚义务,违反忠诚义务的法律后果体现在离婚时无过错方享有主张损害赔偿的权利。但是,夫妻间的忠诚义务更多是一种情感道德义务,夫妻虽自愿以民事协议的形式将夫妻忠诚的道德义务转化为法律义务,但也是变相以金钱衡量忠诚,存在道德风险。因此,上述案例虽是《民法典》实施前的案例,但裁判思路并无改变,法院不认可夫妻忠诚协议的效力。夫妻间订立的忠诚协议应由当事人自觉履行,法律并不赋予其强制执行力,不能以此作为分割夫妻共同财产或确定子女抚养权归属的依据。但在离婚分割夫妻共同财产时,应综合考虑婚姻关系中各自的付出,过错方的过错程度和对婚姻破裂的消极影响,对无过错方酌情予以照顾,平衡双方利益,以树立正确的价值导向。

七、恋爱期间的转账,分手后能否要回?

(一)律师观点

情侣在恋爱期间为表达情意等难免会有一定金钱往来,其中就包括转账,而在分手后也有不少情侣因此产生纠纷。对于恋爱期间的转账,首先要明确每一笔转账的法律性质是什么,才能明确能否要求对方返还。在法律关系上,恋爱期间的转账有可能是借贷,也可能是赠与、婚约财产纠纷(彩礼)或不当得利等,不同的法律关系由于成立条件、适用的法律规定以及举证责任的分配等的不同,导致最终判决结果也存在较大差异。对此,我们根据不同的法律关系分别确定:

第一,民间借贷。民间借贷法律关系的成立,除了应当有借款实际交付行为,如转账,还应当有借钱的意思表示。因此,若是以民间借贷法律关系主张返还借款的,应当提供转账记录、借条或对方明确表示要借钱的聊天记录等证据,否则会承担举证不能的法律后果。

第二,赠与。赠与合同是赠与人将自己的财产无偿给予受赠人,受赠人同意接受的合同,既可以是书面约定,也可以是口头达成。但是无偿并不表示没有条件,赠与根据是否附有条件可以分为无条件赠与和附条件赠与。根据《民法典》第658条的规定，在赠与成立后，赠与财产的权利转移之前，除了经过公证的赠与合同和具有救灾、扶贫、助残等公益、道德义务性质外，赠与人享有任意撤销赠与的权利，但是在赠与财产权利转移之后则不得撤销。而附条件的赠与，如果是附解除条件的赠与，在解除条件成就时赠与人可以选择解除赠与。

情侣之间的转账，如果仅有转账记录，没有证据表明属于借款，则有可能被认定为赠与，至于是无条件赠与还是附条件赠与，各个法院在审理此类案件时，会根据具体案情，结合当地经济发展情况等予以认定。比如，有的法院结合当地经济发展条件，以酌定的金额标准划分，小于该金额的认定为恋爱期间表达情谊的无条件赠与行为，大于该金额的则认定为以共同生活或者缔结婚姻关系为目的的附解除条件的赠与，在双方分手后，因为赠与所附的解除条件成就，赠与合同解除，因赠与而取得的财产应当予以返还。也有法院酌定返还一定金额的转账，其他的视为无条件赠与。

另外，一些含有特殊意义的转账金额，诸如1314元、520元、521元等，特别是在特殊的节日，如情人节或七夕，以及生日时的转账，一般被认为是表达情谊的无条件赠与行为，这部分转账是不能要回的。

第三，不当得利。不当得利，是指没有法定或约定的合法依据而取得利益的同时使得他人遭受损失。不当得利的法律事实发生以后，利益所有人有权请求不当得利人返还不应得的利益，不当得利者有义务返还。情侣之间的转账往往多而杂，且金额大小不一，多数情况下也没有其他证据证明给付行为是借贷还是赠与关系。在此情况下，部分法院认为金钱往来的性质及目的难以言明，不宜将涉案钱款性质简单认定为民间借贷或赠与。因为双方分手后共同生活或者缔结婚姻关系的目的已经不能达到，故属于没有合法依据取得的财产，应当认定是接受转账的一方构成不当得利，应当予以返还。

第四，婚约财产纠纷，即彩礼纠纷。在我国的传统婚俗中，男女双方谈婚论嫁之时男方往往需要给付女方钱财以表达订立婚姻的诚意，即通常所称的彩礼。此时法律关系虽然属于附条件赠与的范畴，但因其有别于一般赠与，法院在审理过程中适用单独的案由，即婚约财产纠纷。针对彩礼问题，由于相对复杂，后面也有专门阐述，故在此不再赘述。

（二）法律依据

《民法典》

第六百五十七条 赠与合同是赠与人将自己的财产无偿给予受赠人，受赠人表示接受赠与的合同。

第六百五十八条　赠与人在赠与财产的权利转移之前可以撤销赠与。

经过公证的赠与合同或者依法不得撤销的具有救灾、扶贫、助残等公益、道德义务性质的赠与合同，不适用前款规定。

第九百八十五条　得利人没有法律根据取得不当利益的，受损失的人可以请求得利人返还取得的利益，但是有下列情形之一的除外：

（一）为履行道德义务进行的给付；

（二）债务到期之前的清偿；

（三）明知无给付义务而进行的债务清偿。

《民法典婚姻家庭编解释（一）》

第五条　当事人请求返还按照习俗给付的彩礼的，如果查明属于以下情形，人民法院应当予以支持：

（一）双方未办理结婚登记手续；

（二）双方办理结婚登记手续但确未共同生活；

（三）婚前给付并导致给付人生活困难。

适用前款第二项、第三项的规定，应当以双方离婚为条件。

（三）典型案例

【案件索引】

案由：王某某与李某赠与合同纠纷案

审理法院：浙江省义乌市人民法院

案号：（2021）浙0782民初5761号

【基本案情】

原告：王某某

被告：李某

2020年7月至2021年3月，原告王某某与被告李某恋爱交往。其间，原告支付了恋爱开销，双方互有转账。2021年3月，双方因琐事及感情问题分手。庭审中，原告自认曾与被告同居。原告主张本案款项系赠与款项，认为赠与的前提是以结婚为目的谈恋爱，起诉前被告不愿意继续与其谈恋爱，所以原告向法院起诉要求解除赠与合同，要求被告返还以前的开销，并赔偿利息损失。

【法院判决】

法院认为，原告、被告恋爱的事实清楚，但双方未明确约定恋爱后被告必须与原告结婚,故结婚不是赠与合同的约定义务。本案款项来往繁多,金额不等,且从证据角度来看,绝大多数无法体现与被告的关联性。即使本案部分款项确实用于与被告的恋爱,也系正常的恋爱支出,无证据证明超出合理的限度,也已履行完毕,且原告认可本案款项系赠与,庭审中也自认双方曾因恋爱共同居住生活,可见双方恋爱是自愿真诚的,不存在被告欺诈、胁迫、乘人之危等情形。被告虽曾在聊天记录中表示"该算的算下",但也未明确具体的内容。原告依据现有证据要求撤销赠与,依据不足,也与情理不符,对其诉请法院不予支持,最终法院判决驳回原告王某某的诉讼请求。

(四)律师小结

对于恋爱期间的转账能否要回,关键在于查清每笔转账的法律性质是什么,即当事人在转账时的真实意思表示。因此,从维护自身合法利益的角度出发,恋爱期间,如果情侣之间有大额的金钱往来或者贵重财物的处置,可以保留一定的证据,但需要注意的是,这些证据要能够证实双方的真实意思表达,比如在转账时进行备注说明,将当事人之间的合意形成书面证据或是微信聊天记录等,一旦分手后双方对此发生争议的,一方当事人则可依据相关证据提起诉讼,主张权利,从而维护自身合法权益。

八、欺诈性恋爱,受欺诈方能否要求损害赔偿?

(一)律师观点

很多人都对婚姻和恋爱充满了憧憬,特别是涉世未深的年轻女性。有的人获得了真挚的感情,然而也有一些人在感情中遭遇欺骗,也就是通常所称的欺诈性恋爱,给其身心造成了巨大的伤害。欺诈性恋爱,是指一方隐瞒已婚之事实,与另一方进入恋爱关系,导致另一方的期待落空。欺诈性恋爱纠纷的受害者一般为女性,且由于男女生理结构的不同,女性可能因此怀孕生子,所遭受的损害更大。

对于欺诈性恋爱属于道德问题,还是构成一般人格权的侵犯从而能够要求欺诈方对此承担损害赔偿责任,在学理上以及实践中尚存在较大争议。司法审判中对较为严重的情形,例如怀孕甚至生育,以侵犯人格权或身体权、健康权为由进行判决并支持赔偿的并不罕见。已婚者隐瞒已婚事实与他人恋爱致使"被小三"者错误作出性权利的处分,造成身体和精神损害,不仅违反婚姻家庭编规定的忠诚义务以及违背公序良俗原则，也构成对受欺诈方的侵权，应当承担侵权责任。这与在普通的恋爱、同居关系期间终止妊娠而形成的“身体损害”不同，在未构成欺诈性恋爱的情形中因终止妊娠所形成的“身体损害”，司法审判实践中法院一般只认可医疗费与营养费支出，并不认可精神损害赔偿，因此实际争议的金额相对而言并不高；而在欺诈性恋爱中，法院会根据过错程度和损失等酌定精神损害抚慰金。

（二）法律依据

《民法典》

第九百九十条　人格权是民事主体享有的生命权、身体权、健康权、姓名权、名称权、肖像权、名誉权、荣誉权、隐私权等权利。

除前款规定的人格权外，自然人享有基于人身自由、人格尊严产生的其他人格权益。

第九百九十五条　人格权受到侵害的，受害人有权依照本法和其他法律的规定请求行为人承担民事责任。受害人的停止侵害、排除妨碍、消除危险、消除影响、恢复名誉、赔礼道歉请求权，不适用诉讼时效的规定。

第一千零三条　自然人享有身体权。自然人的身体完整和行动自由受法律保护。任何组织或者个人不得侵害他人的身体权。

第一千零四条　自然人享有健康权。自然人的身心健康受法律保护。任何组织或者个人不得侵害他人的健康权。

（三）典型案例

【案件索引】

案由：李某清、黄某贵生命权、健康权、身体权纠纷案

审理法院：广东省深圳市龙岗区人民法院

案号：（2021）粤0307民初19197号

【基本案情】

原告：李某清

被告：黄某贵

原告李某清于2019年9月5日在珍爱网上注册成为会员，并通过该婚恋网站结识被告黄某贵。双方于2019年11月通过微信开始交往并在深圳相见，直至确定为恋爱关系。2020年3月，双方发生性关系后，原告于2020年4月初发现怀孕。原告通过微信告知被告怀孕后，被告表示应尽快处理掉胎儿。原告

通过其他途径了解到被告已婚已育后，于2021年4月16日前往北京大学深圳医院进行人工流产手术。北京大学深圳医院于当天术后出具的门诊病假证明书，记载医嘱建议：建议全休15天。被告于原告手术当天前往医院看望原告，并支付了医疗费。在原告手术前的门诊检查期间，被告向原告支付了2900元。原告主张，上述费用中的900元是门诊检查费，2000元是被告的赠与。

【法院判决】

法院认为，虽然原告、被告双方都是具有完全民事行为能力的成年人，恋爱期间的行为是双方自愿发生，法律对此并不干涉。但被告作为男方，恶意隐瞒已婚事实，欺骗原告发生性关系，本身有悖诚实信用原则和公序良俗原则。被告明知不可能与原告结婚生子，一旦怀孕必然会导致终止妊娠的后果，给原告的身体造成损害，但仍未采取合理的避孕措施，放任自己的行为，具有明显过错。因此，原告因终止妊娠所支付的各项费用和损失，要求被告赔偿，法院予以支持。法院对原告诉请的各项损失查明分析如下：(1)后续复诊费：原告主张，其于2021年4月30日支出复诊费781.48元，但未在举证期限内亦未在庭审辩论终结前完成举证义务，应承担不利的法律后果，故法院对该笔损失不予支持。(2)误工费：原告提交的医院门诊资料显示，其于2021年4月7日上午前往深圳坂田医院初诊，于4月12日下午在北京大学深圳医院门诊并预约手术，于4月16日在北京大学深圳医院行人流术；术后医嘱建议全休15天。据此，法院认定原告因怀孕门诊并行人流术导致的误工天数为17天。原告提交的银行流水记载，原告自2020年4月至2021年3月的工资总额为89,129.39元，其月平均工资收入为7427.45元。综上，法院核算原告的误工损失为5805.40元，计算方法：7427.45元÷21.75天×17天。(3)营养费：原告提交的医疗记录没有需要加强营养的医嘱，原告的该部分主张，法院不予支持。(4)交通费：法院根据原告的门诊就医次数(3次)，认为原告主张的74元合情合理，予以支持。(5)精神损害抚慰金：被告的欺骗行为必然导致原告精神遭受损害，法院根据被告的过错程度、侵害情节、损害结果等因素，酌情认定被告应向原告支付精神损害抚慰金10,000元。(6)律师代理费：因该损失不属于被告的过错行为导致的可预见的直接财产损失，原告请求该项损失没有法律依据，法院不予支持。

综上，被告应向原告赔偿的各项损失总金额为15,879.40元。关于被告主张的其在手术前向原告支付的款项，法院认为，根据双方当时的关系，且被告交付款项时未特别说明款项用途，应当视为与上述赔偿项目无关的赠与款项，不能在上述应赔金额中予以抵扣。依照《民法典》第1003条、第1004条，《人身损害赔偿案件解释》第7条、第9条,《民事侵权精神损害赔偿责任解释》第10条,《民事诉讼法》(2017年)第64条①的规定,判决如下:

1. 被告黄某贵于本判决生效之日起5日内向原告李某清赔偿人身损害赔偿金共计15,879.40元,具体包括误工损失5805.40元、交通费74元、精神损害抚慰金10,000元;

2. 驳回原告李某清的其他诉讼请求。

(四)律师小结

欺诈性恋爱中,受欺诈的一方因被欺骗往往遭受精神损害(实践中多为女性),一般有权主张精神损害抚慰金。并且,随着社会的不断进步,对"人"的自然权利的保护也越来越被重视,《民法典》在第四编中专门规定了人格权编,不仅对人的生命、健康、身体、姓名、肖像、隐私等人格权以及人死后享有的人格利益作出规定,还采用兜底方式规定"除前款规定的人格权外,自然人享有基于人身自由、人格尊严产生的其他人格权益",将其他人格权益也作为法律保护的对象,体现了法律对人格权的重视与保护。男女恋爱时,要保持谨慎和理智,注意核实对方婚姻状况并保留相关证据,包括微信聊天记录、短信、录音、保证书等,以及双方承担费用的往来转账记录,特别是大额款项,要注意保存好能够证明来源用途的记录,以防将来出现争议。在发现自己受欺诈、"被小三"后应立即作出反应,收集并整理好相关证据,及时向对方索赔,要求赔偿损失及精神损害抚慰金;若发现对方已婚后仍保持恋人关系导致怀孕和流产的,女方对损失也具有过错,在主张赔偿时获得支持的可能性也大为降低。

九、同居一年,一方主张"青春损失费",法院是否支持?

(一)律师观点

随着社会不断发展,人们的思想观念逐渐开放,情侣同居也变得越来越常见,而在双方解除同居关系时,随之引发的"青春损失费"纠纷也经常发生。

然而,"青春损失费"只是一种通俗的说法,并非一个法律概念。未婚同居关系并不受法律的保护,也没有相关的法律规定来支持,因此,在分手解除同居关系的

① 相关规定参见2021年修正的《民事诉讼法》第67条。

时候，主张“青春损失费”是没有法律依据的，很多法院会以“青春损失费”违反公序良俗原则而驳回原告的诉讼请求。且大部分地区对此予以明确：一方以同居为由请求对方支付“青春损失费”的，法院不予支持，但女方在同居期间怀孕需要做终止妊娠手术，请求男方分担部分因此产生的医疗费、营养费等合理费用的，法院应予支持。同居是双方当事人自愿选择的一种生活方式，如果没有侵权行为发生，单纯以同居为由请求法院判令对方支付“青春损失费”没有法律依据，且有违公序良俗原则。

虽然“青春损失费”不受法律保护，但是如果另一方自愿支付该笔费用，且不损害其他人的利益，则无论这笔自愿支付的费用是称为“青春损失费”还是“分手补偿费”，法律都不禁止。若自愿给付方已经支付了该笔费用，也不能以“青春损失费”不受法律保护为由要求对方返还。然而，若是在有配偶的情形下与他人同居，即使“青春损失费或补偿费”已经支付了，如果是用夫妻共同财产支付的，那么支付方的配偶仍有权向法院起诉要求“第三者”返还。有配偶者与他人同居，为解除同居关系约定了财产性补偿，无论是一方要求支付该补偿，还是一方支付补偿后反悔主张返还的，法院都不会支持；但合法婚姻当事人以侵犯夫妻共同财产权为由起诉主张返还的，法院应当受理并根据具体情况作出处理。

（二）法律依据

《民法典》

第八条　民事主体从事民事活动，不得违反法律，不得违背公序良俗。

第六百五十七条　赠与合同是赠与人将自己的财产无偿给予受赠人，受赠人表示接受赠与的合同。

第六百五十八条　赠与人在赠与财产的权利转移之前可以撤销赠与。

经过公证的赠与合同或者依法不得撤销的具有救灾、扶贫、助残等公益、道德义务性质的赠与合同，不适用前款规定。

（三）典型案例

【案件索引】

案由：丁某某、董某某借款合同纠纷案

审理法院：浙江省台州市中级人民法院

案号：(2021)浙10民终289号

【基本案情】

上诉人(原审被告)：丁某某

被上诉人(原审原告):董某某

董某某与丁某某曾系恋人关系。恋爱期间,双方曾多次互相转账。2018年3月,丁某某向董某某出具了一份还款承诺书,载明:“我曾于2016年5月20日,向董某某借了475,000元,我承诺于2019年3月1日归还,如到期不归还,自愿承担所有法律责任及我为实现债权债务所有费用。”借款之后,丁某某未偿还借款,在董某某催讨过程中,丁某某认可该借款并表示愿意分期付款,双方未达成一致意见。

【一审法院判决】

一审法院认为,民事主体从事民事活动,应当遵循诚信原则,秉持诚实,恪守承诺。双方自愿成立民间借贷关系,各方意思表示真实,且内容未违反法律法规禁止性规定,应为有效。被告丁某某尚欠原告董某某借款本金475,000元,并约定2019年3月1日归还,事实清楚,证据确实,因被告逾期未归还,原告要求被告偿还上述款项并支付利息,合理合法,法院依法予以支持。综上所述,依照《合同法》(已失效)第206条、第207条①之规定,判决:被告丁某某于判决发生法律效力之日起10日内归还原告董某某借款本金475,000元及利息(以本金475,000元为基数,按同期全国银行间同业拆借中心公布的贷款市场报价利率自2020年10月12日起计算至实际履行之日止)。

【二审法院判决】

二审法院认为,本案二审争议的焦点是涉案借款是否真实、合法、有效。上诉人丁某某上诉称涉案借款并未实际交付,系“青春损失费”“分手费”,因违反公序良俗应认定无效,上诉人不需要承担还款责任。法院认为,上诉人丁某某向被上诉人董某某出具还款承诺书,载明于2016年5月20日向被上诉人董某某借款475,000元,承诺于2019年3月1日归还。被上诉人董某某向一审法院提供的微信聊天记录证明,上诉人丁某某对涉案借款予以认可,并表示希望分期归还。故一审法院认定上诉人丁某某欠款,并无不当。至于上诉人丁某某称其向被上诉人董某某转账数额多于被上诉人董某某向上诉人丁某某转账的数额,被上诉人已作出合理的解释与说明。依据《民事诉讼法解释》第90条的规定:“当事人对自己提出的诉讼请求所依据的事实或者反驳对方诉讼请求所依据的事实,应当提供证据加以证明,但法律另有规定的除外。在作出判决前,当事人未能提供证据或者证据不足以证明其事实主张的,由负有举证证明责任

① 相关规定分别参见《民法典》第675条、第676条。

的当事人承担不利的后果。”上诉人丁某某称涉案款项实为分手费、青春损失费，但未能提供证据予以证明，二审法院不予采信。一审判决上诉人丁某某根据还款承诺书向被上诉人董某某归还款项，并无明显不当。

综上所述，丁某某的上诉请求不能成立，应予驳回，一审判决认定事实清楚，适用法律正确，应予维持。二审法院据此驳回上诉，维持原判。

（四）律师小结

分手协议中经常会涉及补偿性条款，如果是约定纯粹的“青春损失费”，在司法实践中通常会被法院认为有违公序良俗原则而被认定无效；而根据恋爱期间的特定事项、原因给予的一定补偿，如营养费、职业中断补偿等，或是技术性地形成一个赠与合同，则很可能被法院认为未违反法律规定及社会公序良俗原则，获得支持的可能性也会更大。因此，在签订有关协议时，要特别注意相关条款的表述。实践中，也存在双方以借款、欠款等形式来约定，在该约定中未载明“分手费”“青春损失费”等，此时当事人一方若无法举证证明该借贷关系实际不存在，则要承担举证不能的后果。上述案例即当事人称涉案款项实为分手费、青春损失费，但未能提供证据予以证明，法院未采信，最终根据还款承诺书判决当事人归还款项。

十、结婚登记后男方给的彩礼是夫妻共同财产吗？什么情形下彩礼要返还？发生纠纷时可以告谁？

（一）律师观点

结婚彩礼是我国自周代以来的一种传统婚嫁风俗。通俗来讲，彩礼是男女双方结婚前，男方给女方的礼金，主要存在于我国广大的农村和经济相对不发达地区，彩礼的金额、种类因为地区的不同而有所差异，法院审理彩礼纠纷案件的案由是“婚约财产纠纷”。《民法典》中并没有关于彩礼的明确规定，仅规定禁止包办、买卖婚姻和其他干涉婚姻自由的行为。禁止借婚姻索取财物。所以，按习俗给付彩礼的，应在可接受范围内，只要不借彩礼名义来买卖、包办婚姻、干涉婚姻自由，都是允许的。

彩礼的性质是以结婚为目的的赠与，因此，接受彩礼本身就意味着答应对方的结婚请求，即使在领证后给对方彩礼，这时彩礼的性质仍然没有改变，还是对个人的赠与，因此，先领证后给彩礼的，若能明确该款项确实为彩礼，则不算夫妻共同财产。同时,要特别区分是彩礼给付还是一般赠与行为,区分财产的性质才能准确判断财产是否应当返还。

《民法典婚姻家庭编解释(一)》第5条规定了彩礼返还的三种情形:(1)男女双方未办理结婚登记手续;(2)男女双方办理结婚登记手续但确未共同生活,可以在离婚的基础上要求返还彩礼;(3)婚前给付并导致给付人生活困难的,也可以在离婚的基础上要求返还彩礼。该条规定旨在明确此类纠纷时应遵循的基本原则,司法实践中首先要看双方是否办理结婚登记,给付彩礼后未缔结婚姻关系的,原则上收受彩礼一方应当返还彩礼,要注意这里的"双方未办理结婚登记手续"并非针对双方已共同生活的情形。由于在我国农村地区,人们习惯将举行结婚仪式并共同生活视为男女结婚的标志,双方一旦举行了婚礼,就进入了实质的婚姻阶段,给付彩礼的目的已经实现,这种情况下是否应返还彩礼,不能一概而论。对于双方未办理结婚登记手续,但实际已经同居共同生活的,法院可以根据双方共同生活时间的长短、有无生育子女、财产使用情况、彩礼数额,并结合当地的风俗习惯等因素,确定是否返还彩礼以及返还的具体数额。

实践中,给付彩礼问题并不单纯是男女双方之间的事情,更多的时候会涉及两个家庭之间的往来。彩礼的给付人和接受人并非仅限于男女双方,还可能包括男女双方的父母和亲属,这些人均可成为返还彩礼诉讼的当事人,因此在司法实务中对于彩礼给付的主体和收受的主体不能作限制性解释。而在诉讼中大多数也是由当事人本人或父母起诉,因此应诉方以起诉人主体不适格作为抗辩时,法院一般不予采信,以最大限度地保护公民的财产权利。对于被告的确定问题也是如此,诉讼方通常把对方当事人的父母列为共同被告,要求他们承担连带责任,一般习俗是父母送彩礼,也是父母代收彩礼,故将当事人父母列为共同被告是适当的。

(二)法律依据

《民法典》

第一千零六十二条　夫妻在婚姻关系存续期间所得的下列财产,为夫妻的共同财产,归夫妻共同所有:

(一)工资、奖金、劳务报酬;

(二)生产、经营、投资的收益;

(三)知识产权的收益;

(四)继承或者受赠的财产,但是本法第一千零六十三条第三项规定的除外;

(五)其他应当归共同所有的财产。

夫妻对共同财产,有平等的处理权。

《民法典婚姻家庭编解释(一)》

第五条 当事人请求返还按照习俗给付的彩礼的,如果查明属于以下情形,人民法院应当予以支持:

(一)双方未办理结婚登记手续;

(二)双方办理结婚登记手续但确未共同生活;

(三)婚前给付并导致给付人生活困难。

适用前款第二项、第三项的规定,应当以双方离婚为条件。

(三)典型案例

【案件索引】

案由:梁某某与被告谢某返还彩礼纠纷案

审理法院:江苏省南京市鼓楼区人民法院

案号:(2020)苏0106民初6247号

【基本案情】

原告:梁某某

被告:谢某

2019年11月初,原告梁某某与被告谢某通过网络平台结识,次月便决定结婚。2020年1月3日和1月16日,原告在南京德基广场先后支付了7500元和5490元,合计12,990元,为被告购置了两双鞋;2020年1月14日,原告父亲梁某国为被告购买"三金",包括戒指1个、手镯1只、项链1条、挂坠1个,价值30,120元;2020年1月20日(农历腊月二十六),原告的父亲与原告的姑父一起到被告父母家(在徐州),交给被告父母现金5万元,另加香烟十条和一些喜烟喜糖、糕点随礼;1月21日,原告母亲通过银行向被告名下银行卡转账130,006元。2020年1月28日,原告、被告举行了结婚仪式。2月1日,原告发现被告在手机中与他人聊天时表示不想与原告办理结婚登记,不想与原告共同生活。原告、被告及其各自父母未能就此达成解决方案,被告也明确了不同意与原告结婚的意愿,双方没有进行过结婚登记。2020年7月13日,原告向法院起诉,要求被告返还以上彩礼费用及改口费10,000元、亲朋随礼钱17,300元,双方同居期间原告及其母亲转账给被告的款项计6500元。被告对此不予认可,表示是原告故意隐瞒其未达到法定婚龄的事实导致双方无法结婚。在双方同居期间,原告盗刷被告账户的钱款,以上原告父母给的钱是归还被告盗刷的钱。由于双方争议较大,法院调解无效。

【法院判决】

法院认为,依据我国法律规定,双方未办理结婚登记手续,一方当事人请求返还按照习俗给付的彩礼的,法院应当予以支持。根据本案查明的事实,原告、被告未进行过结婚登记,原告父母给付被告及其父母的180,006元、原告父亲为被告购买的价值30,120元的金饰品等均属彩礼,被告应当予以返还;法院考虑实物的专属性,确定被告向原告返还购物款30,120元。对于原告主张的"婚鞋"款,法院认为,2020年1月3日购买的鞋子更符合生日礼物的性质,故该双鞋款7500元不作为彩礼确认;另外一双鞋应属于"婚鞋",因该鞋就是买给被告的,被告将原物返还是不合适的,故法院确定被告应将鞋款5490元返还给原告。原告主张的"改口费"和亲友的礼金,因被告不予认可,而原告也没有确凿证据证明这些款项的实际数额且已被被告拿走,故本次诉讼中法院对于这两笔款项目前无法予以确认。对于原告、被告在庭审中各自主张的其他款项,均属于双方同居期间的财产纠纷,本案不予理涉。

依照《婚姻法解释(二)》(已失效)第10条第1款①及《民事诉讼法》(2017年)第64条②之规定,判决如下:

1. 自本判决生效之日起10日内,被告谢某向原告返还彩礼合计215,616元;

2. 驳回原告的其他诉讼请求。

(四)律师小结

对于彩礼纠纷问题,首先应当认定财产性质,是彩礼给付还是普通的无偿赠与行为,认定彩礼应综合双方是否存在婚约、交往是否以结婚为目的、双方工作生活的社会环境、钱物交付的方式和时间等因素进行综合判断。上述案例虽是《民法典》实施前的案例,法院适用的裁判依据是《婚姻法》司法解释,但对于该条文内容规定,《民法典婚姻家庭编解释(一)》并未作更改,仍保持一致。其中,第5条第1款第1项系针对未办理结婚登记手续的原则性规定,具体案件中,是否返还彩礼、返还多少彩礼,应当结合实际情况综合认定。

---

① 相关规定参见《民法典婚姻家庭编解释(一)》第5条第1款。

② 相关规定参见2021年修正的《民事诉讼法》第67条。

第二章　结　　婚

一、未办理结婚登记的，是合法夫妻吗？

（一）律师观点

根据风土人情以及宗教文化习俗的不同，各国家或地区法律对结婚程序有不同的法定形式要求，主要为三种：仪式制、登记制、仪式与登记结合制。我国法律以登记制为合法婚姻的有效形式，仪式仅是我国结婚的一个传统习俗，随着时代的发展，也有不少人选择抛弃婚礼仪式。在我国，婚礼不具备法律意义，结婚登记才是男女双方结婚的必要条件，是结婚的法定程序。男女双方经过登记之后的婚姻才是被国家认可、社会承认的合法婚姻。

按照《民法典》的规定，结婚登记，是指申请结婚的男女双方应当按照我国法律的规定亲自到婚姻登记机关进行结婚登记，婚姻即成立。结婚登记是法律规定的缔结婚姻所必须经过的方式。结婚登记制度也是我国婚姻制度的重要组成部分。合法夫妻的前提是合法婚姻。结婚登记是我国婚姻成立的法定程序，是合法婚姻的形式要件，即男女双方只有完成结婚登记才是合法的夫妻关系。同居以及结婚仪式举办与否都不是我国婚姻确认成立的要件，如果仅仅同居或者举办了结婚仪式而未进行结婚登记，并不能取得法律上承认的夫妻关系。

另外，由于时代的特性，民政部《婚姻登记管理条例》（已失效）公布实施前未要求办理结婚登记，对于没有办理结婚登记而以夫妻名义共同生活的男女，起诉到法院要求离婚的，应区别对待：1994 年 2 月 1 日民政部《婚姻登记管理条例》（已失效）公布实施以前，男女双方已经符合结婚实质要件的，按事实婚姻处理；《婚姻登记管理条例》（已失效）实施后，男女双方符合结婚实质要件的，必须补办结婚登记，否则仍不能认定为夫妻关系。

（二）法律依据

《民法典》

第一千零四十九条　要求结婚的男女双方应当亲自到婚姻登记机关申请结婚

登记。符合本法规定的，予以登记，发给结婚证。完成结婚登记，即确立婚姻关系。未办理结婚登记的，应当补办登记。

《民法典婚姻家庭编解释(一)》

第七条　未依据民法典第一千零四十九条规定办理结婚登记而以夫妻名义共同生活的男女，提起诉讼要求离婚的，应当区别对待：

(一)1994年2月1日民政部《婚姻登记管理条例》公布实施以前，男女双方已经符合结婚实质要件的，按事实婚姻处理。

(二)1994年2月1日民政部《婚姻登记管理条例》公布实施以后，男女双方符合结婚实质要件的，人民法院应当告知其补办结婚登记。未补办结婚登记的，依据本解释第三条规定处理。

(三)典型案例

【案件索引】

案由：任某某与唐山某有限公司、迁西县某有限公司等案外人执行异议之诉纠纷案

审理法院：河北省唐山市中级人民法院

案号：(2018)冀02民终2966号

【基本案情】

上诉人(原审原告)：任某某

被上诉人(原审被告)：唐山某有限公司

被上诉人(原审被告)：迁西县某有限公司

被上诉人(原审被告)：李某

原审第三人：方某某

上诉人任某某与被上诉人李某为同居关系，生有两个子女。长女李某1于1990年5月1日出生，长子李某2于1992年9月13日出生。2011年7月7日、17日，上诉人任某某在中国人民人寿保险股份有限公司某分公司购买金鼎富贵两全保险，金额分别为300万元和100万元，期限为5年。因唐山某有限公司与李某、迁西县某有限公司典当纠纷一案，迁西县人民法院于2014年12月23日作出(2015)迁民初字第107号民事调解书，调解协议内容为：被告李某与被告迁西县某有限公司于2014年12月30日前连带偿还原告唐山某有限公司典当借款19,100,000元，并自2012年11月8日起至本案履行完毕之日止按中国人民银行同期同类贷款利率的4倍支付利息。因李某、迁西县某有限公司

未按期履行给付义务,唐山某有限公司申请执行,迁西县人民法院于2016年7月4日作出(2015)迁执字第55-2号执行裁定书,裁定内容为:将被执行人李某之妻任某某在中国人民人寿保险股份有限公司某分公司购买的金鼎富贵两全(分红型)e款予以冻结100万元、300万元,冻结期间不得向任何人支付保险本金及孳息等,期限为2016年7月4日至2018年7月3日。上诉人任某某不服,提出执行异议,迁西县人民法院于2016年8月30日作出(2016)冀0227执异36号裁定书,驳回任某某的执行异议。任某某不服,向迁西县人民法院提起案外人执行异议之诉。

【法院判决】

法院认为,双方当事人争议焦点为:上诉人任某某对其在中国人民人寿保险股份有限公司某分公司购买的人寿保险金鼎富贵保险400万元是否享有足以排除强制执行的民事权益。

对于该焦点问题,双方争议的核心问题是上诉人任某某与被上诉人李某是否系夫妻关系。关于夫妻关系的成立,《婚姻法》(已失效)第8条①规定:要求结婚的男女双方必须亲自到婚姻登记机关进行结婚登记。符合本法规定的,予以登记,发给结婚证。取得结婚证,即确立夫妻关系。未办理结婚登记的,应当补办登记。因此,从法律角度讲,只有通过结婚登记才能确立夫妻关系。

对于没有办理结婚登记而以夫妻名义共同生活的,《婚姻法解释(一)》(已失效)第5条②规定:"未按婚姻法第八条规定办理结婚登记而以夫妻名义共同生活的男女,起诉到法院要求离婚的,应当区别对待:(一)1994年2月1日民政部《婚姻登记管理条例》公布实施以前,男女双方已经符合结婚实质要件的,按事实婚姻处理。(二)1994年2月1日民政部《婚姻登记管理条例》公布实施以后,男女双方符合结婚实质要件的,人民法院应当告知其在案件受理前补办结婚登记;未补办结婚登记的,按解除同居关系处理。"由上述规定可以看出,对于1994年2月1日以后开始共同生活的,必须补办结婚登记,否则不能认定为夫妻关系。对于1994年2月1日以前开始共同生活的,应当结合男女双方当事人的意志判断。如果当事人主张存在事实婚姻关系并要求离婚,才能按照事实婚姻处理,如果当事人自己不主张,则法院不能依职权主动认定男女双方为夫妻关系。这也符合婚姻法规定的婚姻自由的基本原则。因为婚姻关系首先表现为人身关系,必须尊重当事人的意愿,否则就违反婚姻自由的基本原则。

① 相关规定参见《民法典》第1049条。

② 相关规定参见《民法典婚姻家庭编解释(一)》第7条。

本案中，上诉人任某某与被上诉人李某并未办理结婚登记，也从未向法院起诉要求离婚，不符合按事实婚姻处理的法定条件，因此，被上诉人唐山某有限公司的主张不成立。一审法院以派出所的户口登记和迁西县金厂峪镇人民政府卫生和计划生育办公室出具的户籍人口信息为依据，对上诉人任某某与被上诉人李某之间的关系按事实婚姻处理，并认定李某作为被执行人的债务为夫妻共同债务、任某某购买的保险理财产品为任某某与李某的夫妻共同财产，不符合法律规定，应予以纠正。由于现有证据不能认定任某某与李某为夫妻关系，任某某名下的保险理财产品也不能认定为夫妻共同财产，迁西县人民法院以任某某系李某之妻为由，裁定冻结任某某名下的保险理财产品，显然亦不符合法律规定。

综上所述，法院认为，任某某的上诉请求成立。一审判决认定事实错误，适用法律不当，应予纠正。依照《民法总则》（已失效）第 113 条①、《婚姻法》（已失效）第 8 条②、《婚姻法解释（一）》（已失效）第 5 条③、《民事诉讼法》（2017 年）第 170 条第 1 款第 2 项④和《民事诉讼法解释》第 312 条第 1 款第 1 项的规定，判决如下：

1. 撤销河北省迁西县人民法院（2017）冀 0227 民初 2948 号民事判决；

2. 不得对上诉人任某某在中国人民人寿保险股份有限公司唐山市分公司购买的金鼎富贵两全（分红型）e 款的保险理财产品进行执行；

3. 河北省迁西县人民法院（2016）冀 0227 执异 36 号执行裁定于本判决生效时自动失效。

（四）律师小结

上述案件中，夫妻关系是否存在是案件的关键问题，该案虽是 2018 年的案例，但《民法典》及相关司法解释对于未办理结婚登记的男女双方能否认定为夫妻关系的规定未作更改。根据《民法典婚姻家庭编解释（一）》第 7 条的规定可知，对于 1994 年 2 月 1 日以后开始共同生活的，必须补办结婚登记，否则不能认定为夫妻关系；对于 1994 年 2 月 1 日以前开始共同生活的，应当结合男女双方当事人的意志判断。如果当事人主张存在事实婚姻关系并要求离婚的，才能按照事实婚姻处理，如果当事人自己不主张，则法院不能依职权主动认定男女双方为夫妻关系。这也

---

① 相关规定参见《民法典》第 113 条。
② 相关规定参见《民法典》第 1049 条。
③ 相关规定参见《民法典婚姻家庭编解释（一）》第 7 条。
④ 相关规定参见 2021 年修正的《民事诉讼法》第 177 条第 1 款第 2 项。

符合《民法典》婚姻自由的原则，因为婚姻关系首先表现为人身关系，必须尊重当事人的意愿，否则就违反婚姻自由的基本原则。

二、哪些情形下婚姻无效？谁可以向法院请求婚姻无效？

（一）律师观点

与《婚姻法》（已失效）相比，《民法典》在婚姻无效上做了不小的改变，将患有医学上认为不应当结婚的疾病尚未治愈的情形从婚姻无效的情形中删除，充分贯彻婚姻自由原则，保护当事人的婚姻自主权，尊重当事人的自由意志。《婚姻法》（已失效）禁止患有特定疾病的人结婚，其立法本意是为了防止传染性疾病的蔓延，但随着医学的进步，疾病的范围在不断缩小，且到底哪些疾病属于特定疾病在医学上也不好界定，一般来说，患有严重精神疾病的禁止结婚，这是因为精神类疾病患者缺乏结婚意思表示的行为能力，不能有效缔结婚姻。在现行法律下，《民法典》对无效婚姻的事由采取穷尽式列举，仅规定了三种无效情形，分别是重婚、有禁止结婚的亲属关系、未达法定婚龄，排除了任何否定婚姻关系的其他事由。因此，当事人不能仅以结婚登记时的程序瑕疵为由主张婚姻无效，结婚登记是婚姻登记机关的行政行为，当事人认为结婚登记程序存在瑕疵，主张更正或撤销结婚登记的，可以请求婚姻登记机关予以更正或撤销婚姻登记。

婚姻效力问题不仅事关婚姻双方当事人的重大利益，也关系其近亲属以及整个社会的公共利益，因此，请求宣告婚姻无效的主体应与婚姻效力具有利害关系。根据《民法典婚姻家庭编解释（一）》第 9 条的规定，请求确认婚姻无效的主体包括婚姻当事人及利害关系人，又根据不同的无效事由规定了不同的利害关系人，具体为：以重婚为由的，为当事人的近亲属及基层组织；以未到法定婚龄为由的，为未到法定婚龄者的近亲属；以有禁止结婚的亲属关系为由的，为当事人的近亲属。婚姻当事人或者利害关系人申请宣告婚姻无效的，应当向法院提起，婚姻是否无效应当由法院作出认定，婚姻当事人没有自由处分的权利。有关婚姻效力的审理不适用调解，受理后不能撤诉，且判决一经作出即发生法律效力，当事人不得提起上诉。

（二）法律依据

《民法典》

第一千零四十八条 直系血亲或者三代以内的旁系血亲禁止结婚。

第一千零五十一条 有下列情形之一的，婚姻无效：

（一）重婚；

（二）有禁止结婚的亲属关系；

（三）未到法定婚龄。

《民法典婚姻家庭编解释（一）》

第九条　有权依据民法典第一千零五十一条规定向人民法院就已办理结婚登记的婚姻请求确认婚姻无效的主体，包括婚姻当事人及利害关系人。其中，利害关系人包括：

（一）以重婚为由的，为当事人的近亲属及基层组织；

（二）以未到法定婚龄为由的，为未到法定婚龄者的近亲属；

（三）以有禁止结婚的亲属关系为由的，为当事人的近亲属。

第十条　当事人依据民法典第一千零五十一条规定向人民法院请求确认婚姻无效，法定的无效婚姻情形在提起诉讼时已经消失的，人民法院不予支持。

第十一条　人民法院受理请求确认婚姻无效案件后，原告申请撤诉的，不予准许。

对婚姻效力的审理不适用调解，应当依法作出判决。

涉及财产分割和子女抚养的，可以调解。调解达成协议的，另行制作调解书；未达成调解协议的，应当一并作出判决。

第十七条　当事人以民法典第一千零五十一条规定的三种无效婚姻以外的情形请求确认婚姻无效的，人民法院应当判决驳回当事人的诉讼请求。

当事人以结婚登记程序存在瑕疵为由提起民事诉讼，主张撤销结婚登记的，告知其可以依法申请行政复议或者提起行政诉讼。

（三）典型案例

【案件索引】

案由：许某某与孙某某婚姻无效纠纷案

审理法院：重庆市黔江区人民法院

案号：（2021）渝0114民初71号

【基本案情】

原告：许某某

被告：孙某某

原告许某某的父亲许某1与被告孙某某的母亲许显某系同胞兄妹关系，原告、被告系亲表兄妹关系。2011年7月14日，原告、被告在黔江区民政局办理了结婚登记。许某某认为,其与被告结婚违反了婚姻法的禁止性规定,请求法院确认该婚姻无效。

【法院判决】

法院认为,《民法典》第1048条规定:"直系血亲或者三代以内的旁系血亲禁止结婚。"本案中,原告、被告系亲表兄妹关系,属于三代以内旁系血亲,两人登记结婚,违反了法律的禁止性规定,该婚姻无效,依法应予解除。故依照《民法典》第1048条、第1051条,《民事诉讼法》(2017年)第144条①的规定,判决宣告原告许某某与被告孙某某的婚姻无效。

(四)律师小结

在现行法律下,患有医学上认为不应当结婚的疾病尚未治愈的情形不再属于婚姻无效的情形,《民法典》对无效婚姻的事由采取穷尽式列举,除前文所述法律规定的三种无效事由外,排除了其他否定婚姻关系的事由,因此若非上述三种法定事由外,不能认定婚姻关系无效。

三、因胁迫而结婚的,婚姻可撤销吗?

(一)律师观点

可撤销婚姻,是指因违背当事人的真实意思而成立的婚姻,或者已成立的婚姻缺乏结婚的某个要件,有撤销权的当事人可行使撤销权,使已经发生效力的婚姻归于无效。《民法典》婚姻家庭编关于可撤销婚姻的规定是在《婚姻法》(已失效)的基础上修改完善的,目前法律只规定了两种可撤销婚姻的事由,其中,因胁迫结婚的,受胁迫的一方可以向法院请求撤销婚姻。

根据《民法典》的规定,当事人享有婚姻自由,结婚必须男女双方完全自愿,禁止任何一方对另一方加以强迫或者任何组织、个人加以干涉。因胁迫而缔结的婚姻关系,严重违背当事人的自由意志,不符合结婚的法定要件,受胁迫的一方当事人有权请求撤销违背其真实意思的婚姻。这里的胁迫,是指行为人以给另一方当事人或者其近亲属的生命、身体健康、名誉、财产等方面造成损害为要挟,无论是身体上的强制还是精神上的控制,只要是能够对受胁迫者的自由意志产生影响,

---

① 相关规定参见2021年修正的《民事诉讼法》第147条。

使其违背自由意志而结婚的，都构成胁迫。实施胁迫行为的人并不限于婚姻的一方当事人，还包括第三人，比如，受胁迫方或者婚姻另一方当事人的父母、近亲属等。受胁迫的人除了婚姻的一方当事人，还包括婚姻当事人的近亲属。同《婚姻法》（已失效）相比，《民法典》还将因胁迫而请求撤销婚姻的起算点由“结婚登记之日”变为“胁迫行为终止之日”，更有利于保障被胁迫方的合法权益。同时，新增了婚姻无效或被撤销时，无过错方有权请求损害赔偿的规定，对无过错方的权益进一步加以保护。

（二）法律依据

《民法典》

第一千零五十二条 因胁迫结婚的，受胁迫的一方可以向人民法院请求撤销婚姻。请求撤销婚姻的，应当自胁迫行为终止之日起一年内提出。被非法限制人身自由的当事人请求撤销婚姻的，应当自恢复人身自由之日起一年内提出。

第一千零五十四条 无效的或者被撤销的婚姻自始没有法律约束力，当事人不具有夫妻的权利和义务。同居期间所得的财产，由当事人协议处理；协议不成的，由人民法院根据照顾无过错方的原则判决。对重婚导致的无效婚姻的财产处理，不得侵害合法婚姻当事人的财产权益。当事人所生的子女，适用本法关于父母子女的规定。婚姻无效或者被撤销的，无过错方有权请求损害赔偿。

《民法典婚姻家庭编解释（一）》

第十八条 行为人以给另一方当事人或者其近亲属的生命、身体、健康、名誉、财产等方面造成损害为要挟，迫使另一方当事人违背真实意愿结婚的，可以认定为民法典第一千零五十二条所称的“胁迫”。

因受胁迫而请求撤销婚姻的，只能是受胁迫一方的婚姻关系当事人本人。

第十九条 民法典第一千零五十二条规定的“一年”，不适用诉讼时效中止、中断或者延长的规定。

受胁迫或者被非法限制人身自由的当事人请求撤销婚姻的，不适用民法典第一百五十二条第二款的规定。

第二十二条 被确认无效或者被撤销的婚姻，当事人同居期间所得的财产，除有证据证明为当事人一方所有的以外，按共同共有处理。

(三)典型案例

【案件索引】

案由:王某与李某撤销婚姻纠纷案

审理法院:北京市密云区人民法院

案号:(2021)京0118民初2135号

【基本案情】

原告:王某

被告:李某

王某与李某于2019年3月18日相识。自2020年7月起,李某多次向王某提出结婚,但均被拒绝。其间,李某多次至王某工作单位和家中强迫王某与其结婚,并扬言如不结婚就一起自杀。2021年1月18日,二人登记结婚。结婚登记后,王某拒绝至李某家中与其共同生活,李某对王某进行拉拽和推搡,致王某身体局部淤青。后王某以其办理婚姻登记系受李某胁迫为由要求撤销婚姻登记。

【法院判决】

法院认为,结婚应当男女双方完全自愿。因胁迫结婚的,受胁迫的一方可以向法院请求撤销婚姻。请求撤销婚姻的,应当自胁迫行为终止之日起一年内提出。胁迫,是指行为人以给另一方当事人或者其近亲属的生命、身体、健康、名誉、财产等方面造成损害为要挟,迫使另一方当事人违背真实意愿结婚。本案中王某主观上不同意登记结婚,李某以对王某的生命及名誉为要挟,迫使王某违背真实意愿与李某办理了结婚登记,李某的行为构成胁迫。王某与李某的婚姻关系属于因胁迫后缔结,且未超过一年撤销婚姻的除斥期间,故受胁迫方王某主张撤销婚姻关系,于法有据,法院予以支持。综上所述,依照《民法典》第1046条、第1053条,《民法典婚姻家庭编解释(一)》第18条之规定,判决如下:撤销王某与李某的婚姻关系。

(四)律师小结

婚姻自由是法律赋予公民的重要权利,美满的婚姻关系需要以双方自愿为基础,若因一方胁迫而结婚的,另一方当事人可以根据规定依法主张撤销。与婚姻无效不同,只有享有撤销权的婚姻一方当事人本人可行使撤销权,其近亲属不能以该事由请求撤销当事人的婚姻。且撤销权有行使期限,为了促使当事人及时行使权利和避免法律关系长期处于不稳定状态,《民法典》对一方当事人行使撤销权的时限进行了限制，因胁迫结婚的，撤销权人应当自胁迫行为终止之日起一年内提出；若被非法限制人身自由的，则自恢复人身自由之日起一年内提出。因此，实践中一方是因为受到胁迫而与另一方结婚的话，当事人应及时行使权利并保留好相关受胁迫的证据。请求撤销婚姻时，无过错方还可向过错方主张损害赔偿，包括物质损害赔偿和精神损害赔偿。

四、一方在婚前隐瞒其患有重大疾病，另一方可否向法院请求撤销婚姻？

（一）律师观点

配偶是否如实告知婚前患有重大疾病的情况，是影响婚姻稳定和下一代健康的重要因素，然而结婚后才发现另一半患有重大疾病且属于另一半在婚前有意隐瞒的现象在现实生活中时有发生。《婚姻法》（已失效）将“患有医学上认为不应当结婚的疾病”作为婚姻禁止条件，由于时代背景和医学条件的变化，《民法典》对此作出相应修改。

一方婚前患有重大疾病未如实告知是本次《民法典》新增加的可撤销婚姻的事由，由《婚姻法》（已失效）对婚姻无效事由的规定演化而来，旨在保护配偶的知情权，也是对当事人意思表示的充分尊重，在不违背社会公共道德和国家利益的前提下，尽可能地保障公民婚姻自主权。婚姻禁止条件与无效情形的改变，并不意味着婚姻双方可以随意隐瞒自己患有“重大疾病”。《民法典》对一方婚前患有重大疾病未告知配偶的情况，有新的处理方式，即一方面默认该婚姻有效，但另一方面赋予被隐瞒的配偶选择权。配偶认可该婚姻关系的，则该婚姻关系有效；如果不认可，配偶可以自知道或应当知道另一方患有重大疾病之日起一年内，向法院请求撤销婚姻。婚姻被撤销的，自始无效。

这里有个问题，哪些疾病属于应当告知的范围呢？一般来讲，重大疾病是指医治该疾病花费巨大且在较长一段时间内会严重影响患者的正常工作和生活。由于法律具有滞后性，而重大疾病的范围可能随着医疗技术的进步以及新型疾病的出现而发生变化，为保障适用性与延续性，《民法典》未明确规定重大疾病的具体范围。

然而，根据《母婴保健法》的规定，婚前医学检查包括严重遗传性疾病、指定传染病、有关精神病的检查。严重遗传性疾病，是指由于遗传因素先天形成，患者全部或者部分丧失自主生活能力，后代再现风险高，医学上认为不宜生育的遗传性疾病。指定传染病，是指《传染病防治法》中规定的艾滋病、淋病、梅毒、麻风病以及医学上认为影响结婚和生育的其他传染病。有关精神病,是指精神分裂症、躁狂抑郁性精神病以及其他重型精神病。婚前已患有上述疾病的公民暂时不适宜结婚,故根据举重以明轻的原则,婚姻一方在办理结婚登记前若知晓自身患有上述疾病,无论上述传染病、遗传性疾病以及精神病的发病程度是否严重,均视为符合规定的重大疾病,患病一方均应将患病情况告知另一方,至于其他重大疾病的认定,则需对个案具体分析而定。若患病一方已经在结婚登记前将自己患病的事实如实告知另一方当事人,另一方当事人仍自愿与其结婚,则另一方当事人无权再行使撤销权,请求撤销婚姻。若患病一方虽告知患病事实,但隐瞒或未如实告知所患疾病发展程度,则仍应视为未履行婚前如实告知义务,配偶仍有权行使撤销权,请求撤销婚姻。

(二)法律依据

《民法典》

第一千零五十三条 一方患有重大疾病的,应当在结婚登记前如实告知另一方;不如实告知的,另一方可以向人民法院请求撤销婚姻。请求撤销婚姻的,应当自知道或者应当知道撤销事由之日起一年内提出。

第一千零五十四条 无效的或者被撤销的婚姻自始没有法律约束力,当事人不具有夫妻的权利和义务。同居期间所得的财产,由当事人协议处理;协议不成的,由人民法院根据照顾无过错方的原则判决。对重婚导致的无效婚姻的财产处理,不得侵害合法婚姻当事人的财产权益。当事人所生的子女,适用本法关于父母子女的规定。婚姻无效或者被撤销的,无过错方有权请求损害赔偿。

《母婴保健法》

第八条 婚前医学检查包括对下列疾病的检查:

(一)严重遗传性疾病;

(二)指定传染病;

(三)有关精神病。

经婚前医学检查,医疗保健机构应当出具婚前医学检查证明。

《民法典婚姻家庭编解释(一)》

第二十条 民法典第一千零五十四条所规定的"自始没有法律约束力",是指无效婚姻或者可撤销婚姻在依法被确认无效或者被撤销时,才确定该婚姻自始不受法律保护。

第二十二条 被确认无效或者被撤销的婚姻,当事人同居期间所得的财产,除有证据证明为当事人一方所有的以外,按共同共有处理。

（三）典型案例

【案件索引】

案由：曹某1与宋某撤销婚姻纠纷案

审理法院：山东省阳谷县人民法院

案号：（2021）鲁1521民初954号

【基本案情】

原告：曹某1

被告：宋某

原告曹某1与被告宋某于2020年12月初通过网络认识，之后在阳谷县民政局办理结婚登记手续，后又补办了订婚仪式，曹某1给付宋某彩礼15万元，于2021年1月20日举行了结婚仪式。2021年2月11日，曹某1发现宋某患有尿毒症。2021年3月12日，原告曹某1向法院提起诉讼，请求判决依法撤销原、被告的婚姻关系，被告宋某返还彩礼15万元并赔偿损失3万元。

【法院判决】

《民法典》第1053条规定："一方患有重大疾病的，应当在结婚登记前如实告知另一方；不如实告知的，另一方可以向人民法院请求撤销婚姻。请求撤销婚姻的，应当自知道或者应当知道撤销事由之日起一年内提出。"本案中，被告宋某患有尿毒症，不适宜生孩子，属于重大疾病。被告在结婚前即诊断患有尿毒症，并且住院治疗过，但在结婚登记前被告没有据实详尽地尽到告知义务，侵害了原告的知情权。原告以被告婚前隐瞒重大疾病为由主张撤销婚姻，于法有据，法院予以支持。《民法典》第1054条规定："无效的或者被撤销的婚姻自始没有法律约束力，当事人不具有夫妻的权利和义务。同居期间所得的财产，由当事人协议处理；协议不成的，由人民法院根据照顾无过错方的原则判决。"本案中，原告曹某1与被告宋某之间的婚姻依法应予以撤销，原告曹某1给付被告宋某的彩礼款15万元，被告宋某应予以返还。诉讼中，原告曹某1放弃被告宋某赔偿损失的诉讼请求，法院予以确认。被告宋某经法院依法传唤，无正当理由未到庭参加诉讼，应依法缺席判决。最终判决依法撤销原告曹某1与被告宋某的婚姻关系，被告宋某于本判决生效后10日内返还原告曹某1彩礼款15万元。

（四）律师小结

具备可撤销婚姻的法定事由时，只有一方当事人本人可行使撤销权，其近亲属不能以该事由请求撤销当事人的婚姻。当发现配偶在婚前隐瞒其患有重大疾病时，被隐瞒的一方当事人应当及时行权，自知道或者应当知道之日起一年内向人民法院请求撤销婚姻，若超过该期限，则丧失撤销权。

五、未办理结婚登记，一方死亡，另一方能继承财产吗？

（一）律师观点

随着社会观念的发展，未婚同居现象越来越常见，有的以男女朋友关系同居，有的以夫妻名义同居，无论以什么名义，相同的一点就是双方未办理结婚登记。若一方死亡，在没有办理结婚登记仅同居生活时，另一方和死亡一方的家属对继承问题容易产生争议，甚至引发继承纠纷。

我国实行结婚登记制度，符合法定结婚条件的男女，只有在办理结婚登记以后，其婚姻关系才具有法律效力，才受到国家的承认和保护。《民法典》明确指出了夫妻之间互相享有继承权，而证明男女双方具有夫妻关系、互为配偶的前提有两种，一是双方办理了结婚登记；二是双方虽未办理结婚登记，但系于 1994 年 2 月 1 日以前以夫妻名义生活，已符合结婚实质要件的，按事实婚姻关系处理。但现实情况是，很多夫妻是在 1994 年 2 月 1 日以后才以夫妻名义生活，且并没有按照规定补办结婚登记，所以双方虽以夫妻名义共同生活，生儿育女，但实际上并不属于真正的夫妻，两者并非夫妻关系，而系同居关系。当一方死亡时，另一方因不是法律意义上的配偶，故无法律规定的继承权，不能以配偶身份主张继承权。

（二）法律依据

《民法典》

第一千一百二十二条 遗产是自然人死亡时遗留的个人合法财产。

依照法律规定或者根据其性质不得继承的遗产，不得继承。

第一千一百二十四条 继承开始后，继承人放弃继承的，应当在遗产处理前，以书面形式作出放弃继承的表示；没有表示的，视为接受继承。

受遗赠人应当在知道受遗赠后六十日内，作出接受或者放弃受遗赠的表示；到期没有表示的，视为放弃受遗赠。

第一千一百二十七条　遗产按照下列顺序继承：

（一）第一顺序：配偶、子女、父母；

（二）第二顺序：兄弟姐妹、祖父母、外祖父母。

继承开始后，由第一顺序继承人继承，第二顺序继承人不继承；没有第一顺序继承人继承的，由第二顺序继承人继承。

本编所称子女，包括婚生子女、非婚生子女、养子女和有扶养关系的继子女。

本编所称父母，包括生父母、养父母和有扶养关系的继父母。

本编所称兄弟姐妹，包括同父母的兄弟姐妹、同父异母或者同母异父的兄弟姐妹、养兄弟姐妹、有扶养关系的继兄弟姐妹。

第一千一百三十一条　对继承人以外的依靠被继承人扶养的人，或者继承人以外的对被继承人扶养较多的人，可以分给适当的遗产。

第一千零四十九条　要求结婚的男女双方应当亲自到婚姻登记机关申请结婚登记。符合本法规定的，予以登记，发给结婚证。完成结婚登记，即确立婚姻关系。未办理结婚登记的，应当补办登记。

第一千零五十条　登记结婚后，按照男女双方约定，女方可以成为男方家庭的成员，男方可以成为女方家庭的成员。

第一千零六十一条　夫妻有相互继承遗产的权利。

《民法典婚姻家庭编解释（一）》

第六条　男女双方依据民法典第一千零四十九条规定补办结婚登记的，婚姻关系的效力从双方均符合民法典所规定的结婚的实质要件时起算。

第七条　未依据民法典第一千零四十九条规定办理结婚登记而以夫妻名义共同生活的男女，提起诉讼要求离婚的，应当区别对待：

（一）1994年2月1日民政部《婚姻登记管理条例》公布实施以前，男女双方已经符合结婚实质要件的，按事实婚姻处理。

（二）1994年2月1日民政部《婚姻登记管理条例》公布实施以后，男女双方符合结婚实质要件的，人民法院应当告知其补办结婚登记。未补办结婚登记的，依据本解释第三条规定处理。

第八条　未依据民法典第一千零四十九条规定办理结婚登记而以夫妻名义共同生活的男女，一方死亡，另一方以配偶身份主张享有继承权的，依据本解释第七条的原则处理。

（三）典型案例

【案件索引】

案由：葛某1与葛某2、张某1等遗嘱继承纠纷案

审理法院：宁夏回族自治区银川市兴庆区人民法院

案号：(2020)宁0104民初9456号

【基本案情】

原告：葛某1

原告：葛某2

原告：张某1

原告：张某2

原告：张某3

原告：张某4

被告：周某某

被告周某某与葛某某共同生活但未办理结婚登记手续。2019年12月19日，葛某某死亡，其丧事由被告办理。社保部门核发葛某某死亡待遇款项合计65,446.1元（抚恤金43,683.33元＋丧葬费14,202.75元＋个人账户余额14,332.82元－超领养老金6772.8元）。葛某某去世后，被告领取葛某某工资卡内款项共计72,500元（含葛某某死亡待遇款项合计65,446.1元），同时领取葛某某骨灰深埋奖励费5000元。葛某某的父母共生育六个子女，分别为葛秋某、葛香某、葛某梅、葛某某及原告葛某1、葛某2，葛某某无子女。葛某某的父母分别于1972年、1986年去世。葛秋某与丈夫共生育张某1、张某2、张某3三个子女，并收养张某4为养女。葛秋某的丈夫于2010年去世，葛秋某于2020年6月25日去世。2020年7月17日，葛香某、葛某梅在公证处办理了《放弃继承权声明书》公证，声明其自愿放弃对葛某某死亡后遗留的抚恤金、丧葬费、医疗事故死亡赔偿金等的继承权。现原告、被告因继承发生争议，原告诉至法院。

【法院判决】

法院认为，公民合法的继承权受法律保护。葛某某的父母先于葛某某去世，葛某某无子女，现原告要求以葛某某第二顺序法定继承人的身份继承葛某某遗产，被告要求以配偶身份继承葛某某遗产，因被告与葛某某未履行结婚登记手续，故被告与葛某某之间是否存在事实婚姻关系是本案双方争议的焦点。

《婚姻法解释(一)》(已失效)第5条[①]规定:"未按婚姻法第八条规定办理结婚登记而以夫妻名义共同生活的男女,起诉到人民法院要求离婚的,应当区别对待:(一)1994年2月1日民政部《婚姻登记管理条例》公布实施以前,男女双方已经符合结婚实质要件的,按事实婚姻处理。(二)1994年2月1日民政部《婚姻登记管理条例》公布实施以后,男女双方符合结婚实质要件的,人民法院应当告知其在案件受理前补办结婚登记;未补办结婚登记的,按解除同居关系处理。"本案中,被告提交的证据无法证实其与葛某某于1994年2月1日前以夫妻名义共同居住生活且符合结婚实质要件,故法院对被告要求以葛某某配偶身份继承葛某某遗产的辩解意见不予采纳,对原告要求以葛某某第二顺序法定继承人的身份继承葛某某遗产及抚恤金等的诉讼请求予以支持。葛秋某在葛某某死亡后未表示放弃继承,并于遗产分割前死亡,其继承遗产的权利转移给他的合法继承人,即转移给原告张某1、张某2、张某3、张某4。依据《继承法》(已失效)第14条[②]的规定,"对继承人以外的依靠被继承人扶养的缺乏劳动能力又没有生活来源的人,或者继承人以外的对被继承人扶养较多的人,可以分配给他们适当的遗产"。本案中,根据原、被告举证,可以证实被告与葛某某自2003年共同生活至葛某某去世,对葛某某履行了扶养义务,参照上述规定可适当分配遗产。遗产是公民死亡时遗留的合法财产,被告领取葛某某个人账户余额及工资卡内存款属于葛某某遗产,领取的抚恤金及骨灰深埋奖励费不属于葛某某遗产,但可以参照遗产处理。丧葬费用于给死者办理丧事,葛某某的丧事由被告办理,故丧葬费14,202.75元归被告所有。综上所述,法院依照《继承法》(已失效)第3条、第10条、第14条[③]以及《继承法意见》(已失效)第52条[④]、《婚姻法解释(一)》(已失效)第5条[⑤]之规定,判决如下:葛某某的遗产、抚恤金及骨灰深埋奖励费共计63,297.25元,原告葛某1、葛某2、被告各分得15,824元,原告张某1、张某2、张某3、张某4各分得3956元,因上述款项均由被告领取,故由被告向原告支付。

① 相关规定参见《民法典婚姻家庭编解释(一)》第7条。
② 相关规定参见《民法典》第1131条。
③ 相关规定分别参见《民法典》第1122条、第1127条、第1131条。
④ 相关规定参见《民法典》第1124条。
⑤ 相关规定参见《民法典婚姻家庭编解释(一)》第7条。

（四）律师小结

上述案例虽发生在《民法典》施行之前，但裁判思路未变。双方未办理结婚登记手续领取结婚证的，一方死亡，另一方能否以配偶身份继承其遗产，关键在于双方之间是否存在事实婚姻关系，若能够证明存在事实婚姻关系，则享有继承权；若不存在事实婚姻关系，则不享有继承权。在特殊情形下，虽不能以配偶身份主张继承权，但对于依靠被继承人扶养的人或者对被继承人扶养较多的人，根据法律规定也可以分得适当的遗产。

六、未到法定结婚年龄结婚，婚姻是否一定无效？

（一）律师观点

在法定结婚年龄上，《民法典》沿袭了《婚姻法》（已失效）的规定，仍然是男性年满 22 周岁，女性年满 12 周岁。并且法律明确规定，双方必须均已达到法定婚龄才可以结婚，一方或双方未达到法定婚龄即行结婚的，是无效婚姻，法律不予承认。要是在结婚时有一方未到法定婚龄，一般情况下婚姻登记机构是不会准许办理结婚登记手续的，然而现实生活中，有些人可能会采取隐瞒的手段来骗取结婚证，在这样的情况下男女之间的婚姻有可能会被认定为无效。至于要确认未到法定婚龄是否一定是无效婚姻，不能一概而论，因为在登记结婚时虽未达到法定婚龄，属于无效婚姻，但无效婚姻的原因在宣告婚姻无效之前已经消失的，婚姻关系即转化为合法有效。

（二）法律依据

《民法典》

第一千零四十七条　结婚年龄，男不得早于二十二周岁，女不得早于二十周岁。

第一千零五十一条　有下列情形之一的，婚姻无效：

（一）重婚；

（二）有禁止结婚的亲属关系；

（三）未到法定婚龄。

《民法典婚姻家庭编解释（一）》

第十条　当事人依据民法典第一千零五十一条规定向人民法院请求确认婚姻

无效,法定的无效婚姻情形在提起诉讼时已经消失的,人民法院不予支持。

(三)典型案例

【案件索引】

案由:杨某与吴某1婚姻无效纠纷案

审理法院:广西壮族自治区合浦县人民法院

案号:(2020)桂0521民初691号

【基本案情】

原告:杨某

被告:吴某1

原告杨某与被告吴某1于1995年年底经朋友介绍相识后,自由恋爱。1996年4月23日,双方虚报年龄领取结婚证之后,以夫妻名义共同生活。后双方生育儿子吴某2,共同抚养儿子长大。因双方感情不和,原告起诉请求法院宣告其与被告的婚姻无效。

【法院判决】

法院认为,虽然原告、被告双方办理结婚登记时均未达到法定婚龄,不符合结婚的法定年龄,但原告起诉时,双方均已达到法定婚龄,《婚姻法解释(一)》(已失效)第8条[①]规定:"当事人依据婚姻法第十条规定向法院申请宣告婚姻无效的,申请时,法定的无效婚姻情形已经消失的,人民法院不予支持。"故对原告的诉讼请求,法院不予支持。综上所述,依照《婚姻法》(已失效)第10条[②]、《婚姻法解释(一)》(已失效)第8条、《民事诉讼法》(2017年)第144条[③]的规定,判决如下:驳回原告杨某的诉讼请求。

(四)律师小结

如果一方或双方当事人在结婚时未达到法定婚龄,但在发生婚姻效力的争议时,双方当事人均已达到法定婚龄并已办理了结婚登记的,除非有其他导致婚姻无效的情形,否则不应对现存的婚姻作无效的认定。但这并不是对当事人过去行为的肯定,而是由于随着时间的推移和当事人年龄的增长,婚姻无效的原因已经不复存在,为了稳定婚姻关系,没有必要再去确认其婚姻无效。上述案例中虽然原告、

① 相关规定参见《民法典婚姻家庭编解释(一)》第10条。

② 相关规定参见《民法典》第1051条。

③ 相关规定参见2021年修正的《民事诉讼法》第147条。

被告双方办理结婚登记时，均未达到法定婚龄，不符合结婚的法定年龄，但原告起诉时，双方均已经达到法定婚龄，无论是根据《婚姻法》(已失效)司法解释还是《民法典》婚姻家庭编司法解释的规定，在申请宣告婚姻无效时法定的无效婚姻情形已经消失的，法院都不会支持。

第三章　家庭关系

一、夫妻一方丧失独立生活能力，能要求另一方支付扶养费吗？

（一）律师观点

男女双方因合法的婚姻形成夫妻之间的权利义务关系，该权利义务关系是平等的，且受到法律的制约和保护，其中夫妻之间的扶养义务是配偶身份权包含的重要内容，也是配偶身份关系和婚姻共同体的物化表现。基于配偶身份，夫妻在物质上和生活上应当相互帮助、相互供养，当然也包括在精神上相互支持、相互慰藉，遭遇危难时相互支援和相互救助。夫妻之间的扶养义务，是指夫妻双方在婚姻关系存续期间，在生活和物质上要相互扶助、给予供养，当夫妻一方失去劳动能力时，另一方负有照顾对方生活的义务；当夫妻一方生病时，另一方必须给予照顾或者送医院治疗，承担相应的医疗和护理费用；当配偶一方为无行为能力或者限制行为能力时，另一方有担任法定监护人的权利和义务。

夫妻之间的扶养义务是一项法定义务，具有法律强制性，它基于婚姻效力而产生，不受夫妻感情好坏等因素影响，并且该扶养义务和接受扶养的权利是完全平等的，双方应自觉履行扶养义务。如果夫妻双方因扶养发生纠纷，可以向法院起诉要求对方支付扶养费。扶养费给付数额的标准，法院通常会根据需要扶养一方的实际需要（包括生活费、医疗费等生活必要开支）、支付扶养费一方的经济能力和当地居民的平均生活水平等因素酌情确定。拒不履行对无独立生活能力的配偶的扶养义务，情节恶劣的，可能涉嫌构成遗弃罪，要承担相应的刑事责任。

（二）法律依据

《民法典》

第一千零五十九条　夫妻有相互扶养的义务。

需要扶养的一方，在另一方不履行扶养义务时，有要求其给付扶养费的权利。

（三）典型案例

【案件索引】

案由：廖某某、赵某某扶养费纠纷案

审理法院：安徽省宿州市埇桥区人民法院

案号：（2021）皖1302民初8989号

【基本案情】

原告：廖某某

被告：赵某某

原告廖某某与被告赵某某于2013年1月11日办理结婚登记手续。在夫妻共同生活期间，生育一个子女。2021年7月5日，原告诉至法院，以"原告系智力残疾二级，属于无民事能力人，无经济收入来源。2017年被告将原告撵到原告母亲家生活，原告平时看病的费用与生活费被告也拒绝支付。现在原告的病情严重仍在治疗，但被告拒绝给原告支付医疗费。原告母亲现在年龄已大，体弱多病，无法扶养原告。……"等理由，请求被告履行夫妻抚养义务。原告提供的由中国残疾人联合会颁发的残疾人证载明：廖某某为智力残疾人，残疾人证号：3422011991××××××××52。

【法院判决】

法院认为，原告、被告经婚姻登记机关登记结婚，其婚姻关系合法有效。根据《民法典》第1059条的规定，夫妻有相互扶养的义务。需要扶养的一方，在另一方不履行扶养义务时，有要求其给付扶养费的权利。依据上述法律规定，原告以其系智力残疾二级，属于无民事行为能力人，无经济收入来源，且病情仍在治疗，但被告拒绝给原告支付医疗费；原告母亲现在年龄已大，体弱多病，无法扶养原告等理由主张"被告履行扶养义务，每月支付原告扶养费1000元"，被告未提供证据推翻原告的主张及证据的证明效力，而且原告主张的每月支付扶养费1000元的请求与《2020年安徽省国民经济和社会发展统计公报》相关数据相符，故对原告的诉讼请求，法院予以支持。被告赵某某经法院传票传唤，无正当理由拒不到庭参加诉讼，放弃了对证据质证的权利，不影响法院对案件事实的审查认定，被告应对其行为承担不利的法律后果。

综上所述，依据《民法典》第1059条，《民事诉讼法》（2017年）第64条第1款、第142条、第144条[①]的规定，判决如下：

① 相关规定分别参见2021年修正的《民事诉讼法》第67条第1款、第145条、第147条。

1. 被告赵某某应履行与原告廖某某之间的夫妻扶养义务；
2. 被告赵某某自2021年8月起，每月5日前给付原告扶养费1000元。

（四）律师小结

司法实践中，夫妻一方要求另一方扶养，应当符合一定的条件。只有当夫妻一方丧失劳动能力，没有固定收入和缺乏生活来源，或者无独立生活能力或生活困难，或因患病、年老等原因需要扶养，另一方不履行扶养义务时，需要扶养的一方才有要求对方给付扶养费、履行扶养义务的权利。扶养费的数额主要根据需要扶养一方的实际需要、支付扶养费一方的经济能力和当地居民的平均生活水平综合确定，实务中由法官根据实际情况据以酌定。

二、妻子擅自终止妊娠是否侵犯丈夫的生育权？丈夫能否主张损害赔偿？

（一）律师观点

实践中，有些女性为了工作、学习深造、保持身材等原因，在没有经过丈夫的同意下，擅自决定终止妊娠，双方因此发生纠纷，有些男性据此以生育权遭受侵害为由主张损害赔偿。事实上，妻子单方终止妊娠并不会侵犯丈夫的生育权，丈夫不能以自己享有的生育权对抗妻子享有的生育决定权。丈夫以此为由起诉女方，要求赔偿的，法院不会予以支持。基于生理结构和分工的不同，妻子为了妊娠、分娩，无论是在人身自由方面还是身心健康方面都较丈夫承担了更多生理风险及心理压力，其为抚育子女成长通常也会付出较丈夫更大的牺牲。生育对女性利益的影响大于男性，因此，为维护妇女权益，法律将生育权内涵扩张至不生育的自由。当夫妻生育权发生冲突时，尤其是丈夫有生育意愿而妻子无生育意愿的情况下，侧重于妇女权益的特殊保护，既符合立法本意，也是司法公正的要求。

相关司法解释也明确规定，夫以妻擅自终止妊娠侵犯其生育权为由请求损害赔偿的，法院不予支持。夫妻双方因是否生育发生纠纷，致使感情确已破裂，一方请求离婚的，法院经调解无效，应依照《民法典》第1079条第3款第5项“其他导致夫妻感情破裂的情形”的规定处理。该规定的基础即在于妇女享有生育决定权，妇女受孕后，胎儿构成妇女人身的组成部分，丈夫的生育权的实现不得侵害妇女的人身自由权。因此，未经丈夫同意妻子擅自终止妊娠，并不构成对丈夫生育权的侵害，丈夫当然不享有损害赔偿权。

（二）法律依据

《民法典》

第一千零七十九条 夫妻一方要求离婚的，可以由有关组织进行调解或者直接向人民法院提起离婚诉讼。

人民法院审理离婚案件，应当进行调解；如果感情确已破裂，调解无效的，应当准予离婚。

有下列情形之一，调解无效的，应当准予离婚：

（一）重婚或者与他人同居；

（二）实施家庭暴力或者虐待、遗弃家庭成员；

（三）有赌博、吸毒等恶习屡教不改；

（四）因感情不和分居满二年；

（五）其他导致夫妻感情破裂的情形。

一方被宣告失踪，另一方提起离婚诉讼的，应当准予离婚。

经人民法院判决不准离婚后，双方又分居满一年，一方再次提起离婚诉讼的，应当准予离婚。

《民法典婚姻家庭编解释（一）》

第二十三条 夫以妻擅自中止妊娠侵犯其生育权为由请求损害赔偿的，人民法院不予支持；夫妻双方因是否生育发生纠纷，致使感情确已破裂，一方请求离婚的，人民法院经调解无效，应依照民法典第一千零七十九条第三款第五项的规定处理。

（三）典型案例

【案件索引】

案由：李某与曹某离婚纠纷案

审理法院：河南省平顶山市中级人民法院

案号：(2015)平民三终字第818号

【基本案情】

上诉人（原审原告）：李某

被上诉人（原审被告）：曹某

2014年年初，李某、曹某经人介绍相识，农历2014年正月初六订婚，2014年11月13日在鲁山县民政局办理结婚登记，双方婚后感情一般。婚后，曹某在外打工，李某随曹某共同生活，因曹某前女友到其家中，与李某发生争执。

2015年5月20日，李某返回平顶山老家，2015年5月26日，李某在怀孕三个月后，未与曹某协商，在河南省叶县人民医院进行药物流产，2015年5月27日，李某以与曹某感情破裂为由诉至法院。

【法院判决】

法院认为，李某与曹某于2014年11月13日办理结婚登记，双方的婚姻关系符合《婚姻法》（已失效）的有关规定，属于合法有效婚姻。《婚姻法解释（三）》（已失效）第9条[①]规定："夫以妻擅自中止妊娠侵犯其生育权为由请求损害赔偿的，人民法院不予支持；夫妻双方因是否生育发生纠纷，致使感情确已破裂，一方请求离婚的，人民法院经调解无效，应依照婚姻法第三十二条第三款第五项[②]的规定处理。"曹某愿意生育孩子，而李某未与曹某协商，私自使用药物流产的行为，表明夫妻感情确已破裂，故对李某要求离婚的诉讼请求，法院予以支持；双方产生争执后，李某在没有征得曹某同意的情况下私自终止妊娠，李某对此事的处理上缺乏理性，给曹某及家人造成伤害；同时，双方婚后共同生活时间较短，曹某为结婚亦花费较大，法院据此酌定李某返还曹某彩礼款38,000元。

（四）律师小结

上述案例虽发生在《民法典》施行之前，但由于法律条文内容未作改变，裁判思路是一致的。夫以妻擅自终止妊娠，侵犯其生育权为由请求损害赔偿的，法院不予支持。生育权具有人格权的属性，妻子擅自终止妊娠的行为本质上不是侵权而只是双方就生育权发生的冲突。夫妻生育权是夫妻共同享有的权利，须双方共同行使。夫妻双方在行使这一权利时，应当平等协商、相互尊重、相互体贴，充分尊重对方的生育意愿，不得将自己一方的意思强加于对方。根据《民法典》的规定，当夫妻一方因生育问题提起诉讼，主张生育的丈夫对于擅自终止妊娠的妻子提起损害赔偿之诉的，无论是基于违约还是基于侵权，法院均应驳回其诉讼请求。对于确实无法消除分歧的，当事人可通过离婚等途径寻求法律救济。

---

① 相关规定参见《民法典婚姻家庭编解释（一）》第23条。

② 相关规定参见《民法典》第1079条。

三、夫妻一方因家庭日常生活需要而实施的民事法律行为对双方都具有约束力吗?

(一)律师观点

随着经济、社会生活的发展,社会和家庭事务日趋繁杂,加之生活节奏逐渐加快,夫妻双方对于家庭事务的处理越来越追求快捷、便利和安全。《婚姻法》(已失效)并未对日常家事代理问题作出规定,仅规定夫妻对共有财产有平等处理权,但具体如何实现平等处理,是否凡事均需要夫妻双方共同完成,没有具体规定,难以满足社会生活的实际需要,因而此次《民法典》在编纂过程中新增了日常家事代理制度,明确了一方因家庭日常生活需要实施的民事法律行为对内对外的效力。

日常家事代理权,是作为身份权的配偶权中的一项重要内容,即夫妻基于配偶身份依法产生的相互代理,是指夫妻一方在因家庭日常事务而与第三人为一定的法律行为时,享有代理配偶一方的权利。对于夫妻一方以夫、妻或夫和妻共同名义对外行使的日常生活需要行为,除非实施法律行为一方与相对人另有约定,否则对夫妻双方均发生法律效力,无论另一方是否同意,其均不能以未授权、不知道为由予以否认。根据日常家事代理权制度,认定为夫妻行为的,该行为形成的债务认定为夫妻债务。具体而言,夫妻一方代表家庭所为的行为,视为夫妻共同的意思表示,夫妻另一方亦必须承担法律后果,夫妻双方对该行为承担共同的连带责任。日常家事代理权的行使一般以日常家事为限,即夫妻双方及他们共同的未成年子女日常共同生活所必要的事项,通常包括购买食物、衣服、家具等生活用品,娱乐、保健、医疗以及子女教育、老人赡养、雇用家务服务人员、对亲友的馈赠等事项。判断某一事项是否属于家庭日常生活需要,应当从夫妻共同生活的状态,如夫妻双方的职业、身份、资产、收入、兴趣、家庭人数等,以及当地一般社会生活习惯予以认定。

在夫妻内部关系中,双方可以约定一方实施的涉及家庭日常生活民事法律行为的范围,该约定对夫妻双方具有法律约束力;但在外部关系中,如果该民事法律行为的相对人不知道或不应当知道该约定的,不受夫妻内部约定的约束,该民事法律行为仍对夫妻双方发生法律效力。

(二)法律依据

《民法典》

第一千零六十条 夫妻一方因家庭日常生活需要而实施的民事法律行为,对夫妻双方发生效力,但是夫妻一方与相对人另有约定的除外。

夫妻之间对一方可以实施的民事法律行为范围的限制,不得对抗善意相对人。

第一千零六十四条 夫妻双方共同签名或者夫妻一方事后追认等共同意思表示所负的债务,以及夫妻一方在婚姻关系存续期间以个人名义为家庭日常生活需要所负的债务,属于夫妻共同债务。

夫妻一方在婚姻关系存续期间以个人名义超出家庭日常生活需要所负的债务,不属于夫妻共同债务;但是,债权人能够证明该债务用于夫妻共同生活、共同生产经营或者基于夫妻双方共同意思表示的除外。

(三)典型案例

【案件索引】

案由:王某与王某1、许某某间借贷纠纷案

审理法院:天津市滨海新区人民法院

案号:(2021)津0116民初4079号

【基本案情】

原告:王某

被告:王某1

被告:许某

王某1以为武汉工程工人发放工资为由,先后向王某多次借款。2018年8月24日,依王某要求,案外人邵某某向王某1跨行转账110,000元。2018年8月25日,依王某要求,案外人蒋某某向王某1跨行转账20,000元。同日,王某分十次共向王某1跨行转账170,000元。后王某1向王某还款170,000元。2019年4月12日,依王某1要求,王某向案外人蔡某某分三次跨行转账共计140,000元。2019年11月27日,王某向王某1分两次跨行转账共计30,000元。2020年11月24日,王某1向王某出具借条一张,载明:"今借到王某人民币叁拾万元整(300,000元),定于2021年1月31日之前还清。如若到期未还,愿承担一切责任。借款人:王某1,2020.11.24"。王某1与许某原系夫妻关系,双方于2020年11月23日登记离婚。王某多次要求王某1还款,但王某1都以各种理由推脱,王某遂提起诉讼,要求王某1和许某归还全部借款。

【法院判决】

法院认为,关于王某要求许某共同承担还款责任的主张,本案借款发生时二被告虽系夫妻关系,但许某未签署借款凭证,且上述借款数额超出日常家事代理的范围,王某未能举证证实涉案借款为二被告"共债共签",或用于家庭日常生活、共同生产经营所需,根据在案证据,尚不足以认定涉案借款为夫妻共同债务,王某要求许某共同承担还款责任的主张无事实及法律依据,法院不予支持。

（四）律师小结

日常家事代理权制度确立了夫妻双方在处理日常家庭事务中互享代理权的准则，使夫妻双方在日常家事的范围内，可以单独实施某种民事法律行为，从而便利了夫妻双方，提高了夫妻双方处理家庭事务的效率，符合我国社会的发展趋势。并且，该制度也有利于保护与夫妻一方交易的第三人的合理信赖利益，维护交易安全，满足了我国市场经济发展的需要。而对于非因日常生活需要对夫妻共同财产作出处理的，应当平等协商，取得一致意见。

四、夫妻共同财产包括哪些？

（一）律师观点

在离婚案件中，当事人最关心的莫过于夫妻共同财产的分割。要确定夫妻共同财产如何分割，首先要确定夫妻共同财产范围。关于夫妻共同财产，我国法律规定的是法定婚后所得共同制，对于夫妻共同财产的范围，《民法典》第1062条仍采用列举式和概括式相结合的方式，前四项明确列举了四种财产属于夫妻共同财产，最后是概括式的兜底规定。与《婚姻法》（已失效）相比，在“工资、奖金”的基础上增加了“劳务报酬”，在“生产、经营的收益”的基础上增加了“投资收益”。关于“其他应当归共同所有的财产”，《民法典婚姻家庭编解释（一）》也总结归纳出了几种夫妻共同财产的类型，包括：一方以个人财产投资取得的收益；男女双方实际取得或者应当取得的住房补贴、住房公积金；男女双方实际取得或者应当取得的基本养老金、破产安置补偿费。

对于夫妻共同财产，双方享有平等的占有、使用、收益和处分的权利，除了对日常家事范围内的事务享有家事代理权的以及构成表见代理的情形外，一方擅自处分夫妻共同财产的，对另一方不发生法律效力。

（二）法律依据

《民法典》

第一千零六十二条 夫妻在婚姻关系存续期间所得的下列财产，为夫妻的共同财产，归夫妻共同所有：

（一）工资、奖金、劳务报酬；

（二）生产、经营、投资的收益；

(三)知识产权的收益;

(四)继承或者受赠的财产,但是本法第一千零六十三条第三项规定的除外;

(五)其他应当归共同所有的财产。

夫妻对共同财产,有平等的处理权。

《民法典婚姻家庭编解释(一)》

第二十四条 民法典第一千零六十二条第一款第三项规定的“知识产权的收益”,是指婚姻关系存续期间,实际取得或者已经明确可以取得的财产性收益。

第二十五条 婚姻关系存续期间,下列财产属于民法典第一千零六十二条规定的“其他应当归共同所有的财产”:

(一)一方以个人财产投资取得的收益;

(二)男女双方实际取得或者应当取得的住房补贴、住房公积金;

(三)男女双方实际取得或者应当取得的基本养老金、破产安置补偿费。

第二十六条 夫妻一方个人财产在婚后产生的收益,除孳息和自然增值外,应认定为夫妻共同财产。

第二十七条 由一方婚前承租、婚后用共同财产购买的房屋,登记在一方名下的,应当认定为夫妻共同财产。

(三)典型案例

【案件索引】

案由:徐某、李某离婚后财产纠纷案

审理法院:河南省民权县人民法院

案号:(2021)豫1421民初3828号

【基本案情】

原告:徐某

被告:李某

原告徐某与被告李某原系夫妻关系。2020年3月,徐某娜将原告、被告投资本金100,000元及分红27,000元转入被告的银行账户。2020年8月16日,李某向民权县人民法院提起离婚诉讼,法院于2020年8月28日判决不准予双方离婚。2021年6月1日,李某再次向法院提起离婚诉讼,法院于2021年6月30日作出民事判决,判决准予李某与徐某离婚;婚生子徐某1、婚生女徐某2由徐某抚养,李某承担抚养费72,217.22元。

【法院判决】

根据《民法典》第1062条“夫妻在婚姻关系存续期间所得的下列财产，为夫妻的共同财产，归夫妻共同所有：（一）工资、奖金、劳务报酬；（二）生产、经营、投资的收益；（三）知识产权的收益；（四）继承或者受赠的财产，但是本法第一千零六十三条第三项规定的除外；（五）其他应当归共同所有的财产”之规定，2020年3月徐某娜转入被告银行账户的投资本金100,000元及分红27,000元，属于原告、被告的夫妻共同财产。

《民法典婚姻家庭编解释（一）》第83条规定：“离婚后，一方以尚有夫妻共同财产未处理为由向人民法院起诉请求分割的，经审查该财产确属离婚时未涉及的夫妻共同财产，人民法院应当依法予以分割。”法院于2021年6月30日判决准予李某与徐某离婚时，并未对双方的夫妻共同财产作出实质处理，现原告请求依法予以分割，于法有据。被告辩称“127,000元全部支出”，其提交的证据仅为许某珊、许某欠的证言，因二人与被告具有亲属关系，且被告未能提供借条、收条、银行流水等相关证据予以佐证，故不能证明被告与许某珊、许某欠之间存在真实民间借贷关系的事实，即被告提交的证据不足以证明“127,000元全部支出”。但被告在婚姻关系存续期间必然有正常的生活支出之需，法院予以确认。关于数额，综合考虑客观事实及本案的具体案情，根据诚实信用原则及公序良俗原则，法院酌定由被告李某返还原告徐某分割款40,000元。

（四）律师小结

实务中还应当注意，一方使用婚前个人积蓄在婚后购买的房屋、车辆等有形财产，如果能够明确认定是源于其婚前的个人积蓄，则不属于生产、经营收益范畴，只是原有财产价值存在形态发生了变化，其价值取得始于婚前，所谓“万变不离其宗”，应当认定为一方的个人财产，而非夫妻共同财产。

五、婚后夫妻一方继承或受赠的财产是否属于夫妻共同财产？离婚时如何分割？

（一）律师观点

《民法典》明确规定，继承或者受赠的财产原则上属于夫妻共同财产，除非是在遗嘱或赠与合同中明确只归一方所有，不包含其配偶时，作为例外情形属于夫妻一方个人财产。可见,对于继承时所得的财产,在离婚时能否分割主要取决于以下三个因素:是否是婚内所得、是否有遗嘱、遗嘱中是否明确只归一方而不包含其配偶。我们知道,继承是从被继承人死亡时开始,那么如果没有遗嘱或者在遗嘱中并没有限定继承人的身份,一方通过法定继承所取得的财产,因为继承行为发生在婚后,就属于夫妻共同财产;基于遗嘱继承或受遗赠的财产,只有在遗嘱或遗赠中未明确归夫妻一方所有的,才属于夫妻共同财产,这点毋庸置疑。

这里要特别注意的是:如果一方的父母在双方婚前死亡,但是在双方婚姻关系存续期间才分割遗产,由于继承是从被继承人死亡时开始,故这笔遗产应属于该方的婚前个人财产,而不应是夫妻共同财产;同理,若继承的事实发生在婚姻关系存续期间,即使当时没有对该遗产进行分割,在离婚时,配偶一方仍可对另一方继承来的遗产主张分割。配偶一方基于特定身份关系享有的继承权,对方不能共有,双方共有的只是继承得来的财产,因此,如果作为继承人的配偶一方放弃继承,另一方以损害其权益为由提起诉讼的,原则上也不予支持。实践中,比较难处理的是双方离婚时遗产并没有进行分割,也就是说遗产并没有分到夫或妻一方名下,在这种情况下,离婚纠纷中就无法对该部分遗产进行处理。因为在离婚诉讼中,夫妻共同财产的分割,只能以已确定的夫妻共同财产为准。在确定夫妻共同财产的过程中,如果涉及一方是否应在离婚诉讼之前的继承关系中分得遗产的问题,由于该问题不属于离婚诉讼的标的范围,故不可能在离婚诉讼中采用列第三人的方法解决,通常情况下,法院会告知当事人要在遗产进行分割之后再另寻法律途径解决。

(二)法律依据

《民法典》

第一千零六十二条 夫妻在婚姻关系存续期间所得的下列财产,为夫妻的共同财产,归夫妻共同所有:

(一)工资、奖金、劳务报酬;

(二)生产、经营、投资的收益;

(三)知识产权的收益;

(四)继承或者受赠的财产,但是本法第一千零六十三条第三项规定的除外;

(五)其他应当归共同所有的财产。

夫妻对共同财产,有平等的处理权。

第一千零六十三条 下列财产为夫妻一方的个人财产:

(一)一方的婚前财产;

(二)一方因受到人身损害获得的赔偿或者补偿;

（三）遗嘱或者赠与合同中确定只归一方的财产；

（四）一方专用的生活用品；

（五）其他应当归一方的财产。

《民法典婚姻家庭编解释（一）》

第八十一条 婚姻关系存续期间，夫妻一方作为继承人依法可以继承的遗产，在继承人之间尚未实际分割，起诉离婚时另一方请求分割的，人民法院应当告知当事人在继承人之间实际分割遗产后另行起诉。

（三）典型案例

【案件索引】

案由：徐某与江某1离婚后财产纠纷案

审理法院：广东省广州市越秀区人民法院

案号：（2021）粤0104民初24253号

【基本案情】

原告：徐某

被告：江某1

第三人：张某

被告江某1与第三人张某登记结婚后生育女儿江某2。2002年1月30日，两人在民政部门协议离婚并约定：女儿江某2由男方（江某1）抚养，女方（张某）每月承担350元抚养费，直至女儿18周岁为止。两人未对涉案房屋进行处理。原告徐某与被告之后登记结婚。2018年，江某1向广州市天河区人民法院起诉要求与徐某离婚，该院于2019年11月12日作出民事判决：（1）准许江某1与徐某离婚。（2）离婚后，江某1名下账号为62×××28的广发银行账户存款余额归江某1个人所有。（3）驳回江某1、徐某其他诉讼请求。徐某不服，向广州市中级人民法院提起上诉，该院于2020年3月25日作出民事判决：（1）维持广州市天河区人民法院民事判决第一、三项。（2）变更广州市天河区人民法院民事判决第二项为：江某1名下账号62×××28广发银行账户存款余额归江某1所有，徐某名下账号44×××04中国农业银行账户存款余额归徐某所有，江某1于本判决发生法律效力之日起5日内向徐某支付补偿款20,585.2元。（3）驳回徐某其余上诉请求。因涉案房屋涉及张某的权益，一审、二审法院均未对该房屋进行处理。

广州市越秀区306房系于1999年11月10日由被告父亲江某购买的房改房,2009年5月4日,广州市广州公证处作出(2009)粤穗广证内字第3907号公证书,载明:(1)被继承人江某于2000年6月19日死亡;梁某于2009年3月2日死亡。(2)被继承人江某、梁某夫妻共同财产为:坐落在广州市天河区下塘村前街24号306房,《房地产证》编号:穗房地证字第××号。(3)据申请人称,被继承人江某、梁某生前无遗嘱,亦未与他人签订遗赠扶养协议。(4)被继承人江某与梁某互为配偶,均已故;江某与梁某育有四个子女:江某带、江某波、江某1、江某妹;江某的父母均先于江某死亡;梁某的父母均先于梁某死亡。(5)被继承人的儿子江某波于死亡时尚未达到法定结婚年龄。(6)现江某1表示要求继承被继承人江某、梁某的上述遗产,江某带、江某妹均表示放弃对被继承人江某、梁某的上述遗产继承权。根据上述事实和法律规定,上述夫妻财产为死者江某、梁某的共同遗产。根据《继承法》(已失效)的规定,被继承人梁某的上述遗产应由其配偶、子女、父亲、母亲共同继承,因江某带、江某妹表示放弃对被继承人江某、梁某的上述遗产继承权,被继承人的父母先于被继承人死亡,故被继承人江某、梁某的上述遗产由江某1一人继承。继承后,江某1占有上述房屋的全部产权。2020年3月30日,被告与江某2签署《存量房买卖合同》,约定以20,000元出售上述涉案房屋给江某2,并在房管部门办理产权过户手续。2020年原告向法院起诉要求确认上述买卖合同无效,法院于2020年11月5日作出民事判决:确认2020年3月30日江某1与江某2签订的《存量房买卖合同》无效。现涉案房屋产权登记在被告名下,原告于2021年5月6日向法院申请财产保全,法院于2021年5月13日作出民事裁定:查封、冻结被告江某1名下价值1,500,000元的财产。

【法院判决】

1. 关于法律适用问题。根据《民法典时间效力规定》第1条第1款的规定,《民法典》施行后的法律事实引起的民事纠纷案件,适用《民法典》的规定。《民法典》施行前的法律事实引起的民事纠纷案件,适用当时的法律、司法解释的规定,但是法律、司法解释另有规定的除外。原告、被告的婚姻关系虽在《民法典》施行前已解除,但因涉案房屋未予分割处理,原告于2021年1月1日后起诉要求分割,因此应适用已施行的《民法典》。

2. 关于涉案房屋属性问题。根据《民法典》第1062条、第1063条规定,涉案房屋原为被告父母的夫妻共同财产,被告父母去世后发生继承,而被告父亲江某去世时正值被告与第三人婚姻关系存续期间,被告母亲梁某去世时正值原告、被告婚姻关系存续期间，被告根据公证部门出具的（2009）粤穗广证内字第3907号公证书一人继承涉案房屋，但该继承公证书中没有明确和排除配偶的继承权利，因此涉案房屋涉及原告及第三人当时作为配偶依法享有的继承权利，故被告认为涉案房屋与原告无关，依据不足。第三人主张房屋系其与被告出资亦未能提供证据，且与生效法律文书认定事实不符，法院不予采纳。

3. 关于涉案房屋分割问题。根据《民法典》第1121条的规定，继承从被继承人死亡时开始。《民法典》第1124条规定，继承开始后，继承人放弃继承的，应当在遗产处理前，以书面形式作出放弃继承的表示；没有表示的，视为接受继承。受遗赠人应当在知道受遗赠后60日内，作出接受或者放弃受遗赠的表示；到期没有表示的，视为放弃受遗赠。《民法典》第1127条规定，遗产按照下列顺序继承：（1）第一顺序：配偶、子女、父母；（2）第二顺序：兄弟姐妹、祖父母、外祖父母。继承开始后，由第一顺序继承人继承，第二顺序继承人不继承；没有第一顺序继承人继承的，由第二顺序继承人继承。本编所称子女，包括婚生子女、非婚生子女、养子女和有扶养关系的继子女。本编所称父母，包括生父母、养父母和有扶养关系的继父母。本编所称兄弟姐妹，包括同父母的兄弟姐妹、同父异母或者同母异父的兄弟姐妹、养兄弟姐妹、有扶养关系的继兄弟姐妹。涉案房屋属于江某与梁某的夫妻共同财产，各占1/2产权份额，被继承人江某及梁某的子女中除被告表示继承之外，其他子女表示放弃继承，该意思表示溯及至继承开始时，而被继承人江某先于2000年6月19日死亡，此时为被告与第三人婚姻关系存续期间，梁某当时作为继承人没有表示放弃，则江某所占份额由被告及梁某按法定继承程序继承，即被告继承1/4，第三人作为被告的配偶可以继承被告继承的份额的1/2即1/8，梁某继承占有3/4，被告与第三人于2002年1月30日离婚，第三人主张对梁某尽了主要赡养照顾义务但未能提供证据，法院不予接纳；梁某于2009年3月2日去世，继承发生，而原告、被告在此前登记结婚，梁某所占3/4份额由被告依法继承，原告作为被告的配偶享有继承1/2的权利，即原告、被告各继承3/8。被告主张梁某的去世系原告造成未能提供证据，法院不予接纳。被告存在转移涉案房屋的行为，原告为维护自己的合法权益，依法申请财产保全，由此产生的费用由被告承担。

综上所述，法院根据《民法典时间效力规定》第1条第1款，《民法典》第1062条、第1063条、第1121条、第1124条、第1127条之规定，判决如下：广州市越秀区306房的房屋产权，由原告徐某占有3/8产权份额，被告江某1占有4/8产权份额，第三人张某占有1/8产权份额；于本判决发生法律效力之日起10日内，原告徐某、被告江某1、第三人张某共同到房管部门办理产权变更登记手续。

（四）律师小结

一方在婚前继承或受赠的财产，无特殊规定，在夫妻离婚时应视为婚前个人财产。一方在婚后继承或受赠所得的财产，是否属于夫妻共同财产，首先应考虑是以何种方式继承所得，即法定继承、遗嘱继承还是赠与，然后区别情况做出认定：对于法定继承所得遗产，由于被继承人并未留下遗嘱，故此情况下，一方婚后继承的财产属于夫妻共同财产；对于遗嘱继承或赠与所得的财产，应考虑遗嘱和赠与的内容，如果指定了财产只归一方个人所有的，则该财产属于该方的个人财产，否则应属于夫妻共同财产。要注意的是，夫妻一方的个人财产，在婚姻关系存续期间虽然投入家庭使用，但是该财产的原物形态仍然保持，并未损耗、消灭的，仍为夫妻一方的个人财产，同时婚前个人财产不因物质形态的变化而转变为夫妻共同财产，当事人另有约定的除外。夫妻一方将个人财产投入家庭生活之用，并已经被消耗完或毁损灭失的，该方不得主张以夫妻共同财产来加以补偿。

六、夫妻一方婚前有房屋一套，婚后所得的该房租金，归谁所有？

（一）律师观点

司法实践中，夫妻一方财产在婚后增值的主要形式有孳息、投资经营收益及自然增值。根据《民法典》及有关司法解释的规定，生产经营投资收益属于夫妻共同财产，孳息及自然增值属于夫妻一方个人财产。对于一方婚前购买的房屋在婚后用于出租产生的房屋租金是否为夫妻共同财产的问题，关键在于对其性质的认定，即该房屋租金是属于法定孳息还是生产、经营、投资收益，对此，实务中主要存在两种观点：观点一认为，房屋租金是因法律关系所获收益，属于法定孳息，因此不属于夫妻共同财产范畴。观点二认为，出租需要选择承租人，需要租赁合同双方对租赁的具体事宜进行协商，亦需要出租人对承租房屋负有相应的管理义务，要对房屋进行及时的维护和修理，因而房屋租金为经营性收益而非孳息，根据法律规定应认定为夫妻共同财产，归夫妻共同所有。

上述两种观点中，笔者更倾向于观点一。根据《民法典婚姻家庭编解释（一）》第 26 条的规定，孳息和自然增值属于夫妻一方个人财产。这里的孳息包括天然孳息和法定孳息，天然孳息是依照物的性质或变化规律而取得的收益，如果树结出的果实等；法定孳息是依照法律规定产生了从属关系，物主因出让所属物一定期限内的使用权而得到的收益，是民事权利主体参与某种特定的民事法律关系应该获得的报偿，包括房屋出租所得的租金。孳息一般以归属原物所有权人为原则，孳息和自然增值与夫妻一方或双方对该财产所付出的劳务、扶持无关，认定为个人财产符合民法一般原理，亦符合公平原则。因此，笔者认为，房屋租金属于法定孳息，夫妻一方婚前房产所得租金应为其个人财产，而不属于夫妻共同财产。

（二）法律依据

《民法典》

第三百二十一条 天然孳息，由所有权人取得；既有所有权人又有用益物权人的，由用益物权人取得。当事人另有约定的，按照其约定。

法定孳息，当事人有约定的，按照约定取得；没有约定或者约定不明确的，按照交易习惯取得。

第一千零六十二条 夫妻在婚姻关系存续期间所得的下列财产，为夫妻的共同财产，归夫妻共同所有：

（一）工资、奖金、劳务报酬；

（二）生产、经营、投资的收益；

（三）知识产权的收益；

（四）继承或者受赠的财产，但是本法第一千零六十三条第三项规定的除外；

（五）其他应当归共同所有的财产。

夫妻对共同财产，有平等的处理权。

第一千零六十五条 男女双方可以约定婚姻关系存续期间所得的财产以及婚前财产归各自所有、共同所有或者部分各自所有、部分共同所有。约定应当采用书面形式。没有约定或者约定不明确的，适用本法第一千零六十二条、第一千零六十三条的规定。

夫妻对婚姻关系存续期间所得的财产以及婚前财产的约定，对双方具有法律约束力。

《民法典婚姻家庭编解释（一）》

第二十五条 婚姻关系存续期间，下列财产属于民法典第一千零六十二条规定的“其他应当归共同所有的财产”：

（一）一方以个人财产投资取得的收益；

（二）男女双方实际取得或者应当取得的住房补贴、住房公积金；

（三）男女双方实际取得或者应当取得的基本养老金、破产安置补偿费。

第二十六条 夫妻一方个人财产在婚后产生的收益，除孳息和自然增值外，应认定为夫妻共同财产。

第三十一条 民法典第一千零六十三条规定为夫妻一方的个人财产，不因婚姻关系的延续而转化为夫妻共同财产。但当事人另有约定的除外。

（三）典型案例

【案件索引】

案由：于某、何某离婚后财产纠纷案

审理法院：辽宁省鞍山市中级人民法院

案号：（2021）辽03民申15号

【基本案情】

再审申请人（一审原告、反诉被告、二审上诉人）：于某

被申请人（一审被告、反诉原告、二审被上诉人）：何某

被申请人何某婚前有一处面积为215.82平方米的商品房出租给他人，租期从2014年7月23日至2024年7月23日，年租金为12万~13.5万元不等。申请人于某认为，按照婚姻法的相关规定，被申请人婚前个人房屋婚后生产、经营的收益即房租归夫妻共同所有，不是个人财产，应平均分割，一审、二审法院判决被申请人婚后房租款是个人财产没有法律依据。

【法院判决】

再审法院认为，关于申请人提出被申请人婚前个人房屋，婚后生产、经营的收益即房租归夫妻共同所有，不是其个人财产，应平均分割的问题。经查，争议租金的房屋系被申请人在婚前购买并出租，在婚姻存续期间取得过租金收益。《婚姻法解释（三）》（已失效）第5条①规定，夫妻一方个人财产在婚后产生的收益，除孳息和自然增值外，应认定为夫妻共同财产。本案涉及的被申请人收取的房屋租金，因房屋系何某婚前购买，房屋对外出租也发生于婚前，租赁期限长于双方婚姻存续期间，且申请人亦未提供证据证明其对案涉房屋租金的取得存在重大贡献，原审法院认定房屋租金系被申请人个人财产并无不当，故对申请人的此项再审主张，法院不予支持。

综上所述，再审申请人的申请不符合《民事诉讼法》（2017年）第200条②规定的再审条件。依照《民事诉讼法》（2017年）第204条第1款③、《民事诉讼法解释》第395条第2款的规定，裁定如下：驳回于某的再审申请。

---

① 相关规定参见《民法典婚姻家庭编解释（一）》第26条。

② 相关规定参见2021年修正的《民事诉讼法》第207条。

③ 相关规定参见2021年修正的《民事诉讼法》第211条第1款。

（四）律师小结

无论是根据我国《民法典》及其司法解释还是此前《婚姻法》（已失效）及其司法解释的规定，投资经营收益属于夫妻共同财产，孳息及自然增值属于夫妻一方个人财产。在认定一方婚前购买的房屋婚后收取的租金是一方个人财产还是夫妻共同财产的问题上，关键在于房屋租金是认定为法定孳息还是生产、经营、投资收益。根据法律对孳息的相关规定及理解，笔者认为，房屋租金应当认定为法定孳息，一方婚前房产获得的房屋租金属于其个人财产。

七、夫妻一方买彩票中奖，离婚时另一方可否要求分割？

（一）律师观点

生活中，夫妻一方购买彩票中奖后，面对巨额财产的诱惑，有些人会选择隐瞒该巨额财产并尽快与另一方离婚，这类事件屡见不鲜。彩票是购买人在购买彩票时与彩票发行中心签订的一个射幸合同的凭证，是一种无记名的债券。彩票本身并非财产，因为能否中奖、获得奖金缺乏确定性，只能是一种不确定的期待利益，在条件未达成时，其价值处于零状态，不能代表任何财产去等价交换或者流通、变卖、抵押，只有彩票中奖实际获得奖金后才能作为财产。

法律规定，夫妻可以约定婚姻关系存续期间所得的财产以及婚前财产归各自所有、共同所有或部分各自所有、部分共同所有，该约定对双方具有法律约束力。所以，若夫妻双方对财产有约定的，从其约定，这点易于理解。在夫妻对婚姻存续期间所得的财产以及婚前财产没有其他约定的情况下，如中奖的彩票是在婚姻关系存续期间购买，应当认定彩票是以夫妻共同财产购买，一方基于共同出资而与另一方共同作为与彩票发行中心签订射幸合同的一方当事人，此时彩票中奖的奖金就会被认定为夫妻共同财产，在离婚时另一方当然有权要求分割；如果一方买彩票中奖后隐瞒另一方的，双方协议离婚后，另一方也可以自发现之日起 3 年内向法院起诉要求再次分割夫妻共同财产，同时因对方隐瞒夫妻共同财产，还可主张对方不分或少分。

实践中，还存在一种特殊的情形是买了彩票但离婚后才中奖。在彩票中奖取得奖金后，即使双方已离婚，但因彩票合同当事人的身份是不变的，所以双方作为共同出资人均有权向合同另一方当事人即彩票发行中心主张支付奖金的权利，购买人一方已取得奖金的，另一方仍有权要求分得一半奖金。

(二)法律依据

《民法典》

第一千零六十二条　夫妻在婚姻关系存续期间所得的下列财产,为夫妻的共同财产,归夫妻共同所有:

(一)工资、奖金、劳务报酬;

(二)生产、经营、投资的收益;

(三)知识产权的收益;

(四)继承或者受赠的财产,但是本法第一千零六十三条第三项规定的除外;

(五)其他应当归共同所有的财产。

夫妻对共同财产,有平等的处理权。

第一千零六十五条　男女双方可以约定婚姻关系存续期间所得的财产以及婚前财产归各自所有、共同所有或者部分各自所有、部分共同所有。约定应当采用书面形式。没有约定或者约定不明确的,适用本法第一千零六十二条、第一千零六十三条的规定。

夫妻对婚姻关系存续期间所得的财产以及婚前财产的约定,对双方具有法律约束力。

第一千零九十二条　夫妻一方隐藏、转移、变卖、毁损、挥霍夫妻共同财产,或者伪造夫妻共同债务企图侵占另一方财产的,在离婚分割夫妻共同财产时,对该方可以少分或者不分。离婚后,另一方发现有上述行为的,可以向人民法院提起诉讼,请求再次分割夫妻共同财产。

《民法典婚姻家庭编解释(一)》

第八十三条　离婚后,一方以尚有夫妻共同财产未处理为由向人民法院起诉请求分割的,经审查该财产确属离婚时未涉及的夫妻共同财产,人民法院应当依法予以分割。

第八十四条　当事人依据民法典第一千零九十二条的规定向人民法院提起诉讼,请求再次分割夫妻共同财产的诉讼时效期间为三年,从当事人发现之日起计算。

(三)典型案例

【案件索引】

案由:陈某与王某1离婚后财产纠纷案

审理法院:安徽省合肥市瑶海区人民法院

案号:(2020)皖0102民初6388号

【基本案情】

原告:陈某

被告:王某1

2009年4月27日,陈某、王某1因原结婚证损毁,补领结婚证。婚后生育一子王某2,后又生育一女王某3。2010年5月27日,陈某、王某1协议离婚后又登记结婚。此后王某1购买双色球福利彩票(以下简称双色球)中奖,扣除个人税收后,2018年6月22日获得奖金5,570,428.8元。2018年7月20日,陈某、王某1协议离婚,并签订《离婚协议书》。后陈某向法院起诉,请求:(1)撤销陈某、王某1于2018年7月20日签订的《离婚协议书》中关于分割财产的内容;(2)王某1赔偿陈某损失金额3,900,000元。

【法院判决】

法院认为,本案的争议焦点为:(1)王某1是否存在故意隐瞒讼争双色球中奖奖金5,570,428.8元的行为;(2)讼争双色球中奖奖金5,570,428.8元是否在离婚时已进行处理;(3)如未处理,应当如何分割奖金5,570,428.8元。

1.关于王某1是否存在故意隐瞒讼争双色球中奖奖金5,570,428.8元的行为。根据法律规定,夫妻对共同所有的财产有平等的处理权。购买双色球中奖奖金5,570,428.8元系家庭重大事宜,王某1于2018年6月22日领取奖金时,正是两人感情出现严重危机期间。本案中,王某1并未提交充分证据证明其将购买双色球中奖奖金5,570,428.8元告知了陈某,现有证据亦无法证明陈某在离婚时知晓王某1购买双色球中奖奖金,因此法院依法认定王某1存在故意隐瞒购买双色球中奖奖金5,570,428.8元的事实。

2.讼争双色球中奖奖金5,570,428.8元是否在离婚时已进行处理。双方在《离婚协议书》第6项中虽约定"夫妻关系存续期间共同确认除房贷外男方在外成立的债务,离婚后由男方偿还,双方各自名下的存款为各自所有",但双方并未明确约定王某1购买双色球中奖奖金5,570,428.8元属于王某1存款范围。双方在《承诺书》中虽约定"双方不得以任何借口去法院控告对方,不管以前以后,各自名下的财产为各自所有(包括房子、车子)一切和对方无关,双方以后互不干涉,此协议承诺书为终身承诺,谁违反负法律责任"。但亦未明确王某1购买双色球中奖奖金5,570,428.8元一事在签订《承诺书》时告知了陈某,因此,王某1在无充分证据证明签订《离婚协议书》《承诺书》时陈某明确知晓诉争双色球中奖奖金5,570,428.8元存在的情况下,认为双色球中奖奖金

5,570,428.8元属于《离婚协议书》中王某1存款及签订《承诺书》时陈某放弃要求分割双色球中奖奖金5,570,428.8元,缺乏事实和法律依据,应当承担举证不能的后果。

3. 如未处理,应当如何分割奖金5,570,428.8元。王某1购买双色球中奖奖金5,570,428.8元未在离婚时进行分割,且系离婚后陈某发现王某1在离婚时隐瞒的财产。故依据《婚姻法》(已失效)第47条①"离婚时,一方隐藏、转移、变卖、毁损夫妻共同财产,或伪造债务企图侵占另一方财产的,分割夫妻共同财产时,对隐藏、转移、变卖、毁损夫妻共同财产或伪造债务的一方,可以少分或不分。离婚后,另一方发现有上述行为的,可以向人民法院提起诉讼,请求再次分割夫妻共同财产"之规定,诉争双色球中奖奖金5,570,428.8元应予分割,分割时考虑王某1在婚姻关系存续期间隐藏夫妻共同财产的情况,王某1在离婚分割财产中可以少分。故法院酌定陈某分得60%即3,342,257元,王某1分得40%即2,228,171.8元。最终判决被告王某1于判决生效之日起15日内支付原告陈某3,342,257元。

(四)律师小结

在夫妻双方对财产没有任何约定的情况下,即法定财产制下,中奖的彩票是在婚姻关系存续期间购买的话,无论是根据《婚姻法》(已失效)还是《民法典》的规定,一般都认定彩票是以夫妻共同财产购买,一方基于共同出资而与另一方共同成为射幸合同的一方当事人,无论是在离婚前还是离婚后中奖,都应当认定为夫妻共同财产,在离婚时或知道中奖后主张分割。

八、"五险一金"可否作为夫妻共同财产分割?

(一)律师观点

"五险一金",是用人单位给予劳动者的几种保障性待遇的合称。"五险"指的是五种保险,包括养老保险、医疗保险、失业保险、工伤保险和生育保险,"一金"指的是住房公积金。

婚姻关系存续期间,下列财产属于《民法典》第1062条规定的"其他应当归共

① 相关规定参见《民法典》第1092条。

同所有的财产”：一方以个人财产投资取得的收益；男女双方实际取得或者应当取得的住房补贴、住房公积金；男女双方实际取得或者应当取得的基本养老金、破产安置补偿费。因此，“五险一金”中只有住房公积金、养老保险金可以作为夫妻共同财产进行分割。

对于住房公积金，无论一方还是双方使用住房公积金购置房屋的，该部分住房公积金为夫妻共同财产，应在房屋部分分割；未使用部分，因为公积金提取只限于购房、退休、终止劳动关系等法定情形，故离婚时，计算夫妻关系存续期间双方各自公积金账号内的资金总额，差额部分依法分割，一般为公积金高的一方按差额的一半补偿另一方。

对于养老保险金，已经退休领取的，金额确定，可以正常分割；但是未退休，不符合领取养老保险条件的部分，另一方不能主张分割基本养老金，但对婚姻关系存续期间双方个人实缴部分及利息，可主张作为夫妻共同财产进行分割，因为该部分缴纳的款项是以夫妻共同财产缴纳的，实务中一般为实缴部分加计利息计算总额多的一方按差额的一半补偿给另一方。

（二）法律依据

《民法典》

第一千零六十二条　夫妻在婚姻关系存续期间所得的下列财产，为夫妻的共同财产，归夫妻共同所有：

（一）工资、奖金、劳务报酬；

（二）生产、经营、投资的收益；

（三）知识产权的收益；

（四）继承或者受赠的财产，但是本法第一千零六十三条第三项规定的除外；

（五）其他应当归共同所有的财产。

夫妻对共同财产，有平等的处理权。

第一千零六十三条　下列财产为夫妻一方的个人财产：

（一）一方的婚前财产；

（二）一方因受到人身损害获得的赔偿或者补偿；

（三）遗嘱或者赠与合同中确定只归一方的财产；

（四）一方专用的生活用品；

（五）其他应当归一方的财产。

第一千零六十五条　男女双方可以约定婚姻关系存续期间所得的财产以及婚前财产归各自所有、共同所有或者部分各自所有、部分共同所有。约定应当采用书面形式。没有约定或者约定不明确的,适用本法第一千零六十二条、第一千零六十三条的规定。

夫妻对婚姻关系存续期间所得的财产以及婚前财产的约定,对双方具有法律约束力。

夫妻对婚姻关系存续期间所得的财产约定归各自所有,夫或者妻一方对外所负的债务,相对人知道该约定的,以夫或者妻一方的个人财产清偿。

第一千零八十七条　离婚时,夫妻的共同财产由双方协议处理;协议不成的,由人民法院根据财产的具体情况,按照照顾子女、女方和无过错方权益的原则判决。

对夫或者妻在家庭土地承包经营中享有的权益等,应当依法予以保护。

《民法典婚姻家庭编解释(一)》

第二十五条　婚姻关系存续期间,下列财产属于民法典第一千零六十二条规定的"其他应当归共同所有的财产":

(一)一方以个人财产投资取得的收益;

(二)男女双方实际取得或者应当取得的住房补贴、住房公积金;

(三)男女双方实际取得或者应当取得的基本养老金、破产安置补偿费。

第三十一条　民法典第一千零六十三条规定为夫妻一方的个人财产,不因婚姻关系的延续而转化为夫妻共同财产。但当事人另有约定的除外。

第八十条　离婚时夫妻一方尚未退休、不符合领取基本养老金条件,另一方请求按照夫妻共同财产分割基本养老金的,人民法院不予支持;婚后以夫妻共同财产缴纳基本养老保险费,离婚时一方主张将养老金账户中婚姻关系存续期间个人实际缴纳部分及利息作为夫妻共同财产分割的,人民法院应予支持。

(三)典型案例

【案件索引】

案由:杨某与于某离婚纠纷案

审理法院:北京市朝阳区人民法院

案号:(2020)京 0105 民初 17299 号

【基本案情】

原告:杨某

被告:于某

原告杨某与被告于某于2018年5月15日相识,2019年1月23日在北京市朝阳区民政局登记结婚,双方均系初婚,婚后无子女。因感情不和,原告、被告从2019年11月分居。原告、被告均称双方婚后未购买房产、车辆,双方名下没有股票、有价证券、理财产品。2019年1月领取结婚证后,于某将其名下北京银行社保卡、广发银行工资卡、工商银行卡交给杨某掌控。2019年12月初杨某将上述银行卡交还于某。

杨某称,自己之前在一家投资金融公司做行政助理,每月收入4000多元,年收入不到6万元,2020年3月辞职;于某的工资在5000元以上,有几次工资超过1万元。于某称,自己月收入3000~5000元,年收入10万元左右。

于某名下住房公积金截至2020年10月的余额为105,941.8元,经原告、被告对账,其中婚后截至2020年10月的缴存额为58,960元。于某认为,因双方已分居,其住房公积金应只分割到杨某起诉之日。

杨某提交还款明细,证明其婚后替于某偿还婚前信用卡债务35,793.58元。于某认可婚后杨某为其婚前信用卡还款金额为35,793.58元,但认为杨某是用于某个人的钱还的。

【法院判决】

法院认为,婚姻关系的存续应以夫妻感情为基础,现原告、被告均认为夫妻感情已破裂,应准予二人离婚。

对于杨某要求将于某名下工资卡截至2020年6月底的婚后总收入扣除每月2000元支出后分其一半即78,241.97元的诉讼请求,杨某该主张未考虑双方婚后实际生活支出,以及该工资卡曾长期被杨某掌控的情况,法院综合案件情况,本着照顾女方原则,对该项请求酌情支持2万元。法院在酌定该数额时已将杨某掌控该工资卡期间的支出考虑在内,于某不得再就杨某掌控工资卡期间的支出向杨某提出分割主张。

杨某要求分得于某名下公积金婚后缴存额一半即29,480元,该请求有事实和法律依据,法院予以支持。于某以双方分居为由主张分割到起诉之日的抗辩意见没有事实和法律依据,法院不予采信。

于某婚前信用卡欠款属其个人债务,杨某婚后使用夫妻共同财产替于某偿还个人债务,杨某要求于某支付还款额一半折价款即17,896.79元的诉讼请求有事实和法律依据,法院予以支持。于某辩称杨某系使用于某个人款项还款,但于某未能举证证明其主张,该抗辩意见没有证据佐证,法院不予采信。

对于于某所称婚礼当天收到的礼金应按夫妻共同财产分割一节，于某未举证证明上述款项现仍存在，该项分割要求法院不予支持。

综上所述，法院依照《民法典》第1079条、第1087条，《民事诉讼法》(2017年)第64条、第65条①，《民法典婚姻家庭编解释(一)》第25条，《民事诉讼法解释》第90条、第91条之规定，判决如下：

1. 原告杨某与被告于某的婚姻关系于本判决生效之日解除；

2. 被告于某于本判决生效之日起15日内向原告杨某支付工资收入折价款2万元、住房公积金折价款29,480元、于某个人债务婚后还款额折价款17,896.79元；

3. 驳回原告杨某和被告于某的其他诉讼请求。

(四)律师小结

根据《民法典》以及《民法典婚姻家庭编解释(一)》的相关规定，“五险一金”中只有住房公积金、养老保险金可以作为夫妻共同财产进行分割，并且要注意养老保险金在离婚时作为夫妻共同财产分割，需要满足已经退休、符合基本养老金领取条件要求，否则不能直接分割养老保险金，只能对其中在婚姻关系存续期间使用夫妻共同财产实缴的部分主张分割。

九、夫妻一方借钱赌博，另一方有义务共同偿还吗?

(一)律师观点

夫妻共同债务应当如何认定，是近年来社会关注的热点话题。主要原因在于，在离婚案件中，经常出现夫妻一方串通案外人伪造共同债务的情形，还有不少夫妻一方因赌博、吸毒等违法行为而欠下巨额债务，债主也常找其配偶的麻烦，催其还债或者连累配偶也被起诉。对此，法律明确规定，对于赌债，配偶没有义务共同偿还。

首先，违反法律、行政法规强制性规定或违背公序良俗的民事法律行为无效，赌博是国家法律所严令禁止的行为，赌债不受法律保护。对于债主来说，若出借人明知道借款人是为了赌博而借款，却仍提供借款，这样的借贷关系也不受法律保护，该借贷合同无效。

---

① 相关规定参见2021年修正的《民事诉讼法》第67条、第68条。

其次,《民法典婚姻家庭编解释(一)》明确规定,对于夫妻一方在从事赌博、吸毒等违法犯罪活动中所负债务,第三人主张该债务为夫妻共同债务的,法院不予支持。一方只要能够证明债务的性质是赌债,另一方借款是用于赌博,则该债务不属于夫妻共同债务,其不需要承担偿还责任。

最后,《民法典》将《婚姻法》(已失效)司法解释中“共债共签”的规定纳入法律规定中,对夫妻共同债务的认定更加明确。对于夫妻共同债务的认定,根据法律规定可知:

其一,如果是夫妻双方共同签署借款合同、借条,以及夫妻一方通过电话、短信、微信、邮件、行为等能证明与另一方确实存在借款合意或者进行追认的,可以直接推定为夫妻共同债务。

其二,如果夫妻一方以个人名义负担的债务,若该债务符合家庭日常生活所需范围,可以直接推定为夫妻共同债务,债权人也无须承担举证责任。但如果非举债一方主张该债务不属于夫妻共同债务的,则必须举证证明该债务并非用于家庭日常生活。

其三,如果夫妻一方以个人名义负担的债务已经超出了家庭日常生活所需,债权人主张该债务属于夫妻共同债务的,则必须举证证明该债务属于夫妻共同债务,或所负债务是基于夫妻双方共同的意思表示。

夫妻一方借钱赌博,已经明显超出了家庭日常生活所需,未用于家庭生活,且另一方未共同签名,因此该债务另一方无须担责,不需要共同偿还;如果另一方没有充分证据证明债务的性质就是赌债,也可根据该债务超出家庭日常生活所需、未用于家庭生活而主张其并非夫妻共同债务,而是一方个人债务。

(二)法律依据

《民法典》

第一千零六十四条 夫妻双方共同签名或者夫妻一方事后追认等共同意思表示所负的债务,以及夫妻一方在婚姻关系存续期间以个人名义为家庭日常生活需要所负的债务,属于夫妻共同债务。

夫妻一方在婚姻关系存续期间以个人名义超出家庭日常生活需要所负的债务,不属于夫妻共同债务;但是,债权人能够证明该债务用于夫妻共同生活、共同生产经营或者基于夫妻双方共同意思表示的除外。

第一千零八十九条 离婚时,夫妻共同债务应当共同偿还。共同财产不足清偿或者财产归各自所有的,由双方协议清偿;协议不成的,由人民法院判决。

《民法典婚姻家庭编解释(一)》

第三十四条 夫妻一方与第三人串通,虚构债务,第三人主张该债务为夫妻共同债务的，人民法院不予支持。

夫妻一方在从事赌博、吸毒等违法犯罪活动中所负债务，第三人主张该债务为夫妻共同债务的，人民法院不予支持。

《民间借贷案件规定》

第十三条　具有下列情形之一的，人民法院应当认定民间借贷合同无效：

（一）套取金融机构贷款转贷的；

（二）以向其他营利法人借贷、向本单位职工集资，或者以向公众非法吸收存款等方式取得的资金转贷的；

（三）未依法取得放贷资格的出借人，以营利为目的向社会不特定对象提供借款的；

（四）出借人事先知道或者应当知道借款人借款用于违法犯罪活动仍然提供借款的；

（五）违反法律、行政法规强制性规定的；

（六）违背公序良俗的。

（三）典型案例

【案件索引】

案由：林某某、俞某民间借贷纠纷案

审理法院：浙江省温州市中级人民法院

案号：（2017）浙03民终2962号

【基本案情】

上诉人（原审被告）：林某某

被上诉人（原审原告）：俞某

原审被告：潘某某

潘某某、林某某于2011年2月登记结婚，2014年5月27日登记离婚。2013年6月6日，潘某某经由齐某介绍向俞某借款10万元，之后潘某某按双方的约定支付利息；后潘某某在齐某的见证下向俞某出具借条一张，借条为填空式，内容为"今向俞某借到人民币壹拾万元正，约定事项：月息2分。借款人：潘某某，借款时间：2014年6月6日"。未约定还款期限。2014年8月6日，潘某某通过银行转账给俞某8000元。俞某向法院起诉，请求判令潘某某、林某某共同归还借款96,000元及相应利息。

【一审法院判决】

一审法院认为，俞某与潘某某之间的借贷关系，事实清楚，证据充分。林某某主张本案借款属于高息借款、潘某某借款用于赌博、俞某在出借时知道借款用于赌博，所举证据不足以认定。俞某以借款形成于潘某某与林某某夫妻关系存续期间，要求潘某某、林某某共同偿还，其主张符合法律和司法解释的规定，予以支持。据此判决：潘某某、林某某于本判决生效之日起 10 日内归还俞某借款 96,000 元及相应利息（利息按月利率 2% 计算，自 2014 年 8 月 7 日起至借款还清之日止）。

【二审法院判决】

二审法院认为，关于本案借款是否属于夫妻共同债务，林某某是否承担共同还款责任问题。一方面，（2016）浙 0329 民初 2833 号民事判决已有认定潘某某有赌博行为，结合本案借款发生的时间及案外人曾因潘某某债务问题到其父亲潘某家的事实，本案借款用于赌博的盖然性较高；另一方面，涉案借据在潘某某、林某某离婚后出具，双方离婚后其债权债务共享共担的基础产生根本变化，在涉案债务缺乏林某某共同借贷合意且潘某某存在赌博行为的情况下，俞某起诉要求林某某对离婚前的债务承担共同还款责任，有必要对涉案债务属潘某某、林某某夫妻共同债务承担进一步举证责任。现俞某未能提供充分的证据证明上述事实，故涉案债务难以认定为潘某某、林某某夫妻共同债务，林某某对本案借款不应承担共同还款责任。原审认定涉案债务为夫妻共同债务，林某某承担共同还款责任不当，法院予以纠正。综上所述，依照《民事诉讼法》（2017 年）第 170 条第 1 款第 2 项[①]之规定，判决如下：

1. 撤销浙江省泰顺县人民法院（2017）浙 0329 民初 1156 号民事判决；

2. 潘某某于本判决生效之日起 10 日内归还俞某借款 96,000 元及相应利息（利息按月利率 2% 计算，自 2014 年 8 月 7 日起至借款还清之日止）。

（四）律师小结

上述案例中一审法院错误认定该债务为赌债的证据不足，二审法院根据相关判决认定潘某某有赌博的行为，并结合借款时间及其他事实认定该借款用于赌博，从而认定该债务不属于夫妻共同债务，事实上，该案例虽然发生《民法典》之前，但对于赌债不属于夫妻共同债务这一观点是没有改变的，只是《民法典》对于夫妻债

① 相关规定参见 2021 年修正的《民事诉讼法》第 177 条第 1 款第 2 项。

务的划分作出了更全面的规定。《民法典》及相关司法解释对债务的合理分配举证证明责任进行规定，尽量避免夫妻一方“被负债”现象发生；同时有利于引导当事人规范交易行为，平衡保护各方当事人的合法权益以及促进社会关系和谐稳定，特别是在从事赌博、吸毒等违法犯罪活动中所负债务，明确规定不属于夫妻共同债务，另一方无须承担偿还责任。

十、结婚后，一方受伤获得的人身损害赔偿金，归谁所有？

（一）律师观点

婚姻关系存续期间，夫妻一方或者双方有时会因身体受到意外伤害而获得相应的赔偿或补偿，比如交通事故、医疗事故、受到他人伤害等原因，受害人获得相应赔偿或补偿款。针对夫妻一方获得的人身损害赔偿是否属于受害方的个人财产问题，《民法典》在《婚姻法》（已失效）的基础上修改了表述，对文字进行精炼，将“一方因身体受到伤害获得的医疗费、残疾人生活补助费等费用为夫妻一方的财产”修改为“一方因受到人身损害获得的赔偿或者补偿为夫妻一方的财产”。将“身体受到伤害”改成“人身损害”是为了保持《民法典》体系的一致性，与《民法典》侵权责任编中的人身损害赔偿表述一致。同时，也不再以具体列举赔偿项目的方式说明个人财产范围，《婚姻法》（已失效）规定的“医疗费、残疾人生活补助费等费用”涵盖不全面，因此将其改为“获得的赔偿或者补偿”，结合侵权责任编中的规定，可以认定人身损害应当包括医疗费、护理费、交通费、营养费、住院伙食补助费等为治疗和康复支出的合理费用，以及因误工减少的收入。造成残疾的，还应当赔偿辅助器具费和残疾赔偿金；造成死亡的，还应当赔偿丧葬费和死亡赔偿金。

当然，根据《民法典》侵权责任编的规定，从人身损害赔偿各项费用的具体性质看，不能将夫妻一方获得的相应的人身损害赔偿款都笼统地认定为个人财产。身体伤害所获得的赔偿金和补偿金并非夫妻关系存续期间一方的劳动收入，与身体伤害一方的人身关系具有密切关系，是对受害人的治疗和抚慰的专门费用，其赔偿的对象和条件是特定的，因此，凡是与人身损害相关的赔偿款专属于个人财产。但是，人身损害赔偿金并不是所有的项目都具有个人属性，比如误工费是对因受伤而减少的家庭收入的补偿，因误工减少的收入，该收入对应的时间如果是婚姻存续期间，应当认定为夫妻共同财产。因此，具有人身专属性的赔偿项目应当认定为一方个人财产，与个人收入相关的赔偿款应当属于夫妻共同财产。

(二)法律依据

《民法典》

第一千零六十三条 下列财产为夫妻一方的个人财产:

(一)一方的婚前财产;

(二)一方因受到人身损害获得的赔偿或者补偿;

(三)遗嘱或者赠与合同中确定只归一方的财产;

(四)一方专用的生活用品;

(五)其他应当归一方的财产。

第一千一百七十九条 侵害他人造成人身损害的,应当赔偿医疗费、护理费、交通费、营养费、住院伙食补助费等为治疗和康复支出的合理费用,以及因误工减少的收入。造成残疾的,还应当赔偿辅助器具费和残疾赔偿金;造成死亡的,还应当赔偿丧葬费和死亡赔偿金。

《民法典婚姻家庭编解释(一)》

第三十条 军人的伤亡保险金、伤残补助金、医药生活补助费属于个人财产。

第三十一条 民法典第一千零六十三条规定为夫妻一方的个人财产,不因婚姻关系的延续而转化为夫妻共同财产。但当事人另有约定的除外。

(三)典型案例

【案件索引】

案由:周某与刘某离婚纠纷案

审理法院:河南省宁陵县人民法院

案号:(2020)豫1423民初1948号

【基本案情】

原告:周某

被告:刘某

原告周某和被告刘某经人介绍认识,于2015年农历十月初六按农村风俗举办结婚仪式后开始同居生活,后补办结婚登记手续,双方均系再婚。2016年3月原告、被告在浙江宁波打工期间,原告在工地摔伤,后原告委托律师与工地方私下协商,共计赔偿94,860元,除去支出的5000元律师费用,剩余款项由被告负责保管、支出,用于被告二次手术期间手术费用及各项支出,以及共同生活期间家庭生活消费支出。本案被告曾于2018年7月到法院起诉离婚,法院判决不准离婚后,双方一直分居。原告于2020年9月8日以夫妻感情破裂为由诉至法院,要求判令原告、被告离婚,被告返还医疗赔偿金8.1万元。

【法院判决】

法院认为,依照相关法律规定,因人身受到伤害的赔偿金包括医疗费、误工费、护理费、营养费、交通费、伤残赔偿金、精神抚慰金等赔偿项目,《婚姻法》(已失效)规定一方因身体受到伤害获得的医疗费、残疾人生活补助费等费用属于个人财产,是因为其具有个人属性,但人身损害赔偿金并不是所有的项目都具有个人属性,如误工费等因受伤而减少的家庭收入部分认定为夫妻共同财产更为适宜,结合本案实际,被告辩称赔偿款包括二次手术治疗费、误工费、护理费、交通费、营养费等费用,其中误工费、护理费、交通费应当视为夫妻共同财产部分,故该笔赔偿金全部认定为原告个人财产并不合理,对被告的辩称部分予以采信,对原告要求返还个人财产部分予以支持;因该笔赔偿款一直由被告保管并由其负责双方共同生活期间的家庭各项支出,对实际医疗支出及生活消费实际支出部分应当依法予以扣除,因依据现有双方举证及法院查证情况无法查实目前赔偿款的具体剩余数额,结合本案实际,酌情判决被告返还原告2万元赔偿金较为适宜。

(四)律师小结

《民法典》虽在《婚姻法》(已失效)的基础上修改了表述,对文字进行精炼,但所要表达的内容实际上是一致的,因此无论是根据《婚姻法》(已失效)还是《民法典》规定的理解,夫妻一方因人身受到损害而获得的赔偿,不宜笼统地认定为个人财产,具有个人属性的赔偿项目属于个人财产,但人身损害赔偿金并不是所有的项目都具有个人属性,如误工费等因受伤而减少的家庭收入部分,对应在婚姻关系存续期间,因此应当认定为夫妻共同财产,离婚时另一方有权要求分割。

十一、知识产权收益是个人财产还是夫妻共同财产?

(一)律师观点

鉴于越来越多的人意识到知识产权的重要性,知识产权收益已成为当前非常重要的收入方式,有时知识产权所带来的现实收益及其潜在收益巨大。离婚案件中,当事人双方对知识产权收益的争夺与分割也成了一大焦点问题。

知识产权是一种智力成果权，是指民事主体对其创造性的智力劳动成果依法所享有的专有权利，兼具财产权和人身权的双重属性。而其中具有人身权性质的权利，如作品的署名权、发表权、保持作品完整权等，因与人身密不可分，专属于著作权人一方所有。而其中取得的财产利益部分，在某些情形下则可以作为夫妻共同财产予以分割。

一方取得的知识产权收益是否属于夫妻共同财产，应以该知识产权的财产性收益取得是否在婚姻关系存续期间为判断标准，而不应以该知识产权权利本身的取得时间为判断依据。夫妻离婚时只能对现有财产进行分割，对没有实现其价值的财产性收益不能估价予以分割，智力成果只有转化为具体的有形财产后才属于夫妻共同财产，而对其配偶在共同生活中付出的劳动，可从其他财产中给予适当补偿、照顾。

根据相关司法解释，知识产权的收益，是指婚姻关系存续期间，实际取得或者已经明确可以取得的财产性收益。具体来说：(1)婚前完成并取得收益的知识产权收益属于个人财产；(2)婚前或婚内完成、婚内取得知识产权收益的，属于在婚姻关系存续期间的实际取得，属于夫妻共同财产；(3)婚内完成，未实际取得收益，但该收益属于婚姻关系存续期间内明确可以取得的财产性收益的，即使在离婚后才实现，也是夫妻共同财产；(4)婚前或婚内完成，在离婚后才收到收益，由于不属于婚姻关系存续期间取得或明确取得的财产，属于个人财产。

(二)法律依据

《民法典》

第一千零六十二条　夫妻在婚姻关系存续期间所得的下列财产，为夫妻的共同财产，归夫妻共同所有：

(一)工资、奖金、劳务报酬；

(二)生产、经营、投资的收益；

(三)知识产权的收益；

(四)继承或者受赠的财产，但是本法第一千零六十三条第三项规定的除外；

(五)其他应当归共同所有的财产。

夫妻对共同财产，有平等的处理权。

《民法典婚姻家庭编解释(一)》

第二十四条　民法典第一千零六十二条第一款第三项规定的“知识产权的收益”，是指婚姻关系存续期间，实际取得或者已经明确可以取得的财产性收益。

（三）典型案例

【案件索引】

案由：张某等离婚后财产纠纷案

审理法院：北京市第一中级人民法院

案号：(2021)京01民终1087号

【基本案情】

上诉人（原审原告）：李某

上诉人（原审被告）：张某

李某与张某于2008年12月23日在河南省郑州市金水区民政局登记结婚，于2009年7月31日育有一子张某1。2015年10月15日，双方经河南省郑州市金水区人民法院调解离婚。李某向法院起诉，主张张某名下持有登记备案的6套书籍著作权，另有没有登记备案的书籍著作权20多套，要求分割上述著作权及相关收益。

【法院判决】

法院认为，《婚姻法》（已失效）第17条①规定，夫妻在婚姻关系存续期间所得的知识产权收益归夫妻共同所有。关于张某名下的著作权，虽部分取得时间在婚姻关系存续期间，但著作权具有人身属性，且价值无法衡量，现李某要求上述著作权归其所有缺乏事实及法律依据，法院不予支持。关于李某主张的著作权收益，其并未提交证据证明相关款项的支付情况，故法院对其主张不予支持。关于李某主张的著作权转让款60万元，该转让发生时间为双方离婚之后，李某未就上述著作权为其与张某婚姻关系存续期间取得向法院提交证据，故法院对其要求分割转让款之主张不予支持。关于张某公司名下的著作权，属于公司资产，并非张某与李某之夫妻共同财产，故法院对李某要求分割之主张不予支持。

（四）律师小结

婚后夫妻一方取得的知识产权权利本身归一方专有，但《婚姻法》（已失效）和《民法典》均规定，由其取得的经济利益，属夫妻共同财产。离婚时，在婚姻关系存续期间实际取得或者已经明确可以取得的财产性收益，归属夫妻共同财产，可予以分割；未能取得实际收益或未明确取得收益的知识产权，只能归该知识产权的发明者单独享有，属于夫妻一方的个人财产。

① 相关规定参见《民法典》第1062条。

十二、夫妻一方婚内挥霍夫妻共同财产，另一方不离婚，可否请求分割财产？

（一）律师观点

夫妻共同财产是最典型的共同共有关系，根据共同共有关系的一般原理，共同共有人在共有关系存续期间，原则上不得请求分割共有财产。基于此，一般只有在离婚时才能主张分割夫妻共同财产，但实践中会出现夫妻一方挥霍或转移夫妻共同财产等损害另一方利益的行为，此时法律也需保护另一方的合法权益不受侵害。

夫妻双方对夫妻共同财产享有平等的处分权，但并不意味着双方的意见总是一致的，尤其是在一方恶意转移财产损害另一方利益或者一方需要负担负有法定抚养义务的人的巨额费用时。在夫妻双方并不想解除婚姻关系时，此时原则上不能分割夫妻共同财产。但为平等保护夫妻双方权益，实现权利救济，在坚持夫妻共同财产原则上不能分割，婚姻关系存续期间一方请求分割共同财产不予支持的基础上，《民法典》规定了两种例外情形：一是一方有隐藏、转移、变卖、毁损、挥霍夫妻共同财产或者伪造夫妻共同债务等严重损害夫妻共同财产利益的行为的；二是一方负有法定扶养义务的人患重大疾病需要医治，另一方不同意支付相关医疗费用的。

在上述任一情形下，夫妻一方可以向法院请求分割共同财产。这也是《民法典》的进步之处，将原来低位阶的司法解释的内容纳入高位阶的法律规定当中，对于特殊情形下夫妻间的权利进行了有效保障。需要注意的是，情形一中不仅要认定隐藏、转移等行为的成立要件，还要注意只有达到“严重损害夫妻共同财产利益”的程度，才能主张分割夫妻共同财产。是否达到“严重损害”，要结合行为性质、夫妻共同财产数额、造成的影响程度等因素综合认定，因此当事人需提供充分证据加以证明。

同时，婚内分割夫妻共同财产的规定，目前只有以上列举的两种情形，属于封闭性条款，不能做扩大解释。因此，夫妻一方的个人财产不足以清偿其个人债务的，不属于能够请求分割夫妻共同财产的范围。《民法典婚姻家庭编解释（一）》已明确规定，除上述两种情形外，在婚姻关系存续期间，夫妻一方请求分割共同财产的，法院不予支持。

夫妻共同财产是婚姻家庭生活得以正常运转的物质保障，权利义务得以实现和履行的物质基础。在特殊情况下允许双方分割财产，能够更好地保障夫妻另一方财产的安全，保护婚姻当事人的合法权益，真正实现夫妻权利平等，也使家庭的保障功能不致因一方的问题而受到影响。如此，既可以保持婚姻家庭关系的稳定，又能保护夫妻双方对共有财产的平等处分权利。

（二）法律依据

《民法典》

第三百零三条　共有人约定不得分割共有的不动产或者动产，以维持共有关系的，应当按照约定，但是共有人有重大理由需要分割的，可以请求分割；没有约定或者约定不明确的，按份共有人可以随时请求分割，共同共有人在共有的基础丧失或者有重大理由需要分割时可以请求分割。因分割造成其他共有人损害的，应当给予赔偿。

第一千零六十二条　夫妻在婚姻关系存续期间所得的下列财产，为夫妻的共同财产，归夫妻共同所有：

（一）工资、奖金、劳务报酬；

（二）生产、经营、投资的收益；

（三）知识产权的收益；

（四）继承或者受赠的财产，但是本法第一千零六十三条第三项规定的除外；

（五）其他应当归共同所有的财产。

夫妻对共同财产，有平等的处理权。

第一千零六十六条　婚姻关系存续期间，有下列情形之一的，夫妻一方可以向人民法院请求分割共同财产：

（一）一方有隐藏、转移、变卖、毁损、挥霍夫妻共同财产或者伪造夫妻共同债务等严重损害夫妻共同财产利益的行为；

（二）一方负有法定扶养义务的人患重大疾病需要医治，另一方不同意支付相关医疗费用。

《民法典婚姻家庭编解释（一）》

第三十八条　婚姻关系存续期间，除民法典第一千零六十六条规定情形以外，夫妻一方请求分割共同财产的，人民法院不予支持。

（三）典型案例

【案件索引】

案由：刘某、谢某娇婚内夫妻财产分割纠纷案

审理法院：四川省巴中市巴州区人民法院

案号：(2021)川1902民初1314号

【基本案情】

原告：刘某

被告：谢某娇

原告刘某和被告谢某娇于2016年相识后确定恋爱关系，2018年10月9日在婚姻登记机关办理结婚登记，2019年1月原告、被告举行了婚礼，婚后原告将其名下的建设银行卡（卡内有存款51,998.82元）交给被告保管，被告于2020年12月17日通过该银行卡向案外人龚某华转账4万元，并分三笔共取款11,900元。原告以被告私自转移夫妻共同财产为由诉至法院，请求依法分割原告、被告婚内夫妻共同财产51,900元，由原告、被告各享有50%。

【法院判决】

法院认为，在婚姻关系存续期间，一方有隐藏、转移、变卖、毁损、挥霍夫妻共同财产或伪造夫妻共同债务等严重损害夫妻共同财产利益的行为时，夫妻一方可以向法院请求分割共同财产。在本案中，被告在未经原告同意的情况下，将共同财产中的存款51,900元转移，原告要求分割该存款的诉求，符合法律规定中可以分割婚内共同财产的情形，法院予以支持，被告应向原告返还共同财产的一半即25,950元。关于被告辩称的该款项系用于家庭生活开支及偿还债务，因被告举出的证据不能证明其偿还的债务系夫妻共同债务及用于生活开支，故该辩称法院不予采信。据此，依照《民法典》第1062条、第1066条之规定，判决被告谢某娇于判决生效后10日内返还原告刘某存款25,950元。

（四）律师小结

婚姻关系存续期间，夫妻共同财产以不允许分割为原则，允许分割为例外。在共同共有关系消灭之前，对共有的财产原则上不能进行分割，以保持共有关系的稳定性和基础，保护共有人的合法权益。所以在不具备法律规定的情形时，夫妻一方请求分割夫妻共同财产的主张很难得到支持，这也是为了避免婚姻关系存续期间随意分割夫妻共同财产，损害家庭稳定。

十三、夫妻一方擅自出售共有房屋是否有效？另一方能否追回该房屋？

（一）律师观点

房屋作为夫妻共同财产，属于夫妻共同共有。原则上，夫妻双方对共同所有的财产，享有平等的占有、使用、收益和处分的权利，除日常家事范围内的事务以及构成表见代理情形外，一方擅自处分共同财产的，对另一方不发生法律效力。但根据《民法典》物权编中的善意取得制度，在夫妻共有房屋处分的问题上，《民法典婚姻家庭编解释（一）》第28条承继了《婚姻法》（已失效）司法解释的规定，一方未经另一方同意，出售夫妻共同所有的房屋，第三人善意购买、支付合理对价并已办理不动产登记，另一方主张追回该房屋的，法院不予支持。该规定符合保护现今房产市场交易安全，鼓励交易的价值取向。

因此，如果同时符合以下几个条件，由于构成善意取得，另一方不能再追回房屋：第一，第三人属于善意购买，而非与配偶一方恶意串通损害另一方的利益；第二，买受人支付了合理对价，按市场价格支付了房款；第三，已经办理了产权登记手续。同时，为了保护另一方的合法权利，夫妻一方擅自处分共同所有的房屋造成另一方损失的，离婚时另一方可以请求赔偿损失。

（二）法律依据

《民法典》

第三百零一条　处分共有的不动产或者动产以及对共有的不动产或者动产作重大修缮、变更性质或者用途的，应当经占份额三分之二以上的按份共有人或者全体共同共有人同意，但是共有人之间另有约定的除外。

第三百一十一条　无处分权人将不动产或者动产转让给受让人的，所有权人有权追回；除法律另有规定外，符合下列情形的，受让人取得该不动产或者动产的所有权：

（一）受让人受让该不动产或者动产时是善意；

（二）以合理的价格转让；

（三）转让的不动产或者动产依照法律规定应当登记的已经登记，不需要登记的已经交付给受让人。

受让人依据前款规定取得不动产或者动产的所有权的，原所有权人有权向无处分权人请求损害赔偿。

当事人善意取得其他物权的，参照适用前两款规定。

《民法典婚姻家庭编解释（一）》

第二十八条　一方未经另一方同意出售夫妻共同所有的房屋，第三人善意购买、支付合理对价并已办理不动产登记，另一方主张追回该房屋的，人民法院不予支持。

夫妻一方擅自处分共同所有的房屋造成另一方损失，离婚时另一方请求赔偿损失的,人民法院应予支持。

(三)典型案例

【案件索引】

案由:胡某元、狄某等房屋买卖合同纠纷案

审理法院:贵州省毕节市七星关区人民法院

案号:(2021)黔0502民初10709号

【基本案情】

原告:胡某元、狄某

被告:张某卫、洪某、洪某发、朱某

被告张某卫与洪某于1991年12月2日结婚,系夫妻关系;被告洪某发与朱某系夫妻关系;洪某发是洪某的侄子。2011年12月19日,被告张某卫与洪某因申请廉租房,以洪某发与朱某的名义与某公司签订《商品房买卖合同》,合同约定,买受人洪某发、朱某购买该公司开发的位于毕节市的房屋一处,建筑面积为136.25平方米,总价款为349,114元,首期付款105,114元,余款244,000元以银行按揭的方式支付。2012年5月12日,洪某发、朱某与中国农业银行股份有限公司毕节分行签订《个人购房担保借款合同》,合同约定:借款金额为244,000元,借款期限自2012年5月21日至2022年5月20日止。张某卫与洪某是涉案房屋的实际所有人。2017年,被告张某卫与原告胡某元口头约定,张某卫将其购买的位于毕节市的该处房屋以47万元卖给胡某元,胡某元按约支付了张某卫全部房款,张某卫于2018年将涉案房屋交付给胡某元,后胡某元将涉案房屋进行装修并实际居住。涉案房屋于2018年11月20日办理了不动产权证书,权利人为洪某发、朱某,不动产权证号为:黔(2018)毕节市不动产权第××号。由于被告张某卫未将涉案房屋过户登记到原告胡某元、狄某名下,原告为维护其合法权益,诉至法院。

【法院判决】

法院认为,因本案法律事实发生在《民法典》施行前,根据《民法典时间效力规定》第1条第2款"民法典施行前的法律事实引起的民事纠纷案件,适用当时的法律、司法解释的规定,但是法律、司法解释另有规定的除外"之规定,本案应适用原来的法律,《物权法》(已失效)第97条[1]规定:处分共有的不动产或

① 相关规定参见《民法典》第301条。

者动产以及对共有的不动产或者动产作重大修缮的，应当经占份额 2/3 以上的按份共有人或者全体共同共有人同意，但共有人之间另有约定的除外。《物权法》（已失效）第 106 条[①]规定：无处分权人将不动产或者动产转让给受让人的，所有权人有权追回；除法律另有规定之外，符合下列情形的，受让人取得该不动产或者动产的所有权：（1）受让人受让该不动产或者动产时是善意的；（2）以合理价格转让；（3）转让的不动产或者动产依照法律规定应当登记的已经登记，不需要登记的已经交付给受让人。本案中，原告所举证据不能证明被告洪某同意被告张某卫将涉案房屋卖给原告的事实，被告张某卫将夫妻共同财产即涉案房屋卖给原告的行为属于无权处分，且被告洪某未追认该买卖行为。另外，原告所举证据亦不符合上述法律规定取得涉案房屋所有权的情形。《民事诉讼法》（2017 年）第 64 条[②]规定："当事人对自己提出的主张，有责任提供证据……"；《民事诉讼法解释》第 90 条规定："当事人对自己提出的诉讼请求所依据的事实或者反驳对方诉讼请求所依据的事实，应当提供证据加以证明，但法律另有规定的除外。在作出判决前，当事人未能提供证据或者证据不足以证明其事实主张的，由负有举证证明责任的当事人承担不利的后果。"故原告要求判决被告张某卫、洪某、洪某发、朱某协助原告将涉案房屋过户登记到原告胡某元、狄某名下的诉请无法律依据，法院不予支持。

（四）律师小结

在夫妻一方擅自出卖房屋，另一方未追认该买卖行为而构成无权处分时，仅在符合善意取得时买受人才能合法取得该房屋。司法实践中，房屋经变更登记过户是构成善意取得的条件之一，但房屋过户并不必然导致买受人善意取得房屋所有权，关键看买受人是否符合善意取得的构成要件，这需结合房屋交易环节综合判定，例如，首先看是否支付合理对价，其次要根据买受人是否有实地现场看房、房屋交付占有使用情况、房款支付方式等因素综合考虑。若符合善意取得的构成要件，则买受人取得房屋所有权；若不符合，则已过户的房产变更登记至原登记状态。

---

① 相关规定参见《民法典》第 311 条。

② 相关规定参见 2021 年修正的《民事诉讼法》第 67 条。

十四、父母能否主张子女履行精神赡养义务?

(一)律师观点

我们都知道,成年子女赡养自己年老的父母是天经地义的事情,同时也是法律所规定的义务。然而在实践中,却有相当多的人都简单地认为子女只要在物质方面提供了赡养费就算是履行了赡养义务,还有一些人虽然付给老年人赡养费,但是有意孤立老年人的生活环境,长期不探视老年人,使老年人处在一种孤独、凄凉的境地。

赡养义务包括两类,即物质方面的赡养义务和精神方面的赡养义务,包括经济上的供养、生活上的照料和精神上的慰藉,而不仅仅是“给钱了事”的问题。精神赡养,一般指在家庭生活中,赡养人理解、尊重、关心、体贴老年人的精神生活,在精神上给予其慰藉,满足其精神生活的需要,使其愉悦、开心。赡养人,即老年人的子女以及其他依法负有赡养义务的人,应当依法履行赡养义务,赡养人的配偶应当协助赡养人履行赡养义务,并且赡养人不得以放弃继承权或者其他理由,拒绝履行赡养义务。正如孔子所说:“今之孝者,是谓能养。至于犬马,皆能有养。不敬,何以别乎?”

由于我们国家已经逐渐步入老龄化社会,随着流动人口增加、外出打工群体日益庞大,以及家庭结构趋于核心化、小型化,老年人的精神情感需求不能得到满足的情况也越来越严重。在赡养老年人方面,子女更多地关注老年人物质上的需求,而忽视了老年人的精神赡养,使得很多老年人缺乏精神慰藉,孤独感严重,对其身体及心理健康极为不利。对于老年人来说,子女的关怀是他们最好的精神慰藉,也是他人无法替代的。精神赡养不仅是道德义务,也是法律义务。为人晚辈者要多加体贴理解长辈,在尽好经济赡养义务的前提下,也要注重精神赡养。具体来说,赡养人应当关心老年人的精神需求,不得忽视、冷落老年人,履行对老年人经济上供养、生活上照料和精神上慰藉的义务,照顾老年人的特殊需要。特别是与老年人分开居住的子女或其他赡养人,应当经常看望或者问候老年人。不履行精神赡养义务的,则应当承担相应的民事责任;情节严重,触犯刑法的,还应当承担刑事责任。

(二)法律依据

《民法典》

第二十六条 父母对未成年子女负有抚养、教育和保护的义务。

成年子女对父母负有赡养、扶助和保护的义务。

第一千零四十一条　婚姻家庭受国家保护。

实行婚姻自由、一夫一妻、男女平等的婚姻制度。

保护妇女、未成年人、老年人、残疾人的合法权益。

第一千零六十七条　父母不履行抚养义务的，未成年子女或者不能独立生活的成年子女，有要求父母给付抚养费的权利。

成年子女不履行赡养义务的，缺乏劳动能力或者生活困难的父母，有要求成年子女给付赡养费的权利。

《老年人权益保障法》

第十四条　赡养人应当履行对老年人经济上供养、生活上照料和精神上慰藉的义务，照顾老年人的特殊需要。

赡养人是指老年人的子女以及其他依法负有赡养义务的人。

赡养人的配偶应当协助赡养人履行赡养义务。

（三）典型案例

【案件索引】

案由：叶某与林某赡养纠纷案

审理法院：江苏省启东市人民法院

案号：（2015）启滨民初字第00272号

来源：江苏法院2016年公布婚姻家庭典型案例之案例九

【基本案情】

原告：叶某

被告：林某

林某系叶某（女）所育子女。在林某10岁时，其父去世，叶某改嫁他人，并在1981年6月30日与卞某结为夫妻，居住在上海市崇明县（现为崇明区）新河镇新光村。林某也早已成家，居住在启东市近海镇小闸口村。多年来，叶某、林某之间母女关系一直较好。叶某身体不好，需要照顾，2013年年底，叶某丈夫卞某生病无法照顾叶某，在林某及家人照料叶某期间，双方发生矛盾，此后不再往来。叶某诉至法院，请求判令林某履行探望义务。

【法院判决】

法院认为，子女对父母有赡养扶助的义务，赡养人应当履行对老年人经济上供养、生活上照料和精神上慰藉的义务，照顾老年人的特殊需要。与老年人分开居住的家庭成员，应当经常看望或者问候老年人。叶某与林某母女感情原来一直较好，后因故不再往来，致使原本分居两地的二人没有了来往。叶某虽然有固定的收入来源，能够维持自己的基本生活，但其仍有权要求林某给予精神上的慰藉。林某作为子女，理应照顾叶某的特殊需要，经常看望并问候叶某。遂判决：

1. 林某自2015年起每年探望叶某两次；
2. 遇叶某病重需住院治疗，林某应尽到相应服侍义务。

（四）律师小结

上述案例虽发生于2015年，但是在《民法典》实施后仍可以参考和援引法院的观点，即赡养义务包括物质和精神两方面。法院通过判决责令当事人履行精神赡养义务，维护了老年人的合法权益，弘扬了敬老、爱老的传统美德，也彰显了司法的人文关怀。同时也进一步明确了赡养人应当履行对老年人经济上供养、生活上照料和精神上慰藉的义务，照顾老年人的特殊需要；与老年人分开居住的家庭成员，应当经常看望或者问候老年人。总而言之，赡养人履行赡养义务，除了提供物质金钱外，还要在精神上关注、照顾老年人，这才是赡养的应有之义。

十五、怀疑孩子不是亲生的，怎么办？可以提起亲子关系异议之诉吗？

（一）律师观点

近些年，因非婚生子女引发的离婚纠纷、亲子关系纠纷、抚养纠纷、探望纠纷以及继承纠纷等呈上升趋势。在这些离婚过错赔偿、子女抚养、探望和继承等纠纷案件中，确认亲子关系往往成为非常重要的前提条件。现实中，有些父母会怀疑自己的另一半出轨并且怀疑孩子不是自己亲生（血缘关系上）的，从而要求确认亲子关系，这也逐渐成为社会热点问题。

亲子关系又称父母子女关系，亲为父母，子为子女。亲子关系根据其产生的根据不同，可以分为自然血亲的亲子关系和法律拟制的亲子关系，前者基于子女出生的事实产生，后者基于法律的认可而设定，包括形成收养关系的养父母养子女关系和形成抚养关系的继父母继子女关系。亲子关系是民法调整的婚姻家庭关系之一，是明确父母子女之间权利义务的前提。根据《民法典》第1073条的规定，父或母一方对亲子关系有异议且有理由的，可以请求确认或者否认亲子关系；成年子女也可以请求确认亲子关系。《民法典》以法律形式规范亲子关系异议之诉,为婚姻家事领域因确认或否认亲子关系寻求救济途径提供了基本的法律依据,是对婚姻家庭关系法律规范的重要完善。

否认亲子关系的前提是婚生子女推定,实践中一般认为在婚姻关系存续期间出生的子女即为婚生子女,婚生子女与父母的亲子关系通过出生的事实予以推定。由于婚生子女的身份是推定的,因此实践中有可能出现错误情形,可以被客观事实所推翻,法律允许利害关系人提出婚生子女否认之诉,推翻婚生子女推定。父或者母如果确有证据证明婚生子女并非自己亲生的,可向法院主张否定亲子关系,该证据包括母亲怀孕时与法律推定上的父亲处于分居状态、法律推定上的父亲无生育能力、亲子鉴定意见显示父母与子女之间无血缘关系等。如法院审查确认该子女确实非亲生,即可否定亲子关系,父或母与该子女之间的抚养、赡养及相互继承遗产等权利义务关系将不复存在。

当然,由于"人工生育子女"具有特殊性,对于夫妻双方在婚姻关系存续期间一致同意进行人工授精的,无论所生子女是否与父母具有血缘关系,均应视为夫妻双方的婚生子女,因此即使父母一方与子女不具有血缘关系,也不能否认亲子关系。

(二)法律依据

《民法典》

第一千零七十三条　对亲子关系有异议且有正当理由的,父或者母可以向人民法院提起诉讼,请求确认或者否认亲子关系。

对亲子关系有异议且有正当理由的,成年子女可以向人民法院提起诉讼,请求确认亲子关系。

《民法典婚姻家庭编解释(一)》

第三十九条　父或者母向人民法院起诉请求否认亲子关系,并已提供必要证据予以证明,另一方没有相反证据又拒绝做亲子鉴定的,人民法院可以认定否认亲子关系一方的主张成立。

父或者母以及成年子女起诉请求确认亲子关系,并提供必要证据予以证明,另一方没有相反证据又拒绝做亲子鉴定的,人民法院可以认定确认亲子关系一方的主张成立。

第四十条　婚姻关系存续期间,夫妻双方一致同意进行人工授精,所生子女应视为婚生子女,父母子女间的权利义务关系适用民法典的有关规定。

（三）典型案例

【案件索引】

案由：娄某龙与娄某否认亲子关系纠纷案

审理法院：四川省苍溪县人民法院

案号：(2021)川0824民初419号

【基本案情】

原告：娄某龙

被告：娄某

2006年8月14日，原告娄某龙与被告母亲何某芳在苍溪县民政局登记结婚。2006年12月28日，何某芳生育一子娄某。2015年12月17日，原告娄某龙与被告母亲何某芳协议离婚并办理登记，约定娄某由娄某龙抚养，何某芳不支付抚养费。此后被告娄某一直随原告娄某龙生活。2018年腊月十六何某芳病故。同年8月2日，原告娄某龙委托司法鉴定中心进行亲子鉴定。2019年8月8日司法鉴定中心作出鉴定意见：依据DNA检测分析结果，可以确认娄某龙不是娄某的生物学父亲。2021年1月21日原告娄某龙向法院起诉，要求确认其与被告娄某不存在亲子关系。

【法院判决】

法院认为，亲子关系系父母子女关系，是家庭关系中的重要组成部分，以血缘关系为基础，因出生的事实而发生。本案中被告娄某系何某芳所生，其母子关系无异。目前现有的技术手段即是通过基因对比检测生物学的亲子关系。原告娄某龙以非生物学父子的鉴定结论为由提起诉讼，其已经完成了举证责任，且被告的外婆白某作为监护人对此未提出异议，故原告娄某龙要求否认亲子关系，于法有据，法院予以确认。综上所述，原告娄某龙否认亲子关系的诉讼请求应予支持。依照《民法典》第1073条第1款的规定，判决原告娄某龙与被告娄某非亲子关系。

（四）律师小结

亲子关系系父母子女关系，是家庭关系中的重要组成部分，除人工生育子女外，一般以血缘关系为基础。当父亲或母亲认为亲子关系存在错误，即孩子不是自己亲生的，且有足够理由时，依据《民法典》有关规定，可以向法院起诉请求否认亲子关系。由于亲子关系诉讼涉及家庭关系的和谐与稳定以及对人身、财产关系的调整,具有严肃性,因此当事人须承担相应的举证责任,证明其提起亲子关系诉讼具有必要性和正当性,即正当理由。

十六、丈夫受欺骗抚养非亲生子女,可以要求妻子赔偿精神损失并返还抚养费吗?

(一)律师观点

欺诈性抚养,一般是指妻子(欺诈方)对丈夫(受欺诈方)隐瞒所生子女是非婚生子女的事实,使丈夫在被蒙骗中将妻子与他人所生子女当作自己的亲生子女抚养。我国现有的法律法规对欺诈性抚养并无具体规定,甚至对其概念也没有明确的规定。而实务中,一旦丈夫知道欺诈性抚养的真相,通常会引发有关返还抚养费、赔偿精神损害等纠纷。

司法实践中对受欺诈人对于婚姻关系存续期间支付的抚养费有返还请求权持认可态度,而关于该请求权的理论基础,存在不同的观点。一是不当得利说,即无抚养义务之人支付了抚养费,对于生母而言属于不当得利,应当返还;二是无因管理说,即无法定义务而对非婚生子女予以抚养,构成无因管理;三是侵权行为说,即认为非婚生子女的生父母采取欺骗手段,使受欺诈一方支付财产,代该子女亲生父母"履行"了抚养义务,造成受欺诈方的财产损失,应当承担民事侵权责任。对此种情形如何处理,我国法律未作明确规定,但在实务中,无论基于哪种观点,大都认同受欺诈方对抚养费享有返还请求权。笔者认为,对于欺诈性抚养关系,欺诈人的行为构成侵权,因受欺诈人原并无抚养义务,其已经支付的抚养费用对子女的生父母而言同时也构成不当得利,故受欺诈人可以行使不当得利请求权,也可根据《民法典》侵权责任编规定,请求返还已经支出的抚养费用。

同时,配偶一方同他人发生婚外性行为将会对另一方的名誉、地位、尊严产生巨大的伤害,因此,欺诈方还应该承担精神损失的赔偿责任。精神损害赔偿金本身兼具经济补偿、精神慰抚和违法惩戒的多重功能,精神损害赔偿金除尽可能填补损失外,更主要的是抚慰和缓解被侵权人因精神损害所生之痛苦、失望、不满和怨愤,使其获得心理上的慰藉,以维护整个社会抚养制度的稳定,促进精神文明建设。

在确定抚养费返还数额时,男方应当对抚养费给付情况承担举证责任。确实无法举证证明的,可以参照《民法典婚姻家庭编解释(一)》第 49 条的规定,根据子女的实际需要、男女双方的负担能力、婚姻关系存续期间双方的经济收入、离婚时共同财产分割情况、当地的实际生活水平等酌情确定。精神损害抚慰金的赔偿数额则可以依照《民事侵权精神损害赔偿责任解释》第 5 条的规定确定，根据过错程度、经济能力等因素确定赔偿数额。

另外，欺诈性抚养的赔偿义务主体应当是欺诈行为的实施主体。男方起诉子女承担欺诈性抚养赔偿责任的，不予支持。子女的生父与女方通谋欺骗男方的，应当承担连带赔偿责任。男方仅起诉女方承担赔偿责任的，可以不追加子女的生父为共同被告。

（二）法律依据

《民法典婚姻家庭编解释（一）》

第四十九条 抚养费的数额，可以根据子女的实际需要、父母双方的负担能力和当地的实际生活水平确定。

有固定收入的，抚养费一般可以按其月总收入的百分之二十至三十的比例给付。负担两个以上子女抚养费的，比例可以适当提高，但一般不得超过月总收入的百分之五十。

无固定收入的，抚养费的数额可以依据当年总收入或者同行业平均收入，参照上述比例确定。

有特殊情况的，可以适当提高或者降低上述比例。

《民事侵权精神损害赔偿责任解释》

第五条 精神损害的赔偿数额根据以下因素确定：

（一）侵权人的过错程度，但是法律另有规定的除外；

（二）侵权行为的目的、方式、场合等具体情节；

（三）侵权行为所造成的后果；

（四）侵权人的获利情况；

（五）侵权人承担责任的经济能力；

（六）受理诉讼法院所在地的平均生活水平。

（三）典型案例

【案件索引】

案由：步某 2、孔某等离婚后损害责任纠纷案

审理法院：山东省济宁市中级人民法院

案号：（2021）鲁 08 民终 3539 号

【基本案情】

上诉人(原审被告):步某2

被上诉人(原审原告):孔某

原审被告:步某1

孔某与步某2登记结婚后,步某2于2007年11月17日生育步某1。2009年6月12日,孔某与步某2经法院调解离婚,依据民事调解书确定步某1由步某2自行抚养。2019年2月25日,步某2向肥城市人民法院提起抚养费纠纷诉讼,请求孔某支付抚养费。经法院调解确定,孔某自2019年2月起每月支付步某1抚养费400元至其年满18周岁止。截至孔某提起诉讼时已实际支付抚养费4400元。

2020年3月13日,孔某现任配偶将孔某血样与步某1的指甲送至安康(上海)生物科技有限公司进行DNA亲子鉴定,鉴定意见为"排除孔某与步某1亲子关系"。故孔某于2020年11月20日向法院提起离婚后损害责任纠纷诉讼。2020年12月17日,步某2提出亲子关系司法鉴定申请。山东金盾司法鉴定所对孔某、步某2与步某1之间的亲子关系进行鉴定,鉴定意见为"依据现有资料和DNA分析结果,排除孔某为步某1的生物学父亲,支持步某2为步某1的生物学母亲"。

【一审法院判决】

一审法院认为,《民法典》明确规定父母对未成年子女负有抚养、教育和保护的义务,该义务系父母的法定义务。在无亲子关系,不负该法定义务的情形下,夫妻一方隐瞒真相而使另一方误认为存在亲子关系进而履行"抚养义务"的,构成欺诈性抚养。本案中,步某2在明知或应当知道步某1不是孔某亲生儿子的情形下,仍隐瞒真相实施欺诈行为,孔某基于步某2的欺骗而误认为步某1系其亲生儿子并予以抚养,从而遭受了财产和精神损害,故步某2的行为侵犯了孔某的合法权益,系侵权行为。孔某因受到欺诈,作为被侵权方可向步某2主张返还抚养费等相关费用,以此来填补自身受到的财产损害。本案中,孔某主张步某2返还抚养费12,000元,该费用包括:(1)孔某与步某2婚姻存续期间19个月的抚养费7600元,该部分费用孔某未举证证明婚姻存续期间由其个人实际支出的"抚养费"具体金额,但孔某主张婚姻存续期间每月抚养费的计算标准参照(2019)鲁0983民初1288号民事调解书中抚养费支付标准400元/月计算,该参照标准并不超出当时本地经济发展水平下抚养费的支出水准,予以采信;(2)(2019)鲁0983民初1288号民事调解书生效后,孔某已经给付的抚养费4400元,该部分费用有银行转账记录为证,予以采信。综上,孔某请求步某2返还抚养费12,000元,予以支持。另外,孔某于2019年11月2日向步某1转账给付的200元,一是步某2抗辩该款项系孔某在临近步某1生日时,对步某1的赠与;二是孔某主张返还的12,000元抚养费的金额中亦未包含此款项。故本案不再对此处理。欺诈性抚养中,欺诈方的侵权行为严重侵害了无抚养义务方的人格尊严等人格权利,受欺诈方在抚养非亲生子女的过程中倾注了情感与精力,得知所抚养子女并非亲生,会使其自尊心严重受挫,社会评价降低,因此所受的精神损害是客观存在的。本案中,孔某得知步某1非其亲生子女,必定对其造成精神损害。孔某请求步某2赔偿其精神损害抚慰金80,000元,综合孔某与步某1实际共同生活时间、孔某对步某1的情感依赖程度、侵权所造成的损害后果程度、步某2的主观过错程度及所在地的经济发展水平等因素考量,酌定精神抚慰金数额为10,000元。依照《民法典》第3条、第990条第2款、第991条、第995条、第1165条第1款、第1183条、第1184条,《民事诉讼法》(2017年)第64条第1款①的规定,判决:(1)步某2于本判决生效之日起10日内返还孔某抚养费12,000元;(2)步某2于本判决生效之日起10日内给付孔某精神抚慰金10,000元;(3)驳回孔某的其他诉讼请求。

【二审法院判决】

二审法院认为,孔某误认为步某1系其亲生儿子并予以抚养,遭受了财产损害,一审法院支持孔某返还抚养费的主张,并无不当。关于返还的抚养费数额。2007~2009年实际支出的抚养费数额在现行经济社会发展水平下,一审法院判令步某2返还7600元,并无不当。步某2在夫妻关系存续期间孕育了非婚生子女,且孔某误以为其为亲生子女并予以抚养,必定对孔某造成精神损害。一审法院综合孔某与步某1实际共同生活时间、孔某对步某1的情感依赖程度、侵权所造成的损害后果程度、步某2的主观过错程度及所在地的经济发展水平等因素考量,酌定精神抚慰金数额为10,000元,并无不当。

综上所述,步某2的上诉请求不能成立,应予驳回;一审判决认定事实清楚,适用法律正确,应予维持,据此判决:驳回上诉,维持原判。

(四)律师小结

妻子将本与丈夫没有亲子关系的子女谎称为有亲子关系,具有欺骗对方的主

① 相关规定参见2021年修正的《民事诉讼法》第67条第1款。

观故意,使配偶的身份权受到侵害,应属侵权行为。夫妻一方因另一方隐瞒真相而受欺诈抚养了另一方与他人所生育子女,受到侵害一方有权依据《民法典》侵权责任编及有关司法解释向欺诈方主张其承担财产损害和精神损失的赔偿责任。

十七、夫妻离异后一方能擅自变更子女姓氏吗?另一方可否因此拒付子女抚养费?

(一)律师观点

关于子女姓氏,在中国古代并不存在争议,这是由于古代君权、父权至上主义决定了子女一般跟随父亲姓氏。然而,随着社会发展,子女跟随母亲姓氏的现象也屡见不鲜。因此,关于子女姓氏的问题引起了公众讨论,特别是离婚后孩子应该跟谁姓的问题,更容易引发纠纷。父母对孩子姓名的命名权,是父母对孩子亲权的组成部分,是父母双方共同的权利。《民法典》也规定,子女可以跟随父姓或母姓,特殊情况下还可选择父母之外的姓氏。至于具体跟谁姓,一般是由父母双方协商确定,在夫妻关系存续期间父母协商一致下确定的跟谁姓,一般不会产生纠纷。问题在于离婚后一方想更改子女姓氏,此时大多数是抚养子女的一方意图将孩子的姓氏更改为自己的或再婚配偶的姓氏。

关于离婚后一方更改子女姓氏的问题,根据公安部《关于父母离婚后子女姓名变更有关问题的批复》,公安机关有较大的决定权,具体为:(1)夫妻双方离婚后一方隐瞒离婚事实变更了子女姓名,另一方要求恢复原姓名且协商不成的,公安机关应当恢复;(2)夫妻离婚后未隐瞒离婚事实要求变更子女姓名,公安机关有是否变更的决定权,可以选择受理或不受理,如公安机关变更了子女姓名,另一方不同意的,无权要求公安机关予以撤销。这意味着,对于离婚后一方欲变更子女姓名的,只要其没有隐瞒离婚事实且已经变更了子女姓名,另一方申请恢复原姓名的,法院会根据公安机关的行为符合规定,同时考虑未成年子女变更姓名后时间已久且已被身边人所熟知,再次撤回不利于未成年子女身心健康,从而拒绝撤销变更姓名的行为。实践中还有一种情形,是夫妻离异后一方未经另一方生父/母同意,擅自将子女姓氏改成继父/母姓氏的,根据《民法典婚姻家庭编解释(一)》第59条"责令恢复原姓氏"的规定,在生父或生母不知情的情况下变更了子女姓氏后引发纠纷的,生父或生母可要求恢复原姓氏,法院应当责令恢复;若是经过生父或生母同意变更为继父或继母的姓氏,法律也是允许的。

同时,法律也明确规定,离婚后不直接抚养子女的父或母,有给付抚养费的义务。即使直接抚养方单方给孩子更改姓氏或姓名,可以通过法律途径,选择到公安机关或法院依法解决;若因此拒不支付抚养费,是不履行对孩子抚养义务的行为,也是极端和错误的,不符合“父母不得因子女变更姓氏而拒付子女抚养费”的规定。

(二)法律依据

《民法典》

第一百一十条 自然人享有生命权、身体权、健康权、姓名权、肖像权、名誉权、荣誉权、隐私权、婚姻自主权等权利。

法人、非法人组织享有名称权、名誉权和荣誉权。

第一千零一十二条 自然人享有姓名权,有权依法决定、使用、变更或者许可他人使用自己的姓名,但是不得违背公序良俗。

第一千零一十四条 任何组织或者个人不得以干涉、盗用、假冒等方式侵害他人的姓名权或者名称权。

第一千零一十五条 自然人应当随父姓或者母姓,但是有下列情形之一的,可以在父姓和母姓之外选取姓氏:

(一)选取其他直系长辈血亲的姓氏;

(二)因由法定扶养人以外的人扶养而选取扶养人姓氏;

(三)有不违背公序良俗的其他正当理由。

少数民族自然人的姓氏可以遵从本民族的文化传统和风俗习惯。

第一千零一十六条 自然人决定、变更姓名,或者法人、非法人组织决定、变更、转让名称的,应当依法向有关机关办理登记手续,但是法律另有规定的除外。

民事主体变更姓名、名称的,变更前实施的民事法律行为对其具有法律约束力。

《民法典婚姻家庭编解释(一)》

第五十九条 父母不得因子女变更姓氏而拒付子女抚养费。父或者母擅自将子女姓氏改为继母或继父姓氏而引起纠纷的,应当责令恢复原姓氏。

《户口登记条例》

第十八条 公民变更姓名,依照下列规定办理:

一、未满十八周岁的人需要变更姓名的时候,由本人或者父母、收养人向户口登记机关申请变更登记;

二、十八周岁以上的人需要变更姓名的时候,由本人向户口登记机关申请变更登记。

公安部《关于父母离婚后子女姓名变更有关问题的批复》

根据最高人民法院《关于变更子女姓氏问题的复函》([81]法民字第11号)的有关精神,对于离婚双方未经协商或协商未达成一致意见而其中一方要求变更子女姓名的,公安机关可以拒绝受理;对一方因向公安机关隐瞒离婚事实,而取得子女姓名变更的,若另一方要求恢复子女原姓名且离婚双方协商不成,公安机关应予恢复。

(三)典型案例

【案件索引】

案由:胥某菲与贾某、盐亭县公安局黑坪派出所行政撤销案

审理法院:四川省绵阳市中级人民法院

案号:(2019)川07行终78号

【基本案情】

上诉人(原审第三人):胥某菲

被上诉人(原审原告):贾某

被上诉人(原审被告):盐亭县公安局黑坪派出所

贾某与胥某菲原系夫妻关系,于2013年7月7日生育一子贾某阳,2015年游仙区人民法院作出民事调解书,原告与胥某菲协议离婚,婚生子贾某阳由胥某菲抚养。2016年11月,胥某菲出具《声明书》一份,声明:"一、自愿将其儿子现用名贾某阳更名为胥某根;二、本声明是本声明人自愿发表,对声明内容的真实性负责承担所产生的一切后果;三、本声明书自按规定更改后生效;四、本声明书一式三份,送公证处一份。"同日,胥某菲对该声明书进行了公证。2016年11月23日,胥某菲之母汪某芳作为申请人,向被告黑坪派出所提出将贾某阳的姓名变更为胥某根的申请,并向盐亭县公安局黑坪派出所提交了胥某菲与贾某离婚的《民事调解书》《声明书》《公证书》。2016年11月28日,派出所批准同意将贾某阳的姓名变更为胥某根。此后,黑坪派出所将贾某阳的姓名变更登记为胥某根,贾某阳成为曾用名。

【一审法院判决】

一审法院认为,《户口登记条例》第18条第1项规定:"未满十八周岁的人需要变更姓名的时候,由本人或者父母、收养人向户口登记机关申请变更登记",

公安部《关于父母离婚后子女姓名变更有关问题的批复》载明:“对于离婚方未经协商或协商未达成一致意见而其中一方要求变更子女姓名的,公安机关可以拒绝受理;对一方因向公安机关隐瞒离婚事实,而取得子女姓名变更的,若另一方要求恢复其子女原姓名且离婚双方协商不成的,公安机关应予以恢复。”本案中,黑坪派出所在案外人汪某芳未提交第三人的授权委托书、且未得到贾某的认可的情况下,变更了贾某阳的姓名,违反了上述行政法规的规定,贾某提出的撤销被告变更其子贾某阳姓名的行政行为的主张,予以支持。综上,依照《行政诉讼法》第6条、第70条之规定,判决如下:撤销盐亭县公安局黑坪派出所将贾某之子的姓名由“贾某阳”变更为“胥某根”的行政行为。

【二审法院判决】

二审院认为,本案主要的争议焦点为:(1)《居民户口项目更正申请表》中“申请人”为胥某菲之母汪某芳是否符合变更姓名的要求;(2)黑坪派出所作出的姓名变更行为是否适用法律、法规的规定。

关于争议焦点一,《申请表》中“申请人”为胥某菲之母汪某芳是否符合变更姓名的要求。根据黑坪派出所在一审庭审中提交办理姓名变更时的《民事调解书》《公证书》,《公证书》中胥某菲的《声明书》明确了“声明人”决定将贾某阳改随其姓胥,并更名为胥某根。虽然《申请表》中“申请人”为胥某菲之母汪某芳,但结合《公证书》的内容及胥某菲的陈述,汪某芳并非以自己的名义办理胥某根的姓名变更等事宜,其应是接受胥某菲的委托,胥某根姓名变更后的相应法律后果系由胥某菲承担。

关于争议焦点二,黑坪派出所作出的姓名变更行为是否合法的问题。《户口登记条例》第18条第1项规定:“未满十八周岁的人需要变更姓名的时候,由本人或者父母、收养人向户口登记机关申请变更登记。”本案中,胥某根未满18周岁,其需要变更姓名时,应由本人或者父母向户口登记机关申请。该法条中没有明确“父母”是必须双方共同申请,还是父或母一方申请即可。因此,又依据公安部《关于父母离婚后子女姓名变更有关问题的批复》:“对于离婚方未经协商或协商未达成一致意见而其中一方要求变更子女姓名的,公安机关可以拒绝受理;对一方因向公安机关隐瞒离婚事实,而取得子女姓名变更的,若另一方要求恢复其子女原姓名且离婚双方协商不成的,公安机关应予以恢复。”该批复包含两方面的意思:第一层意思,离婚方未经协商或协商未达成一致意见而其中一方要求变更子女姓名的,公安机关可以拒绝受理,即离婚双方对变更子女姓名未协商一致的情况下,公安机关“可以拒绝受理”,反之亦可理解为“可以受理”，在此不应理解为“应当拒绝受理”；第二层意思，一方已经取得子女姓名变更的情况下，只有存在申请一方向公安机关隐瞒离婚事实，且离婚双方又协商不成，另一方要求恢复其子女原姓名的，公安机关“应予以恢复”。本案中，胥某菲委托其母汪某芳代为办理儿子的姓名变更，在公安机关申请时，提交了与贾某离婚的《民事调解书》，以此证明双方离婚的事实及子女抚养关系的确认，不存在申请姓名变更时隐瞒离婚的事实，所以本案的事实并不符合前述规定，属于“应予以恢复”的情形。现胥某菲已经取得子女姓名变更，该变更亦符合《婚姻法》（已失效）第22条[①]“子女可以随父姓，可以随母姓”的原则性规定。胥某菲之子姓名从2016年11月28日变更至今，已为大多数人知晓熟悉，特别是经历了幼儿园的集体生活，即将进入小学的阶段，再次恢复原姓名，不利于其学习、生活和身心健康。因此，黑坪派出所作出的姓名变更行为符合法律、法规等规定，贾某要求撤销黑坪派出所将其儿子贾某阳姓名变更为胥某根的行政行为的诉讼请求，法院不予支持。

（四）律师小结

《民法典》实施后，关于离婚后一方擅自变更子女姓氏或姓名引发的纠纷问题，还要具体看是在生父母姓氏之间变更，还是变更为继父母姓氏，擅自变更为继父母姓氏的，责令恢复原姓氏。变更为生父或生母姓氏的，如申请变更一方是因向公安机关隐瞒离婚事实而办理了子女姓名变更的，若另一方要求恢复子女原姓名且离婚双方协商不成，公安机关应予恢复。同时父母不得因子女变更姓氏而拒付子女抚养费。

十八、继子女对继父母负有法定赡养义务吗？

（一）律师观点

继父母与继子女是因婚姻关系而产生的一种亲属关系，属于姻亲关系。所谓继子女，一般是指夫与前妻或妻与前夫所生的子女，子女对父母的再婚配偶称继父母，夫或妻对其再婚配偶的子女称继子女。因此，继父母子女关系是由于父亲或母亲再婚而形成的姻亲关系，其不需要经过特定的法定程序，这点与养子女必须经法定程序登记有所不同。

---

① 相关规定参见《民法典》第1015条。

现实生活中,根据父或母再婚时子女的年龄以及是否与继父母共同生活,继父母子女关系可分为三种情形:第一,父或母再婚时,继子女成年并已独立生活;第二,父或母再婚时,继子女未成年或未独立生活,但再婚后,继子女未与继父母共同生活或未受其抚养教育;第三,父或母再婚时,继子女未成年或未独立生活,再婚后,继子女与继父母长期共同生活,继父或继母对其承担了部分或全部的生活教育费,继父母与继子女间已形成了抚养教育的关系。前面两种属于名分型,后一种属于共同生活型,名分型的继父母和继子女之间只是姻亲关系,共同生活型的继父母和继子女才成立拟制的血亲关系,适用《民法典》关于父母子女关系的规定。当然,如果继父母对继子女进行了收养,办理了收养登记,则二者之间为养父母和养子女的关系,自然也属于拟制血亲关系。形成法律上的拟制血亲时,继父母与继子女之间才具有与自然血亲的父母子女相同的权利和义务,适用父母子女关系的有关规定,此时继子女就有义务对继父母尽赡养义务。

关于"受其抚养教育"的认定标准,法律并未规定,实践中存在较大争议。我们认为,对于"受其抚养教育",实务中要结合个案具体分析认定。

首先,受抚养教育的主体应限于未成年继子女或者虽成年但不能独立生活的继子女,如果是已经成年且能独立生活的继子女,则不享有要求父母进行抚养的权利,自然也谈不上抚养教育问题。

其次,受抚养教育的方式可以多样,一般要求应和继父母共同生活,继父母对继子女进行了生活上的照料、教育和经济上的供养。对于虽然没有共同生活,但是继父母对继子女进行了持续的、较大数额的经济供养的,也可以认定为进行了抚养教育。

再次,进行抚养教育应经过一定的期间。由于拟制血亲成立后,继子女对继父母就负有赡养扶助的义务,且继父母和继子女相互之间具有继承权,因此继父母对继子女进行抚养教育,应当是一个长期的过程,至少数年时间,而非几天、几个月,否则权利义务不能对等,无法平衡双方利益。

最后,是否成立拟制血亲,还要尊重继父母和继子女的意思。如果继父母和继子女之间已经互相明确表达了不成立拟制血亲的意思,那么即使双方共同生活、进行了抚养教育,也不宜轻易认定成立拟制血亲。

(二)法律依据

《民法典》

第一千一百二十七条 遗产按照下列顺序继承:

(一)第一顺序:配偶、子女、父母;

（二）第二顺序：兄弟姐妹、祖父母、外祖父母。

继承开始后，由第一顺序继承人继承，第二顺序继承人不继承；没有第一顺序继承人继承的，由第二顺序继承人继承。

本编所称子女，包括婚生子女、非婚生子女、养子女和有扶养关系的继子女。

本编所称父母，包括生父母、养父母和有扶养关系的继父母。

本编所称兄弟姐妹，包括同父母的兄弟姐妹、同父异母或者同母异父的兄弟姐妹、养兄弟姐妹、有扶养关系的继兄弟姐妹。

第一千零六十七条　父母不履行抚养义务的，未成年子女或者不能独立生活的成年子女，有要求父母给付抚养费的权利。

成年子女不履行赡养义务的，缺乏劳动能力或者生活困难的父母，有要求成年子女给付赡养费的权利。

第一千零七十二条　继父母与继子女间，不得虐待或者歧视。

继父或者继母和受其抚养教育的继子女间的权利义务关系，适用本法关于父母子女关系的规定。

《老年人权益保障法》

第十四条　赡养人应当履行对老年人经济上供养、生活上照料和精神上慰藉的义务，照顾老年人的特殊需要。

赡养人是指老年人的子女以及其他依法负有赡养义务的人。

赡养人的配偶应当协助赡养人履行赡养义务。

第十五条　赡养人应当使患病的老年人及时得到治疗和护理；对经济困难的老年人，应当提供医疗费用。

对生活不能自理的老年人，赡养人应当承担照料责任；不能亲自照料的，可以按照老年人的意愿委托他人或者养老机构等照料。

第十九条　赡养人不得以放弃继承权或者其他理由，拒绝履行赡养义务。

赡养人不履行赡养义务，老年人有要求赡养人付给赡养费等权利。

赡养人不得要求老年人承担力不能及的劳动。

（三）典型案例

【案件索引】

案由：宋某玉与何某杰赡养费纠纷案

审理法院：江苏省徐州市云龙区人民法院

案号：（2020）苏0303民初6514号

【基本案情】

原告:宋某玉

被告:何某杰

原告宋某玉与郑某芹登记结婚后,郑某芹子女(被告何某杰及其姐姐)、宋某玉两子均随二人共同生活。双方结婚时何某杰及其姐姐均未成年,由宋某玉、郑某芹抚养成人。2015年3月,宋某玉与郑某芹离婚。2020年8月8日,原告宋某玉因膀胱癌住院治疗,并行膀胱肿瘤等离子电切手术,于2020年8月14日出院,此次住院个人支付医疗费用7826.01元。除上述住院治疗外,原告因身体原因,2018年11月花费医疗费1988.23元,2020年花费医药费等费用11,000余元。宋某玉向法院起诉,要求被告何某杰一次性支付原告宋某玉赡养费30万元。

【法院判决】

法院认为,婚生子女负有赡养父母的法定义务,继子女对已尽到抚养义务的继父(母)负有法定的赡养义务。宋某玉对何某杰尽到了抚养教育义务,现宋某玉年迈,体弱多病、无劳动能力和基本生活来源,何某杰作为继子应承担对宋某玉的赡养扶助义务。但该赡养扶助义务应由宋某玉的婚生两子及两继子女四人共同承担。现原告仅起诉何某杰一人,则何某杰应承担宋某玉赡养费的1/4。结合本地生活水平以及双方的实际情况,法院酌定何某杰自2021年1月起承担宋某玉赡养费600元/月。关于原告主张被告一次性支付赡养费的请求,首先,原告并没有提供证据证明被告具有一次性给付赡养费的条件,其次,原告的情况也不符合要求被告一次性给付赡养费的情形,故对原告要求被告一次性给付赡养费的请求,法院不予支持。综上,判决被告何某杰自2021年1月起每月支付原告宋某玉赡养费600元。

(四)律师小结

赡养父母是每一位子女的责任与义务,无论是《民法典》实施前还是实施后,法律均明确规定了子女对父母具有赡养义务。双方为继父母子女关系的,继父母和受其抚养教育的继子女相当于亲生父母子女关系,产生的权利义务是相同的,在继父母年老时,继子女应当履行法定的赡养义务,即履行对继父母经济上的供养、生活上的照料和精神上的慰藉。

十九、约定夫妻财产"AA制"后，还需对另一方外债负责吗？

（一）律师观点

同《婚姻法》（已失效）一样，《民法典》规定了法定财产制和约定财产制，法定财产制，是指夫妻在婚前或婚后没有对其选择适用的夫妻财产制进行约定或其约定无效时，依照法律规定所直接适用的夫妻财产制，即婚后所得财产为夫妻共同财产。而夫妻财产"AA制"，实际上就是《民法典》中所规定的约定财产制，夫妻对婚前财产以及婚后财产的约定，对内即夫妻双方间当然具有法律约束力，对外是否有效则应具体情况具体分析。

根据《民法典》第1065条第3款的规定可知，夫妻约定婚内财产归各自所有的，夫妻一方对外负债，若第三人知道该约定的，则以夫或妻一方的财产清偿。由此可见，约定夫妻财产实行"AA制"并不完全等于夫妻一方不需要对另一方的债务负责，只有在债权人知道夫妻二人是约定夫妻财产"AA制"的情况下，夫或妻才不需要对对方的债务负责。并且在发生诉讼后，夫或妻一方对债权人明知该情形负有举证责任，举证不能的，将可能承担不利后果。因此，为使约定产生预期的效果，夫妻双方可到公证机关办理公证，以降低风险；如有必要，要有意识地让相对人知道夫妻之间存在这种协议约定，来突破协议仅对夫妻双方内部有效的限制，实现当事人的目的。当然，若由于债权人不知情而使夫妻一方偿还了另一方的债务，其可以向另一方追偿，因为夫妻财产"AA制"的约定虽不对债权人发生效力，但在夫妻双方内部之间还是有效的。

同时，为避免出现夫妻一方"被负债"现象，法律也规定了"共债共签"制度，并且，对于夫妻一方在婚姻关系存续期间以个人名义超出家庭日常生活需要所负的债务，债权人主张是共同债务的，由债权人负有举证责任，证明该债务用于夫妻共同生活、共同生产经营或基于双方共同意思表示，否则，夫或妻一方不需要对另一方的债务负责。在保护债权人利益的同时，兼顾非举债夫妻一方的利益，实现各主体利益的相对平衡。

（二）法律依据

《民法典》

第一千零六十四条　夫妻双方共同签名或者夫妻一方事后追认等共同意思表示所负的债务，以及夫妻一方在婚姻关系存续期间以个人名义为家庭日常生活需要所负的债务,属于夫妻共同债务。

夫妻一方在婚姻关系存续期间以个人名义超出家庭日常生活需要所负的债务,不属于夫妻共同债务;但是,债权人能够证明该债务用于夫妻共同生活、共同生产经营或者基于夫妻双方共同意思表示的除外。

第一千零六十五条 男女双方可以约定婚姻关系存续期间所得的财产以及婚前财产归各自所有、共同所有或者部分各自所有、部分共同所有。约定应当采用书面形式。没有约定或者约定不明确的,适用本法第一千零六十二条、第一千零六十三条的规定。

夫妻对婚姻关系存续期间所得的财产以及婚前财产的约定,对双方具有法律约束力。

夫妻对婚姻关系存续期间所得的财产约定归各自所有,夫或者妻一方对外所负的债务,相对人知道该约定的,以夫或者妻一方的个人财产清偿。

《民法典婚姻家庭编解释(一)》

第三十四条 夫妻一方与第三人串通,虚构债务,第三人主张该债务为夫妻共同债务的,人民法院不予支持。

夫妻一方在从事赌博、吸毒等违法犯罪活动中所负债务,第三人主张该债务为夫妻共同债务的,人民法院不予支持。

第三十七条 民法典第一千零六十五条第三款所称"相对人知道该约定的",夫妻一方对此负有举证责任。

(三)典型案例

【案件索引】

案由:李某香、刘某民间借贷纠纷案

审理法院:辽宁省本溪市中级人民法院

案号:(2020)辽05民终1210号

【基本案情】

上诉人(原审被告):李某香

被上诉人(原审原告):刘某

林某于2019年3月1日死亡,李某香系死者林某的妻子,林某伟、林某岑系死者林某的儿子和女儿,刘某和林某系亲属关系。林某生前和李某香从事人参买卖,刘某和林某之间存在2万元、3万元、25万元多笔债务往来。截至2018年12月24日,林某欠付刘某本金5万元及利息5000元,2018年12月24日,林某给刘某出具借据一张，载明：林某借刘某55,000元，约定还款日期为2019年12月24日。后刘某诉至法院，要求李某香、林某伟、林某岑立即给付借款本金55,000元及利息。

【一审法院判决】

一审法院认为，根据《婚姻法解释（二）》（已失效）第24条①的规定："债权人就婚姻关系存续期间夫妻一方以个人名义所负债务主张权利的，应当按夫妻共同债务处理。但夫妻一方能够证明债权人与债务人明确约定为个人债务，或者能够证明属于婚姻法第十九条第三款规定情形的除外。"而《婚姻法》（已失效）第19条第3款②规定："夫妻对婚姻关系存续期间所得的财产约定归各自所有的，夫或妻一方对外所负的债务，第三人知道该约定的，以夫或妻一方所有的财产清偿。"本案中，没有证据表明林某与李某香明确约定债务为林某个人债务，此外李某香又未能证明其与林某对婚姻财产实行约定财产制且刘某知道该约定，故对于婚姻关系存续期间林某以个人名义所负债务的，应按夫妻共同债务处理。根据《夫妻债务纠纷案件解释》（已失效）第3条③的规定，夫妻一方在婚姻关系存续期间以个人名义超出家庭日常生活需要所负的债务，债权人以属于夫妻共同债务为由主张权利的，法院不予支持，但债权人能够证明该债务用于夫妻共同生活、共同生产经营或者基于夫妻双方共同意思表示的除外。因死者林某和李某香一直从事人参生意，借款55,000元并不超出家庭共同生活和经营的需要，故该债务属于夫妻共同债务。据此，一审判决如下：(1)李某香于本判决生效后10日内给付刘某借款55,000元并自2019年12月24日起按照年利率6%承担借款利息；(2)驳回刘某要求林某伟和林某岑承担责任的诉讼请求。

【二审法院判决】

二审法院认为，依据《夫妻债务纠纷案件解释》（已失效）第3条的规定，夫妻一方在婚姻关系存续期间以个人名义超出家庭日常生活需要所负的债务，债权人以属于夫妻共同债务为由主张权利的，法院不予支持，但债权人能够证明该债务用于夫妻共同生活、共同生产经营或者基于夫妻双方共同意思表示的除外。本案中，林某生前和李某香共同从事人参生意，案涉借款55,000元未超出家庭共同生活需要。故原审判决认定该债务属于夫妻共同债务并无不当，原审

---

① 相关规定参见《民法典》第1064条。

② 相关规定参见《民法典》第1065条。

③ 相关规定参见《民法典》第1064条。

判决由李某香承担偿还责任正确。基于原审认定事实部分有误，变更为李某香于判决生效后立即给付刘某55,000元，其中本金5万元自2019年12月24日起至付清之日止的利息按照全国银行间同业拆借中心公布的贷款市场报价利率计算。

（四）律师小结

虽然《夫妻债务纠纷案件解释》已被废止，但其中第3条规定被引入《民法典》当中，即由司法解释变为法律规定，效力也更高。因此，根据相关法律规定，对于想要实行财产“AA制”的夫妻来说，一定要签订正式的书面协议，在其中一方向外借款时，一定要让债权人知道夫妻之间是约定财产制，比如在借款合同中让债权人承诺其知道债务人与其配偶实行的是约定财产制。若夫妻结婚后想利用约定财产制来转移债务、逃避债务，由于约定协议只对夫妻两人之间产生法律效力，所以对于债权人来说，只要其不知道夫妻间的约定，就可以要求夫妻双方共同偿还借款。

第四章　离　　婚

一、诉讼离婚与协议离婚，如何选择？

（一）律师观点

当今社会，离婚现象越来越普遍，离婚率也一直居高不下，离婚包括诉讼离婚和协议离婚两种方式。

诉讼离婚，是指夫妻单方提出离婚，另一方不同意离婚或者虽然双方都同意离婚，但在共同财产的分割或对子女的抚养、教育等的问题上未达成协议，离婚诉讼当事人可向法院递交离婚诉讼状，法院受理后一般采取两种方式解决：(1)调解离婚，离婚的双方当事人在法院的调解下，就财产分割、子女抚养等问题达成一致，法院准许其离婚并制作离婚民事调解书，作为双方当事人的离婚法律文书。(2)判决离婚，法院在调解无效的情形下，就离婚案件的具体情况就和子女抚养等作出离婚判决。

协议离婚，是指夫妻双方自愿离婚，并能够就财产分割、子女抚养等问题达成一致意见，签订书面离婚协议，并按如下程序申请：(1)申请。夫妻双方自愿离婚的，应当签订书面离婚协议，双方共同向婚姻登记机关提出离婚申请并填写《离婚登记申请书》。(2)受理。婚姻登记机关收到当事人的有关材料并初步审查无误后，符合条件的发放《离婚登记申请受理回执单》。(3)冷静期。自婚姻登记机关向当事人发放《离婚登记申请受理回执单》之日起30日内，任何一方不愿离婚都有权向婚姻登记机关撤回离婚申请，自离婚冷静期届满后30日内，双方未共同到婚姻登记机关申请发给离婚证的，视为撤回离婚登记申请。(4)审查。自离婚冷静期届满后30日内，双方应当持相关证件和材料，共同到婚姻登记机关申请发给离婚证。婚姻登记机关按规定审查。(5)登记(发证)。婚姻登记机关查明双方确实是自愿离婚，并已经对子女抚养、财产以及债务处理等事项协商一致的，予以登记，发给离婚证。

在对离婚方式的选择上，建议首先考虑协议离婚，此种方式较为快捷，但是协议离婚的前提条件是双方都同意离婚，并且对子女抚养、财产分割、债务承担等各种问题必须全部达成一致意见，否则，婚姻登记机关不予办理离婚登记。如可以就上述问题达成一致意见，则双方可以共同到一方当事人常住户口所在地的婚姻登记机关按照上述程序办理离婚登记，并携带下列证件和证明材料：本人的户口簿、身份证；本人的结婚证；双方当事人共同签署的离婚协议书，离婚协议书应当载明双方当事人自愿离婚的意思表示以及对子女抚养、财产及债务处理等事项协商一致的意见。若无法就上述问题达成一致意见，建议向法院起诉离婚，法院在确认双方感情确已破裂的基础上判决准予离婚。

（二）法律依据

《民法典》

第一千零七十六条 夫妻双方自愿离婚的，应当签订书面离婚协议，并亲自到婚姻登记机关申请离婚登记。

离婚协议应当载明双方自愿离婚的意思表示和对子女抚养、财产以及债务处理等事项协商一致的意见。

第一千零七十七条 自婚姻登记机关收到离婚登记申请之日起三十日内，任何一方不愿意离婚的，可以向婚姻登记机关撤回离婚登记申请。

前款规定期限届满后三十日内，双方应当亲自到婚姻登记机关申请发给离婚证；未申请的，视为撤回离婚登记申请。

第一千零七十八条 婚姻登记机关查明双方确实是自愿离婚，并已经对子女抚养、财产以及债务处理等事项协商一致的，予以登记，发给离婚证。

第一千零七十九条 夫妻一方要求离婚的，可以由有关组织进行调解或者直接向人民法院提起离婚诉讼。

人民法院审理离婚案件，应当进行调解；如果感情确已破裂，调解无效的，应当准予离婚。

有下列情形之一，调解无效的，应当准予离婚：

（一）重婚或者与他人同居；

（二）实施家庭暴力或者虐待、遗弃家庭成员；

（三）有赌博、吸毒等恶习屡教不改；

（四）因感情不和分居满二年；

（五）其他导致夫妻感情破裂的情形。

一方被宣告失踪，另一方提起离婚诉讼的，应当准予离婚。

经人民法院判决不准离婚后，双方又分居满一年，一方再次提起离婚诉讼的，应当准予离婚。

《民法典婚姻家庭编解释(一)》

第六十九条　当事人达成的以协议离婚或者到人民法院调解离婚为条件的财产以及债务处理协议,如果双方离婚未成,一方在离婚诉讼中反悔的,人民法院应当认定该财产以及债务处理协议没有生效,并根据实际情况依照民法典第一千零八十七条和第一千零八十九条的规定判决。

当事人依照民法典第一千零七十六条签订的离婚协议中关于财产以及债务处理的条款,对男女双方具有法律约束力。登记离婚后当事人因履行上述协议发生纠纷提起诉讼的,人民法院应当受理。

《婚姻登记条例》

第十条　内地居民自愿离婚的,男女双方应当共同到一方当事人常住户口所在地的婚姻登记机关办理离婚登记。

第十一条　办理离婚登记的内地居民应当出具下列证件和证明材料:

(一)本人的户口簿、身份证;

(二)本人的结婚证;

(三)双方当事人共同签署的离婚协议书。

办理离婚登记的香港居民、澳门居民、台湾居民、华侨、外国人除应当出具前款第(二)项、第(三)项规定的证件、证明材料外,香港居民、澳门居民、台湾居民还应当出具本人的有效通行证、身份证,华侨、外国人还应当出具本人的有效护照或者其他有效国际旅行证件。

离婚协议书应当载明双方当事人自愿离婚的意思表示以及对子女抚养、财产及债务处理等事项协商一致的意见。

第十二条　办理离婚登记的当事人有下列情形之一的,婚姻登记机关不予受理:

(一)未达成离婚协议的;

(二)属于无民事行为能力人或者限制民事行为能力人的;

(三)其结婚登记不是在中国内地办理的。

第十三条　婚姻登记机关应当对离婚登记当事人出具的证件、证明材料进行审查并询问相关情况。对当事人确属自愿离婚,并已对子女抚养、财产、债务等问题达成一致处理意见的,应当当场予以登记,发给离婚证。

（三）典型案例

【案件索引】

案由：程某与陈某离婚后财产纠纷案

审理法院：安徽省安庆市大观区人民法院

案号：（2021）皖0803民初1112号

【基本案情】

原告：程某

被告：陈某

原告程某与被告陈某登记结婚后于2019年2月13日在民政局登记离婚，双方达成离婚协议，并领取离婚证。离婚协议书明确男方陈某在2019年年底一次性支付女方程某现金30,000元。陈某在离婚协议书约定的付款期限届满后并未履行，故致讼。

【法院判决】

法院认为，离婚协议中关于财产分割的条款或者当事人因离婚就财产分割达成的协议，对男女双方具有法律约束力。本案双方当事人已协议离婚，并签订了离婚协议书，该协议合法有效，双方均应按约定履行义务。原告主张被告付款期满未履行付款义务，被告无正当理由拒不到庭参加诉讼，应承担举证不能的法律后果，故原告的诉求有事实和法律依据，予以支持。根据《民法典》第1076条、《民法典婚姻家庭编解释（一）》第69条、《民事诉讼法》（2017年）第144条①之规定，判决如下：被告陈某于本判决生效后3日内支付原告程某协议款30,000元。

（四）律师小结

上述案例体现了两种离婚方式之一即协议离婚中签订的离婚协议的效力，离婚协议中关于财产分割的条款或者当事人因离婚就财产分割达成的协议，对男女双方具有法律约束力。案例中双方当事人已协议离婚并办理离婚登记，并签订了离婚协议书，该协议合法有效，双方均应按约定履行义务。原告主张被告付款期满未履行付款义务，诉求有事实和法律依据，予以支持，对于此问题《民法典》并未修改，沿袭之前的规定。

---

① 相关规定参见2021年修正的《民事诉讼法》第147条。

二、离婚协议书怎么写?

(一)律师观点

现实中,因为不少夫妻在离婚时没有搞清楚如何写离婚协议书才有效,虽然签订了书面的离婚协议书,但因为内容不符合法律的规定而导致离婚协议书无效,或是因离婚协议约定不明确而最终影响当事人的利益。离婚协议书,是指即将解除婚姻关系的夫妻双方所签署的,关于财产分割、子女监护和探视以及子女抚养费等的书面协议。离婚协议书中除了写明双方的基本情况,如姓名、性别、年龄、出生日期、身份证号、住所和双方结婚证的号码外,还应当写明:(1)双方当事人同意离婚的意思表示;(2)子女抚养,即离婚后孩子抚养权的归属以及抚养费的负担、数额、给付方式;(3)财产处理,包括家中不动产、车、贵重物品、金钱、债权等财产的分割和夫妻共同债务的负担等,注意尽量要将所有财产列明;(4)其他事宜,如住房问题或者其他双方认为有必要在协议书上明确的内容。

经过婚姻登记机关,即民政局办理离婚登记,离婚协议即具有法律效力,无须公证。

另外需要注意的是,离婚协议发生法律效力以双方协议离婚且办理了离婚登记,或到法院调解离婚为前提。如果当事人达成了财产及债务处理协议,但双方未办理离婚,一方在离婚诉讼中反悔,此时该财产及债务处理协议未生效,法院会根据实际情况对夫妻共同财产进行分割。

(二)法律依据

《民法典》

第一千零七十六条 夫妻双方自愿离婚的,应当签订书面离婚协议,并亲自到婚姻登记机关申请离婚登记。

离婚协议应当载明双方自愿离婚的意思表示和对子女抚养、财产以及债务处理等事项协商一致的意见。

《民法典婚姻家庭编解释(一)》

第六十九条 当事人达成的以协议离婚或者到人民法院调解离婚为条件的财产以及债务处理协议,如果双方离婚未成,一方在离婚诉讼中反悔的,人民法院应当认定该财产以及债务处理协议没有生效,并根据实际情况依照民法典第一千零八十七条和第一千零八十九条的规定判决。

当事人依照民法典第一千零七十六条签订的离婚协议中关于财产以及债务处理的条款，对男女双方具有法律约束力。登记离婚后当事人因履行上述协议发生纠纷提起诉讼的，人民法院应当受理。

第七十条 夫妻双方协议离婚后就财产分割问题反悔，请求撤销财产分割协议的，人民法院应当受理。

人民法院审理后，未发现订立财产分割协议时存在欺诈、胁迫等情形的，应当依法驳回当事人的诉讼请求。

（三）典型案例

【案件索引】

案由：闫某与曲某离婚后财产纠纷案

审理法院：北京市第一中级人民法院

案号：（2020）京01民终7903号

【基本案情】

上诉人（原审被告）：闫某

被上诉人（原审原告）：曲某

曲某与闫某原系夫妻关系，二人于2008年8月8日登记结婚，2017年4月28日协议离婚。闫某（甲方）与曲某（乙方）于当日签订书面离婚协议，协议约定了财产处理，闫某按协议约定每季度向曲某支付房屋补偿款一定数额。上述协议签订后，闫某按协议约定自2017年4月至2019年9月每季度向曲某支付房屋补偿款30,000元，共计支付了430,000元。于2019年12月开始不再支付补偿款。

闫某主张上述离婚协议系受曲某胁迫下签订，为此闫某未能提交相关证据，经法院询问，闫某认可未存在人身胁迫，亦未在上述离婚协议签订后申请撤销该协议。一审法院判决闫某于判决生效后10日内支付曲某房屋补偿款及利息。闫某提出上诉。

【法院判决】

二审法院认为，离婚协议中关于财产分割的条款或者当事人因离婚就财产分割达成的协议，对男女双方具有法律约束力。本案中，闫某与曲某自愿离婚并签订书面离婚协议，该协议系双方真实意思表示，内容并不违反法律、行政法规的强制性规定，合法有效。闫某主张其并非自愿签署该协议，而是受到曲某的变相胁迫，该主张缺乏证据证明，法院不予采信。闫某违反协议约定未按期给付补偿款,一审法院判令闫某支付曲某房屋补偿款270,000元及2020年1月1日至2020年8月14日利息3185.75元并无不当,法院予以确认。闫某以曲某未按照承诺将户口迁出给其造成损失为由,拒绝向曲某支付房屋补偿款,缺乏事实和法律依据,法院不予支持。对闫某超出本案一审审理范围的上诉请求,法院不予处理。经审查,一审审理程序符合法律规定,对于闫某所持一审程序违法的上诉理由,法院不予采信。

综上所述,闫某的上诉理由不能成立,对其上诉请求,法院不予支持。一审判决结果正确,予以维持,据此判决:驳回上诉,维持原判。

(四)律师小结

上述案例中,闫某与曲某自愿离婚并签订书面离婚协议,该协议系双方真实意思表示,内容并不违反法律、行政法规的强制性规定,合法有效。闫某主张其并非自愿签署该协议,而是受到曲某的变相胁迫,该主张缺乏证据证明,法院不予采信。这也充分说明,一份完善有效的离婚协议不仅可以节省诉讼离婚的时间,在另一方不履行离婚协议时,还可以起诉至法院,依法维护自身的合法权益。

三、怀孕的妻子面对要离婚的丈夫该如何保障自己的权利?

(一)律师观点

我国《民法典》规定女方在怀孕期间、分娩后1年内或者终止妊娠后6个月内,男方不得提出离婚,女方提出离婚或法院认为确有必要受理男方离婚请求的,不在此限。法律赋予法院裁量权,即确认有必要受理男方离婚诉讼请求的,可以受理,此为例外情形,一般来说,主要包括女方怀孕系婚后与他人通奸所致或男方受虐待,不堪忍受等情形,此时,即使女方在怀孕期间或终止妊娠后6个月内抑或分娩后1年内,都不妨碍男方有权提出离婚的请求。

该规定体现了法律保护妇女之道,即保护妇女的合法权益,怀孕期间,妇女的身体在生理方面遭受较大的负担,精神上往往也较为敏感,经济上也处于弱势地位,需要男方的帮助,此时,男方提出离婚无疑对怀孕中的女性刺激较大,故法律规定女方在怀孕期间、分娩后1年内或者终止妊娠后6个月内,男方不得提出离婚。

关于妇女产后,小孩当即死亡的情况,虽然女方在分娩后,身体业已复原,男方提出离婚,仍应适用《民法典》第1082条的规定,即男方不得提出离婚。该规定不仅在于保护胎儿和婴儿,同时也保护妇女。妇女怀孕生产,生理上受有很大的影响。有时妇女在分娩后不久即能工作,表面上身体似已复原,但实际上并未完全恢复。婴儿之死,对于生母的精神已有很大的刺激,同时她对于丈夫又未必没有感情,如允许男方在女方分娩不满1年内提出离婚,对于产后妇女,将成为难以忍受的巨大刺激,殊非保护妇女之道。

(二)法律依据

《民法典》

第一千零八十二条 女方在怀孕期间、分娩后一年内或者终止妊娠后六个月内,男方不得提出离婚;但是,女方提出离婚或者人民法院认为确有必要受理男方离婚请求的除外。

(三)典型案例

【案件索引】

案由:刘某、石某离婚纠纷案

审理法院:山东省平原县人民法院

案号:(2021)鲁1426民初1915号

【基本案情】

原告:刘某

被告:石某

原告刘某与被告石某于2019年年底订婚,原告给付被告彩礼132,000元及“三金”和钻戒价值30,000元、改口费14,000元。后双方办理结婚登记,并于2020年10月10日举行结婚仪式。由于婚前缺乏了解,婚后二人经常为琐事争吵,被告最终于2021年2月20日回娘家居住生活,后经多次劝说拒绝和好,并拉走嫁妆。原告认为双方夫妻感情已经破裂,遂诉至法院请求离婚。

【法院判决】

《民法典》第1082条规定,女方在怀孕期间、分娩后一年内或者终止妊娠后6个月内,男方不得提出离婚;但是,女方提出离婚或者法院认为确有必要受理男方离婚请求的除外。本案中,被告石某提交的德州市德城区妇幼保健院住院病案,能够充分证实石某于2021年4月12日行晚期流产术,其终止妊娠距原告提起离婚诉讼尚不足6个月。故原告刘某提起离婚诉讼不符合法律规定。

据此,依照《民法典》第 1082 条,《民事诉讼法》(2017 年)第 124 条第 6 项、第 154 条第 1 款第 3 项[①],《民事诉讼法解释》第 208 条第 3 款之规定,裁定如下:驳回原告刘某的起诉。

(四)律师小结

女方在怀孕期间、分娩后 1 年内或者终止妊娠后 6 个月内,除了法院认为确有必要受理男方离婚请求的外,如女方是因婚内出轨而怀孕等,男方不得提出离婚。这体现了法律对妇女权益的保护。案例中,因被告石某终止妊娠不足 6 个月,原告刘某不得提出离婚,法院据此裁定驳回原告的起诉,符合《民法典》的规定。

四、关于《民法典》新设立的"离婚冷静期",该作如何理解及程序性规定?

(一)律师观点

《民法典》在婚姻家庭编中为协议离婚程序增设了 30 日的"离婚冷静期",目的是在离婚自由与防止草率离婚之间寻找平衡,希望通过"离婚冷静期"制度缓解社会离婚率较高的现状。"离婚冷静期"的规定有利于帮助夫妻保持理性,对于可以挽回的婚姻,避免夫妻双方因冲动造成不可挽回的后果,维护了家庭的稳定性。

夫妻双方在办理离婚递交离婚申请后,婚姻登记员按照《婚姻登记工作规范》有关规定对当事人提交的证件和证明材料进行初审,初审无误后,发给《离婚登记申请受理回执单》。不符合离婚登记申请条件的,不予受理。当事人要求出具《不予受理离婚登记申请告知书》的,应当出具。

自婚姻登记机关收到离婚登记申请并向当事人发放《离婚登记申请受理回执单》之日起 30 日内,任何一方不愿意离婚的,可以持本人有效身份证件和《离婚登记申请受理回执单》,向受理离婚登记申请的婚姻登记机关撤回离婚登记申请。自离婚冷静期届满后 30 日内,双方未共同到婚姻登记机关申请发给离婚证的,视为撤回离婚登记申请。自离婚冷静期届满后 30 日内(期限届满的最后一日是法定休假日的,以法定休假日后的第一日为期限届满的日期),双方当事人应当持《婚姻登记工作规范》规定的证件和材料,共同到婚姻登记机关申请发给离婚证。

① 相关规定参见 2021 年修正的《民事诉讼法》第 127 条第 6 项、第 157 条第 1 款第 3 项。

（二）法律依据

《民法典》

第一千零七十七条 自婚姻登记机关收到离婚登记申请之日起三十日内，任何一方不愿意离婚的，可以向婚姻登记机关撤回离婚登记申请。

前款规定期限届满后三十日内，双方应当亲自到婚姻登记机关申请发给离婚证；未申请的，视为撤回离婚登记申请。

民政部《关于贯彻落实〈民法典〉中有关婚姻登记规定的通知》

（三）冷静期。自婚姻登记机关收到离婚登记申请并向当事人发放《离婚登记申请受理回执单》之日起三十日内，任何一方不愿意离婚的，可以持本人有效身份证件和《离婚登记申请受理回执单》（遗失的可不提供，但需书面说明情况），向受理离婚登记申请的婚姻登记机关撤回离婚登记申请，并亲自填写《撤回离婚登记申请书》（附件4）。经婚姻登记机关核实无误后，发给《撤回离婚登记申请确认单》（附件5），并将《离婚登记申请书》、《撤回离婚登记申请书》与《撤回离婚登记申请确认单（存根联）》一并存档。

自离婚冷静期届满后三十日内，双方未共同到婚姻登记机关申请发给离婚证的，视为撤回离婚登记申请。

（四）审查。自离婚冷静期届满后三十日内（期间届满的最后一日是节假日的，以节假日后的第一日为期限届满的日期），双方当事人应当持《婚姻登记工作规范》第五十五条第（四）至（七）项规定的证件和材料，共同到婚姻登记机关申请发给离婚证。

婚姻登记机关按照《婚姻登记工作规范》第五十六条和第五十七条规定的程序和条件执行和审查。婚姻登记机关对不符合离婚登记条件的，不予办理。当事人要求出具《不予办理离婚登记告知书》（附件7）的，应当出具。

（三）典型案例

【案件索引】

案由：张某与武某1离婚纠纷案

审理法院：河南省西平县人民法院

案号：（2021）豫1721民初1988号

【基本案情】

原告：张某

被告：武某1

原告张某与被告武某1生育儿子武某2后，在西平县民政局登记结婚，婚后又生育女儿武某3。双方在共同生活中偶有生气、吵架。2021年4月25日，张某向法院提起诉讼要求与武某1离婚。2021年5月14日，双方向西平县民政局申请离婚登记，提起离婚诉讼时处于“离婚冷静期”内。

【法院判决】

法院认为，家庭应当树立优良家风，弘扬家庭美德，重视家庭文明建设。夫妻应当互相忠实、互相尊重，互相关爱；家庭成员应当敬老爱幼、互相帮助，维护平等、和睦、文明的婚姻家庭关系。夫妻感情是维系婚姻的基础，需要夫妻双方共同培养和呵护。当事人对自己提出的诉讼请求所依据的事实或者反驳对方诉讼请求所依据的事实有责任提供证据加以证明。没有提供证据或者证据不足以证明当事人的事实主张的，由负有举证责任的当事人承担不利后果。

张某提出离婚，应当提供夫妻感情确已破裂的证据，没有提供证据或提供证据不足的，应当承担对己不利的法律后果。张某与武某1结婚多年，并育有一子一女，二人在生活中偶有摩擦纠纷，并未导致夫妻感情确已彻底破裂，双方仍有和好的可能。张某诉称双方夫妻感情确已破裂，武某1并不认可，张某仅有陈述，而不能提出其他相关证据证明，目前双方处于“离婚冷静期”内，武某1亦愿意和好。张某提供的双方夫妻感情确已破裂的证据不足，不符合法律关于离婚规定的情形，要求与武某1离婚，法院不予支持。

综上所述，依照《民法典时间效力规定》第1条第1款、《民法典》第1079条、《民事诉讼法》第64条第1款之规定，判决如下：驳回原告张某的离婚诉讼请求。

（四）律师小结

离婚冷静期纳入《民法典》当中，不是突发奇想，而是源于司法实践。司法实践中，冲动离婚占据极大的比例，有时候因为婚姻中鸡毛蒜皮的小事就赌气离婚。在办理离婚登记，婚姻关系终止后，情绪平静，理智恢复，双方又后悔离婚，遂又重新办理结婚登记，这无疑浪费了行政资源。因此，在协议离婚方式中，如果能够给予处于冲动情绪中的夫妻双方一个冷静的时间，让双方仔细斟酌，再三考量，确定是否真的要选择离婚，无疑是一个更好的选择。因此，《民法典》中“离婚冷静期”的设定综合了多方考量，具有合理性。

五、法院为何在第一次起诉离婚时很少判决准予离婚？

（一）律师观点

实践当中，如果夫妻一方打算离婚，另一方坚持不同意离婚，一方起诉至法院，若不具备法定的应当判决离婚的事由，法院第一次基本是不会判离的。

依据我国《民法典》的规定，法院判决离婚的前提是夫妻双方感情确已破裂，具备法定离婚事由且调解无效的，法院应当判决准予离婚，相关情形包括：重婚或者有配偶者与他人同居；有赌博、吸毒等恶习屡教不改；实施家庭暴力或者虐待、遗弃家庭成员；因感情不和分居满两年；其他情形。此外，一方被宣告失踪，另一方提起离婚诉讼或者经法院判决不准离婚后，双方又分居满一年，一方再次提起离婚诉讼的，也应当准予离婚。符合法定判决离婚的情形很少，即使存在法定判决离婚的情形，实践中也通常因为证据不足等原因而无法满足法定判决离婚的条件。

"夫妻感情确已破裂"是判决准予离婚的前提，在不具备法定离婚情形的离婚诉讼中，对方坚决不同意离婚，认为夫妻感情并未破裂，是法官不予判决离婚的一个重要理由，因为此时很难证明夫妻感情确已破裂。法庭上，对方往往称夫妻之间感情尚在，希望能继续好好生活，对于此种情形，法官通常会给被告一个机会，希望双方能够珍惜夫妻之间的感情，维系夫妻关系，判决驳回起诉。

一方坚决不同意离婚往往有两种原因，一种是还想挽回婚姻，另一种是拖延时间趁机转移财产。根据《民事诉讼法》的规定，对于第一次判决不予离婚的案件，若无新情况、新理由，需要6个月之后才可以提起第二次离婚诉讼，而这6个月的时间，为避免对方恶意转移财产，当事人要做好防止夫妻另一方转移财产的准备，以免造成自己财产权益的损失。

（二）法律依据

《民法典》

第一千零七十九条 夫妻一方要求离婚的，可以由有关组织进行调解或者直接向人民法院提起离婚诉讼。

人民法院审理离婚案件，应当进行调解；如果感情确已破裂，调解无效的，应当准予离婚。

有下列情形之一，调解无效的，应当准予离婚：

（一）重婚或者与他人同居；

(二)实施家庭暴力或者虐待、遗弃家庭成员;

(三)有赌博、吸毒等恶习屡教不改;

(四)因感情不和分居满二年;

(五)其他导致夫妻感情破裂的情形。

一方被宣告失踪,另一方提起离婚诉讼的,应当准予离婚。

经人民法院判决不准离婚后,双方又分居满一年,一方再次提起离婚诉讼的,应当准予离婚。

《民事诉讼法》

第一百二十七条 人民法院对下列起诉,分别情形,予以处理:

(一)依照行政诉讼法的规定,属于行政诉讼受案范围的,告知原告提起行政诉讼;

(二)依照法律规定,双方当事人达成书面仲裁协议申请仲裁、不得向人民法院起诉的,告知原告向仲裁机构申请仲裁;

(三)依照法律规定,应当由其他机关处理的争议,告知原告向有关机关申请解决;

(四)对不属于本院管辖的案件,告知原告向有管辖权的人民法院起诉;

(五)对判决、裁定、调解书已经发生法律效力的案件,当事人又起诉的,告知原告申请再审,但人民法院准许撤诉的裁定除外;

(六)依照法律规定,在一定期限内不得起诉的案件,在不得起诉的期限内起诉的,不予受理;

(七)判决不准离婚和调解和好的离婚案件,判决、调解维持收养关系的案件,没有新情况、新理由,原告在六个月内又起诉的,不予受理。

(三)典型案例

【案件索引】

案由:黄某珍、邹某明离婚纠纷案

审理法院:陕西省镇巴县人民法院

案号:(2021)陕0728民初1058号

【基本案情】

原告:黄某珍

被告:邹某明

被告邹某明于2003年2月经人介绍与原告黄某珍相识谈婚,2004年11月16日两人在镇巴县渔渡镇人民政府登记结婚,男方到女方家生活,邹某明的户口也由紫阳县迁入镇巴县渔渡镇。婚后感情尚好,于2008年6月13日生育一男孩,取名邹某坤,诉讼发生时其14岁,在镇巴县渔渡中学初中二年级学习。婚后,2010年黄某珍父母出资5000元,邹某明出资6万元,利用黄某珍之母胡某荣的宅基地,出资出力共同修建砖木结构三间三层楼房一栋,建筑面积约342平方米(3.8米×3米×10米×3层),2013年对该房进行了粉刷装修,总价值15万余元。夫妻关系存续期间添置有生活用品:电视机1台、冰箱1台、沙发1套、衣柜3个、踏板摩托车1辆、床3架。另在2020年两人共同修建养猪场1个,建筑面积约198平方米,养猪8头。共同外债有:(1)借胡某荣4万元;(2)借黄某珍之妹黄某英1.4万元。共同债权有:借给黄某珍之兄黄文斌2万元。2012年到2016年以来,黄某珍患有肺病、心脏病2次住院治疗。2020年以来,因邹某明将黄某珍的慢性病医疗卡、身份证单独保管,不再支付黄某珍生活与治病费用,二人发生矛盾,导致原告提出离婚,要求男孩由原告抚养并由被告支付生活费500元/月,楼房一栋归原告所有,原告支付被告房屋份额价款5万元,养猪场归原告所有,被告分得补偿款1万元。

【法院判决】

法院认为,准予夫妻双方离婚的判断标准是夫妻感情是否彻底破裂。原告黄某珍与被告邹某明在他人介绍下自由恋爱,男方到女方家生活。婚姻期间生育一子,并与女方父母共同修建砖木结构楼房一栋,自建养猪场一处,夫妻感情一直处于平稳、和谐状态,特别是原告黄某珍患病时,被告出资出力予以照顾,夫妻感情尚好。2020年以来,两人因琐事发生争吵,黄某珍对邹某明产生不满想法,甚至提出离婚的要求,但夫妻感情未彻底破裂,为维护家庭团结和睦,本着有利于子女健康成长的原则,对原告本次离婚诉讼请求依法予以驳回,不准双方离婚。综上,根据《民法典》第1079条之规定,判决如下:驳回原告黄某珍要求与被告邹某明离婚的诉讼请求。

(四)律师小结

从上述案例可以看出,法院对于离婚纠纷案件的判决一般采取较为审慎的态度,若无法定离婚情形的存在,且没有足够的证据证明夫妻感情确实已经破裂,无法修复的,法院一般本着维护婚姻家庭稳定的态度,认为夫妻感情尚未破裂,不会在第一次起诉离婚时作出准予离婚的判决。婚姻关系的维系是以夫妻感情为基础的。上述案例中,原告、被告又是经过自由恋爱后选择的登记结婚,表明其婚姻基础较牢固。在共同生活中,夫妻间及家庭成员之间产生矛盾,发生争执,系婚姻生活的常见现象,没有其他证据的情况下,并不能以此认定夫妻双方感情破裂无法修复而判决离婚,司法实务中大多数法院均持此观点。

六、在哪些情形下,法院应当判决准予离婚?

(一)律师观点

在诉讼离婚中,“夫妻感情确已破裂”是准予双方离婚的前提,基于此,《民法典》规定了几种法定离婚事由,直接认定其属于“夫妻感情确已破裂”。根据《民法典》第1079条之规定,法定离婚事由包括以下情形,在具备以下任一法定离婚事由时,调解无效的,应当准予离婚:

1.重婚或者与他人同居。重婚,是指有配偶者又与他人结婚的违法犯罪行为,其表现为法律上的重婚和事实上的重婚。法律上的重婚,是指有配偶又与他人登记结婚;事实上的重婚,是指有配偶者与他人虽未登记结婚,但以夫妻名义同居生活。与他人同居,是指有配偶的人与他人不以夫妻名义,持续、稳定地共同生活。事实重婚和已婚者与他人同居的相同之处在于,已婚者都与他人持续稳定共同生活,区别在于是否以夫妻名义共同生活。在法律层面,与他人同居和出轨并非同等概念。出轨,是指有配偶者与他人发生不正当两性关系,但并未持续稳定地共同生活,如一夜情等,单纯的出轨行为不属于法定离婚情形。重婚、与他人同居、出轨虽然均属违背夫妻忠诚义务的行为,但法律仅规定其中性质更为严重的重婚和与他人同居行为构成法定离婚事由。其不仅严重伤害夫妻感情,还破坏了我国一夫一妻制的基本原则,尤其是重婚,属于违法犯罪行为,还应当依照刑法规定追究重婚者刑事责任。

2.实施家庭暴力或者虐待、遗弃家庭成员。家庭暴力和虐待,是指发生在家庭成员之间,以殴打、捆绑、残害身体、禁闭、冻饿、凌辱人格、精神恐吓、性暴虐等手段,对家庭成员从肉体上、精神上进行伤害、摧残、折磨的行为。遗弃,是指对于需要扶养的家庭成员,负有扶养义务而拒绝扶养的行为,表现为经济上不供养,生活上不照顾,使被扶养人的正常生活不能维持,甚至生命和健康得不到保障。夫妻一方有此行为的,严重伤害夫妻间的感情,经调解无效,应准许离婚。

3.有赌博、吸毒等恶习屡教不改。夫妻一方有赌博、吸毒等恶习屡教不改,不但容易引发家庭暴力,消耗家庭的经济积蓄,也使正常的家庭生活无法继续。因此，对于恶习难改，一贯不履行家庭义务，夫妻感情难以恢复，夫妻难以共同生活的，经调解无效，应准予离婚。

4.因感情不和分居满二年。夫妻生活的一个重要部分就是共同生活，分居，是指夫妻间不再共同生活，不再互相履行夫妻义务，包括停止性生活，经济上不再合作，生活上不再互相关心、互相扶助等。这里要注意的是，分居原因是感情不和，对于因工作、学业等客观原因分居两地的，不构成分居的离婚法定事由。

5.其他导致夫妻感情破裂的情形。这是一个兜底性规定，实践中导致夫妻感情破裂的原因很复杂，法律不可能对所有的情形全部列明。因此，需要法院本着保障离婚自由、防止轻率离婚的原则，根据立法精神和案件具体情况，作出正确判断。当然，法律规定的夫妻感情破裂的情形即离婚法定事由，不是离婚的必要法定条件，即使没有上述情况发生，但是能够证实双方感情确实已经破裂的，法院也应判决准予离婚，只是实践中存在举证难的问题。

6.夫妻一方被宣告失踪，另一方提起离婚诉讼的，应当准予离婚。夫妻一方下落不明满二年，经利害关系人申请，被法院宣告失踪的，在事实上夫妻双方已经终止了夫妻共同生活。若另一方提出离婚，则表明其已不再对婚姻生活抱有期待，因一方处于失踪状态，夫妻共同生活难以为继，夫妻感情应属破裂，应准予离婚。此时，法院应直接判决离婚，无须调解，实际上因对方的失踪也无法调解。同时，当事人申请宣告失踪适用特别程序，而提出离婚诉讼请求则适用诉讼程序，这是两个不同的法律程序，应当分别进行，即首先适用特别程序申请宣告失踪，再提起离婚诉讼。

7.经法院判决不准离婚后，双方又分居满一年，一方再次提起离婚诉讼的，应当准予离婚。这是《民法典》新增加的规定，也是对既往司法审判经验的总结。司法实践中，夫妻一方起诉离婚，没有重婚、与他人同居等法定离婚事由，亦没有充分证据证明夫妻感情确已破裂的，对于这种初次起诉离婚的案件，法院本着维护婚姻家庭稳定的原则，一般判决不准离婚。实践证明，这些判决不准离婚的夫妻，有相当部分未再到法院起诉离婚，表明法院对案件事实的判断是正确的。但是，也有部分当事人在第一次判决不准离婚后再次提起离婚诉讼，这表明当事人要求离婚的态度坚决，如经法院调解，原告仍坚持要求离婚，通常表明夫妻感情已经无可挽回，法院从尊重婚姻自由、维护家庭及社会秩序的正常运行等角度考虑，对于第一次判决不准离婚后又分居满一年，再次提起离婚诉讼的一般认定夫妻感情确已破裂，准予离婚。

（二）法律依据

《民法典》

第一千零七十九条 夫妻一方要求离婚的，可以由有关组织进行调解或者直接向人民法院提起离婚诉讼。

人民法院审理离婚案件，应当进行调解；如果感情确已破裂，调解无效的，应当准予离婚。

有下列情形之一，调解无效的，应当准予离婚：

（一）重婚或者与他人同居；

（二）实施家庭暴力或者虐待、遗弃家庭成员；

（三）有赌博、吸毒等恶习屡教不改；

（四）因感情不和分居满二年；

（五）其他导致夫妻感情破裂的情形。

一方被宣告失踪，另一方提起离婚诉讼的，应当准予离婚。

经人民法院判决不准离婚后，双方又分居满一年，一方再次提起离婚诉讼的，应当准予离婚。

（三）典型案例

【案件索引】

案由：马某与宋某1离婚纠纷案

审理法院：山东省枣庄市市中区人民法院

案号：（2021）鲁0402民初3287号

【基本案情】

原告：马某

被告：宋某1

原告马某与被告宋某1登记结婚后生育一女宋某2。2020年4月28日，原告马某起诉离婚，法院于2020年5月26日作出（2020）鲁0402民初2353号民事判决，判决不准原告马某与被告宋某1离婚。后原告马某再次以感情破裂为由起诉离婚，被告宋某1不同意离婚。经法院判决不准离婚后，原告、被告均认可已分居一年多。婚生女宋某2一直在被告处，由被告父母照看。原告、被告双方没有夫妻共同财产及共同债务。

【法院判决】

法院认为，原告、被告虽已结婚多年，但由于双方婚后未能妥善处理好夫妻之间的矛盾和分歧，造成感情不和。2020年4月28日，原告起诉离婚至法院，法院判决不准离婚后，双方关系未能得到改善。原告再次起诉离婚，且原告、被告均认可分居已满一年，表明夫妻感情确已破裂，符合法定离婚事由，法院准予离婚。

关于孩子抚养的问题,根据《民法典》第1084条的规定,离婚后,父母与子女间的关系,不因父母离婚而消除。父母对于子女仍有抚养、教育、保护的权利和义务。离婚后,不满2周岁的子女,以由母亲直接抚养为原则。已满2周岁的子女,父母双方对抚养问题协议不成的,由法院根据双方的具体情况,按照最有利于未成年子女的原则判决。本案中,从有利于子女成长、教育、生活及原、被告的抚养能力的角度考虑,法院认为,孩子由被告抚养更为适宜。关于抚养费问题,法院酌定为每月400元,由原告马某自××××年××月起每月支付至宋某2独立生活时止,离婚后,原告马某有探视孩子的权利,在不影响孩子学习和生活的前提下,一月四次为宜,被告宋某1应予以协助。

(四)律师小结

在离婚案件中,如何收集证据,证明"夫妻感情确已破裂"至关重要,能否围绕上述法律规定和认定标准收集证据举证,决定了法院是否会判决准予离婚。从实践经验中看,最好是收集另一方有婚外情、与他人同居、家庭暴力、不良恶习以及双方因感情不和分居等行为的证据。具体形式主要有:(1)书证,可以是夫妻间一方写给另一方的保证书、悔过书、承诺书,也可以是一方写给婚外他人的情书等书面材料;(2)物证,如一方给婚外他人购买的房屋、物品等;(3)证人证言,如邻居、亲朋好友、物业等出具的有关两人经常吵架的证言;(4)视听资料,如一方与婚外他人在一起的亲密录像或夫妻双方之间的录音等;(5)电子数据,如电子邮件、手机短信、微信聊天记录、QQ聊天截图中能够反映感情问题的信息;(6)鉴定意见,如亲子鉴定意见;(7)勘验笔录,指勘验人员在现场勘验时所制作的笔录,如遭遇配偶毒打、毒害时,报案后由公安人员勘验的笔录等;(8)当事人的陈述,如当事人对感情问题的意见,对双方之间感情态度的表述。当然,在收集证据时要通过合法途径,不能侵犯他人隐私。

七、如何认定夫妻感情确已破裂?

(一)律师观点

法院审理离婚案件时,是否准予离婚以夫妻感情是否破裂作为认定标准,因此如何判断夫妻感情是否破裂尤为重要。实务中,除上一个问题中介绍的"法定离婚事由"外,判断夫妻感情是否确已破裂,法院一般会从双方婚姻基础、婚后感情、离婚原因、夫妻关系现状以及有无和好的可能等方面综合分析,具体如下:

1. 婚姻基础。司法实践中,“婚前感情基础不好”已成为原告要求离婚的“王牌”理由。婚姻基础是双方建立婚姻关系的起点,对婚后感情的建立、矛盾的化解起着十分重要的作用,判断双方的婚姻基础,主要看婚姻关系建立时未婚男女双方是自由恋爱的,还是父母包办强迫的;是以爱情为基础的,还是以金钱、地位和才貌为目的的;是经过慎重考虑的,还是失身怀孕,迫不得已的情况下结合的,等等。一般来说,婚前基础好,婚后感情比较深厚,即使产生了矛盾,往往也能够和好如初。反之,婚前基础差,婚后难以建立起真正的夫妻感情,出现裂痕后很难愈合。

2. 婚后感情。是指结婚以后,夫妻共同生活期间的感情,不仅包含了男女双方的感情,还包括了彼此对小孩、家庭的感情。因此,婚后感情首先看夫妻双方是否互敬互爱、相互体贴关心;其次看是否赡养扶助双方的父母、对家庭是否有责任感;最后看是否共同抚养子女,照顾后代。另外,还要从双方的生活作风、性格习惯以及夫妻生活等方面综合分析,才能更好地认定夫妻感情是否确已破裂。

3. 离婚原因。是指原告提出离婚的主要依据,实践中,离婚的原因千差万别、非常复杂。离婚原因是双方矛盾的症结所在,找到离婚的真实原因,才能了解和判断夫妻感情破裂的程度。

4. 离婚时夫妻关系的现状。看夫妻关系的现状主要从两个方面来判断:一是精神层面,夫妻双方在思想意识方面还有没有家庭概念,是不是具有经营家庭生活的意愿,夫妻双方有没有维持正常的两性生活;二是物质层面,夫妻双方是否还一起生活,一方的收入是否还拿来用于家庭日常生活开支。

5. 有无和好的可能,即夫妻双方还有没有和好的意愿和条件。虽然双方已经诉至法庭,但是通过寻找到双方矛盾所在,对症下药,利用各种有利因素去帮助双方恢复感情、愈合裂痕,双方便能够重归于好。如果一方没有和好的意愿且通过各种方法都无法让双方重归于好,这种情况下,应该认定为夫妻感情已经破裂。

另外,关于其他导致夫妻感情破裂的情形,最高人民法院于 1989 年发布的《关于人民法院审理离婚案件如何认定夫妻感情确已破裂的若干具体意见》中列举了 14 种可以视为夫妻感情确已破裂的情形,虽然该意见已废止,不能作为法律依据援引适用,但仍可以适当参考,帮助理解。《民法典》也对部分内容进行了相关规定,如婚前隐瞒重大疾病属于可撤销婚姻的情形,可以直接根据有关规定请求撤销婚姻而非请求离婚。

(二)法律依据

《民法典》

第一千零七十九条　夫妻一方要求离婚的,可以由有关组织进行调解或者直接向人民法院提起离婚诉讼。

人民法院审理离婚案件，应当进行调解；如果感情确已破裂，调解无效的，应当准予离婚。

有下列情形之一，调解无效的，应当准予离婚：

（一）重婚或者与他人同居；

（二）实施家庭暴力或者虐待、遗弃家庭成员；

（三）有赌博、吸毒等恶习屡教不改；

（四）因感情不和分居满二年；

（五）其他导致夫妻感情破裂的情形。

一方被宣告失踪，另一方提起离婚诉讼的，应当准予离婚。

经人民法院判决不准离婚后，双方又分居满一年，一方再次提起离婚诉讼的，应当准予离婚。

（三）典型案例

【案件索引】

案由：廖某1与向某离婚纠纷案

审理法院：广东省深圳市龙岗区人民法院

案号：（2021）粤0307民初4068号

【基本案情】

原告：廖某1

被告：向某

原告廖某1与被告向某于2007年在深圳上班认识，登记结婚后生育婚生子廖某2，后因被告染有赌博恶习，且欠下大量赌债，为偿还被告所欠赌债，原告亦多次向亲戚朋友借款帮助被告还债。经原告与家人的劝导，被告仍然屡教不改。双方亦因此夫妻感情不和，于2019年7月开始分居，婚生子廖某2一直随原告生活。后廖某起诉至法院要求判决离婚，婚生子廖某2自愿跟随原告廖某1生活。双方名下无共同财产。

【法院判决】

法院认为，是否准予离婚应以夫妻感情是否确已破裂作为区分的界限，经调解无效，一方有赌博恶习屡教不改的，应认定夫妻感情确已破裂。原告主张结婚后，因被告长期沉迷赌博，给家庭带来极大的经济压力，经原告与家人的劝导，被告仍然屡教不改，后双方因夫妻感情不和于2019年7月开始分居，原告为此提交了债主催讨借款的短信记录、借条、被告与原告妹妹的聊天记录等证据；被告经法院依法传唤，无正当理由拒不到庭，视为放弃相关诉讼权利，应承担消极答辩及举证不能的法律后果。综合以上情形，原告主张夫妻感情确已破裂诉请离婚，法院予以支持。关于婚生子女抚养权问题，婚生子廖某2自2019年7月原告、被告分居后一直随原告生活，且经询问婚生子廖某2意见，其自愿跟随原告生活，为有利于孩子的健康成长，婚生子廖某2由原告抚养为妥；结合深圳市经济水平与孩子实际生活需要，原告诉请婚生子由其抚养，并由被告每月支付婚生子抚养费1000元直至其年满18周岁止，法院予以支持；为便于执行，法院酌定被告自本判决生效之次月起按1000元/月标准，于每月10日前支付上述抚养费。关于财产问题，因原告未就财产分割提起主张，被告亦未申报双方财产情况，本案不予处理；原告、被告双方可另行协商或起诉处理。

（四）律师小结

夫妻感情确已破裂是法院判决准予离婚的前提，并且《民法典》第1079条在法律上直接规定了属于夫妻感情确已破裂的几种情形，即法定离婚事由，若属于法定离婚事由的，则法院可直接依据此规定判决准予离婚。实务中，当夫妻一方欲根据《民法典》第1079条之规定请求法院判决离婚时，最大的问题实际上是举证难的问题，如实施家庭暴力要提供医院检查报告、警方接警记录等证据；有赌博、吸毒等恶习屡教不改一般至少要证明被告有两次及以上的赌博或吸毒记录，实践中往往也是以警察的接警记录、笔录等为证。因此当事人要有充分的证据意识，做好证据收集工作。

八、夫妻一方下落不明，另一方能否起诉离婚?

（一）律师观点

根据我国相关法律的规定，夫妻双方可以通过达成离婚协议，向婚姻登记机关递交离婚申请的方式离婚。若对离婚无法达成一致或就财产分配等问题无法协商达成一致，可以通过向法院起诉的方式离婚，对于满足法定离婚事由或能证明夫妻感情确已破裂的，法院一般准许离婚。若夫妻一方下落不明，因无法协议离婚，另一方若想离婚只能通过诉讼途径。

司法实践中，法院在受理一方下落不明的离婚纠纷案件时，一般先向当事人的户籍所在地送达法律文书，采用各种方式无法送达后，法院会通过公告送达的方式送达文书。但因采用公告送达的方式需要耗费大量时间，并且在缺席判决时因难以证明夫妻双方感情确已破裂，很多法院考虑婚姻关系是一种依附人身性质的法律关系，一旦判决解除婚姻关系，即使错判，也无法通过重审方式恢复婚姻关系，为防止起诉离婚方恶意离婚或为独占财产等而故意隐瞒对方踪迹，一般在判决时会谨慎处理，往往判决不准离婚，难以保护那些因配偶恶意失踪以致难以解除婚姻关系并重新组织正常婚姻家庭生活的人的利益。对此，法律明确规定，一方被宣告失踪，另一方提起离婚诉讼的，应当准予离婚。因此，配偶一方下落不明的当事人可以根据特别程序向法院申请宣告配偶为失踪人，在申请宣告失踪的同时可以向法院提起离婚诉讼，以便节约诉讼时间，提高诉讼效率。虽然宣告失踪期间，法院或许会中止离婚纠纷案件的审理，但是为公告期、答辩期以及案件排期都节省了大量诉讼时间。配偶被宣告失踪后，法院应当判决准予离婚，这是法律明确规定的法定离婚事由。

（二）法律依据

《民法典》

第四十条 自然人下落不明满二年的，利害关系人可以向人民法院申请宣告该自然人为失踪人。

第四十一条 自然人下落不明的时间自其失去音讯之日起计算。战争期间下落不明的，下落不明的时间自战争结束之日或者有关机关确定的下落不明之日起计算。

第一千零七十九条 夫妻一方要求离婚的，可以由有关组织进行调解或者直接向人民法院提起离婚诉讼。

人民法院审理离婚案件，应当进行调解；如果感情确已破裂，调解无效的，应当准予离婚。

有下列情形之一，调解无效的，应当准予离婚：

（一）重婚或者与他人同居；

（二）实施家庭暴力或者虐待、遗弃家庭成员；

（三）有赌博、吸毒等恶习屡教不改；

（四）因感情不和分居满二年；

（五）其他导致夫妻感情破裂的情形。

一方被宣告失踪，另一方提起离婚诉讼的，应当准予离婚。

经人民法院判决不准离婚后，双方又分居满一年，一方再次提起离婚诉讼的，应当准予离婚。

《民事诉讼法》

第二十三条　下列民事诉讼，由原告住所地人民法院管辖；原告住所地与经常居住地不一致的，由原告经常居住地人民法院管辖：

（一）对不在中华人民共和国领域内居住的人提起的有关身份关系的诉讼；

（二）对下落不明或者宣告失踪的人提起的有关身份关系的诉讼；

（三）对被采取强制性教育措施的人提起的诉讼；

（四）对被监禁的人提起的诉讼。

（三）典型案例

【案件索引】

案由：穆某与陈某离婚纠纷案

审理法院：大连市甘井子区人民法院

案号：（2020）辽0211民初9491号

【基本案情】

原告：穆某

被告：陈某

原告穆某与被告陈某于2007年8月经人介绍相识相恋并登记结婚。婚后无子女。被告母亲2017年10月31日到大连市公安局甘井子区分局营城子派出所报案称，被告于2017年10月2日晚上离开家中，至今未与其联系，报被告陈某失踪。

【法院判决】

法院认为，婚姻以感情为基础。原告、被告登记结婚后，被告自2017年10月2日晚上离家出走，同年10月31日，被告母亲向大连市公安局甘井子区分局营城子派出所报警，报被告失踪，至案件审理时无音讯。原告主张离婚，符合法律规定，法院予以支持。综上所述，依照《婚姻法》（已失效）第32条①之规定，判决如下：原告穆某与被告陈某离婚。

（四）律师小结

一方被宣告失踪，另一方提起离婚诉讼的，应当准予离婚，这是《婚姻法》（已

① 相关规定参见《民法典》第1079条。

失效）和《民法典》都规定的法定离婚情形。在司法实践中，也存在虽未宣告失踪，但有证据证明另一方下落不明满两年的情形，法院可以据此认定夫妻感情确已破裂，并以此为由判决准予离婚。上述案例中法院就是因被告下落不明满两年，并且有报警情况登记表载明被告失踪事项，因此认定夫妻感情破裂，判决原告、被告离婚，虽然该案例发生于《民法典》实施之前，但由于《民法典》对相关条款内容未作改变，因此该观点仍可适用。

九、一审判决离婚后尚在上诉期内的，当事人可以再结婚或继承对方遗产吗？

（一）律师观点

离婚，是婚姻关系的解除，婚姻关系可以通过协议离婚或诉讼离婚的方式终止，完成离婚登记或离婚判决、调解书生效是解除婚姻关系的途径。若选择离婚诉讼，由于我国的诉讼实行两审终审制，离婚诉讼并不适用特殊规定，也是两审终审制。一审的离婚判决是否能够生效，要看原告、被告双方或任一方是否在上诉期内是否提起上诉。法律规定，超过上诉期没有上诉的判决才依法生效，民事案件的上诉期是判决送达之日起 15 日内。一审离婚判决在上诉期内尚不发生法律效力，只有在上诉期满之后，双方都没有提出上诉的，该离婚判决才发生法律效力。所以，在一审判决离婚后上诉期未满或一方已经提起上诉尚未作出二审判决的，因为一审的离婚判决还未生效，双方当事人之间的夫妻关系仍然存在，在这种情况下，双方当事人都不可以再缔结新的婚姻关系。法院在宣告离婚判决时，也应当告知当事人在判决发生法律效力前不得另行结婚。

配偶之间相互继承遗产的权利基于婚姻关系而产生，也随婚姻关系的终止而消灭。双方婚姻关系的存续，成了继承的前提。通过诉讼离婚的，判决生效之日起婚姻关系终止。离婚判决生效后夫妻关系才得以解除，在判决未生效的情况下，男女双方的夫妻关系仍然存续，夫妻之间享有的权利义务依然存在，任一方可以继承去世的另一方的遗产，且根据《民法典》规定，应作为第一顺位继承人继承配偶的遗产。

（二）法律依据

《民法典》

第一千零八十条 完成离婚登记，或者离婚判决书、调解书生效，即解除婚姻关系。

《民事诉讼法》

第十条 人民法院审理民事案件，依照法律规定实行合议、回避、公开审判和两审终审制度。

第一百五十一条 人民法院对公开审理或者不公开审理的案件，一律公开宣告判决。

当庭宣判的，应当在十日内发送判决书；定期宣判的，宣判后立即发给判决书。

宣告判决时，必须告知当事人上诉权利、上诉期限和上诉的法院。

宣告离婚判决，必须告知当事人在判决发生法律效力前不得另行结婚。

第一百五十八条 最高人民法院的判决、裁定，以及依法不准上诉或者超过上诉期没有上诉的判决、裁定，是发生法律效力的判决、裁定。

第一百七十一条 当事人不服地方人民法院第一审判决的，有权在判决书送达之日起十五日内向上一级人民法院提起上诉。

当事人不服地方人民法院第一审裁定的，有权在裁定书送达之日起十日内向上一级人民法院提起上诉。

（三）典型案例

【案件索引】

案由：任某甲与卞某离婚纠纷再审案

审理法院：江苏省泰州市中级人民法院

案号：(2016)苏12民申105号

【基本案情】

再审申请人(一审原告、二审上诉人)：任某甲

被申请人(一审被告、二审被上诉人)：卞某

任某甲、卞某于1989年相识并同居，后生一女任某乙，之后双方补办结婚登记。2014年3月20日，卞某诉至姜堰区人民法院要求离婚，后撤回起诉，同年5月4日，任某甲诉至原审法院要求离婚，同年6月，法院判决不准予离婚，同年12月，任某甲又提起离婚诉讼，2015年3月，法院再次判决不准予离婚。后任某甲又诉至姜堰区人民法院要求离婚，案件经调解未果。姜堰区人民法院遂判决准予任某甲与卞某离婚。

任某甲不服上述民事判决，向江苏省泰州市中级人民法院提起上诉。二审法院认为，任某甲诉讼要求与卞某离婚，经一审法院判决准予双方离婚，但因任某甲上诉，离婚判决尚未生效。宣告离婚判决，必须告知当事人在判决发生法

律效力前不得另行结婚。卞某提供任某甲与沈某玲的合影,以证明其有婚纱照且同居,对此任某甲认为"离婚后我和任何人同居都与被上诉人没有关系"有偏颇,应及时予以纠正。

综上,上诉人任某甲的上诉理由不能成立,其上诉请求法院不予支持。原审法院认定事实清楚,适用法律正确,所作判决并无不当。遂判决如下:驳回上诉,维持原判。任某甲仍不服,向江苏省泰州市中级人民法院申请再审。

【法院判决】

再审法院经审查认为,案涉房屋在任某甲、卞某婚姻关系存续期间登记在任某甲名下,且任某甲建房的宅基地是以任某甲、卞某及其女儿三个人的名义所申请,该宅基地并无任某甲父亲的份额。当事人结婚后,父母为双方购置房屋出资的,该出资应当认定为对夫妻双方的赠与,但父母明确表示赠与一方的除外。原审结合案涉房屋登记情况、任某甲父亲在案涉房屋旁边建房居住等事实,认定2万元系任某甲父亲对任某甲、卞某双方的赠与,并综合案情判定案涉房屋属于任某甲、卞某的夫妻共同财产,将案涉房屋(含该房屋内的家具、设施)判归卞某所有,并无不当。综上,再审申请人的申请再审理由不符合《民事诉讼法》(2017年)第200条①规定的情形,依照《民事诉讼法》(2017年)第204条第1款②之规定,裁定如下:驳回再审申请人任某甲的再审申请。

(四)律师小结

根据《民事诉讼法》的规定,离婚诉讼并不适用特殊规定,也是适用两审终审制。因此当法院判决准予离婚后仍在上诉期间或者一方已经提起上诉的,此时的一审判决并未生效,原告、被告仍处于法律上的婚姻关系内,任意一方不得与他人登记结婚,需待上诉期经过,一审判决生效方可再次结婚。同时,若此时一方死亡的,由于夫妻关系尚未结束,仍是法定配偶,另一方对其遗产仍享有法定继承权。

十、现役军人的配偶要求离婚,有什么特殊规定?

(一)律师观点

《民事诉讼法》规定,一般的民事诉讼案件,根据"原告就被告原则",由被告住

① 相关规定参见2021年修正的《民事诉讼法》第207条。

② 相关规定参见2021年修正的《民事诉讼法》第211条第1款。

所地法院管辖；被告住所地与经常居住地不一致的，由经常居住地法院管辖。但由于军人身份的特殊性，其离婚诉讼管辖与普通离婚诉讼管辖有所区别，不能简单地适用“原告就被告”原则。依法维护国防利益和军事利益、军人军属的合法权益，是法院的重要职责和使命。根据《民事诉讼法解释》及其他司法解释规定可知，对于涉军离婚的诉讼管辖，若双方当事人均为军人或者军队单位，由军事法院专门管辖，地方法院没有管辖权。对于当事人一方为军人的离婚诉讼，地方法院和军事法院均有管辖权，当事人可以自行选择管辖法院。

为了保护军人的特殊利益，法律还规定若夫妻一方为现役军人，其配偶要求离婚的，应当征得军人同意，但是军人一方有重大过错的除外。因此在军婚的离婚案件中，除非有证据证明军人一方有重大过错，或者军人一方也同意离婚，否则法院判决准予离婚的难度较大。

（二）法律依据

《民法典》

第一千零八十一条　现役军人的配偶要求离婚，应当征得军人同意，但是军人一方有重大过错的除外。

《民事诉讼法》

第二十二条　对公民提起的民事诉讼，由被告住所地人民法院管辖；被告住所地与经常居住地不一致的，由经常居住地人民法院管辖。

对法人或者其他组织提起的民事诉讼，由被告住所地人民法院管辖。

同一诉讼的几个被告住所地、经常居住地在两个以上人民法院辖区的，各该人民法院都有管辖权。

《民事诉讼法解释》

第十一条　双方当事人均为军人或者军队单位的民事案件由军事法院管辖。

最高人民法院《关于军事法院管辖民事案件若干问题的规定》

第一条　下列民事案件，由军事法院管辖：

（一）双方当事人均为军人或者军队单位的案件，但法律另有规定的除外；

（二）涉及机密级以上军事秘密的案件；

（三）军队设立选举委员会的选民资格案件；

（四）认定营区内无主财产案件。

第二条　下列民事案件，地方当事人向军事法院提起诉讼或者提出申请的，军事法院应当受理：

（一）军人或者军队单位执行职务过程中造成他人损害的侵权责任纠纷案件；

（二）当事人一方为军人或者军队单位，侵权行为发生在营区内的侵权责任纠纷案件；

（三）当事人一方为军人的婚姻家庭纠纷案件；

（四）民事诉讼法第三十三条规定的不动产所在地、港口所在地、被继承人死亡时住所地或者主要遗产所在地在营区内，且当事人一方为军人或者军队单位的案件；

（五）申请宣告军人失踪或者死亡的案件；

（六）申请认定军人无民事行为能力或者限制民事行为能力的案件。

（三）典型案例

【案件索引】

案由：林某诉杨某某离婚纠纷案

审理法院：山东省威海市环翠区人民法院

案号：（2019）鲁 1002 民初 5396 号

【基本案情】

原告：林某

被告：杨某某

被告杨某某系现役军人，与原告林某于 2016 年年底通过微信联系相识，2017 年清明确定恋爱关系，后于 2018 年 7 月 19 日登记结婚，婚后于 2019 年 6 月 24 日生育一女杨某 1。

双方因装修及举办婚礼等事宜发生矛盾，此后经被告挽回，双方最终缔结婚姻，婚后双方虽曾因经济及双方父母等问题发生争吵但感情尚可，直至婚生女出生后，原告月子期间双方再次因月子餐、洗澡擦身等琐事产生矛盾。原告于 2019 年 7 月 15 日回娘家居住休养，在此期间原告因被告未支付生活费用及婚生女抚养费用等问题认为双方夫妻感情破裂，因此于 2019 年 9 月 10 日诉至法院，要求处理。

【法院判决】

法院认为，根据《婚姻法》（已失效）相关规定[①]，现役军人的配偶要求离婚，须征得军人同意，但军人一方有重大过错的除外。本案中，被告系现役军人，原告主张要求离婚主要系因经济及双方父母等问题存在分歧、矛盾，所提供证据无法证实被告存在重大过错，且双方系经自由恋爱，相识相处二年有余方登记

① 相关规定参见《民法典》第 1081 条。

结婚，婚后亦生育一女，双方夫妻感情基础较好，并不存在根本矛盾，原告也并无证据证明原、被告夫妻双方感情确已破裂。原告作为非军人一方，应对被告理解、包容、支持，珍惜双方的婚姻关系，被告亦应体谅尚在哺乳期的原告，对原告及婚生女在生活上照料，在感情上抚慰，在经济上尽责，相信只要双方相互理解，相互尊重，相互关心，就能处理并维持好夫妻关系。故原告要求离婚无法定的事实和理由，该请求不当，法院不予支持。判决如下：不准予原告与被告离婚。

（四）律师小结

上述案例体现了我国法律对于军婚的特殊保护，不仅在管辖方面作出了特别规定，《婚姻法》（已失效）及《民法典》更是有“除军人一方有重大过错外应征得军人同意”的特别规定，侧重对军人合法权益的保护以及对军婚的维护。由于现役军人的特殊工作性质、工作特点和肩负特殊的工作任务，对其婚姻家庭采取特殊的保护措施极有必要。为了确保军人婚姻家庭的稳定，免除军人的后顾之忧，我国在法律上有着特殊的倾向保护性规定，这是军婚与普通人的婚姻最大的区别。

十一、对于破坏军婚的第三者，法律如何规定？

（一）律师观点

我国法律对军婚作出了特殊规定予以保护，特别是《刑法》专门规定了破坏军婚罪，对破坏军婚的行为人以放宽入罪条件和比普通的重婚更高的量刑标准追究其刑事责任，更倾向于对军人合法权益的维护以及对军婚的和谐稳定的保护。

破坏军婚罪，是指明知是现役军人的配偶而与之同居或者结婚的行为。这里的“明知”，说明破坏军婚罪是直接故意犯罪，行为人在确切知道对方是现役军人的配偶的情况下，仍然与之同居或者结婚，才构成犯罪。如果行为人不知道对方是现役军人的配偶甚至受欺骗而与现役军人的配偶同居或者结婚的，不构成犯罪。

现役军人，是指中国人民解放军或者人民武装警察部队的现役军官、文职干部、士兵及具有军籍的学员。在军事部门或者人民武装警察部队中工作，但没有取得军籍的人员，以及复员退伍军人、转业军人、残疾军人等，都不属于现役军人。现役军人的配偶，是指依法与现役军人有婚姻关系的妻子或者丈夫。

依据《刑法》有关规定，破坏军人婚姻的行为有两种方式：一种是与现役军人的配偶同居，即与现役军人的配偶不以夫妻名义，持续、稳定地共同生活；另一种是与现役军人的配偶结婚,这里所说的"结婚",是指骗取合法手续登记结婚或构成事实上的重婚,即虽没有办理结婚登记手续,但以夫妻名义共同生活的事实婚姻行为。对于破坏军人婚姻的犯罪行为,即明知是现役军人的配偶而与之同居或者结婚的,法律规定处 3 年以下有期徒刑或者拘役。

(二)法律依据

《民法典》

第一千零四十三条 家庭应当树立优良家风,弘扬家庭美德,重视家庭文明建设。

夫妻应当互相忠实,互相尊重,互相关爱;家庭成员应当敬老爱幼,互相帮助,维护平等、和睦、文明的婚姻家庭关系。

《刑法》

第二百五十九条 明知是现役军人的配偶而与之同居或者结婚的,处三年以下有期徒刑或者拘役。

利用职权、从属关系,以胁迫手段奸淫现役军人的妻子的,依照本法第二百三十六条的规定定罪处罚。

第四百五十条 本章适用于中国人民解放军的现役军官、文职干部、士兵及具有军籍的学员和中国人民武装警察部队的现役警官、文职干部、士兵及具有军籍的学员以及文职人员、执行军事任务的预备役人员和其他人员。

(三)典型案例

【案件索引】

案由:汪某破坏军婚罪二审案

审理法院:安徽省安庆市中级人民法院

案号:(2019)皖 08 刑终 304 号

【基本案情】

原公诉机关:安徽省望江县人民检察院

上诉人(原审被告人):汪某

2007 年 8 月 2 日,安徽省太湖县人张某与中国人民解放军海军某部现役军人陈某在安徽省青阳县登记结婚,2008 年生育一子陈某 1。2012 年 8 月,汪某与张某在太湖县结识后,明知张某丈夫为现役军人,仍与张某长期保持不正当两性关系并同居生活,其间致张某多次怀孕流产。2016 年 3 月 30 日,汪某与张某协议分手。数月后,汪、张二人又恢复不正当男女关系并同居,并致使张某再次怀孕。2017 年 12 月 7 日，张某在汪某陪同下，在医院产下一名男婴取名汪某楠。经 DNA 鉴定，在排除近亲及外源性干扰的前提下，支持汪某是张某之子汪某楠的生物学父亲。2019 年 3 月 11 日，接公安机关办案民警电话通知后，汪某主动到案。

【法院判决】

法院认为，被告人汪某明知张某是现役军人的配偶而与之同居，其行为已触犯刑律，构成破坏军婚罪。汪某犯罪以后自动投案，如实供述主要犯罪事实，属自首，依法可以从轻或者减轻处罚。综合本案的犯罪事实、情节及社会危害性等，依照《刑法》第 259 条第 1 款、第 61 条、第 62 条、第 67 条第 1 款的规定，判决被告人汪某犯破坏军婚罪，判处有期徒刑 1 年零 2 个月。

（四）律师小结

上述案件中，汪某明知张某是现役军人的配偶而与之同居，其行为已触犯《刑法》的规定，构成破坏军婚罪。《刑法》第 259 条体现了我国法律对军婚的特殊保护，以放宽入罪条件和更高的量刑标准追究构成破坏军婚罪的行为人的刑事责任。

十二、离婚时，无过错一方要求离婚损害赔偿的情形有哪些？

（一）律师观点

我国的离婚案件当中，因家庭暴力、外遇等导致婚姻破裂的离婚案件占比较大，许多无过错方因对方的过错行为导致婚姻关系破裂从而离婚，造成物质和精神的双重损害，基于此法律规定了离婚损害赔偿制度。

离婚损害赔偿，是指因夫妻一方的重大过错致使婚姻关系破裂的，过错方应对无过错方的损失予以赔偿的法律制度。离婚损害赔偿制度是我国三大离婚救济制度之一，也是侵权责任在婚姻法领域的延伸体现。夫妻间相互负有人身、财产上的权利义务，夫妻双方应当遵守，互相忠实、互相尊重、互相关爱，在享有权利的同时，也要依法履行义务。婚姻关系存续期间，夫妻任何一方对该种义务的违反，势必构成对另一方配偶权的侵犯，使对方蒙受物质及精神上的双重损害。因此，有必要使过错方因其损害行为得到惩罚，使无过错方被损害的权利得到补偿和救济，这同时也是维护其他家庭成员的合法权益，保护社会公共利益，促进平等、和睦、文明的婚姻家庭关系的需要。

根据《民法典》第1091条的规定可以看出，对于有权提出损害赔偿的情况，限于法律规定的五种情形，同时，这五种情形也属于法定离婚情形，分别如下：

1. 重婚。有配偶而又与他人结婚或以夫妻名义共同生活构成事实上的重婚，重婚行为严重违反一夫一妻的婚姻制度，不仅侵犯了夫妻中另一方的配偶权，同时也构成刑事犯罪。

2. 与他人同居。即有配偶者与婚外异性，不以夫妻名义，持续、稳定地共同居住。重婚行为以外的有配偶者与他人不以夫妻名义同居的行为，同样违反一夫一妻制，构成对配偶权的侵犯。

3. 实施家庭暴力。即家庭成员之间以殴打、捆绑、残害、限制人身自由以及经常性谩骂、恐吓等方式实施的身体、精神等侵害行为。

4. 虐待、遗弃家庭成员。持续性、经常性的家庭暴力，构成虐待。遗弃，是指对于年老、年幼、患病或者其他没有独立生活能力的人，负有扶养义务而拒绝扶养的行为。虐待、遗弃家庭成员情节恶劣的，都会构成刑事犯罪。

5. 有其他重大过错。这是《民法典》新增的一项兜底条款，《婚姻法》（已失效）将离婚损害赔偿的适用情形限制在以上四种，对于其他违反婚姻义务、家庭义务等行为，均不能适用离婚损害赔偿，导致实务中可适用性较小。实际生活中，婚姻中的过错行为远不止上述四种，当一方存在如通奸、卖淫、嫖娼、赌博、吸毒等其他过错行为时，非过错方不能通过离婚损害赔偿制度得到相应的补偿和救济，有失公平。因此《民法典》通过概括式规定作为兜底，在具体个案中由法院根据具体案件情况，结合过错情节、伤害后果等因素，对过错方是否存在重大过错进行认定。

离婚损害赔偿制度体现了法律对于离婚案件中无过错方的保护，若夫妻双方均具有过错，则双方均不享有离婚损害赔偿请求权。

（二）法律依据

《民法典》

第一千零九十一条 有下列情形之一，导致离婚的，无过错方有权请求损害赔偿：

（一）重婚；

（二）与他人同居；

（三）实施家庭暴力；

（四）虐待、遗弃家庭成员；

（五）有其他重大过错。

第八十九条 当事人在婚姻登记机关办理离婚登记手续后，以民法典第一千零九十一条规定为由向人民法院提出损害赔偿请求的，人民法院应当受理。但当事人在协议离婚时已经明确表示放弃该项请求的，人民法院不予支持。

第九十条 夫妻双方均有民法典第一千零九十一条规定的过错情形，一方或者双方向对方提出离婚损害赔偿请求的，人民法院不予支持。

《民法典婚姻家庭编解释(一)》

第八十七条 承担民法典第一千零九十一条规定的损害赔偿责任的主体，为离婚诉讼当事人中无过错方的配偶。

人民法院判决不准离婚的案件，对于当事人基于民法典第一千零九十一条提出的损害赔偿请求，不予支持。

在婚姻关系存续期间，当事人不起诉离婚而单独依据民法典第一千零九十一条提起损害赔偿请求的，人民法院不予受理。

第八十八条 人民法院受理离婚案件时，应当将民法典第一千零九十一条等规定中当事人的有关权利义务，书面告知当事人。在适用民法典第一千零九十一条时，应当区分以下不同情况：

（一）符合民法典第一千零九十一条规定的无过错方作为原告基于该条规定向人民法院提起损害赔偿请求的，必须在离婚诉讼的同时提出。

（二）符合民法典第一千零九十一条规定的无过错方作为被告的离婚诉讼案件，如果被告不同意离婚也不基于该条规定提起损害赔偿请求的，可以就此单独提起诉讼。

（三）无过错方作为被告的离婚诉讼案件，一审时被告未基于民法典第一千零九十一条规定提出损害赔偿请求，二审期间提出的，人民法院应当进行调解；调解不成的，告知当事人另行起诉。双方当事人同意由第二审人民法院一并审理的，第二审人民法院可以一并裁判。

（三）典型案例

【案件索引】

案由：蒋某英、李某芽等离婚后财产纠纷案

审理法院：湖南省耒阳市人民法院

案号：(2021)湘0481民初2346号

【基本案情】

原告：蒋某英

被告：李某芽

被告:李某红

原告蒋某英与被告李某芽于2010年10月10日经耒阳市婚姻登记中心登记结婚,婚后未生育孩子。2017年1月25日,双方自愿经耒阳市婚姻登记中心登记离婚,双方签订了离婚协议书,确认双方无共同债权及债务;无共同财产;无子女。2017年5月13日,双方又签订了离婚协议书补充协议,约定:(1)基于乙方(即原告)对家庭多年的付出,甲方补偿乙方7.5万元,分5年付清,每年1.5万元,于每年12月30日前付清。到期不付,超过1年期限,申请法院执行;(2)付款方式:现金转账,转入账号:621799565××××553107;户名:蒋某英;付款以银行转账存根为依据;(3)本协议书经双方签字后生效;(4)《离婚协议书》其他条款仍然有效。本协议一式两份,甲、乙双方各执一份。双方均在该协议上签名。自2017年5月13日之后,被告李某芽以微信转账或微信红包的方式,至2020年12月12日止,共向原告支付了38,007.31元,之后未再支付,并拉黑了原告的微信,由于被告李某芽不再支付其他补偿款,从而引起纠纷。同时,因被告李某芽在婚姻关系存续期间,与被告李某红出轨,致其怀孕,2017年7月1日生育女儿李某怡,原告主张两被告赔偿精神损失费。

经审查被告李某芽与原告的微信转账记录,可以确认:2019年2月4日22:42的999元为被告李某芽自愿向原告支付的春节礼金;2019年6月1日17:00的200元为被告李某芽自愿向原告支付的节日礼金;2019年6月6日8:14的360元、13:28的2999元,为被告李某芽自愿向原告支付的生日礼金;2019年7月7日7:20的77.77元为被告李某芽自愿向原告支付的“七夕节”礼金;2019年12月27日的200元为被告李某芽向原告支付代买柚子的资金;2020年1月1日10:05的2020元为被告李某芽自愿向原告支付的新年节日礼金;2020年1月25日22:18的88元为被告李某芽自愿向原告支付的春节礼金;2020年7月11日15:34的1000元为被告李某芽委托原告代买灯具的费用。以上共7943.77元。原告已于2019年2月14日再婚。

【法院判决】

法院认为,原告蒋某英与被告李某芽均系具有完全民事行为能力的自然人,在离婚后签订了补充协议,约定由被告李某芽补偿原告7.5万元,该协议不违反法律规定,反映了双方的真实意思,双方应当遵守。该协议签订后,至原告起诉时止,被告李某芽应向原告支付6万元(1.5万元/次×4次),但被告李某芽按约定仅向原告支付了30,063.54元(38,007.31元-7943.77元),已以行为明确表示将不按约定协议义务,构成违约,因此,原告可以在履行期限届满前请求被告李某芽支付全部补偿款。被告李某芽2017年5月13日之后向原告微信支付的38,007.31元,有7943.77元为节日或生日的礼金,应属被告李某芽对原告的赠与,不构成清偿债务,故被告李某芽尚欠原告补偿款44,936.46元(75,000元-30,063.54元)没有支付,原告要求被告李某芽支付补偿款75,000元中的44,936.46元,符合法律规定,予以支持;过高部分与查明的事实不符,不予支持。

对于原告请求的损害赔偿,属《民法典》第1091条规定的离婚损害赔偿,依照《民法典婚姻家庭编解释(一)》第88条第1项"人民法院受理离婚案件时,应当将民法典第一千零九十一条等规定中当事人的有关权利义务,书面告知当事人。在适用民法典第一千零九十一条时,应当区分以下不同情况:(一)符合民法典第一千零九十一条规定的无过错方作为原告基于该条规定向人民法院提起损害赔偿请求的,必须在离婚诉讼的同时提出"的规定,由于原告与被告李某芽早在2017年1月25日即已登记离婚,且原告于2019年2月14日与他人再婚,因此,无法另行对被告李某芽提起离婚诉讼,故原告在本案中对两被告提起离婚损害赔偿,不符合法律规定,不予支持。

综上所述,依照《民法典》第577条、第578条,《民事诉讼法解释》第90条之规定,判决如下:

1.被告李某芽在本判决发生法律效力之日起10日内向原告蒋某英支付补偿款44,936.46元;

2.驳回原告蒋某英的其他诉讼请求。

(四)律师小结

《民法典》第1091条对于无过错方有权请求离婚损害赔偿的情形作出了规定,这也是法律对婚姻中无过错方的保护,实务中法院会根据过错程度、承担责任的经济能力、造成的后果等,酌定精神损害抚慰金的数额。上述案例中,被告在婚姻关系存续期间出轨并与他人生育小孩的行为属于婚姻中无过错方有权提出离婚损害赔偿的情形,但由于《民法典婚姻家庭编解释(一)》规定无过错方作为原告基于上述规定向法院提起损害赔偿请求的,必须在离婚诉讼的同时提出,案例中因双方当事人已经协议离婚,且原告已再婚,无法再提起离婚诉讼,最终法院没有支持原告的离婚损害赔偿请求。

十三、婚姻期间为家庭付出较多的一方，如“全职家庭主妇”，离婚时可否要求多分割夫妻共同财产？

（一）律师观点

夫妻共同财产为共同共有，夫妻对共同财产享有平等的权利和义务，对夫妻共同财产不分份额地享有权利和承担义务，平等地享有占有、使用、收益和处分的权利，对共同财产享有平等的所有权。对于夫妻共同财产部分，在没有财产约定的情况下，离婚时夫妻一方当然有权要求分割。基于夫妻财产共同共有，如夫妻双方没有以协议方式对财产进行分割，应当以均等分割为原则，同时将照顾子女、照顾女方、照顾无过错方原则作为补充。

此外，因抚育子女、照顾老人等负担较多义务的，在离婚时还能要求另一方给予补偿，即人们常说的“离婚经济补偿”，这是在法律层面上对家务劳动价值的认可，也是对全职家庭主夫或主妇的权益保障。夫妻中在照料老人、子女或者配偶，以及为家庭生活提供服务和便利等方面付出更多的一方，将其更多的时间和精力投入到无偿家务劳动中的利他行为，使包括配偶在内的其他家庭成员均有受益，而由于其负担较多的家庭义务，导致其投入在自我发展上的时间和精力大大减少，根据民法权利义务相一致的原则，负担更多家庭义务的一方，应当享有获得相应经济补偿的权利。

并且《民法典》删掉了对于“离婚补偿”的限定性条件，不再要求仅在夫妻分别财产制下适用，很大程度上提高了这一规定的适用，该制度在夫妻共同财产分割的基础上，对家庭义务承担较多一方的权利给予救济和平衡。经济补偿的确定，以夫妻共同财产分割的确定为基础，补偿金应当从承担支付义务一方的个人财产或分得的共同财产中支取，至于补偿的数额，则首先由双方协商确定，协商不成时，由法院判决。法院则应结合当地的经济生活水平、双方婚姻关系存续期间的长短、一方对家庭所作的贡献、另一方的经济能力等因素综合予以确定。

（二）法律依据

《民法典》

第一千零六十二条　夫妻在婚姻关系存续期间所得的下列财产，为夫妻的共同财产，归夫妻共同所有：

（一）工资、奖金、劳务报酬；

（二）生产、经营、投资的收益；

（三）知识产权的收益；

（四）继承或者受赠的财产，但是本法第一千零六十三条第三项规定的除外；

（五）其他应当归共同所有的财产。

夫妻对共同财产，有平等的处理权。

第一千零六十五条 男女双方可以约定婚姻关系存续期间所得的财产以及婚前财产归各自所有、共同所有或者部分各自所有、部分共同所有。约定应当采用书面形式。没有约定或者约定不明确的，适用本法第一千零六十二条、第一千零六十三条的规定。

夫妻对婚姻关系存续期间所得的财产以及婚前财产的约定，对双方具有法律约束力。

夫妻对婚姻关系存续期间所得的财产约定归各自所有，夫或者妻一方对外所负的债务，相对人知道该约定的，以夫或者妻一方的个人财产清偿。

第一千零八十七条 离婚时，夫妻的共同财产由双方协议处理；协议不成的，由人民法院根据财产的具体情况，按照照顾子女、女方和无过错方权益的原则判决。

对夫或者妻在家庭土地承包经营中享有的权益等，应当依法予以保护。

第一千零八十八条 夫妻一方因抚育子女、照料老年人、协助另一方工作等负担较多义务的，离婚时有权向另一方请求补偿，另一方应当给予补偿。具体办法由双方协议；协议不成的，由人民法院判决。

《妇女权益保障法》

第四十七条 妇女对依照法律规定的夫妻共同财产享有与其配偶平等的占有、使用、收益和处分的权利，不受双方收入状况的影响。

夫妻书面约定婚姻关系存续期间所得的财产归各自所有，女方因抚育子女、照料老人、协助男方工作等承担较多义务的，有权在离婚时要求男方予以补偿。

（三）典型案例

【案件索引】

案由：李某与陈某离婚后财产纠纷案

审理法院：新疆维吾尔自治区呼图壁县人民法院

案号：（2021）新2323民初494号

【基本案情】

原告：李某

被告：陈某

原告李某与被告陈某于2017年9月6日在呼图壁县民政局登记结婚，于2018年4月23日生育婚生子陈某某。2020年12月11日陈某与李某离婚。李某在结婚后2017年11月、12月在孕检中查出患有乙型病毒性肝炎，后李某不定期到医院做血液化验、腹部超声等相关检查、化验。双方无书面约定婚姻关系存续期间所得的财产归各自所有。婚后双方父母均未与李某、陈某共同生活。李某、陈某于2019年3月分居，各自生活。婚生子陈某某8个月之前主要由李某和其父母照看，8个月之后李某及双方父母均有照看。结婚后李某2020年4月前没有去工作，2020年5月开始在呼图壁县东泉干校警务站工作至今，月工资收入4100元。陈某结婚后一直与其父母一起务农，没有出去工作。陈某名下有结婚前购买的3居室住宅楼房一套，位于呼图壁县西班牙小镇××－×－×××室。离婚后李某和婚生子陈某某一起居住在位于呼图壁县西班牙小镇××－×－×××室的父母家。

【法院判决】

法院认为，关于李某主张陈某支付补偿费60,000元的诉讼请求，《婚姻法》（已失效）第40条[①]规定："夫妻书面约定婚姻关系存续期间所得的财产归各自所有，一方因抚育子女、照料老人、协助另一方工作等付出较多义务的，离婚时有权向另一方请求补偿，另一方应当予以补偿。"《民法典》第1088条规定："夫妻一方因抚育子女、照料老人、协助另一方工作等负担较多义务的，离婚时有权向另一方请求补偿，另一方应当予以补偿。具体办法由双方协议；协议不成的，由人民法院判决。"以上两部法律对"离婚时经济补偿"均作出了规定，但《民法典》第1088条较《婚姻法》（已失效）第40条放宽了适用条件，删除了请求"离婚时经济补偿"的前提条件"夫妻双方书面约定婚姻关系存续期间所得的财产归各自所有"，更有利于保护民事主体合法权益，符合《民法典时间效力规定》第2条规定："民法典施行前的法律事实引起的民事纠纷案件，当时的法律、司法解释有规定，适用当时的法律、司法解释的规定，但是适用民法典的规定更有利于保护民事主体合法权益，更有利于维护社会和经济秩序，更有利于弘扬社会主义核心价值观的除外。"本案关于"离婚时经济补偿"可适用《民法典》第1088条的规定。本案李某婚姻关系存续期间虽然双方未书面约定婚姻关系存续期间所得的财产归各自所有，但李某从2017年9月结婚至2020年5月工作前，一直在家全职照顾家庭、抚育孩子，负担较多义务，且身患疾病，对经济补偿

① 相关规定参见《民法典》第1088条。

双方协议不成，根据《民法典》第 1088 条的规定，法院综合考虑本地经济发展与生活水平的实际，从照顾妇女、儿童合法权益的角度，对李某主张的 60,000 元经济补偿，予以部分支持，酌情确定为 10,000 元。

（四）律师小结

《民法典》第 1088 条关于离婚经济补偿的规定体现了法律对婚姻中负担较多义务的一方的帮扶，体现了我国法律的人文关怀。夫妻关系存续期间，无论双方采取的是法定共同财产制还是约定了分别财产制，如果一方在婚姻中相比另一方对家庭负担了更多的义务，均有权利在离婚时请求补偿，实践中具体补偿数额由双方结婚的年份、付出的劳动以及各自为家庭承担的义务的差距酌情确定。且经济补偿的确定，以夫妻共同财产分割的确定为基础，补偿金应当从承担支付义务一方的个人财产或分得的共同财产中支取，不能采取在夫妻共同财产分割前先扣除经济补偿，再对剩余共同财产进行分割的做法，否则，离婚经济补偿的救济功能将失去意义。

十四、离婚时，夫妻一方放弃遗产继承权的，怎么处理？

（一）律师观点

实践中经常有这样的情况：夫妻在起诉离婚期间，一方处于可依法继承大量财产并且可继承的财产在继承人之间尚未实际分割的状态，在此情况下另一方要求将可继承的财产分割并将这部分财产作为夫妻共同财产进行分割。

虽然《民法典》规定，除遗嘱中明确只归一方的财产，一般继承所得来的财产为夫妻共同财产，归夫妻共同所有，但这里指的是婚姻关系存续期间已经继承并取得遗产物权后的财产，是基于夫妻一方已经实现继承权获得物权后的权利。继承权是一种特殊的财产权，继承人有权在继承开始之后遗产分割前放弃继承。根据目前的司法实践，继承权专属于继承人，权利的放弃与否取决于继承人本人的意思，其他人都无权干涉。只有实际继承下来的财产，才会转化为夫妻共同财产。配偶并不具有法定继承人的身份，因而也就没有继承夫妻另一方享有的继承遗产的权利，既然没有继承的权利，一方放弃继承权会对另一方的权利造成侵害一说也无从谈起，一方放弃继承权是其个人对个人财产的处分，无须他人同意。

实务中，有人在婚姻关系存续期间“假装”放弃继承权，待兄弟姐妹继承财产后，再通过兄弟姐妹的个人赠与拿回本该属于自己继承的那部分财产，以达到不与配偶分割夫妻共同财产的目的。这实际上是恶意串通，损害第三人利益的行为，虽然这种行为方式较难被外人发现，看似规避了配偶分到遗产的可能性，但是不可避免地存在相关风险。其一，继承人一旦放弃继承权，日后已经得到遗产的兄弟姐妹并未按照之前的约定将其放弃的财产份额予以返还或赠与，那么放弃继承的人不能以其与其他继承人之间有约定为由进行抗辩，届时放弃继承权的人将难以保障自身利益。其二，继承人为避免配偶分割遗产而放弃继承权的，配偶可以以夫妻另一方恶意串通实施法律行为损害自己利益，请求重新分割财产，一旦被认定放弃继承的人存在恶意，将可能因为隐藏夫妻共同财产而在重新分割这笔遗产时面临少分或不分的风险。

（二）法律依据

《民法典》

第一百四十六条 行为人与相对人以虚假的意思表示实施的民事法律行为无效。

以虚假的意思表示隐藏的民事法律行为的效力，依照有关法律规定处理。

第一百五十四条 行为人与相对人恶意串通，损害他人合法权益的民事法律行为无效。

第一千零六十二条 夫妻在婚姻关系存续期间所得的下列财产，为夫妻的共同财产，归夫妻共同所有：

（一）工资、奖金、劳务报酬；

（二）生产、经营、投资的收益；

（三）知识产权的收益；

（四）继承或者受赠的财产，但是本法第一千零六十三条第三项规定的除外；

（五）其他应当归共同所有的财产。

夫妻对共同财产，有平等的处理权。

第一千零六十六条 婚姻关系存续期间，有下列情形之一的，夫妻一方可以向人民法院请求分割共同财产：

（一）一方有隐藏、转移、变卖、毁损、挥霍夫妻共同财产或者伪造夫妻共同债务等严重损害夫妻共同财产利益的行为；

（二）一方负有法定扶养义务的人患重大疾病需要医治，另一方不同意支付相关医疗费用。

第一千零九十二条 夫妻一方隐藏、转移、变卖、毁损、挥霍夫妻共同财产，或者伪造夫妻共同债务企图侵占另一方财产的，在离婚分割夫妻共同财产时，对该方可以少分或者不分。离婚后,另一方发现有上述行为的,可以向人民法院提起诉讼,请求再次分割夫妻共同财产。

第一千一百二十四条 继承开始后,继承人放弃继承的,应当在遗产处理前,以书面形式作出放弃继承的表示;没有表示的,视为接受继承。

受遗赠人应当在知道受遗赠后六十日内,作出接受或者放弃受遗赠的表示;到期没有表示的,视为放弃受遗赠。

第一千一百六十一条 继承人以所得遗产实际价值为限清偿被继承人依法应当缴纳的税款和债务。超过遗产实际价值部分,继承人自愿偿还的不在此限。

继承人放弃继承的,对被继承人依法应当缴纳的税款和债务可以不负清偿责任。

《民法典婚姻家庭编解释(一)》

第八十一条 婚姻关系存续期间,夫妻一方作为继承人依法可以继承的遗产,在继承人之间尚未实际分割,起诉离婚时另一方请求分割的,人民法院应当告知当事人在继承人之间实际分割遗产后另行起诉。

《民法典继承编解释(一)》

第三十二条 继承人因放弃继承权,致其不能履行法定义务的,放弃继承权的行为无效。

第三十三条 继承人放弃继承应当以书面形式向遗产管理人或者其他继承人表示。

第三十四条 在诉讼中,继承人向人民法院以口头方式表示放弃继承的,要制作笔录,由放弃继承的人签名。

第三十五条 继承人放弃继承的意思表示,应当在继承开始后、遗产分割前作出。遗产分割后表示放弃的不再是继承权,而是所有权。

第三十六条 遗产处理前或者在诉讼进行中,继承人对放弃继承反悔的,由人民法院根据其提出的具体理由,决定是否承认。遗产处理后,继承人对放弃继承反悔的,不予承认。

第三十七条 放弃继承的效力,追溯到继承开始的时间。

(三)典型案例

【案件索引】

案由:张某、李霁某共有物分割纠纷案

审理法院:云南省大理白族自治州中级人民法院

案号:(2020)云29民终1554号

【基本案情】

上诉人(原审原告):张某

被上诉人(原审被告):李霁某

原审第三人:黄凤某、李雯某、李霖某、李英某、李霈某、李霆某

张某与李霁某原系夫妻,双方于2009年11月3日登记结婚。李霁某与第三人李雯某、李霖某、李英某、李霈某、李霆某系同胞兄弟姐妹,黄凤某为6人之母。其父李宽某于2010年8月14日去世。2015年2月10日,李宽某的法定继承人黄凤某、李雯某、李霖某、李英某、李霈某、李霆某、李霁某向大理白族自治州三塔公证处申请办理继承权公证,均表示要求继承被继承人李宽某的遗产即坐落于大理市的某房屋。2015年2月16日,黄凤某、李霆某领取了某房屋的征收补偿款以及联动奖励4,100,181.2元。2016年10月8日,李霁某起诉要求与张某离婚,2017年1月3日,大理市人民法院作出(2016)云2901民初2684号民事判决书,判决:(1)准予原告李霁某与被告张某离婚;(2)原告李霁某于本判决生效之日起15日内一次性支付原告经济帮助费20,000元。张某不服一审判决上诉,二审维持原判。前述判决已发生法律效力,并认为李霁某在婚姻关系存续期间作为继承人依法可以继承的遗产,在继承人之间尚未实际分割,故未进行处理。庭审中,被告及到庭第三人均认可某房屋的征收补偿款以及联动奖励4,100,181.2元转入李霆某开设于富滇银行的账户,各继承人具体分割的份额没有进行约定,均同意将该款先用于李霆某治疗尿毒症、买房,后李霆某按黄凤某的要求从黄凤某名下份额2,050,090.6元中转账给李雯某200,000元,转账给李霖某850,000元,转账给李英某250,000元,未转账给李霈某和李霁某,征收补偿款以及联动奖励4,100,181.2元尚余1,000,000余元。李霆某还陈述上述4,100,181.2元因其患尿毒症治病花费1,000,000元左右,花费2,000,000元购买的房产登记在其名下。

【一审法院判决】

一审法院认为,依照《婚姻法》(已失效)第17条①的规定,夫妻在婚姻关系存续期间继承所得的财产属于夫妻共同财产。李宽某的法定继承人黄凤某、李雯某、李霖某、李英某、李霈某、李霆某、李霁某进行了继承权公证,均要求继承

① 相关规定参见《民法典》第1062条。

李宽某的遗产,故本案被告李霁某在与原告张某婚姻关系存续期间依法继承所得的遗产属于其与原告张某的夫妻共同财产。《婚姻法解释(三)》(已失效)第15条①规定,婚姻关系存续期间,夫妻一方作为继承人依法可以继承的遗产,在继承人之间尚未实际分割,起诉离婚时另一方请求分割的,法院应当告知当事人在继承人之间实际分割遗产后另行起诉。现原告提起本案诉讼,其应对自己提出的诉讼请求所依据的被告李霁某在实际分割遗产后继承所得的具体遗产的事实承担举证证明责任。本案中,被告及到庭第三人自认4,100,181.2元存入账户及资金流向,且均认可上述款项尚余1,000,000余元在第三人李霆某名下的富滇银行账户,但均否认已对案涉遗产进行了分割。现原告依据资金转账情况主张被告及第三人已实际对案涉遗产平均进行了分割,并无充分证据予以证实,且本案不能评判案涉继承法律关系中的具体问题,亦不能对案涉各继承人的权利作出处分,原告的诉讼请求并无充分的证据予以证实,不予支持。判决:驳回原告张某的全部诉讼请求。

【二审法院判决】

二审法院认为,除遗嘱中确定只归夫或妻一方的财产外,夫妻关系存续期间继承取得的遗产为夫妻共同财产。被上诉人李霁某的父亲李宽某于2010年8月14日去世,其遗产的继承法律关系发生在被上诉人李霁某与上诉人张某夫妻关系存续期间,故李霁某应继承的遗产份额属于夫妻共同财产。对于案涉遗产是否分割问题,李宽某的法定继承人被上诉人李霁某与原审第三人黄凤某、李雯某、李霖某、李英某、李霈某、李霆某于2015年2月10日进行了继承权公证,均要求继承李宽某的遗产。虽然被上诉人与原审第三人自认案涉遗产均用于李霆某治疗疾病,不再主张继承遗产,但该自认与七位继承人的此前公证内容相矛盾,并且剥夺了上诉人的合法权益,法院不予采纳。自遗产继承人进行继承权公证至张某提起本案诉讼,已达5年之久,被上诉人与原审第三人怠于对继承财产进行分割,客观上侵害了上诉人张某对夫妻共同财产所享有的合法权利。即使李霁某放弃对遗产的继承,但其放弃继承权的行为损害了张某的合法权益,不符合《继承法意见》(已失效)第46条②"继承人因放弃继承权,致其不能履行法定义务的,放弃继承权的行为无效"的规定。李霁某与其他六位继承人均属于第一顺序继承人,李霁某应继承的遗产份额为292,870元,该财

① 相关规定参见《民法典婚姻家庭编解释(一)》第81条。
② 相关规定参见《民法典继承编解释(一)》第32条。

产作为夫妻共同财产应当由张某享有一半，即146,435元。张某于2020年3月13日出具的收条虽然载明张某收到10,000元后，与李霁某完成所有离婚过程，从今以后，互不相欠。但该收条并未明确注明放弃对本案属于夫妻共同财产的遗产部分的分割，且收条载明的10,000元与张某主张的146,435元存在数额上的巨大差别，不宜认定为张某放弃对李霁某应继承的遗产部分的分割。但张某收到李霁某支付的该10,000元款项应当作为本案争议的张某应得款项予以扣除，李霁某还应支付张某136,435元。最终判决：

1. 撤销云南省大理市人民法院(2020)云2901民初1534号民事判决；
2. 由李霁某支付张某因双方夫妻关系存续期间应分割的财产份额136,435元；
3. 驳回张某的其他诉讼请求。

（四）律师小结

婚姻关系存续期间，夫妻一方作为继承人依法可以继承的遗产，在继承人之间尚未实际分割，起诉离婚时另一方请求分割的，无论是根据《婚姻法》（已失效）还是《民法典》的相关规定，法院均应当告知当事人在继承人之间实际分割遗产后另行起诉。此外，若作为继承人的一方不希望配偶一方分割继承来的遗产，可以基于自愿原则表示完全放弃继承遗产，此时，该放弃行为无须征得夫妻另一方同意；但若继承人一方是“假装”放弃继承权，待离婚后再通过其他办法拿回这部分财产的，另一方可以夫妻一方恶意串通实施法律行为损害自己利益为由，对这部分财产请求重新分割，还可因对方隐藏夫妻共同财产而在重新分割这笔遗产时主张对方少分或不分。

十五、离婚时夫妻一方主张分割小产权房，法院如何处理？

（一）律师观点

所谓小产权房，并非法律概念，主要是指在集体土地上修建的房屋，国家房管部门对该类房屋一般不会颁发房屋产权证。小产权房的出现，与房价高涨有着密切的关系，房屋作为不动产，其产权证是拥有房屋所有权的证明，但小产权房并不具备普通住房的产权证。根据《民法典》的规定，在婚姻关系存续期间所得的财产，为夫妻的共同财产，很显然，在法律未对小产权房进行规范的情况下，对于此类房屋的归属，会成为实践中一个争议比较大的问题。

小产权房是在现阶段房价高涨、社会普遍住房难的情况下出现的一种特殊现象,虽然法律并未直接规定,但如果夫妻双方在婚姻关系存续期间获取了该类房屋,作为可以正常居住、使用的房屋,应当认定为夫妻共同财产,夫妻离婚时可以对该房屋的使用权予以处理。并且,我国《民法典》中已经首次规定了“居住权”这一权利,说明特定情形下,居住权人即使未取得房屋所有权,但依然可以对住宅占有、使用。《民法典婚姻家庭编解释(一)》对此也明确规定,离婚时双方对尚未取得所有权或者尚未取得完全所有权的房屋有争议且协商不成的,法院在不宜判决房屋所有权归属的情况下,应当根据实际情况判决由当事人使用。小产权房不同于一般住房,此类房屋在现有法律规定下没有获得产权证的可能性。因此,若是对小产权房不作处理,会导致夫妻双方的纠纷得不到实质性的解决,明显是不合理的。诉讼的目的在于定分止争,对小产权房进行合理的分割,可以有效解决离婚夫妻双方之间的纠纷,让他们可以较快地开始自己的新生活,也可以实现司法资源的合理利用。

(二)法律依据

《民法典》

第一千零六十二条 夫妻在婚姻关系存续期间所得的下列财产,为夫妻的共同财产,归夫妻共同所有:

(一)工资、奖金、劳务报酬;

(二)生产、经营、投资的收益;

(三)知识产权的收益;

(四)继承或者受赠的财产,但是本法第一千零六十三条第三项规定的除外;

(五)其他应当归共同所有的财产。

夫妻对共同财产,有平等的处理权。

《民法典婚姻家庭编解释(一)》

第七十七条 离婚时双方对尚未取得所有权或者尚未取得完全所有权的房屋有争议且协商不成的,人民法院不宜判决房屋所有权的归属,应当根据实际情况判决由当事人使用。

当事人就前款规定的房屋取得完全所有权后,有争议的,可以另行向人民法院提起诉讼。

(三)典型案例

【案件索引】

案由:龙某与高某1离婚纠纷案

审理法院:江西省万载县人民法院

案号:(2020)赣0922民初2455号

【基本案情】

原告:龙某

被告:高某1

原告龙某与被告高某1于2000年正月经人介绍相识,后二人登记结婚,并育有二子,高某2和高某3。婚后原告、被告常因家庭琐事发生打骂,并闹至派出所。原告于2017年9月1日向法院起诉离婚,法院于2017年11月3日判决驳回原告的离婚诉讼请求。2020年7月17日,原告再次向法院起诉要求离婚。原告、被告婚姻关系存续期间购买位于万载县快乐幼儿园旁小产权房一套。

【法院判决】

法院认为,是否准许离婚应当以夫妻感情是否确已破裂为标准。本案原告、被告虽结婚已有20年,但双方出现矛盾后不能理智地解决问题,致夫妻关系不睦。原告曾于2017年起诉离婚,法院判决驳回后,双方未能和好,长期分居生活,后原告再次起诉坚决要求离婚,经认定原告、被告夫妻感情确已破裂,故对原告离婚的诉讼请求,法院予以支持。位于万载县快乐幼儿园旁小产权房属于原、被告夫妻共同财产,原告要求享有该套房屋50%的所有权,法院予以支持。依照《婚姻法》(已失效)第32条、第39条①,《民事诉讼法》(2017年)第144条②之规定,判决如下:

1. 准予原告龙某与被告高某1离婚;

2. 位于万载县快乐幼儿园旁小产权房,原告龙某与被告高某1各享有50%的份额。

(四)律师小结

离婚纠纷最终走向诉讼解决,很大的原因就是夫妻双方对共同财产的分配

① 相关规定分别参见《民法典》第1079条、第1087条。

② 相关规定参见2021年修正的《民事诉讼法》第147条。

有了争议。对于小产权房这种无产权证或尚未取得房屋所有权的房屋，在离婚时有争议且协商不成的，法院在不宜判决房屋所有权归属的情况下，对房屋的份额仍可以按照夫妻共同财产分割原则进行划分，若当事人提出诉讼请求，可以根据实际情况判决由当事人使用。同时，法院在判决书中一般会写明该判决不代表对小产权房合法性的认定，不能对抗行政处罚，不能作为产权归属证明或拆迁依据。

十六、股票、债券、基金等有价证券及未上市股份有限公司股份等投资性财产，离婚时如何分割？

（一）律师观点

随着社会发展，家庭财产的表现形式、财产构成发生了明显变化，一些具有投资、经营性质的财产，在现代社会的家庭中所占比例越来越大，投资股票、基金、债券等成为很多家庭理财的重要组成部分。对于股票、债券、基金等有价证券及未上市股份有限公司股份等投资性财产，在离婚分割时应首先分清是个人财产还是夫妻共同财产。根据《民法典》的规定，婚姻关系存续期间，生产、经营、投资所得的收益为夫妻共同财产。夫妻一方个人财产在婚姻关系存续期间的主动增值，与自然增值不同，与通货膨胀或市场行情变化无关，而是与夫妻一方或双方对该财产所付出的劳务扶持、投资、管理等密切相关，即使是个人财产，在婚后投资产生的收益也属于夫妻共同财产，对这部分收益可以主张分割。

股票、债券、投资基金份额等有价证券及未上市股份有限公司股份等作为投资性财产，其价值具有极大的不确定性，法院若在某一时段强制抛售以分割现金，显然漠视了当事人权利，而以判决当天的市场价作为标准确定其价值也缺乏可操作性，因为判决和上诉之间还有上诉期，其间这类投资性财产价值依然会发生变化。因此，在司法实务中，对于夫妻共同财产中的这类投资性财产，在离婚分割时应当首先由夫妻双方根据具体情况进行协商，对于其中的风险或基于把握与控制，尽量由当事人自行决定，因为操作标准的不同、选择时机的不同，都会直接影响到当事人的财产数量。在当事人无法达成一致时，法院应本着公平原则处理，《民法典婚姻家庭编解释（一）》对此专门提出一个可行性分配方式，即不必局限于一定要弄清楚该笔财产的确切价值，而是要掌握一个分割的原则，从当事人持有这些财产性权利的数量入手，按照一定的比例在夫妻之间进行分配。因为无论财产的价格如何波动，当事人所持有的数量是相对不变的，至于具体的交易操作，则由当事人自行决定。

同时,由于法律对某些依法发行的股票、公司债券及其他证券的转让期限有限制性规定,在限定期内不得任意买卖。因此,存在双方争议的财产权益因法律、法规的规定,在离婚诉讼时无法分割的情况。此时,法院应当告知当事人待法律规定允许转让时,再另行向法院提起诉讼,请求对该部分离婚时未分割的财产重新分割。

(二)法律依据

《民法典》

第一千零六十二条 夫妻在婚姻关系存续期间所得的下列财产,为夫妻的共同财产,归夫妻共同所有:

(一)工资、奖金、劳务报酬;

(二)生产、经营、投资的收益;

(三)知识产权的收益;

(四)继承或者受赠的财产,但是本法第一千零六十三条第三项规定的除外;

(五)其他应当归共同所有的财产。

夫妻对共同财产,有平等的处理权。

《民法典婚姻家庭编解释(一)》

第二十六条 夫妻一方个人财产在婚后产生的收益,除孳息和自然增值外,应认定为夫妻共同财产。

第七十二条 夫妻双方分割共同财产中的股票、债券、投资基金份额等有价证券以及未上市股份有限公司股份时,协商不成或者按市价分配有困难的,人民法院可以根据数量按比例分配。

第八十三条 离婚后,一方以尚有夫妻共同财产未处理为由向人民法院起诉请求分割的,经审查该财产确属离婚时未涉及的夫妻共同财产,人民法院应当依法予以分割。

(三)典型案例

【案件索引】

案由:权某与肖某离婚后财产纠纷案

审理法院:江苏省徐州市中级人民法院

案号:(2019)苏03民终7538号

【基本案情】

上诉人(原审被告):权某

被上诉人(原审原告):肖某

肖某与权某于2018年10月26日经鼓楼区人民法院调解离婚,该院作出(2018)苏0302民初5274号民事调解书。离婚协议约定:(1)肖某与权某自愿离婚。(2)婚生女权某2随权某生活,肖某自2018年11月起每月20日前给付权某2抚养费1000元,至其年满18周岁时止;权某2可在每周六、周日随肖某生活,权某应予以协助。(3)共同财产苏C××奔驰轿车一辆归权某所有,剩余车贷由权某负责偿还;肖某于2018年11月15日前将该车交付给权某,权某同时给付肖某车辆折价款80,000元整;车辆过户产生的费用由权某负担,肖某应予以协助。(4)登记在双方名下,坐落于徐州市鼓楼区房屋另案诉讼解决。(5)双方无其他共同财产、债权债务纠纷。各人自用衣物归个人所有。2019年2月27日,肖某以权某故意隐瞒离婚时持有股票,提起本案诉讼,要求分割夫妻共有的股票,价值约50,000元(具体数额以法院调查结果为准)。根据肖某申请,法院依职权查询,离婚当日,权某持有西部矿业股票(股票代码601168)900股、中信证券股票(股票代码600030)9200股、资金余额1102.46元。

【一审法院判决】

一审法院认为,随着社会发展,投资股票成为很多家庭理财的重要组成部分,肖某起诉时申请法院查询权某股票账户资产总数,说明其并不知悉权某交易账户余额及交易情况。权某辩称,其在证券公司预留联系人是肖某、电话号码也是肖某使用,据此推定肖某知悉的观点与常理不符,因为备案留存不能等同于告知,权某未举证证明肖某对其交易账户情况知悉,备案信息是权某单方提供,是单方行为。权某提交2018年3~7月从网商银行贷款用于投资购买股票的证据,肖某对此质证意见是“他是说,我也不知道他做什么用的”。则权某所举证据能够证明其从网商银行贷款的事实,不能证明所贷资金用于股票投资。关于肖某要求多分的主张,权某称夫妻关系存续期间,肖某应当知道其炒股,属于理解错误,不能认定是故意隐瞒。

股票作为投资性财产,其价值有其市场规律,在交易时间内,投资人可以随时买进、卖出股票,其持有的股票数量一直处于一种动态状态。法院如果在某一时段强制抛售股票,分割现金,显然漠视了当事人权利,而以判决当天的市场价作为标准确定其价值也缺乏可操作性,因为判决和上诉之间还有上诉期,其间股票价值依然会发生变化。结合本案实际情况,法院以调解离婚当日存有的股票为基础，分割时，该股票尚未交易的按份分割；已经交易的，按交易价格连同原可用资金进行现金分割。现权某仍持有中信证券股票4600股、西部矿业股票100股(已冻结)。2019年3月7日，权某以每股6.85元价格卖出西部矿业，350股×6.85元=2397.5元(离婚当时共同持有900股西部矿业，肖某可分得450股，扣除已冻结100股)，加上资金余额1102.46÷2=551.23元，应分得现金金额为2948.73元。

一审法院认为，离婚后，一方以尚有夫妻共同财产未处理为由向法院起诉请求分割的，经审查该财产确属离婚时未涉及的夫妻共同财产，法院应当依法分割。本案肖某、权某离婚时，肖某对权某在证券公司股票交易账户内的资产情况确不知悉，属于共同财产未分割，故其请求分割的理由充分，予以支持。遂判决：

1. 权某于判决发生法律效力之日起10日内给付肖某夫妻关系存续期间共有财产现金2948.73元；

2. 权某于判决发生法律效力之日起2个月内，将持有的西部矿业股票100股、中信证券股票4600股转过户归肖某所有。

【二审法院判决】

二审法院认为，根据《婚姻法解释(三)》(已失效)第18条①的规定，离婚后，一方以尚有夫妻共同财产未处理为由向法院起诉请求分割的，经审查该财产确属离婚时未涉及的夫妻共同财产，法院应当依法予以分割。虽然鼓楼区人民法院(2018)苏0302民初5274号民事调解书的第5项约定“双方无其他共同财产、债权债务纠纷”，但经查阅(2018)苏0302民初5274号案件，双方在该案诉辩意见、庭审笔录等卷宗材料及录像中均未对股票有所提及，故可以认定股票系离婚时未涉及的财产，原审法院予以处理并无不当。原审法院对离婚当日的股票数额予以查询，权某主张部分系婚前购买，对此应承担举证责任，原审法院限其提供证据证明，但权某未提供，应承担相应举证不能的法律责任，对权某提出的部分股票系婚前购买的主张，法院不予支持。对权某主张部分股票系贷款购买，二审中提供证据证明2018年2月9日从华夏银行贷款购买股票。因所购买股票系婚姻关系存续期间购买，无论是贷款还是其他款项购买，均应认定系夫妻共同财产。故原审法院将权某离婚时股票作为夫妻共同财产分割并

① 相关规定参见《民法典》第83条。

无不当。综上,权某的上诉请求无事实及法律依据,法院不予支持。原审法院判决认定事实清楚,适用法律正确,依法应予维持。依照《民事诉讼法》(2017年)第170条第1款第1项①之规定,判决如下:驳回上诉,维持原判。

(四)律师小结

无论是《婚姻法》(已失效)还是《民法典》的规定,对于夫妻共同财产中的股票、债券、基金等有价证券及未上市股份有限公司股份等投资性财产,都应认定为夫妻共同财产,这点毫无疑问。《民法典婚姻家庭编解释(一)》只是提供了一个分割处理的方式,即根据数量按比例分配,事实上,上述案例中法院在分割股票时,就是直接根据数量分配的,只不过是将剩余的股票数量全部归一方所有。《民法典婚姻家庭编解释(一)》规定的此种分配方式并非强制性规范,实务中,法院还可根据具体情况选择更合适的解决办法。

十七、夫妻以一方名义在有限责任公司的出资额,另一方不是该公司股东的,离婚时如何处理?

(一)律师观点

离婚纠纷案件的难点往往不在于是否判决解除婚姻关系,而在于夫妻共同财产的分割,如存款、股权、债权、不动产、知识产权的收益等,尤其是股权的分割。对于夫妻共同财产中以一方名义在有限责任公司的出资额,另一方不是该公司股东的,在离婚时对相关出资额的处理,要分两种不同情况:

第一种,若夫妻双方协商一致将出资额部分或者全部转让给夫妻中非股东的一方,按以下情形分别处理:

(1)夫妻双方协商一致将出资额部分或者全部转让给夫妻中非股东的一方,其他股东过半数同意且其他股东均明确表示放弃优先购买权的,夫妻中非股东的一方可以成为该公司股东。过半数股东同意的证据,可以是股东会议材料、当事人通过其他合法途径取得的股东的书面声明材料。

(2)夫妻双方就出资额转让份额和转让价格等事项协商一致后,其他过半数股东不同意转让,但愿意以同等价格购买该出资额的,法院可以对转让出资所得财产

① 相关规定参见2021年修正的《民事诉讼法》第177条第1款第1项。

进行分割;其他过半数股东不同意转让,也不愿以同等价格购买该出资额的,视为其同意转让,夫妻中非股东的一方可以成为该公司股东。

第二种,若双方就股权分割问题无法达成一致意见,夫妻中非股东的一方可以根据对方在公司中的出资额所对应的股权价值要求折价补偿,若双方对股权价值达成一致的,根据夫妻共同财产分割规定进行分割;如双方对股权价值无法达成一致的,可以要求对股权价值进行评估再分割。

(二)法律依据

《民法典》

第一千零六十二条 夫妻在婚姻关系存续期间所得的下列财产,为夫妻的共同财产,归夫妻共同所有:

(一)工资、奖金、劳务报酬;

(二)生产、经营、投资的收益;

(三)知识产权的收益;

(四)继承或者受赠的财产,但是本法第一千零六十三条第三项规定的除外;

(五)其他应当归共同所有的财产。

夫妻对共同财产,有平等的处理权。

《民法典婚姻家庭编解释(一)》

第七十三条 人民法院审理离婚案件,涉及分割夫妻共同财产中以一方名义在有限责任公司的出资额,另一方不是该公司股东的,按以下情形分别处理:

(一)夫妻双方协商一致将出资额部分或者全部转让给该股东的配偶,其他股东过半数同意,并且其他股东均明确表示放弃优先购买权的,该股东的配偶可以成为该公司股东;

(二)夫妻双方就出资额转让份额和转让价格等事项协商一致后,其他股东半数以上不同意转让,但愿意以同等条件购买该出资额的,人民法院可以对转让出资所得财产进行分割。其他股东半数以上不同意转让,也不愿意以同等条件购买该出资额的,视为其同意转让,该股东的配偶可以成为该公司股东。

用于证明前款规定的股东同意的证据,可以是股东会议材料,也可以是当事人通过其他合法途径取得的股东的书面声明材料。

（三）典型案例

【案件索引】

案由：胡某2等与金某离婚后财产纠纷案

审理法院：北京市第三中级人民法院

案号：(2019)京03民终7816号

【基本案情】

上诉人（原审被告）：秦某

上诉人（原审第三人）：胡某1

上诉人（原审第三人）：胡某2

上诉人（原审第三人）：黄某

被上诉人（原审原告）：金某

原审被告：祁某1

原审被告：徐某

原审被告：祁某2

金某与祁某原系夫妻关系，婚内育有一子祁某2，双方于2006年8月25日在武昌区婚姻登记处协议离婚，《离婚协议书》中约定双方现因感情破裂，自愿离婚，财产分割如下：……(7)离婚以后，原家庭剩余的债权债务均归祁某所有；上述协议事项，双方保证切实履行；协议内容如有隐瞒、欺骗，责任自负。下方金某与祁某手写部分内容均为：自愿离婚，完全同意本协议中各项安排，亦无其他不同意见。

2010年5月18日，祁某与秦某登记结婚，婚后未生育子女。2016年10月2日，祁某因脑干出血死亡。祁某的父亲为祁某1，母亲为徐某。

恒丰达公司2006年5月25日章程显示，公司股东为杨某珍、祁某、胡某1及黄某。2008年8月28日，恒丰达公司章程修正案显示，公司股东由杨某珍、祁某、胡某1及黄某变更为胡某2、祁某、胡某1及黄某。同日签署的恒丰达公司股东股权协议书中载明杨某珍同意将其持有恒丰达公司股权44万元以货币方式转让给新股东胡某2。

庭审中，金某提交其与祁某于2006年8月25日另签订之《离婚协议书》（以下简称《离婚协议2》），载明：离婚后公司股份共同持有各占一半；双方对财产分割内容保密，离婚协议对外按下列条款说明：……家庭财产分割内部已经协调好，没有争议，离婚后，金某家庭剩余的债权债务均归祁某所有；上述协议事项,双方保证切实履行;非协商一致不得公开本约定;下方金某与祁某手写部分内容均:我自愿离婚,完全同意本协议中各项安排,亦无其他不同意见。金某提交本案两份离婚协议书欲证明恒丰达公司是其与祁某结婚时成立,并就公司股份协商各占一半,金某占有10%,未登记的离婚协议对于财产分割保密,恒丰达公司不知道股权约定的原因也在此。祁某2对两份离婚协议的真实性均认可,但不认可证明目的,认为法律规定夫妻财产可以共同共有和按份共有,按份共有需要书面约定,金某的股权未进行书面约定,应视为共同共有。秦某认可《离婚协议书》,不认可《离婚协议2》,认为《离婚协议2》祁某签字非本人签署,并且没有经过登记不具有法律效力。恒丰达公司、胡某1、黄某、胡某2认可《离婚协议书》,不认可《离婚协议2》,表示祁某并没有说过未登记离婚协议事宜,并且《离婚协议2》中"公司"没有约定就是恒丰达公司。

庭审中,金某提交其名下账户尾号为2478的招商银行账户历史交易明细,显示2011年9月7日至2015年4月20日,金某分7次向祁某名下尾号为1818的账户转账,金额共计112万元。以此证明2011年至2015年其向作为恒丰达公司董事长的祁某转账,其实际参与恒丰达公司经营。祁某2认可该证据。秦某认可该证据真实性,但不认可证明目的。各第三人认可该证据真实性,但认为金某与祁某之间的往来和恒丰达公司无关,也不能证明共同出资。

庭审中,恒丰达公司提交2015年6月8日恒丰达公司形成的股东会决议3份,分别有胡某2、胡某1及黄某签字和恒丰达公司盖章,内容均载明全体股东一致通过如下事项:(1)祁某持有恒丰达公司20%股权,经法院出具本案的生效文书确认属于金某应分割的夫妻共同财产,胡某2、胡某1及黄某行使优先购买权,按照持股比例分别购买金某10%股权,受让的股权比例为胡某12%、黄某2.5%、胡某25.5%;(2)该10%股权对应的出资额为10万元,该股权转让价格应为10万元,但从补偿角度考虑,各股东均愿意给予一定补偿,商定转让价格共计30万元;(3)股权转让协议生效后,公司的一切债权债务由公司全体股东全权承担。金某不认可股东会决议价格,表示10%股权价值10万元是2006年,但现在是2018年,并且现在公司发展顺利。祁某2表示恒丰达公司市场价值为1990万元,并且在2011年至2016年的纯收益并未分红,决议的价格与事实差距太大。秦某、胡某2、胡某1及黄某均认可该证据。

【一审法院判决】

一审法院认为,离婚协议中关于财产分割的条款或者当事人因离婚就财产分割达成的协议,对男女双方具有法律约束力。本案中,祁某生前与金某订立的《离婚协议2》经鉴定确为祁某本人签字确认，故应当系双方真实意思表示，对祁某和金某具有法律约束力。现祁某因病死亡，该协议对祁某的第一顺位法定继承人亦具有法律约束力。《离婚协议书》中对恒丰达公司的股权未进行约定，股权也不属于债权债务的范围，因此双方在《离婚协议2》中对恒丰达公司的股权进行约定，系对夫妻共同财产的另行处理。《离婚协议2》签订时间为2006年8月25日，金某并未要求将股权变更至其名下，对此金某表示因为其和祁某约定对财产分割内容保密，故当时未要求更名，此节在《离婚协议2》中亦有明确记载，故金某的解释有其合理之处，同时考虑签订该协议时以及之后的数十年祁某仍在世，而金某要求分割股权系在祁某已死亡并丧失对恒丰达公司股权掌控的情况下，且对股权的分割涉及的是所有权，故金某现要求对该股权进行分割，并不超过诉讼时效。

就恒丰达公司股权的具体处理意见，金某和祁某2、祁某1、徐某、秦某、胡某2、胡某1、黄某、恒丰达公司就转让价格并未达成一致意见，且各方主张的股份价值评估时点亦存在差异。恒丰达公司及其股东主张应以《离婚协议2》签订时间为准，但该时间节点距今已经12年有余，在此期间，由于经济环境变化、产业政策调整等不可归责于金某的原因会导致公司资产的变化，因此以《离婚协议2》签订时间作为基准日确定补偿价格，对金某明显不公。在恒丰达公司表示同意配合工作的情况下，一审法院对金某提出的股权审计和评估申请予以准许，但在审计和评估过程中，审计机构和评估机构均因恒丰达公司未按要求提供相关材料而终止工作并向一审法院退案，就此一审法院认为恒丰达公司股东不同意转让，也不愿意以同等价格购买该股权，故应视为恒丰达公司及其股东同意转让，金某可以成为恒丰达公司的股东。据此，一审法院于2019年3月20日判决：

祁某名下的恒丰达公司股份的20%中的1/2归金某所有。

【二审法院判决】

二审法院认为，当事人因离婚就财产分割达成的协议，对男女双方具有法律约束力。首先，股权属于财产权利，且该股权系祁某与金某婚姻关系存续期间取得，根据《婚姻法》（已失效）第17条①的规定，在夫妻关系存续期间，夫妻一方用夫妻共同财产以一方名义在有限责任公司的出资额应属夫妻共同财产，故祁某持有的恒丰达公司20%的股权应属夫妻共同财产；其次，根据祁某与金

① 相关规定参见《民法典》第1062条。

某在《离婚协议2》中的约定，离婚后公司股份共同持有各占一半，该约定系双方真实意思表示，且约定内容明确，合法有效，双方应当遵循该协议书的内容分割夫妻共同财产。祁某去世后，该协议对祁某的第一顺位法定继承人具有法律约束力。

关于一审法院确认金某为恒丰达公司股东是否侵犯公司股东优先购买权的问题，《公司法》第71条规定，股东向股东以外的人转让股权，应当经其他股东过半数同意，《婚姻法解释（二）》（已失效）第16条①规定，法院审理离婚案件，涉及分割夫妻共同财产中以一方名义在有限责任公司的出资款，另一方不是该公司股东的，按以下情形分别处理：……（2）夫妻双方就出资额转让份额和转让价格等事项协商一致后，过半数股东不同意转让，但愿意以同等价格购买该出资额的，法院可以对转让出资所得财产进行分割。过半数股东不同意转让，也不愿意以同等价格购买出资额的，视为其同意转让，该股东的配偶可以成为该公司的股东。祁某与金某双方在《离婚协议2》中对恒丰达公司的股份约定了共同持有各占一半，应当视为双方协商一致的结果，祁某在恒丰达公司的股份一半归金某所有，现金某和祁某2、祁某1、徐某、秦某、胡某2、胡某1、黄某、恒丰达公司就转让价格并未达成一致意见，且各方主张的股权价值评估时点亦存在差异，在恒丰达公司表示同意配合工作的情况下，一审法院对金某提出的审计和评估申请予以准许。但在审计和评估过程中，审计机构和评估机构均因恒丰达公司未按要求提供相关材料而终止工作，并向一审法院退案。恒丰达公司不履行配合义务，未向鉴定机构提供相关材料，导致鉴定工作不能完成。因股权价值无法确定，进而股权转让无法进行，一审法院认定恒丰达公司股东不同意转让，也不愿意以同等价格购买该股权，该认定正确。

综上所述，秦某、胡某2、胡某1、黄某、恒丰达公司的上诉请求均不能成立，应予驳回；一审判决认定事实清楚，适用法律正确，应予维持。依照《民事诉讼法》（2017年）第170条第1款第1项的②规定，判决如下：驳回上诉，维持原判。

（四）律师小结

上述案例虽是《民法典》实施前的案例，但由于法律条文内容未作改变，因此裁判思路和结果不变。离婚案件中，涉及分割夫妻共同财产中以一方名义在有限责

① 相关规定参见《民法典婚姻家庭编解释（一）》第73条。

② 相关规定参见2021年修正的《民事诉讼法》第177条第1款第1项。

任公司的出资额,另一方不是该公司股东的,首先要夫妻双方协商处理。若夫妻双方无法达成一致意见,另一方无法就股权进行分割,在离婚时仅可以要求对方按其在公司中的出资额对应的股权价值折价补偿;双方若达成一致将其中的股权转让给另一方,则根据其他股东是否同意转让或是否购买股权决定夫妻另一方能否成为公司股东。

十八、婚前买房,婚后加上配偶的名字,配偶能否主张对半分割?

(一)律师观点

当夫妻感情破裂,婚姻关系无法继续时,往往会选择离婚。若对子女抚养、财产分割、债务等问题达成一致,双方一般会选择协议离婚;但很多时候夫妻在离婚时对于夫妻共同财产分割问题争议很大,特别是对于房产所有权的归属。实践中有不少人认为,房子登记在双方名下或是房产证上加有配偶的名字,则房子有一半归属配偶所有。然而,根据《民法典》第1087条的规定,在夫妻双方协议不成时,对于夫妻共同财产的分割,法院将根据房产的出资情况,按照照顾子女、女方和无过错方权益的原则判决。也就是说,司法实务中,虽然案涉房屋属于夫妻共同财产,归夫妻共同共有,但是并非一律都是平均分割,一人享有一半财产,对于夫妻共同共有的房产,法院会根据房屋出资来源、双方在婚姻中是否存在过错、是否共同生活等具体情况进行分割。对于夫妻一方婚前买房,婚后加上配偶的名字,对于比例未作约定,在没有证据证明是赠与一半房产的情况下,若夫妻双方对房产分割产生争议,法院会根据房屋出资来源、双方有无过错等情形具体认定。

(二)法律依据

《民法典》

第一千零六十二条　夫妻在婚姻关系存续期间所得的下列财产,为夫妻的共同财产,归夫妻共同所有:

(一)工资、奖金、劳务报酬;

(二)生产、经营、投资的收益;

(三)知识产权的收益;

(四)继承或者受赠的财产,但是本法第一千零六十三条第三项规定的除外;

(五)其他应当归共同所有的财产。

夫妻对共同财产,有平等的处理权。

第一千零六十三条 下列财产为夫妻一方的个人财产：

（一）一方的婚前财产；

（二）一方因受到人身损害获得的赔偿或者补偿；

（三）遗嘱或者赠与合同中确定只归一方的财产；

（四）一方专用的生活用品；

（五）其他应当归一方的财产。

第一千零八十七条 离婚时，夫妻的共同财产由双方协议处理；协议不成的，由人民法院根据财产的具体情况，按照照顾子女、女方和无过错方权益的原则判决。

对夫或者妻在家庭土地承包经营中享有的权益等，应当依法予以保护。

（三）典型案例

【案件索引】

案由：离婚纠纷案

审理法院：浙江省杭州市中级人民法院

来源：司法部中国普法网

【基本案情】

上诉人（原审原告）：乔女士

被上诉人（原审被告）：王先生

乔女士、王先生经人介绍相识，结婚并育有女儿小王。婚前，王先生曾全款买下杭州的3套房，一套自住，两套出租。结婚时，王先生将妻子的名字都加在了3套房的房产证上。婚后多年，双方因性格脾气差异、交流不够，逐渐产生矛盾。2020年时，乔女士到法院起诉离婚。在乔女士口中，丈夫是这样的：整天都不出去工作，一直啃老生活，家里的日常开销、支出等大多由她来支出。同时，丈夫也很无趣，不懂沟通也不关心她，彼此积怨已久。但王先生眼里，他们的夫妻生活又是这样的：自己一直有稳定房租收入，妻子反而频繁更换工作，两人常因家庭琐事争吵，妻子动不动提离婚、收拾物品回娘家，家庭大小事务都由妻子决定，从不与他协商。女儿一直是他在照顾，抚养费、家庭开支都是他在承担。婚姻已一地鸡毛，两人对离婚没有异议，但在房产分割和女儿抚养权上各有各的想法。乔女士请求判令女儿归她抚养，同时认为，3套房属于夫妻共同财产，理应对半分，根据照顾女方和小孩的原则，应依法予以多分，即她应取得其中的60%。王先生却表示，买房时他与妻子压根不认识，后办理房产证时，因为政策原因，不能登记在他一人名下，才不得已登记在双方名下，因此房产实际上属于他的婚前财产,不同意分割。同时,王先生认为法院将女儿抚养权判给他更有利孩子成长。

【法院判决】

一审法院审理后认为,关于双方争议的3套房产,现登记为双方共有,因此应作为夫妻共同财产依法分割;但在具体分割时,需考虑3套房屋的合同签订情况、购房款支付情况、税费支付情况等案件事实,比较原、被告双方对3套房产来源的贡献大小,结合《婚姻法》(已失效)第39条[①]规定的“照顾女方权益的原则”等因素。一审法院酌情确定乔女士可分得约25%的份额,王先生可分得约75%的份额。

乔女士不服一审判决,提起上诉。她认为,即便是一方个人全额出资买房,婚后加名以及婚后取得房产登记,也是对另一方的赠与。由于夫妻对财产共有的特性,在双方没有约定共同共有份额的情况下,在分割时理应一人一半。

二审法院认为,虽该3套房产在双方婚后登记为共同共有,但这不当然意味着各半共同,也无证据证明王先生有将房屋一半份额赠与乔女士的明确意思表示。一审法院判决时,已充分考虑双方对案涉3套房产的贡献大小,并兼顾照顾女方权益的原则,尚属合理范畴,遂二审法院予以维持。

(四)律师小结

夫妻一方婚前买房,婚后加上配偶名字,对于各自比例又未作特别约定,虽然房产在双方婚后登记为共同共有,属于夫妻共同财产,但这并不当然意味着各自对半所有,若夫妻双方在离婚时对房产分割产生争议,不会平均分割,法院会根据房屋出资来源、双方有无过错、是否共同生活等具体情形进行分割,一般来说,由于房产出资源于婚前全款买房的一方,在分割时其一般可获得的份额多于另一方。上述案例中法院正是充分考虑双方对案涉房产的贡献大小,并兼顾照顾女方权益的原则,酌情确定女方分得约25%的份额,男方分得约75%的份额。

十九、以未成年子女名义购买的房屋在离婚时如何分割?

(一)律师观点

随着人们生活水平的提高,出于各种原因,夫妻双方以子女名义购买房屋的情

① 相关规定参见《民法典》第1087条。

形越来越常见。登记在未成年子女名下的房产归属问题,以及对于该房产夫妻双方在离婚时如何分割,成为很多人较为关心的问题。

我国实行土地使用权和房屋所有权登记发证制度。房地产登记制度是对土地所有权、土地使用权和房屋所有权以及房地产他物权进行登记注册的一种法律制度。房地产登记制度有两重意义:一是在于行政权力对房地产制度的监督管理和给国家税收提供依据;二是通过不动产物权登记的公示效力保证交易安全。房屋不动产实行的是登记主义原则,夫妻出资以未成年子女名义买房的,房屋登记在未成年子女名下,产权登记人是该未成年人,子女是该房屋的产权所有人。

若夫妻双方一致同意以未成年子女名义购买房屋,将房屋的所有权证办理在未成年子女名下,一般可以认定为夫妻双方对该未成年子女的实际赠与,在办理房屋所有权证时夫妻双方的真实意思表示确实是将购买的房屋赠与未成年子女的,未成年子女接受赠与取得房屋产权合法有效,该房产归该未成年子女所有。该赠与经过登记,即为实际交付履行,赠与关系成立,父母不再享有撤销权。该房产权利归属未成年子女,父母无权处分。在离婚的时候,该房产就不能作为夫妻共同财产处理,该房产的所有权属于未成年子女,所以离婚双方对该房产都没有权利主张所有权。离婚后,一般情况下孩子归一方抚养,抚养孩子的一方是孩子的监护人,同时有义务维护被监护人的利益,不得擅自处分被监护人的财产。

(二)法律依据

《城市房地产管理法》

第六十条 国家实行土地使用权和房屋所有权登记发证制度。

《民法典》

第三十五条 监护人应当按照最有利于被监护人的原则履行监护职责。监护人除为维护被监护人利益外,不得处分被监护人的财产。

未成年人的监护人履行监护职责,在作出与被监护人利益有关的决定时,应当根据被监护人的年龄和智力状况,尊重被监护人的真实意愿。

成年人的监护人履行监护职责,应当最大程度地尊重被监护人的真实意愿,保障并协助被监护人实施与其智力、精神健康状况相适应的民事法律行为。对被监护人有能力独立处理的事务,监护人不得干涉。

第二百零九条 不动产物权的设立、变更、转让和消灭,经依法登记,发生效力;未经登记,不发生效力,但是法律另有规定的除外。

依法属于国家所有的自然资源,所有权可以不登记。

第二百一十条 不动产登记,由不动产所在地的登记机构办理。

国家对不动产实行统一登记制度。统一登记的范围、登记机构和登记办法，由法律、行政法规规定。

第二百一十四条　不动产物权的设立、变更、转让和消灭，依照法律规定应当登记的，自记载于不动产登记簿时发生效力。

第二百一十五条　当事人之间订立有关设立、变更、转让和消灭不动产物权的合同，除法律另有规定或者当事人另有约定外，自合同成立时生效；未办理物权登记的，不影响合同效力。

第二百一十六条　不动产登记簿是物权归属和内容的根据。

不动产登记簿由登记机构管理。

第二百一十七条　不动产权属证书是权利人享有该不动产物权的证明。不动产权属证书记载的事项，应当与不动产登记簿一致；记载不一致的，除有证据证明不动产登记簿确有错误外，以不动产登记簿为准。

第六百五十七条　赠与合同是赠与人将自己的财产无偿给予受赠人，受赠人表示接受赠与的合同。

第六百五十八条　赠与人在赠与财产的权利转移之前可以撤销赠与。

经过公证的赠与合同或者依法不得撤销的具有救灾、扶贫、助残等公益、道德义务性质的赠与合同，不适用前款规定。

第六百五十九条　赠与的财产依法需要办理登记或者其他手续的，应当办理有关手续。

（三）典型案例

【案件索引】

案由：张某靖与文某离婚后财产纠纷案

审理法院：江苏省徐州市鼓楼区人民法院

案号：(2018)苏0302民再9号

【基本案情】

监督机关：徐州市鼓楼区人民检察院

原审原告：张某靖

原审被告：文某

2016年3月8日，张某靖、文某作为抵押人与中国农业银行股份有限公司徐州泉山支行作为抵押权人签订《不动产抵押合同》，张某靖、文某以其位于徐州市泉山区××小区A房屋作抵押向该行借款29万元购买了徐州市鼓楼区××

花园B房屋。张某靖之父张某生曾为该房偿还一年贷款,偿还金额近3万元。后张某靖、文某用A房屋的售房款清偿了剩余贷款本息。经张某靖、文某、张某生协商一致,2016年4月6日徐州市鼓楼区××花园B房屋所有权证办理在张某靖、文某之女张某倩名下。2017年12月23日,徐州市鼓楼区人民法院作出(2017)苏0302民初第3946号民事调解书,第三项内容为:坐落于徐州市鼓楼区××花园B房屋一套归张某靖所有,张某靖于2018年1月31日前一次性给付文某房屋折价款18万元,文某收取款项后协助张某靖变卖房产或办理产权过户手续,所需税费由张某靖负担;若张某靖逾期给付,则该房屋归文某所有,文某于2018年3月15日前一次性给付张某靖房屋折价款18万元,张某靖收取款项后协助文某变卖房产或办理产权过户手续,所需税费由文某负担;若文某逾期给付,则房屋归张某淇、张某倩共同所有。

2018年7月3日,徐州市鼓楼区人民检察院作出徐鼓检民(行)违监〔2018〕32030200001号检察建议书,提出检察建议称:民事调解书中涉案的徐州市鼓楼区××花园B房屋登记在未成年子女张某倩名下,是其父母及祖父购房时的真实意思表示,是对张某倩的单独赠与,夫妻离婚时,应认定为未成年子女的财产,非因未成年人利益,不宜作为夫妻共同财产进行处置,本案调解协议的内容损害未成年被监护人的利益,违反法律规定。该院经审判委员会讨论决定,于2018年11月2日作出(2018)苏0302民监3号民事裁定,再审本案。

【法院判决】

再审法院认为,本案争议的焦点是:涉案的徐州市鼓楼区××花园B房屋是张某靖、文某夫妻的共同财产还是张某倩的财产,即已登记在张某倩名下的涉案房屋能否再作为夫妻共同财产予以重新分割。

1. 关于涉案房屋是否为夫妻共同财产。根据检察机关对原审原告张某靖、原审被告文某、张某生所做的询问笔录及提交的证据,购买涉案房屋的资金源于A房屋的抵押贷款,同时,张某靖、文某认可张某生为涉案房屋偿还的部分贷款近3万元,因此涉案房屋中有张某生的出资,并不仅是张某靖、文某共同出资购买。张某生在偿还贷款及利息(未全部偿还完毕)时,张某靖、文某、张某生一致同意涉案房屋的所有权证办理在张某倩名下,即张某生明确出资还款的目的是将房屋赠与张某倩。虽然后期张某靖、文某用A房屋的售房款清偿了剩余贷款本息,但不可否认该房屋份额中有张某生对张某倩的实际赠与。故张某靖、文某及张某生在办理涉案房屋所有权证时的真实意思表示是将购买的房屋单独赠与未成年子女张某倩,未成年人张某倩接受赠与取得房屋产权合法有效。

2. 关于张某靖、文某是否有权处置涉案房产。涉案房屋属于张某倩个人所有，张某靖、文某作为未成年子女监护人，根据《民法总则》(已失效)第35条①的规定，"监护人应当按照最有利于被监护人的原则履行监护责任。监护人除为维护被监护人利益外，不得处分被监护人的财产"。监护人只有为被监护人的利益才能处分被监护人的财产，张某靖、文某因为离婚析产而将赠与并登记在张某倩名下的房产作为夫妻共同财产进行处置，显然不是为了维护被监护人利益，属于无权处分，基于此达成的调解协议内容违法。

综上，检察机关的检察建议理由成立，(2017)苏0302民初3946号民事调解书第三项内容违反法律规定，侵害了未成年人的利益，依法应予撤销。徐州市鼓楼区人民法院依照《民事诉讼法》(2017年)第198条、第208条第2款②之规定，于2018年11月27日作出(2018)苏0302民再9号民事判决：

撤销徐州市鼓楼区人民法院(2017)苏0302民初3946号民事调解书第三项内容，即"坐落于徐州市鼓楼区××花园B房屋一套归张某靖所有，张某靖于2018年1月31日前一次性给付文某房屋折价款18万元，文某收取款项后协助张某靖变卖房产或办理产权过户手续，所需税费由张某靖负担；若张某靖逾期给付，则该房屋归文某所有，文某于2018年3月15日前一次性给付张某靖房屋折价款18万元，张某靖收取款项后协助文某变卖房产或办理产权过户手续，所需税费由文某负担；若文某逾期给付，则房屋归张某淇、张某倩共同所有。"

再审判决后，双方当事人在法定上诉期内均未提起上诉，再审判决已生效。

(四)律师小结

上述案例中，夫妻双方作为未成年子女的监护人，因为离婚析产而将赠与并登记在未成年子女名下的房产作为夫妻共同财产进行处置，损害了被监护人的利益，属于无权处分，基于此达成的调解协议内容违法，应予以撤销。上述案例虽发生于《民法典》实施前，但相关规定未作调整，裁判观点仍应继续适用。从以上分析来看，以未成年子女名义购买的房屋，赠与合法有效，且登记完成，房屋确属于子女财产，因不属于夫妻共同财产，故夫妻双方离婚时无权分割该房屋。

---

① 相关规定参见《民法典》第35条。

② 相关规定分别参见2021年修正的《民事诉讼法》第205条、第215条。

二十、夫妻签订离婚协议后未办理离婚手续的，该离婚协议还有效吗？

（一）律师观点

随着社会观念的不断变化，在面对婚姻生活带来无法解决的矛盾时，很多人会选择离婚。关于离婚事项，在协商一致的情况下，拟定离婚协议是一种选择。若无法达成协议，对离婚事项有很大分歧时，双方则会通过诉讼手段来离婚，解决财产分割以及子女抚养问题。现实生活中，大多数人会在签订离婚协议后去婚姻登记机关办理离婚登记，但不可否认，还有一小部分人在签订了离婚协议之后又反悔，不同意办理离婚登记。

当事人达成的以协议离婚或者到法院调解离婚为条件的财产以及债务处理协议涉及人身关系和财产关系，为附条件的离婚协议，以双方协议离婚办理离婚登记或调解离婚为生效要件。如果双方离婚未成，一方在离婚诉讼中反悔，法院应当认定该财产以及债务处理协议未生效，法院在审理时应当按照实际情况处理。至于离婚协议中载明的夫妻共同财产是否可以作为认定夫妻共同财产的证据，则需要根据具体情形具体分析。

（二）法律依据

《民法典》

第一千零七十六条 夫妻双方自愿离婚的，应当签订书面离婚协议，并亲自到婚姻登记机关申请离婚登记。

离婚协议应当载明双方自愿离婚的意思表示和对子女抚养、财产以及债务处理等事项协商一致的意见。

第一千零八十七条 离婚时，夫妻的共同财产由双方协议处理；协议不成的，由人民法院根据财产的具体情况，按照照顾子女、女方和无过错方权益的原则判决。

对夫或者妻在家庭土地承包经营中享有的权益等，应当依法予以保护。

《民法典婚姻家庭编解释（一）》

第六十九条 当事人达成的以协议离婚或者到人民法院调解离婚为条件的财产以及债务处理协议，如果双方离婚未成，一方在离婚诉讼中反悔的，人民法院应当认定该财产以及债务处理协议没有生效，并根据实际情况依照民法典第一千零八十七条和第一千零八十九条的规定判决。

当事人依照民法典第一千零七十六条签订的离婚协议中关于财产以及债务处

理的条款,对男女双方具有法律约束力。登记离婚后当事人因履行上述协议发生纠纷提起诉讼的,人民法院应当受理。

(三)典型案例

【案件索引】

案由:储某与阚某1离婚纠纷案

审理法院:江苏省南通市港闸区人民法院

案号:(2020)苏0611民初935号

【基本案情】

原告:储某

被告:阚某1

原告储某、被告阚某1于1996年相识后登记结婚,婚后生育一子阚某2。婚后双方建立一定夫妻感情,后因男方对女方生活方式不太认同、双方之间对财产处置未充分沟通等原因产生矛盾,夫妻感情不如以往和睦。2019年11月24日,原告、被告双方曾签订《离婚协议书》一份,对双方自愿离婚、子女抚养、抚养费及探望权、夫妻共同财产处理等内容进行约定,但双方协议离婚未成。2020年4月21日,原告起诉要求离婚。

【法院判决】

原告、被告双方系自由恋爱后成婚,有一定的感情基础。婚后产生不睦,系双方缺乏沟通、理解认识不同所致,夫妻间无根本利害冲突,感情也未破裂。只要今后双方加强沟通,相互理解,夫妻和好有望。根据婚姻法司法解释的相关规定,虽然原告、被告双方曾经达成离婚协议,但该协议以协议离婚为条件,而实际上双方协议离婚未成,且被告在离婚诉讼中反悔。法院认为,该协议没有生效。依照《婚姻法》(已失效)第32条第2款、第3款①之规定,判决如下:驳回原告储某要求与被告阚某1离婚的诉讼请求。

(四)律师小结

离婚问题事关重大,应当允许当事人反复考虑、协商,附条件的离婚财产及债务处理协议并不自双方当事人签字时起生效,只有在双方最终达成一致意见并到婚姻登记机关办理离婚登记领到离婚证,或者到法院调解离婚签署民事调解书时,

---

① 相关规定参见《民法典》第1079条。

所附条件才可视为已经成立。如果双方协议离婚未成,当事人一方有反悔的权利,其不同意办理离婚登记或调解离婚,离婚未成,则双方事先达成的附离婚条件的财产及债务处理协议未生效,除非双方当事人追认,否则对夫妻双方均不产生法律约束力,不能作为法院处理离婚案件的依据,对此,无论是《婚姻法》(已失效)还是《民法典》,规定是一致的。

二十一、离婚协议中的"赠与"约定能否作为一般赠与合同予以撤销?

(一)律师观点

离婚分为协议离婚和诉讼离婚两种方式,协议离婚需要双方签订离婚协议并将一份协议交婚姻登记机关即民政局备案。但是,实践中经常出现双方在协议离婚后,一方出于各种理由拒绝按照离婚协议中的约定交付赠与房屋的情形,其理由往往是根据《民法典》第 658 条第 1 款"赠与人在赠与财产的权利转移之前可以撤销赠与"即赠与人任意撤销权的规定,主张撤销赠与。

事实上,离婚协议中关于房屋赠与的约定并不构成一般意义上的赠与合同。构成赠与合同的前提是赠与人将自己的财产无偿给予受赠人而不要求受赠人为此付出代价或承担任何义务。而在协议离婚中,由于婚姻登记机关办理离婚登记的前提条件是双方对子女抚养和财产分割问题达成一致意见,所以急于离婚的一方可能会在离婚协议中对财产分割作出一定的让步。这类离婚协议中双方主要的义务表现为,受赠人配合赠与人办理协议离婚,赠与人向另一方或第三人交付房屋。因此,离婚协议中的所谓赠与并未在赠与人与受赠人之间达成一致,不构成赠与合同。既然不构成赠与合同,那么也就不存在赠与人依据《民法典》一般赠与合同的规定予以撤销的可能。

离婚协议掺杂了复杂的感情因素,法院对协议的审查不能简单适用《民法典》合同编等价有偿的原则,而应着重从是否有违当事人真实意思表示、是否侵害子女和女方利益等角度进行考量,并且根据规定,该请求须在法定时间内,即在协议离婚后一年内提出,超出此限法院不予支持。实践中,有些人为了达到离婚的目的,在离婚协议中作出一些虚假承诺,又在离婚后对财产分割问题反悔,起诉到法院要求变更或者撤销关于财产分割的协议。这是一种不诚信的行为。双方协议离婚,就财产分割问题达成的协议,是当事人在平等自愿的前提下协商一致的结果,对于任何一方当事人来说,都是对自己财产权利的一种自由处分。

在相对方已经按约定与赠与人协议解除婚姻关系,办理离婚登记的情形下,赠与人一方也应按约定履行给付房屋的义务。如果赠与人不履行该义务,则构成违约,离婚协议相对方有权请求法院判令其按照协议约定履行房屋过户手续。

(二)法律依据

《民法典》

第六百五十七条　赠与合同是赠与人将自己的财产无偿给予受赠人,受赠人表示接受赠与的合同。

第六百五十八条　赠与人在赠与财产的权利转移之前可以撤销赠与。

经过公证的赠与合同或者依法不得撤销的具有救灾、扶贫、助残等公益、道德义务性质的赠与合同,不适用前款规定。

第一千零七十六条　夫妻双方自愿离婚的,应当签订书面离婚协议,并亲自到婚姻登记机关申请离婚登记。

离婚协议应当载明双方自愿离婚的意思表示和对子女抚养、财产以及债务处理等事项协商一致的意见。

《民法典婚姻家庭编解释(一)》

第六十九条　当事人达成的以协议离婚或者到人民法院调解离婚为条件的财产以及债务处理协议,如果双方离婚未成,一方在离婚诉讼中反悔的,人民法院应当认定该财产以及债务处理协议没有生效,并根据实际情况依照民法典第一千零八十七条和第一千零八十九条的规定判决。

当事人依照民法典第一千零七十六条签订的离婚协议中关于财产以及债务处理的条款,对男女双方具有法律约束力。登记离婚后当事人因履行上述协议发生纠纷提起诉讼的,人民法院应当受理。

第七十条　夫妻双方协议离婚后就财产分割问题反悔,请求撤销财产分割协议的,人民法院应当受理。

人民法院审理后,未发现订立财产分割协议时存在欺诈、胁迫等情形的,应当依法驳回当事人的诉讼请求。

(三)典型案例

【案件索引】

案由:离婚后财产纠纷案

来源:张掖市甘州区人民法院发布关于婚姻家事的9类经典案例之七

【基本案情】

原告:汪某某

被告:朱某

汪某(男)与朱某(女)原系夫妻关系,双方育有一女汪某某,后汪某与朱某协议离婚,约定女儿由汪某抚养,双方共有的一套房产归双方之女汪某某所有,贷款由汪某承担。后汪某某诉至法院,要求确认该房产归其所有。在审理中朱某认为,虽然在离婚协议中约定该房产归双方之女汪某某所有,但房屋属于不动产,不动产权属变更应以登记才能有效,现该赠与行为尚未发生,要求撤销赠与。

【法院判决】

法院认为,离婚协议中的约定属于双方共同处分共有财产的行为。汪某与朱某在协议离婚时约定将共有的房产赠与女儿所有,作为完全民事行为能力人,二人应当知道签订相关协议的法律后果,离婚协议中关于财产分割的条款对双方具有法律约束力,故双方均应按照离婚协议的约定履行。虽然法律赋予当事人诉权,但如果主张方没有证据证明上述协议存在欺诈、胁迫等情形的,法院应当维护协议的效力。离婚协议中的赠与不因财产权利是否转移为撤销依据。离婚协议是夫妻双方对婚姻关系的解除、财产分割、子女抚育以及债务承担等涉及人身财产事项协商一致的协议,并不等同于一般意义上的赠与合同,并不因赠与财产的权利尚未转移,赠与人就当然有权撤销赠与,故朱某认为赠与行为尚未发生,要求撤销赠与的请求,没有相关法律依据,法院不予支持。最终判决:确认朱某与汪某离婚协议中约定的房产赠与行为有效。

(四)律师小结

办理离婚登记时签订的离婚协议对男女双方具有法律约束力。夫妻协议离婚时达成将共有房产赠与子女或他人的约定,与双方解除婚姻关系密不可分,带有明显的身份性质,区别于一般意义上的赠与合同。双方协议离婚后,一方反悔,要求撤销离婚协议中的房产赠与约定,若订立离婚协议时不存在欺诈、胁迫等情形,法院一般不会予以支持,另一方当事人也可请求法院判令对方按照协议约定办理房屋过户手续。

二十二、离婚时,如何认定构成法律上的分居?

(一)律师观点

根据《民法典》相关规定,因感情不和分居满两年,调解无效的,法院应当准予离婚。经法院判决不许离婚后,双方又分居满一年,一方再次提起离婚诉讼的,应当准许。因此,能否构成法律上的分居,决定着法院是否准予离婚。现在,夫妻长期两地分居生活的情况非常多,但不是所有的分居生活都构成法律上的分居。《民法典》婚姻家庭编中的分居,是指因夫妻感情不和,双方分开居住,且互不履行夫妻之间的义务。夫妻双方在继续维持其夫妻关系的情况下,停止共同生活,并各自建立属于自己的生活方式的情况。在法定分居情况下,双方当事人可通过自愿协商或法院判决的方式对财产分割、配偶赡养费、子女抚养费等问题作出安排。

如果不是因为感情不和,而是其他原因,如工作原因而分居,则很难认定构成法律意义上的分居。并且分居两年后,婚姻关系并非自动解除,分居满两年只是判断夫妻感情破裂的一种方式,只要不经过法定的离婚手续,双方的婚姻关系仍继续存续。

实务中,最难的是如何证明分居事实,很多当事人没有证据意识,因此在离婚诉讼中难以得到法院的支持。其实证人证言、一方在外居住的房屋租赁合同、新住址接收的信件等,都可以成为证明分居的证据,双方来往的书信、电子邮件等能证明双方因感情不和而分居的事实。当然,如果可以和对方签订一份书面的分居协议,更能够证明相关事实;对方不肯签的还可以向另一方发出书面分居文书,最好是用快件性质邮寄,在备注栏里注明“分居”,并且保留邮寄凭证,以证明从邮寄之日起到提起离婚期间属于夫妻分居时间。

(二)法律依据

《民法典》

第一千零七十六条　夫妻双方自愿离婚的,应当签订书面离婚协议,并亲自到婚姻登记机关申请离婚登记。

离婚协议应当载明双方自愿离婚的意思表示和对子女抚养、财产以及债务处理等事项协商一致的意见。

第一千零七十九条　夫妻一方要求离婚的,可以由有关组织进行调解或者直接向人民法院提起离婚诉讼。

人民法院审理离婚案件,应当进行调解;如果感情确已破裂,调解无效的,应当准予离婚。

有下列情形之一，调解无效的，应当准予离婚：

（一）重婚或者与他人同居；

（二）实施家庭暴力或者虐待、遗弃家庭成员；

（三）有赌博、吸毒等恶习屡教不改；

（四）因感情不和分居满二年；

（五）其他导致夫妻感情破裂的情形。

一方被宣告失踪，另一方提起离婚诉讼的，应当准予离婚。

经人民法院判决不准离婚后，双方又分居满一年，一方再次提起离婚诉讼的，应当准予离婚。

（三）典型案例

【案件索引】

案由：周某某诉张某某离婚纠纷案

审理法院：甘肃省徽县人民法院

案号：（2021）甘1227民初437号

【基本案情】

原告：周某某

被告：张某某

原告周某某与被告张某某经人介绍认识，自由恋爱，于2016年6月7日在徽县民政局办理了结婚登记，婚后未生育子女。2018年9月，原告、被告一起去浙江嘉兴务工，后被告前往深圳打工，2019年春节期间双方回到徽县一起生活，后双方分别前往嘉兴、深圳打工。被告在打工期间，多次通过微信、支付宝给原告转账8万余元。原告于2021年3月31日起诉要求与被告离婚。

【法院判决】

法院认为，婚姻关系能否解除，应以夫妻感情是否破裂为依据。原告与被告通过他人介绍结婚后，外出打工，且被告在打工期间将其收入转给原告。虽然在打工期间分居生活，对夫妻感情有一定影响，但原告、被告只要相互谅解，加强沟通、理解和包容，双方仍有和好的可能。鉴于原告未能提交相关证据证实夫妻感情破裂，应承担举证不能的责任，故原告要求与被告离婚的诉讼请求理由及证据不足，法院不予支持。

故依照《民事诉讼法》(2017 年)第 64 条[①]和《民法典》第 1079 条之规定,判决如下:不准予原告周某某与被告张某某离婚。

(四)律师小结

上述案例中,因原告不能举证证明夫妻感情破裂,关于分居的主张也不能举证证明,故法院判决不予离婚。根据《民法典》,法院应当判决离婚的情形即法定离婚事由包括因感情不和分居满两年,以及判决不准离婚后,双方又分居满一年,一方再次提起离婚诉讼的。法律意义上的分居,可以从以下方面入手:第一,双方签订《分居协议》,虽然法律未对此作出明确规定,但是《分居协议》可以达到举证责任倒置的目的,在庭审中,也是一种可取的手段。第二,给对方发律师函或者信函提出分居的意思表示。第三,在聊天记录中创造分居的证明。除了上述三种,搬离共同居住的房屋之后的租房协议、朋友的证人证言也具有一定的证明力。证明分居事实的存在是离婚诉讼中原告必须要解决的问题,上述方式可以作为证据证明双方分居事实或夫妻感情破裂。

二十三、婚前夫妻一方以个人财产支付首付款,婚后用夫妻共同财产还贷的房产,在离婚时如何分割?

(一)律师观点

古往今来,房子一直是人们安身立命的根本,尤其是在房价居高不下的今天,房产作为个人资产的大额部分,其重要性不言而喻,这也是很多离婚案件中夫妻双方为房子争得"头破血流"的原因。现实生活中,普通人很难一次性拿出全额购房款,大部分人都是按揭买房,因此婚前已支付首付款,婚后共同还贷的情形很多。

一方在婚前用个人财产支付首付款,婚后还贷的,该房产能否认定为夫妻共同财产,应当首先区分房屋登记在谁的名下。若房屋登记在夫妻双方名下,则该房产属于夫妻共同财产,在离婚时有协议的依据协议来分割,无法达成协议的,则根据出资比例、双方过错等具体情况依法分割。

若房屋仅登记于支付首付款的一方名下,由于在法定财产制下,夫妻共同财产

---

① 相关规定参见 2021 年修正的《民事诉讼法》第 67 条。

是指法律规定的在婚姻关系存续期间所得的财产，主要包括工资、奖金、劳务报酬，生产、经营、投资的收益，知识产权的收益等，因此即使该登记方仅用其工资等财产还贷，也属于使用夫妻共同财产还贷，若离婚时直接将房产划归至房产登记人名下，完全不考虑另一方的利益，是不合法也不合理的。此情形应当由夫妻双方协议，协议不成的，实务中法院一般判决房产归登记一方，尚未还完的贷款为其个人债务由登记方个人偿还，对于婚后共同还贷支付的款项及其相对应财产增值部分，则依据夫妻共同财产分割的原则由不动产登记一方向另一方补偿。具体补偿数额可以按照如下公式计算：1/2 × 夫妻婚后共同还贷部分（含婚后偿还的本金和利息）÷ 实际购房款（房屋购买价 + 离婚时已还全部利息）× 离婚时房屋市场价。

（二）法律依据

《民法典》

第一千零六十二条 夫妻在婚姻关系存续期间所得的下列财产，为夫妻的共同财产，归夫妻共同所有：

（一）工资、奖金、劳务报酬；

（二）生产、经营、投资的收益；

（三）知识产权的收益；

（四）继承或者受赠的财产，但是本法第一千零六十三条第三项规定的除外；

（五）其他应当归共同所有的财产。

夫妻对共同财产，有平等的处理权。

第一千零八十七条 离婚时，夫妻的共同财产由双方协议处理；协议不成的，由人民法院根据财产的具体情况，按照照顾子女、女方和无过错方权益的原则判决。

对夫或者妻在家庭土地承包经营中享有的权益等，应当依法予以保护。

《民法典婚姻家庭编解释（一）》

第七十八条 夫妻一方婚前签订不动产买卖合同，以个人财产支付首付款并在银行贷款，婚后用夫妻共同财产还贷，不动产登记于首付款支付方名下的，离婚时该不动产由双方协议处理。

依前款规定不能达成协议的，人民法院可以判决该不动产归登记一方，尚未归还的贷款为不动产登记一方的个人债务。双方婚后共同还贷支付的款项及其相对应财产增值部分，离婚时应根据民法典第一千零八十七条第一款规定的原则，由不动产登记一方对另一方进行补偿。

（三）典型案例

【案件索引】

案由:离婚纠纷案

来源:最高人民法院民事审判第一庭《民事审判指导与参考》总第65辑第三号案件

【基本案情】

甲男2004年购房一套,当时价格为18万元,甲男首付8万元,从银行贷款10万元,契税等其他费用1万元,婚前甲男还贷款本息合计5万元。2008年甲男与乙女结婚,当时房屋价值41万元,产权登记在甲男名下,婚姻关系存续期间共同还贷10万元将贷款清偿完毕,其中本金7万元,利息3万元。2021年离婚时房屋价值90万元双方没有异议,对于离婚没有异议,对于房屋补偿款数额有争议。甲男认为,虽然婚后还贷本息10万元,但是均是从其工资银行卡扣除,女方没有参与还贷,无权要求补偿。乙女认为,婚后男方收入属于共同收入,离婚时应当按照90万元减去18万元作为基数进行补偿,要求补偿款40万元。

【法院判决】

一审法院认为,婚后甲男的工资属于夫妻共同财产,因此应当给予女方补偿。第一步是计算房产的升值率,按照房产现价格÷(结婚时诉争房产价格+共同归还利息+其他费用)=90÷(41+3+1)=200%,第二步是计算补偿款,即共同还贷部分×不动产的升值率=10×200%=20万元,非登记一方取得1/2,即10万元,判决支付乙女补偿款10万元。乙女提出上诉,二审驳回上诉,维持原判。

（四）律师小结

上述案例通过判决确定了共同还贷方在离婚时的补偿数额,是对房产的共同还贷方在离婚时权益保障的体现。婚前夫妻一方以个人财产支付首付款,婚后用夫妻共同财产还贷的房产,在离婚时,双方婚后共同还贷支付的款项及其相对应的财产增值部分的一半为向另一方补偿的数额,除上述案例中的计算方法外,还可按上述律师观点中的方法计算。

二十四、父母在子女婚后出资购房，该出资款应当如何定性？

（一）律师观点

近年来，全国房价不断攀升，年轻人结婚后想在短期内靠夫妻双方的经济收入负担较高的房价已越来越困难，因此父母为子女出资购房的情况日益增多。对于子女登记结婚后，父母出资购房，《民法典》规定“有约定的按照约定，没有约定或约定不明的，推定为对夫妻双方的赠与”，这与《婚姻法解释（二）》（已失效）的规定有所不同。

对于父母该部分出资的性质，首先应当考虑是借款还是赠与，若父母与子女及其配偶之间签订了借款协议，很显然这部分款项应当认定为借款，需要夫妻双方共同偿还，离婚时则作为夫妻共同债务；若没有借款协议的，则需根据具体情形来认定该部分出资是否为借款。在双方未约定或约定不明，无其他证据证明该部分出资为借款或仅赠与自己的子女一方时，都将认定为赠与，且无论是全额出资还是部分出资，无论是登记在一方名下还是双方名下，都优先推定为对夫妻双方的赠与，认定为夫妻共同财产，归夫妻共同所有。在离婚时，则根据案件具体情况，如出资比例、双方对家庭的贡献以及双方过错，综合全案事实，作出合理分割。

（二）法律依据

《民法典》

第一千零六十二条 夫妻在婚姻关系存续期间所得的下列财产，为夫妻的共同财产，归夫妻共同所有：

（一）工资、奖金、劳务报酬；

（二）生产、经营、投资的收益；

（三）知识产权的收益；

（四）继承或者受赠的财产，但是本法第一千零六十三条第三项规定的除外；

（五）其他应当归共同所有的财产。

夫妻对共同财产，有平等的处理权。

第一千零六十三条 下列财产为夫妻一方的个人财产：

（一）一方的婚前财产；

（二）一方因受到人身损害获得的赔偿或者补偿；

（三）遗嘱或者赠与合同中确定只归一方的财产；

（四）一方专用的生活用品；

（五）其他应当归一方的财产。

《民法典婚姻家庭编解释（一）》

第二十九条　当事人结婚前，父母为双方购置房屋出资的，该出资应当认定为对自己子女个人的赠与，但父母明确表示赠与双方的除外。

当事人结婚后，父母为双方购置房屋出资的，依照约定处理；没有约定或者约定不明确的，按照民法典第一千零六十二条第一款第四项规定的原则处理。

（三）典型案例

【案件索引】

案由：朱某、杨某离婚后财产纠纷案

审理法院：河南省舞钢市人民法院

案号：（2021）豫0481民初2395号

【基本案情】

原告：朱某

被告：杨某

朱某与杨某在舞钢市民政局登记结婚。2021年7月30日，河南省舞钢市人民法院作出（2021）豫0481民初1857号民事判决书，解除朱某与杨某的婚姻关系。2017年，朱某与杨某购买位于舞钢市住房一套，建筑面积88.24平方米，购买时房屋价值20.7万元，登记在朱某与杨某名下。对当时购房的出资，朱某与杨某陈述不一，杨某称其父母对案涉房屋有出资。关于房屋现有价值，庭审中朱某和杨某均同意将房屋现有价值确定为22万元。截至案件审理时，杨某及其父母、孩子在房屋居住。

【法院判决】

法院认为，《民法典》第1062条规定，夫妻在婚姻关系存续期间所得的下列财产，为夫妻的共同财产，归夫妻共同所有：（1）工资、奖金、劳务报酬；（2）生产、经营、投资的收益；（3）知识产权的收益；（4）继承或者受赠的财产，但是本法第1063条第3项规定的除外；（5）其他应当归共同所有的财产。夫妻对共同财产，有平等的处理权。《民法典婚姻家庭编解释（一）》第29条第2款规定，当事人结婚后，父母为双方购置房屋出资的，依照约定处理；没有约定或者约定不明确的，按照《民法典》第1062条第1款第4项规定的原则处理。本案中，案涉房屋购买时间在朱某和杨某婚姻关系存续期间且房屋登记在朱某和杨某名下，应为朱某和杨某的夫妻共同财产。即使在购买房屋时杨某父母有出资，但在没有约定的情况下，也视为对夫妻双方的赠与。

《民法典》第1087条第1款规定，离婚时，夫妻的共同财产由双方协议处理；协议不成的，由法院根据财产的具体情况，按照照顾子女、女方和无过错方的原则判决。案涉房屋一直由杨某及其子女、父母一起居住。本着便于照顾子女的考虑，案涉房屋归杨某一方所有，杨某将房屋现有价值22万元的一半，即11万元补偿给朱某。

综上，依据《民法典》第1062条、第1063条、第1087条，《民法典婚姻家庭编解释(一)》第29条，《民事诉讼法》(2017年)第64条①的规定，判决如下：朱某与杨某名下位于舞钢市住房归杨某所有，杨某于本判决生效之日起15日内向朱某支付房屋补偿费11万元。

(四)律师小结

对于此类案件，首先要看父母与子女、子女配偶之间有无约定，从而认定该出资是借款还是赠与，若为借款，则由夫妻二人共同承担；若为赠与，除明确约定为赠与子女一方外，均认定为对夫妻双方的共同赠与，属于夫妻共同财产。因此，建议婚后父母出资购房的，最好由父母、子女和子女的配偶一起签订书面协议，明确约定父母出资的性质是借款还是赠与。如果是赠与，需约定清楚是只赠与子女，还是赠与子女及其配偶；如果是借款的，则应约定清楚利息和还款期限等方面的内容。若父母只想赠与自己的子女一方，不方便和子女的配偶一起签订书面协议的，还可选择通过公证方式确定赠与内容。

二十五、离婚时夫妻的共同债务应该如何偿还？

(一)律师观点

《民法典》明确规定，夫妻双方共同签名或者一方事后追认等共同意思表示所负的债务，以及一方举债用于家庭日常生活需要的，视为夫妻共同债务。夫妻共同债务应当用夫妻共同财产偿还，离婚时由夫妻双方对该共同债务承担连带责任。

① 相关规定参见2021年修正的《民事诉讼法》第67条。

夫妻共同债务主要是基于夫妻家庭共同生活的需要，以及对共有财产的管理、使用、收益和处分而产生的债务。共同生活所负的债务主要是指为了维持正常的家庭生活、家庭支出，包括夫妻的衣、食、住、行和教育等方面所负的债务。由于法律规定了“共债共签”和日常家事代理权制度，《民法典》规定夫妻共同债务的举证责任归于债权人，由债权人举证证明该项债务属于夫妻共同债务，即证明该债务用于夫妻共同生活或者经营，或基于夫妻双方共同的意思表示，是合理且公平的。避免了夫妻一方恶意举债，另一方因为不能举证证明此并非共同债务而陷入泥潭。

确定为夫妻共同债务的，应当由夫妻共同偿还，若夫妻内部有约定的，该约定仅对夫妻双方生效，对债权人不生效。夫妻一方对外清偿债务的，可以根据夫妻双方间的约定向另一方追偿。

（二）法律依据

《民法典》

第一千零八十九条　离婚时，夫妻共同债务应当共同偿还。共同财产不足清偿或者财产归各自所有的，由双方协议清偿；协议不成的，由人民法院判决。

第一千零六十二条　夫妻在婚姻关系存续期间所得的下列财产，为夫妻的共同财产，归夫妻共同所有：

（一）工资、奖金、劳务报酬；

（二）生产、经营、投资的收益；

（三）知识产权的收益；

（四）继承或者受赠的财产，但是本法第一千零六十三条第三项规定的除外；

（五）其他应当归共同所有的财产。

夫妻对共同财产，有平等的处理权。

第一千零六十四条　夫妻双方共同签名或者夫妻一方事后追认等共同意思表示所负的债务，以及夫妻一方在婚姻关系存续期间以个人名义为家庭日常生活需要所负的债务，属于夫妻共同债务。夫妻一方在婚姻关系存续期间以个人名义超出家庭日常生活需要所负的债务，不属于夫妻共同债务；但是，债权人能够证明该债务用于夫妻共同生活、共同生产经营或者基于夫妻双方共同意思表示的除外。

（三）典型案例

【案件索引】

案由：何某君与张某、刘某民间借贷纠纷案

审理法院：安徽省望江县人民法院

案号：（2020）皖0827民初537号

【基本案情】

原告：何某君

被告：张某

被告：刘某

被告张某、刘某原系夫妻关系，于2008年4月2日登记结婚。被告张某大约从2014年开始陆续向原告何某君借款，口头约定了利息。2015年9月26日，双方进行了结算，原告将前期借款本息加上新出借的现金合计370,000元再次出借给被告张某，签订了《借款合同》，约定期限一年，2016年9月25日前还清。后被告张某还款80,000元。2018年11月20日，被告张某重新出具借条一份，载明：借到何某君290,000元，并注明："2016年9月25日欠到叁拾柒万元整，已还人民币捌万元整，本人承诺于2019年11月20日还清。"被告张某在借条上签字捺印，并注明居民身份证号码。到期后，被告张某未还款。

被告张某、刘某于2017年9月11日登记离婚。离婚协议约定，位于望江县华阳镇西门街××公安新村最后××××的住房、位于雷阳路××花园小区××幢×单元×××室的住房及牌号为皖H×××××的宝马320轿车一辆归刘某所有，共同生活期间所有债务均由张某个人偿还，与刘某无关；双方无共同债权等。在（2018）皖0827执398号执行案件中，被执行人张某于2019年1月30日将望江县华阳镇西门街××公安新村最后××××的住房作价400,000元出售，清偿了该案债务。

审理中，原告坚持主张口头约定了利息，前期借款为月利率1.8%，后降为1.5%，且被告张某支付了部分利息。

【法院判决】

法院认为，合法的借贷关系受法律保护。原告提供的《借款合同》、借条和通话录音等，能够证明原告与被告之间的民间借贷关系依法成立并生效。原告主张双方经结算后将前期借款本息加上新出借的现金，作为《借款合同》的借款本金，没有证据证明前期利率超过了有关司法解释规定的年利率24%的上限，故《借款合同》载明的金额370,000元可认定为后期借款本金。2018年11月20日的借条明确载明已还80,000元,尚欠290,000元,且通话录音中被告张某认可并承诺还款,没有证据证明被告张某按约定返还了借款,故应当承担相应的违约责任。《借款合同》和借条均未约定利息,原告主张口头约定了利息,且被告张某支付了部分利息,但其提交的农业银行卡交易明细仅能反映被告在2016年5月30日前转账给付了款项,不能确定该转账付款系支付利息,且2018年11月20日的借条中明确已还款80,000元,故原告主张借款约定了利息的证据不充分,不予采信。双方未约定逾期利息,法院依法确定自逾期之日即2019年11月21日起按照年利率6%支付资金占用期间利息至还清之日止。借款虽发生在两被告夫妻关系存续期间,但被告刘某辩称对借款不知情,原告亦没有证据证明该借贷债务用于两被告夫妻共同生活、生产经营,且借条形成时两被告已经登记离婚,依照有关司法解释规定,该借贷债务不属夫妻共同债务,被告刘某不应承担责任。被告张某放弃应诉答辩权利,应承担相应的不利后果。

综上所述,依照《合同法》(已失效)第107条、第206条①,《民间借贷案件规定》,《夫妻债务纠纷案件解释》(已失效)第1条、第3条②,《民事诉讼法》(2017年)第64条、第144条③的规定,判决如下:

1. 被告张某于本判决生效之日起30日内返还原告何某君借款290,000元,并自2019年11月21日起按年利率6%支付资金占用期间的利息至还清之日止;

2. 驳回原告何某君的其他诉讼请求。

(四)律师小结

上述案例中,因原告不能举证证明该债务用于夫妻共同生活或者共同经营,因此不能认定该债务为夫妻共同债务。该案件中,在认定是否为夫妻共同债务所依据的法律规定为《夫妻债务纠纷案件解释》,该解释已因《民法典》的施行而失效,可参考《民法典》第1064条的规定。除日常家事代理行为外,将举证责任归于债权人,可以更好地保护夫妻未借款一方的利益。若将发生在婚姻存续期间的一方借

① 相关规定分别参见《民法典》第577条、第675条。

② 相关规定参见《民法典》第1064条。

③ 相关规定分别参见2021年修正的《民事诉讼法》第67条、第147条。

款不加区分地全部认定为夫妻共同债务，违反了民法的公平原则。由债权人举证证明债务为夫妻共同债务，若认定为夫妻共同债务，应当用夫妻共同财产来偿还，在离婚时，夫妻双方对债务承担连带责任；反之，若举证不能的，则由举债人自己偿还，离婚时另一方不需要对该笔债务承担任何责任。

二十六、夫妻离婚后，孩子的抚养权归谁怎么认定？

（一）律师观点

抚养权，是父母对其子女的一项人身权利。抚养有婚生的抚养与非婚生的抚养之分，在这里主要探讨婚生子女在夫妻双方离婚时的抚养权问题。夫妻离婚，一般也会导致夫妻其中一方失去抚养权。失去抚养权的一方将失去与子女共同生活的权利。不过，失去抚养权的一方仍然会享有探视权，可以在约定或裁判的时间内定期探视子女，与子女进行相对短暂的相处。离婚时抚养权的归属可以双方协商，一旦协商不成，则需由法院根据实际情况，按照最有利于未成年子女的原则判决，具体而言：

第一，2 周岁以下的子女，原则上由母亲直接抚养，母亲有下列情形之一的，可由父亲直接抚养：患有久治不愈的传染性疾病或其他严重疾病，子女不宜与其共同生活的；有抚养条件不尽抚养义务，而父亲要求子女随其生活的；因其他原因，子女确实无法随母亲生活的。

第二。父母双方协议 2 周岁以下子女由父亲直接抚养，并对子女健康成长无不利影响的，可予准许。

第三，对 2 周岁以上未成年的子女，父亲和母亲均要求由其直接抚养，一方有下列情形之一的，可予优先考虑：已做绝育手术或因其他原因丧失生育能力的；子女随其生活时间较长，改变生活环境对子女健康成长明显不利的；无其他子女，而另一方有其他子女的；子女随其生活，对子女成长有利，而另一方患有久治不愈的传染性疾病或其他严重疾病，或者有其他不利于子女身心健康的情形，不宜与子女共同生活的。

第四，父亲与母亲抚养子女的条件基本相同，双方均要求子女与其共同生活，但子女单独随祖父母或外祖父母共同生活多年，且祖父母或外祖父母要求并且有能力帮助子女照顾孙子女或外孙子女的，可作为子女随父或随母生活的优先条件予以考虑。

第五，父母双方对 8 周岁以上的未成年子女随父或随母生活意见不一致的，应当尊重子女的意见。因已满8周岁的子女已有一定的自主意识和认知能力，抚养权的确定与其权益密切相关，为更有利于未成年人的健康成长，应当尊重他们的真实意愿。

第六，在有利于保护子女利益的前提下，父母双方协议轮流抚养子女的，可以准许。

（二）法律依据

《民法典》

第一千零八十四条　父母与子女间的关系，不因父母离婚而消除。离婚后，子女无论由父或者母直接抚养，仍是父母双方的子女。离婚后，父母对于子女仍有抚养、教育、保护的权利和义务。离婚后，不满两周岁的子女，以由母亲直接抚养为原则。已满两周岁的子女，父母双方对抚养问题协议不成的，由人民法院根据双方的具体情况，按照最有利于未成年子女的原则判决。子女已满八周岁的，应当尊重其真实意愿。

《民法典婚姻家庭编解释（一）》

第五十六条　具有下列情形之一，父母一方要求变更子女抚养关系的，人民法院应予支持：

（一）与子女共同生活的一方因患严重疾病或者因伤残无力继续抚养子女；

（二）与子女共同生活的一方不尽抚养义务或有虐待子女行为，或者其与子女共同生活对子女身心健康确有不利影响；

（三）已满八周岁的子女，愿随另一方生活，该方又有抚养能力；

（四）有其他正当理由需要变更。

第五十七条　父母双方协议变更子女抚养关系的，人民法院应予支持。

（三）典型案例

【案件索引】

案由：亓某某与王某某抚养纠纷案

审理法院：山东省济南市中级人民法院

案号：(2021)鲁01民终385号

【基本案情】

上诉人（原审原告）：亓某某

被上诉人(原审被告):王某某

亓某某与王某某于2003年登记结婚,2012年5月6日生一女孩取名王某甲。2019年7月19日,亓某某与王某某因感情不和协议离婚,对子女安排上,双方约定孩子归双方抚养。婚生女王某甲跟随亓某某一起生活。2020年9月7日,亓某某诉来一审法院,要求判令婚生女王某甲由亓某某抚养,王某某支付抚养费。王某某的公积金缴存基数为7154元。

一审法院判决:(1)原告亓某某与被告王某某婚生女王某甲由原告亓某某抚养,被告王某某自2020年12月起于每月28日前支付抚养费1788.50元,至婚生女王某甲18周岁止。王某某对婚生女王某甲享有探视权,每月探视2次,具体探视时间、地点、方式双方另行协商,亓某某应予配合;(2)被告王某某于该判决生效之日起10日内支付亓某某婚生女王某甲自2019年8月至2020年11月抚养费28,616元;(3)驳回原告的其他诉讼请求。亓某某不服该判决,提起上诉。

【法院判决】

二审法院认为,根据法律规定,当事人对自己提出的诉讼请求所依据的事实或者反驳对方诉讼请求所依据的事实,应当提供证据加以证明,但法律另有规定的除外。在作出判决前,当事人未能提供证据或者证据不足以证明其事实主张的,由负有举证证明责任的当事人承担不利的后果。首先,对于抚养费的数额问题,上诉人亓某某主张被上诉人王某某的月总收入高于一审法院认定的7154元并应按照30%的比例计算每月抚养费,但是并未提供充分的证据证实其主张,被上诉人王某某对其主张亦不认可,并辩称婚生女王某甲并不急需手术,费用亦不高昂。所以,一审法院根据本案婚生女的实际需要、当事人双方的负担能力及当地的实际生活水平,判决王某某每月支付的抚养费数额为1788.50元(7154元×25%)并无不当,二审法院予以维持。其次,对于抚养费的支付方式问题,亓某某并未提供充分的证据证明符合一次性支付抚养费的法定情形,故一审法院判决王某某按月支付抚养费并无不当。

综上所述,上诉人亓某某的上诉理由不能成立,对其上诉请求应予驳回;一审判决认定事实清楚,适用法律正确,应予维持。依照《民事诉讼法》(2017年)第170条第1款第1项[①]之规定,判决如下:驳回上诉,维持原判。

① 相关规定参见2021年修正的《民事诉讼法》第177条第1款第1项。

（四）律师小结

上述案例中，婚生女王某甲跟随女方生活，已经形成了较为稳定的生活习惯，且女方有固定收入，王某甲亦到庭表示其愿意跟随母亲生活，所以将抚养权判给亓某某是合适的。法院判决抚养权归属，一般根据有利于未成年子女成长原则，主要考虑以下因素：夫妻双方的学历、工作、收入、年龄、家庭环境、子女的年龄等。不满2周岁的子女，以由母亲直接抚养为原则；子女已满8周岁的，应当尊重其真实意愿。

二十七、父母离婚是否影响与子女的法律关系？不直接抚养子女的一方需要承担抚养费吗？

（一）律师观点

夫妻关系可因结婚而形成，也可因离婚而解除，但父母子女关系不能消除，这是由夫妻关系与父母子女关系的不同性质决定的。夫妻身份关系源于婚姻，婚姻解除则夫妻关系消灭；而父母子女关系是基于子女出生形成的自然血亲关系，不会因父母婚姻关系的消灭而受到影响。因此，离婚后，子女无论是由父亲还是母亲抚养，仍是父母双方的子女。父母离婚后，子女不能与父母双方共同生活在一起，只是表明父母抚养子女的方式发生了改变，但父母对于子女仍有抚养、教育、保护的权利与义务，即使不是直接抚养孩子的一方，没有抚养权，但其对子女抚养（包括金钱以及精神层面）的义务不因为权利的丧失而消灭。这是法定义务，必须履行。

离婚之后的抚养权归属，只是解决了子女在父母离婚后跟谁生活的问题，并不是说涉及子女的所有问题仅归抚养方管，另一方无任何权利与义务。法律规定，离婚后，子女由一方直接抚养的，另一方应当负担部分或全部抚养费，关于抚养费的具体数额，协商不成的，由法院依法判决。另外，无论有无协议或者判决，子女在必要时有权利向父母任何一方提出超出协议或者判决原定数额的合理要求。为了更好地保护未成年子女健康成长，无论父母关系如何，不影响他们与子女的关系，父母子女关系仍存在，抚养义务不会自动消灭。同时，抚养不仅仅是满足基本生活，还应包括子女生活费、教育费、医疗费等费用。

（二）法律依据

《民法典》

第一千零六十七条 父母不履行抚养义务的，未成年子女或者不能独立生活的成年子女，有要求父母给付抚养费的权利。

成年子女不履行赡养义务的，缺乏劳动能力或者生活困难的父母，有要求成年子女给付赡养费的权利。

第一千零八十四条 父母与子女间的关系，不因父母离婚而消除。离婚后，子女无论由父或者母直接抚养，仍是父母双方的子女。离婚后，父母对于子女仍有抚养、教育、保护的权利和义务。离婚后，不满两周岁的子女，以由母亲直接抚养为原则。已满两周岁的子女，父母双方对抚养问题协议不成的，由人民法院根据双方的具体情况，按照最有利于未成年子女的原则判决。子女已满八周岁的，应当尊重其真实意愿。

第一千零八十五条 离婚后，子女由一方直接抚养的，另一方应当负担部分或者全部抚养费。负担费用的多少和期限的长短，由双方协议；协议不成的，由人民法院判决。

前款规定的协议或者判决，不妨碍子女在必要时向父母任何一方提出超过协议或者判决原定数额的合理要求。

《民法典婚姻家庭编解释（一）》

第四十一条 尚在校接受高中及其以下学历教育，或者丧失、部分丧失劳动能力等非因主观原因而无法维持正常生活的成年子女，可以认定为民法典第一千零六十七条规定的“不能独立生活的成年子女”。

第四十二条 民法典第一千零六十七条所称“抚养费”，包括子女生活费、教育费、医疗费等费用。

第四十三条 婚姻关系存续期间，父母双方或者一方拒不履行抚养子女义务，未成年子女或者不能独立生活的成年子女请求支付抚养费的，人民法院应予支持。

第五十三条 抚养费的给付期限，一般至子女十八周岁为止。

十六周岁以上不满十八周岁，以其劳动收入为主要生活来源，并能维持当地一般生活水平的，父母可以停止给付抚养费。

(三)典型案例

【案件索引】

案由:金某与吴某抚养纠纷案

审理法院:辽宁省沈阳市中级人民法院

案号:(2021)辽01民终963号

【基本案情】

上诉人(原审原告):金某

被上诉人(原审被告):吴某

金某与吴某于2019年8月1日在民政局登记协议离婚,协议约定:婚生子金某1归金某抚养,现阶段金某1与吴某生活,金某给付吴某2000元费用;如金某1与金某生活,吴某每月给付2000元,至金某1高中教育阶段后止。双方离婚后,金某1一直与吴某共同生活,金某每月给付抚养费2000元。金某1亦表示愿意与吴某共同生活。

【一审法院判决】

一审法院认为,金某、吴某离婚时对子女抚养及抚养费数额自愿达成协议,是双方真实意思表示。鉴于金某1在金某与吴某离婚后,一直与吴某共同生活至今,已形成稳定的生活环境,金某1表示愿意与吴某继续共同生活,故考虑子女意愿,金某1应由吴某抚养为宜,抚养费按双方协议2000元确定。判决:(1)自2020年8月起,金某1由吴某抚养;(2)金某自2020年8月起,每月给付吴某子女抚养费2000元,至子女18周岁止;(3)驳回双方其他诉讼请求。

【二审法院判决】

二审法院认为,经查,本案金某与吴某于2019年8月1日经民政部门协议离婚时,二人虽约定婚生子金某1由金某抚养,但双方离婚后,金某并未实际抚养金某1,金某1由吴某实际抚养。另查,金某与吴某离婚至今,金某1一直跟随吴某共同生活,故金某1现已适应与吴某共同生活,亦已适应了现有的生活和学习环境,且金某1通过书写方式亦明确其愿意与吴某共同生活。一审法院综合本案存在上述情节,判定金某1由吴某抚养,并无不当。此外,金某所提吴某未参加工作,无稳定收入,且吴某母亲已去世,父亲身体状况不乐观,吴某作为独生女,生活压力较大,故不适宜抚养金某1的上诉意见,亦缺乏事实和法律依据,且吴某提供的产权证亦表明其名下存在两处房产。综上,法院对金某所提应按离婚协议判定其抚养婚生子金某1的相关上诉意见,不予支持。

综上所述,金某的上诉请求不能成立,应予驳回;一审判决认定事实清楚,适用法律正确,应予维持。依照《民事诉讼法》(2017 年)第 170 条第 1 款第 1 项①之规定,判决如下:驳回上诉,维持原判。

(四)律师小结

上述案件中,虽然存在合法有效的《离婚协议》,但是法院综合案件具体事实,在尊重子女意愿的基础上将抚养权判给吴某,并判决金某依据《离婚协议》载明的数额,即每月 2000 元作为抚养费,二审也维持了一审判决。该判决说明离婚后不直接抚养子女的一方需要承担抚养费,该项义务不会消灭。法律规定,虽然父母离婚,但是不影响双方与子女的关系,父母双方应尽的抚养义务不会消灭,离婚后,不抚养子女的一方仍需承担抚养义务。抚养费的分担一般根据子女生活、教育、医疗等方面的需要,以及当地的实际生活水平和父母双方实际负担能力综合确定。审判实践中,法院可能会遇到父母双方经济条件相差较大,离婚后子女的生活环境、生活条件将发生较大变化的情况。此时,法院应当在尽量保护子女利益的基础上,尽可能使抚养费既能满足子女的实际需要,又不至给父母双方造成过重负担或使抚养费成为变相的财产分割手段,使父母双方得以适当、均衡负担。抚养费的给付期限,一般至子女 18 周岁为止,尚在校接受高中及以下学历教育的子女,或者丧失、部分丧失劳动能力等非因主观原因而无法正常生活以致不能独立的成年子女也可以要求父母给付抚养费。

二十八、离婚后不直接抚养子女的一方有权探望吗?协议约定不抚养的一方不能见孩子是否有效?

(一)律师观点

探望权又称探视权,是指父母离婚后,不直接抚养子女的一方依法享有对未与之共同生活的子女进行探视、看望、交往的权利。夫妻关系存续期间,父母共同对子女进行抚养、教育,离婚后,不直接抚养子女的一方,只能通过支付抚养费和定期或不定期对子女进行探望的方式,对子女的生活、教育、健康等方面予以关注,弥补非探望期间对子女陪伴的缺失,增进亲情交流。

---

① 相关规定参见 2021 年修正的《民事诉讼法》第 177 条第 1 款第 1 项。

事实上，直接抚养子女一方的抚养权和不直接抚养子女一方的探望权，共同构成了离婚后父母对子女亲权的主要内容。法律赋予不直接抚养子女一方探望权，不仅是父或母关怀子女的重要方式，也有利于子女健康成长。离婚后不与子女共同生活的一方，通过探望子女，与子女交流，和子女短暂生活等多种形式行使探望权，从而达到继续教育子女的目的，对子女的价值观的形成起到积极作用。

探望权属于与人身有密切联系的权利，即亲属权，是一种身份权利。同时，它既是权利，也是一种义务，因此即使是协议约定不抚养的一方不能见子女，即放弃子女的探望权，该约定是无效的。

（二）法律依据

《民法典》

第一千零八十六条　离婚后，不直接抚养子女的父或者母，有探望子女的权利，另一方有协助的义务。

行使探望权利的方式、时间由当事人协议；协议不成的，由人民法院判决。

父或者母探望子女，不利于子女身心健康的，由人民法院依法中止探望；中止的事由消失后，应当恢复探望。

《民法典婚姻家庭解释（一）》

第六十六条　当事人在履行生效判决、裁定或者调解书的过程中，一方请求中止探望的，人民法院在征询双方当事人意见后，认为需要中止探望的，依法作出裁定；中止探望的情形消失后，人民法院应当根据当事人的请求书面通知其恢复探望。

第六十七条　未成年子女、直接抚养子女的父或者母以及其他对未成年子女负担抚养、教育、保护义务的法定监护人，有权向人民法院提出中止探望的请求。

（三）典型案例

【案件索引】

案由：钱某甲与丁某探望权纠纷案

审理法院：江苏省无锡市滨湖区人民法院

案号：(2015)锡滨少民初字第00027号

【基本案情】

原告：钱某甲

被告：丁某

原告钱某甲与被告丁某原系夫妻,后于2015年8月7日协议离婚。二人在《自愿离婚协议书》中约定,婚生儿子钱某乙由母亲丁某抚养,父亲钱某甲一次性支付抚养费10万元;钱某乙6周岁前可在丁某陪同下由钱某甲于每周日进行探望,但不得至钱某甲处过夜;钱某乙满6周岁后,钱某甲征得其同意仍可于每周日探望,并带回家过夜。2015年8月16日,钱某甲在探望钱某乙时与丁某及其家人发生纠纷,后至无锡市公安局滨湖分局荣巷派出所调解,其间钱某甲与丁某就上述离婚协议书又签订追加协议,约定"女方返还孩子抚养费人民币10万元,男方及男方父母从此不得探望孩子,女方在2015年8月31日前返还男方抚养费10万元"。后丁某于2015年8月28日将抚养费10万元返还钱某甲,并拒绝钱某甲探望钱某乙,遂成讼。

【法院判决】

法院认为,父母与子女之间的关系,不因父母离婚而消除。父母离婚后,不直接抚养子女的父或母,有探望子女的权利,另一方有协助的义务。本案中,双方当事人离婚后,婚生儿子钱某乙现虽由丁某抚养,但钱某甲作为钱某乙的父亲,有权依法行使探望权,此亦有助于弥合因家庭解体导致的父子间的感情伤害,有助于尚未成年的钱某乙身心健康成长。对于丁某提出钱某甲已自愿签订追加协议放弃探望权的主张,法院认为,钱某甲与丁某婚姻关系的解除,并不改变钱某甲与钱某乙的父子关系,而基于该血缘身份关系产生的探望权,不仅是钱某甲的法定权利,还是钱某乙的法定权利亦即钱某甲的法定义务,故钱某甲自愿放弃探望权的相关协议条款应属无效。综上,钱某甲要求行使探望权的诉请于法有据、于情有理,法院予以支持。现因钱某甲与丁某不能就探望时间及方式达成一致意见,法院依据不影响子女日常生活、有利于子女健康成长的原则,依法确定钱某甲每月的探望次数及适当的方式、时间。钱某甲在行使探望权时,丁某应予以协助,以使钱某乙能够享受父母亲情、在一个良好的环境下成长。据此,依照《婚姻法》(已失效)第38条第1款、第2款①的规定,判决如下:(1)原告钱某甲可自本判决发生法律效力后次月起,于每月的第一周和第三周的周日9时将钱某乙从被告丁某处接走,并于当日17时之前将钱某乙送回被告丁某处,至钱某乙上小学前一月止;(2)原告钱某甲可自钱某乙上小学之月起,于每月的第一周和第三周的周六17时将钱某乙从被告丁某处接走,并于当周周日17时之前将钱某乙送回被告丁某处,至钱某乙独立生活时止;(3)驳回原告钱某甲的其他诉讼请求。

① 相关规定参见《民法典》第1086条。

（四）律师小结

上述案例虽在协议中约定放弃探望权，但基于血缘身份关系产生的探望权，不仅是钱某甲的法定权利，也是钱某乙的法定权利，同时还是钱某甲的法定义务，故钱某甲自愿放弃探望权的相关协议条款应属无效。根据《民法典》的规定，不直接抚养的一方享有探望权，另一方有协助的义务，应当予以配合。协议约定不抚养一方不能见孩子，即约定放弃探望权的条款无效。该案虽发生在《民法典》实施前，但裁判观点因法律内容未作修改而仍应继续适用。

二十九、面对拒不协助另一方行使探望权的有关个人，该如何保障权益?

（一）律师观点

在父母离婚后，通过父或母以及近亲属的探望行为，保持子女生活中惯常人际交往关系的稳定，对子女的健康成长不无好处。但是需注意，虽然探望权的行使是通过探望行为来实现，但探望行为不等同于探望权，探望权主体不能突破亲权的主体范围，即祖父母、外祖父母或兄弟姐妹等其他近亲属不是探望权主体。

法律赋予不直接抚养子女的一方探望权，然而纵然法律是这样规定的，现实生活中，不协助另一方行使探望权的案例比比皆是。面对此种情形，很多人手足无措，甚至认为即使拿到法院的判决书也没用，另一方不配合，还是无法与孩子见面。

拒不协助另一方行使探望权，是指关于行使探望权时，直接抚养子女的一方不让见子女或在探望方法上不行方便。探望权必须落到实处，否则只是写在法律或者判决书之上的汉字。如果一方不协助，法院应当对于探望时间、具体方式等作出具体判决，使其具有可执行性。对于拒不执行的个人，可以由法院依法采取拘留、罚款等强制措施。对拒不协助的有关个人施以惩罚措施，才可以更好地保障探望权真正落实到位。

（二）法律依据

《民法典》

第一千零八十六条　离婚后，不直接抚养子女的父或者母，有探望子女的权利，另一方有协助的义务。行使探望权利的方式、时间由当事人协议；协议不成的，由人民法院判决。父或者母探望子女，不利于子女身心健康的，由人民法院依法中止探望;中止的事由消失后,应当恢复探望。

《民法典婚姻家庭编解释(一)》

第六十五条 人民法院作出的生效的离婚判决中未涉及探望权,当事人就探望权问题单独提起诉讼的,人民法院应予受理。

第六十八条 对于拒不协助另一方行使探望权的有关个人或者组织,可以由人民法院依法采取拘留、罚款等强制措施,但是不能对子女的人身、探望行为进行强制执行。

(三)典型案例

【案件索引】

案由:李某顺与李某探望权纠纷案

审理法院:山东省曹县人民法院

案号;(2021)鲁1721民初250号

【基本案情】

原告:李某顺

被告:李某

原告李某顺与被告李某婚后生育儿子李某1。2020年10月9日,原告、被告双方在曹县民政局婚姻登记机关协议办理离婚,其中离婚协议"子女安排"一项中写明:"李某1,3岁,归女方抚养,男方每月支付伍佰元抚养费(500元)。有探望权,等其子年满18周岁随父随母,任其选择。"双方约定了探望权,但未约定具体的探望时间和方式。离婚后,原告请求探望孩子,被告拒不协助。原告于2021年1月7日诉至法院,请求依法判如诉请。被告李某经法院传票传唤,无正当理由未到庭参加诉讼。

【法院判决】

法院认为,《民法典》第1086条规定:"离婚后,不直接抚养子女的父或母,有探望子女的权利,另一方有协助的义务。行使探望权利的方式、时间由当事人协议;协议不成时,由人民法院判决。父或母探望子女,不利于子女身心健康的,由人民法院依法中止探望权利;中止的事由消失后,应当恢复探望的权利。"本条是关于探望权的规定。探望权制度设置的目的是最大限度地轻减因父母离婚而给子女所造成的心理伤害,使子女在父母离婚的情况下仍能得到双方的关爱,从而健康成长。故探望权的行使应以有利于子女健康成长为条件。现无证据证明原告的探望权行使存在不利于婚生子李某1健康成长的情形,故原告请求探望婚生子李某1,法院予以支持;原告、被告就婚生子李某1探望权虽有约定,但未就探望的方式、时间达成协议,在不影响婚生子李某1的学习和生活及原、被告双方各自的家庭生活条件下,自2021年起至李某1年满18周岁时止,原告李某顺于每年的5月1日和10月1日及寒、暑假的第一个星期日上午9时至11时,在李某1生活居住地各探望一次为宜。对于原告的其他诉讼请求,法院不予支持。

(四)律师小结

上述案件中,虽然双方协议约定了探望权,但离婚之后,一方请求探望孩子,另一方拒不协助。面对拒不协助的有关个人,当事人积极主张权利,法院也根据实际情况作出具有可执行性的判决,直接确定了探望时间。《民法典婚姻家庭编解释(一)》还规定,对于拒不协助另一方行使探望权的有关个人或者组织,可以由法院依法采取拘留、罚款等强制措施,但是不能对子女的人身、探望行为进行强制执行。新的司法解释对于拒不协助的个人有了惩罚措施,在一定程度上可以更好地保障探望权的实施。

三十、何种情形下抚养子女的一方能要求对方一次性支付抚养费?

(一)律师观点

夫妻离婚后不能免除抚养子女的责任,如果不抚养子女的一方不给付抚养费,子女有权起诉要求支付抚养费。根据我国的法律规定,离婚后的父母对子女仍有抚养、教育、保护的权利和义务。无论其是否直接抚养该子女,都需要给付约定或者法定数额的抚养费,并且该抚养费数额是可以根据法定情形予以调整的。在一方不履行抚养义务的情况下,被抚养人的监护人有权作为孩子的法定代理人向法院提起诉讼,要求给付抚养费。关于抚养费的给付方式和给付数额,可以由双方在协议中约定,没有约定的则由法院根据实际情况判决。根据司法案例的判决,一方起诉到法院要求另一方一次性支付抚养费被支持的,存在两种情形:第一种,双方在协议中约定不直接抚养子女的一方一次性支付抚养费,协议是双方的真实意思表示,法院应当予以尊重;第二种,被要求一次性支付抚养费的一方有能力一次性全部支付。

（二）法律依据

《民法典》

第一千零六十七条 父母不履行抚养义务的，未成年子女或者不能独立生活的成年子女，有要求父母给付抚养费的权利。

第一千零八十五条 离婚后，子女由一方直接抚养的，另一方应当负担部分或者全部抚养费。负担费用的多少和期限的长短，由双方协议；协议不成的，由人民法院判决。

《民法典婚姻家庭编解释（一）》

第四十九条 抚养费的数额，可以根据子女的实际需要、父母双方的负担能力和当地的实际生活水平确定。

有固定收入的，抚养费一般可以按其月总收入的百分之二十至三十的比例给付。负担两个以上子女抚养费的，比例可以适当提高，但一般不得超过月总收入的百分之五十。

无固定收入的，抚养费的数额可以依据当年总收入或者同行业平均收入，参照上述比例确定。

有特殊情况的，可以适当提高或者降低上述比例。

第五十条 抚养费应当定期给付，有条件的可以一次性给付。

第五十一条 父母一方无经济收入或者下落不明的，可以用其财物折抵抚养费。

第五十三条 抚养费的给付期限，一般至子女十八周岁为止。

十六周岁以上不满十八周岁，以其劳动收入为主要生活来源，并能维持当地一般生活水平的，父母可以停止给付抚养费。

第五十八条 具有下列情形之一，子女要求有负担能力的父或者母增加抚养费的，人民法院应予支持：

（一）原定抚养费数额不足以维持当地实际生活水平；

（二）因子女患病、上学，实际需要已超过原定数额；

（三）有其他正当理由应当增加。

（三）典型案例

【案件索引】

案由：齐某与卢某离婚后财产纠纷案

审理法院：吉林省蛟河市人民法院

案号：(2021)吉0281民初541号

【基本案情】

原告：齐某

被告：卢某

原告齐某与被告卢某1于2019年1月16日办理协议离婚，并签订离婚协议书约定：婚生子卢某辰(2012年2月20日出生)、卢某2(2002年2月11日，当时尚未成年)由齐某抚养，卢某1一次性支付抚养费10万元，并约定给付时间为2021年1月16日。卢某1一直未给付该款。齐某诉至法院，请求判令卢某1履行协议，立即给付抚养费10万元。

【法院判决】

法院认为，齐某与卢某1签订离婚协议的时间为2019年1月16日，该法律事实发生于《民法典》施行前，依据《民法典时间效力规定》第1条第2款的规定，本案应适用《婚姻法》的规定。依据《婚姻法》(已失效)第37条①的规定，离婚后，双方可以协议约定抚养费的多少和期限的长短，故该离婚协议书依法成立并生效。遂判决：卢某1于本判决生效后立即给付原告齐某抚养费10万元。

（四）律师小结

基于亲子关系的特殊情感联系和家庭共同生活状态，父母对未成年子女的抚养虽是强制义务，但生活中绝大多数情形是父母自觉自愿地履行其义务。然而，这并不排除现实生活中少数人自私自利，生而不养，公然背离作为父母应承担的道义责任和法律义务。在此情形下，可以根据法律规定向法院申请要求不履行抚养义务的一方承担抚养义务，支付抚养费。父母抚养未成年子女是法定的义务，不因父母之间的关系破裂而消灭。一般而言，起诉到法院要求给付合理数额抚养费的诉讼请求都会被支持，这是为了充分保护未成年人的利益，但司法实践中判决一次性支付抚养费的案例较少，需要双方有协议约定或者对方有能力一次性支付。

---

① 相关规定参见《民法典》第1085条。

三十一、父母离婚后，子女是否可以要求增加抚养费？

（一）律师观点

父母与子女之间的关系不会因为父母离婚而消除。夫妻离婚后，父母对子女仍然具有抚养和教育的权利和义务，由一方抚养的子女，另一方应当负担必要的生活费和教育费。这笔钱是未成年子女学习生活的重要保障，数额的高低会直接影响未成年子女的生活。

夫妻双方当初离婚协议对子女生活费和教育费的安排，并不妨碍要求增加孩子抚养费的请求；法院的离婚调解书或离婚判决，也不妨碍直接抚养孩子一方或子女在必要时向任何一方提出超过协议或判决原定数额的合理要求。子女或父母一方代子女提出增加抚养费的请求，应当协商解决，协商不成时，可以向法院提起诉讼。我国法律规定，离婚后，子女由一方直接抚养的，另一方应当负担部分或全部抚养费，负担费用的多少和期限的长短，由双方协议；协议不成的，由法院判决。若给付抚养费一方失业或收入明显减少，只能够勉强维持或是难以满足自身日常生活需求的，可以采取协商的方法，约定在一段时间内减少或暂时免除抚养费的支付，在收入稳定后将之前的一并支付。若协商不成，可以向法院申请减少抚养费支付。但是，一旦恢复或超过原有的抚养能力，子女仍有权要求恢复或增加抚养费。并且若原先确定的抚养费数额不足以维持当地实际生活水平或者有其他正当合理的理由，子女也可以要求增加抚养费的。

（二）法律依据

《民法典》

第一千零五十八条 夫妻双方平等享有对未成年子女抚养、教育和保护的权利，共同承担对未成年子女抚养、教育和保护的义务。

第一千零六十七条 父母不履行抚养义务的，未成年子女或者不能独立生活的成年子女，有要求父母给付抚养费的权利。

成年子女不履行赡养义务的，缺乏劳动能力或者生活困难的父母，有要求成年子女给付赡养费的权利。

第一千零八十四条 父母和子女间的关系，不因父母离婚而消除。离婚后，无论子女由父或者母直接抚养，仍是父母双方的子女。

离婚后，父母对子女仍有抚养、教育、保护的权利和义务。

第一千零八十五条 离婚后，子女由一方直接抚养的，另一方应负担部分或者全部抚养费。负担费用的多少和期限的长短，由双方协议；协议不成时，由人民法院判决。

前款规定的协议或判决,不妨碍子女在必要时向父母任何一方提出超过协议或判决原定数额的合理要求。

《民法典婚姻家庭编解释(一)》

第五十条　抚养费应当定期给付,有条件的可以一次性给付。

第五十三条　抚养费的给付期限,一般至子女十八周岁为止。

第五十五条　离婚后,父母一方要求变更子女抚养关系的,或者子女要求增加抚养费的,应当另行提起诉讼。

第五十八条　具有下列情形之一,子女要求有负担能力的父或者母增加抚养费的,人民法院应予支持:

(一)原定抚养费数额不足以维持当地实际生活水平;

(二)因子女患病、上学,实际需要已超过原定数额;

(三)有其他正当理由应当增加。

(三)典型案例

【案件索引】

案由:潘某1与潘某2抚养费纠纷案

审理法院:湖南省湘乡市人民法院

案号:(2021)湘0381民初717号

【基本案情】

原告:潘某1

被告:潘某2

2010年6月7日,原告潘某1的母亲吴某与原告的父亲即本案被告潘某2经法院(2010)湘法民一初字第55号民事判决书判决离婚,婚生小孩潘某1由吴某抚养,潘某2一次性支付抚养费36,000元(按每月200元的标准计算抚养费)。后被告支付部分抚养费。现原告以原定抚养费数额不足以维持当地实际生活水平为由,要求被告一次性支付增加的抚养费42,000元(2020年5月18日至2026年5月18日的抚养费:7000元/年×6年)。庭审中,被告同意一次性支付原判决剩余应付的抚养费17,000元以及从2021年7月开始每月支付抚养费共计500元(每月增加300元)。原告法定代理人吴某在中国人寿保险公司湘乡支公司工作,据吴某自己陈述,2020年工资约10万元;被告潘某2在深圳领益制造科技公司从事车间电子产品流水线工作,据其陈述,月平均工资7000~10,000元。被告潘某2已再婚,并育有一孩子。

【法院判决】

法院认为，根据法律规定，离婚后的父母对子女仍有抚养、教育、保护的权利和义务。关于子女生活费和教育费的协议或判决，不妨碍子女在必要时向父母任何一方提出超过协议或判决原定数额的合理要求。原定抚养费数额不足以维持当地实际生活水平的，子女可以要求增加抚养费。具体到本案，首先，原告父母离婚时间是2010年，当时判决总计支付抚养费36,000元，平均每月支付抚养费200元，该判决距今已超十余年之久，现原告所在地的当地居民人均消费支出和生活水平以及教育支出较之前均有明显的增长，且原告现已在中学就读，与原离婚纠纷判决时相比，其生活、学习环境均发生较大的变化，2010年判决所确定的抚养费数额已经不足以保障未成年子女的正常生活需要，故原告要求增加抚养费的主张符合法律规定，应予以支持。其次，考虑被告的再婚、生育子女以及实际工作情况，原告要求被告一次性支付抚养费可能会造成被告经济负担压力过大，故法院对原告该诉求不予支持。法院结合查明的情况，综合考量当地的实际生活水平、原告的合理支出及实际需要以及原告双方父母的负担能力后，酌情认定每月增加抚养费400元，由被告按月支付至原告年满18周岁即2025年9月12日止。遂判决：被告潘某2自2020年5月18日起每月增加抚养费400元，直至2025年9月12日止，于每月月底前支付给原告潘某1。

（四）律师小结

对未成年人的保护不仅仅是法律上的义务，更是道德上的要求。不履行对未成年子女的抚养义务既违背法律也有悖伦理。在原判决内容中所确定的抚养费数额已经不足以保障未成年子女的正常生活需要时，或者有其他合理的理由，经双方协商一致时，是可以增加或者减少抚养费的。若双方无法协商一致，也可请求法院根据实际情况予以变更。未成年人的成长需要很长一段时间，在这期间，很多客观情况都会发生变化，所以对抚养费的数额是可以根据实际情况予以变更的。

三十二、什么情形下可以要求变更子女抚养权？

（一）律师观点

和谐稳定的婚姻关系无疑是对孩子身心健康成长最有力的保障，若婚姻出现裂纹难以修复，我们能做的就是尽可能减少离婚对孩子的伤害。面对离婚后孩子的抚养问题时，父母应该从有利于孩子健康成长的角度出发，实事求是，妥善解决孩子的抚养权归属问题。抚养权的归属关系子女的身心健康以及子女合法权益的保障，需要考虑孩子的意愿、双方的抚养能力、抚养条件等多方面的因素来确定。一般情形下，在离婚后，不满 2 周岁的子女，以由母亲直接抚养为原则。已满两周岁的子女，父母双方对抚养问题协议不成的，由法院根据双方的具体情况，按照最有利于未成年子女的原则判决。子女已满 8 周岁的，应当尊重其真实意愿。

变更子女抚养权可以通过两种方式：第一种，双方协商一致，签订变更抚养权协议；第二种，双方不能协商一致时，一方可以向法院起诉要求变更。子女抚养权变更不同于离婚诉讼中的抚养权的确定，虽然都是以最有利于子女的原则确定，但抚养权变更侧重于抚养一方抚养条件发生了变化，且该变化足以影响子女健康成长。通过诉讼变更抚养权需要符合以下几种法定情形之一：第一，与子女共同生活的一方因患严重疾病或者因伤残无力继续抚养子女；第二，与子女共同生活的一方不尽抚养义务或有虐待子女行为，或者其与子女共同生活对子女身心健康确有不利影响；第三，已满 8 周岁的子女，愿随另一方生活，该方又有抚养能力；第四，有其他正当理由需要变更。因此，在提起抚养权变更诉讼时，要紧紧围绕抚养权变更的法定事由，并收集保存好相关证据。很多变更抚养权纠纷案件，由于原告没有足够的事实和证据，最终被法院判决驳回诉讼请求，不予变更。

（二）法律依据

《民法典婚姻家庭编解释（一）》

第五十五条　离婚后，父母一方要求变更子女抚养关系的，或者子女要求增加抚养费的，应当另行提起诉讼。

第五十六条　具有下列情形之一，父母一方要求变更子女抚养关系的，人民法院应予支持：

（一）与子女共同生活的一方因患严重疾病或者因伤残无力继续抚养子女；

（二）与子女共同生活的一方不尽抚养义务或有虐待子女行为，或者其与子女共同生活对子女身心健康确有不利影响；

（三）已满八周岁的子女，愿随另一方生活，该方又有抚养能力；

（四）有其他正当理由需要变更。

第五十七条　父母双方协议变更子女抚养关系的，人民法院应予支持。

（三）典型案例

【案件索引】

案由：潘某诉丁某1变更抚养关系纠纷案

审理法院：辽阳市白塔区人民法院

案号：(2021)辽1002民初1468号

【基本案情】

原告：潘某

被告：丁某1

2016年9月2日，原告潘某与被告丁某1登记离婚，并签署离婚协议书。离婚协议书约定，婚生女丁某2归男方抚养，女方不付抚养费，孩子暂时由女方抚养，男方不付抚养费。原告、被告离婚后，婚生女丁某2一直随母亲即原告潘某生活。考虑被告再婚以及一直没有直接抚育孩子的现状，为更好地实现孩子的健康成长，原告诉至法院要求变更抚养权。

【法院判决】

法院认为，本案变更抚养关系纠纷的争议焦点为丁某2归谁抚养更有利于孩子的健康成长。原告潘某与被告丁某1离婚协议书约定，孩子暂时由女方抚养，被告丁某1亦认可孩子同原告潘某共同生活，变更抚养关系不影响孩子的生活、学习环境，且从孩子的性别因素考虑，由母亲抚养更有利于丁某2的健康成长。遂判决：变更丁某2由原告潘某抚养，被告丁某1每月支付抚养费900元（从判决生效之日起至丁某2年满18周岁止）。

（四）律师小结

在夫妻离婚后，一方或双方的收入、生活水平或抚养能力有了很大变化时，任意一方都可以提出变更抚养权的要求，在协商不成时，可通过诉讼请求法院判决变更。相较于离婚纠纷案件中法院对抚养权归属的判决，法院在变更抚养权纠纷案件中判决变更抚养权的标准更加严格，变更的难度是非常大的。抚养权的归属无论是协商一致确定还是法院判决确定，都要从最有利于孩子健康成长的角度来考量。另外，主张抚养权变更的一方须提出证据证明自己抚养孩子更有利于孩子的健康成长。当然，孩子年满18周岁的，无须任何人的监护与抚养，所以孩子年满18周岁后，不再存在抚养权变更的问题。

第五章　收　　养

一、哪些情形下收养行为无效？收养无效的法律后果是什么？

（一）律师观点

实践中，出于多方面的原因，存在很多收养的情形，然而并非所有的收养都是有效的。收养作为一种民事法律行为，首先应符合《民法典》第一编总则部分规定的法律行为的一般生效要件，并且收养是形成身份关系的特殊法律行为，还应符合《民法典》婚姻家庭编中关于收养的特别规定。

因此，收养的无效情形必然包括总则编中关于民事法律行为无效的规定，即行为人不具备完全民事行为能力、行为基于虚假的意思表示、违反法律规定或社会公序良俗。收养会在各方当事人之间引起身份关系的重大变化，对当事人利益有重大影响，除被收养人外，收养人和送养人均应具备完全行为能力，否则收养无效。收养人收养动机应纯正，各方当事人应具有真实的收养意思，如不具有真实收养的意思，则收养无效。收养各方当事人如有恶意串通，损害他人利益的情形，收养无效。

另外，违反《民法典》规定的实质要件，如收养人有两名以上子女而收养非孤儿、弃儿或非残疾儿童；收养人有医学上认为不应当收养子女的疾病；收养人有不利于被收养人健康成长的违法犯罪记录；收养人未满30周岁而收养；无配偶者收养异性子女或者有配偶者单方收养异性子女未与被收养人年龄相差40周岁以上的；送养人不符合条件的；收养程序不符合规定的；等等，收养无效。

收养为事关被收养人身份地位的重要法律行为，为维护收养关系的稳定和被收养人的利益，不宜轻易宣告收养的无效。对于无效的收养行为，当事人或者其他利害关系人可以依法要求法院确认该收养行为无效。收养行为被法院确认无效后，收养人与被收养人之间的父母子女关系自始不具有法律效力，同时被收养人的生父母与被收养人间的父母子女关系溯及既往地恢复。也就是说，这种拟制亲属关系的消灭和原血亲关系的恢复是在收养行为开始时而不是在法院确认后。

（二）法律依据

《民法典》

第五十二条 被宣告死亡的人在被宣告死亡期间，其子女被他人依法收养的，在死亡宣告被撤销后，不得以未经本人同意为由主张收养行为无效。

第一百四十三条 具备下列条件的民事法律行为有效：

（一）行为人具有相应的民事行为能力；

（二）意思表示真实；

（三）不违反法律、行政法规的强制性规定，不违背公序良俗。

第一千零九十八条 收养人应当同时具备下列条件：

（一）无子女或者只有一名子女；

（二）有抚养、教育和保护被收养人的能力；

（三）未患有在医学上认为不应当收养子女的疾病；

（四）无不利于被收养人健康成长的违法犯罪记录；

（五）年满三十周岁。

第一千一百条 无子女的收养人可以收养两名子女；有子女的收养人只能收养一名子女。

收养孤儿、残疾未成年人或者儿童福利机构抚养的查找不到生父母的未成年人，可以不受前款和本法第一千零九十八条第一项规定的限制。

第一千一百零一条 有配偶者收养子女，应当夫妻共同收养。

第一千一百零二条 无配偶者收养异性子女的，收养人与被收养人的年龄应当相差四十周岁以上。

第一千一百零四条 收养人收养与送养人送养，应当双方自愿。收养八周岁以上未成年人的，应当征得被收养人的同意。

第一千一百零五条 收养应当向县级以上人民政府民政部门登记。收养关系自登记之日起成立。

收养查找不到生父母的未成年人的，办理登记的民政部门应当在登记前予以公告。

收养关系当事人愿意签订收养协议的，可以签订收养协议。

收养关系当事人各方或者一方要求办理收养公证的，应当办理收养公证。

县级以上人民政府民政部门应当依法进行收养评估。

第一千一百一十三条 有本法第一编关于民事法律行为无效规定情形或者违反本编规定的收养行为无效。

无效的收养行为自始没有法律约束力。

（三）典型案例

【案件索引】

案由：顾某、葛某妹与顾某燕解除收养关系纠纷案

审理法院：江苏省南通市通州区人民法院

案号：(2020)苏0612民初5344号

【基本案情】

原告：顾某

原告：葛某妹

被告：顾某燕

两原告顾某与葛某妹为夫妻，葛某妹婚后有过怀孕，后流产。1993年农历十一月的一天，原告见路边有人抱一女婴想送养，经询问，未能获知女婴生父母的下落，原告遂支付送养人650元后将女婴抱回抚养，并为之取名顾某燕，但此后未办理过任何收养登记手续。被告顾某燕由两原告抚养成人后现已结婚生子，但对两原告缺乏孝心，故两原告决定解除与被告的收养关系。

【法院判决】

法院认为，被告出生后不久即被两原告领养并由两原告抚养成人，该情况属实，村里及周围老百姓也都知晓。但因为该领养行为发生在1992年《收养法》施行之后，1999年《收养法》修正之前，故应适用1992年《收养法》的规定，该规定要求收养人须年满35周岁，而两原告当时均未达35周岁，既不符合收养的实质要件，也不符合收养须办理登记的程序要件，故原告、被告之间的收养关系不成立。庭审中，经法院释明，原告、被告均认可双方的收养关系无效，故本案案由应变更为确认收养关系无效纠纷。依照《收养法》(已失效)[①]相关规定，判决如下：确认原告顾某、葛某妹与被告顾某燕之间的收养关系无效。

（四）律师小结

需要注意的是，上述案例中适用的《收养法》已失效，《民法典》已经将收养人的年龄降低到30周岁。

收养行为被认定无效后，收养人与被收养人的父母关系溯及既往地消灭，被收养人与生父母的父母子女关系溯及既往地恢复，基于无效收养行为所消灭的权利

① 相关规定参见《民法典》婚姻家庭编第五章。

义务均恢复原状。被收养人应当送回原处,送养人应当返还收养人已支付的费用。双方已经签订收养协议或者进行收养登记的,该协议与登记也同时归于无效。

二、生父母送养子女可以由一方单独送养吗?

(一)律师观点

生父母将孩子送给他人收养,为避免出现借送养之名行拐卖之实的情况,法律对送养的条件作出了明确的规定。只有在符合法律规定的条件下送养亲生子女才有效,否则不仅收养关系不成立,还会涉嫌拐卖儿童罪,需承担刑事责任。一般情况下,生父母作为送养人应满足以下条件:

第一,生父母有特殊困难,均无力抚养子女。抚养未成年子女是父母双方的法定义务。父母只要一方有抚养能力,就不允许通过送养转移抚养子女的义务。即使是无抚养能力的父母一方,也无权免去有抚养能力一方的抚养义务,将子女送他人收养。

第二,生父母送养子女,必须双方共同送养。通常情况下不允许生父母单方送养子女。对于非婚生子女,也应由其生父母共同送养。生父母一方下落不明或查找不到的可以单方送养。但是,应当具备有力的证据证明一方下落不明或者查找不到,否则很有可能会被认定为送养无效。

第三,在配偶一方死亡后,如果另一方要求送养未成年子女,死亡一方的父母有优先抚养的权利,送养须先征求死亡一方父母的意见。若他们愿意并有能力抚养该孙子女或外孙子女,另一方就不得将其送养。要送养年满 8 周岁的未成年人的,应该征得其本人同意。如果该未成年人不同意,则不能将其送养。

第四,未成年人的父母均不具有完全民事行为能力的,该未成年人的监护人不得将其送养,除非父母对该未成年人有严重危害可能。

根据《民法典》第 1097 条的规定可知,无论是在婚姻关系存续期间还是离婚后要送养亲生子女,除例外情形外,均需要双方的同意且符合法定情形才会发生收养效力。在我国,收养关系的成立需要向县级以上人民政府民政部门登记,否则收养无效。

(二)法律依据

《民法典》

第一千零九十四条 下列个人、组织可以作送养人:

(一)孤儿的监护人;

（二）儿童福利机构；

（三）有特殊困难无力抚养子女的生父母。

第一千零九十七条 生父母送养子女，应当双方共同送养。生父母一方不明或者查找不到的，可以单方送养。

第一千一百零四条 收养人收养与送养人送养，应当双方自愿。收养八周岁以上未成年人的，应当征得被收养人的同意。

第一千一百零五条 收养应当向县级以上人民政府民政部门登记。收养关系自登记之日起成立。

收养查找不到生父母的未成年人的，办理登记的民政部门应当在登记前予以公告。

收养关系当事人愿意签订收养协议的，可以签订收养协议。

收养关系当事人各方或者一方要求办理收养公证的，应当办理收养公证。

县级以上人民政府民政部门应当依法进行收养评估。

第一千一百零六条 收养关系成立后，公安机关应当按照国家有关规定为被收养人办理户口登记。

第一千一百零八条 配偶一方死亡，另一方送养未成年子女的，死亡一方的父母有优先抚养的权利。

第一千一百一十三条 有本法第一编关于民事法律行为无效规定情形或者违反本编规定的收养行为无效。

无效的收养行为自始没有法律约束力。

（三）典型案例

【案件索引】

案由：汪某丹、陈某军与李某军、李某芳解除收养关系纠纷案

审理法院：湖南省澧县人民法院

案号：（2018）湘0723民初677号

【基本案情】

原告：汪某丹

原告：陈某军

被告：李某军

被告：李某芳

原告汪某丹系原告陈某军前妻,被告李某军、李某芳系夫妻关系。原告汪某丹于2010年6月11日生育一女汪某涵,3日后,原告汪某丹未经丈夫陈某军同意将女儿汪某涵送二被告李某军、李某芳抚养。但一直未到澧县民政局办理收养登记。汪某涵随二被告李某军、李某芳生活后更名为李某颖。2011年11月17日,二被告生育一女李某函。现二原告以二被告抚养两个子女经济拮据且收养违法为由,诉请解除收养关系。

【法院判决】

法院认为,生父母送养子女,须双方共同送养。生父母一方不明或者查找不到的可以单方送养。收养应当向县级以上人民政府民政部门登记。收养关系当事人应当亲自到收养登记机关办理成立收养关系的登记手续。夫妻共同收养子女的,应当共同到收养登记机关办理登记手续。收养关系自登记之日起成立。本案原告汪某丹将女儿汪某涵(后更名为李某颖)送二被告李某军、李某芳抚养,未经其生父陈某军同意,且一直未办理收养登记,不符合收养的实质要件与形式要件,故二被告李某军、李某芳收养李某颖的行为无效,收养关系不成立。本案案由应为确认收养关系纠纷。经法院向原告行使释明权,原告坚持诉讼请求为解除收养关系。只有合法的收养关系才能依法解除,而本案收养关系不成立,故法院对原告的诉讼请求不予支持。

综上所述,依照《收养法》(已失效)第10条、第15条、第25条[①]规定,判决如下:驳回原告汪某丹、陈某军的诉讼请求。

(四)律师小结

生父母基于生育子女的行为取得父母的身份地位,而收养行为会消除此种亲子关系,引起双方情感纽带和权利义务的变化,因此,要慎重为之。送养子女事关重大,生父母应当协商一致,共同决定是否送养。即使生父母离婚,因父母与子女之间是一种血缘关系,这种关系不会因为父母的离婚而消除,直接抚养未成年子女一方也应当经过另一方的同意才能够送养。非婚生子女的父母一方想要送养,只有两种情况,非婚生子女的生父无法确定或者另一方无法找到,如失踪或死亡,并且要提供相应的证据。上述案例适用的《收养法》已失效,但其规定和《民法典》关于"生父母送养子女,须双方共同送养"的规定是一致的,因此裁判观点仍可适用。

---

① 相关规定分别参见《民法典》第1079条、第1105条、第1113条。

三、收养未成年人时约定巨额“营养费”“感谢费”合法吗？

（一）律师观点

有些生父母因为生活困难、抚养孩子成本大等原因，选择将孩子送给他人抚养，收养人会依据自己的经济状况给送养人一定数额的“营养费”“感谢费”。尽管《民法典》中没有明确禁止送养未成年人时收受“营养费”“感谢费”等费用，但并不意味着此种行为就不受法律约束与管控。实践中，有部分人借送养之名来达到出卖亲生子女的目的，以所谓的名义上的“营养费”“感谢费”等费用为孩子明码标价，如有这样的行为就有可能被认定为拐卖儿童罪，触犯了《刑法》，会有被依法追究刑事责任的风险。

生父母基于法定情形送养未成年子女，只要不是以非法获利为目的，可以收取适当的“营养费”“感谢费”。在司法实务中，主要通过审查将子女“送”人的背景和原因、有无收取钱财及收取钱财的多少、对方是否具有抚养目的及有无抚养能力等事实，综合判断行为人是否具有非法获利的目的，而这也是区分借送养之名出卖亲生子女与民间送养行为的关键。一旦认定行为人是以出卖为目的将亲生子女卖给他人，无论其是否获利以及获利多少，都应以拐卖儿童罪来定罪处罚；而如果行为人并不是以出卖为目的，而是出于放弃、拒绝承担抚养义务的目的，情节严重，符合遗弃罪条件的，则应以遗弃罪来定罪处罚。

（二）法律依据

最高人民法院、最高人民检察院、公安部、司法部《关于依法惩治拐卖妇女儿童犯罪的意见》（法发〔2010〕7号）

17. 要严格区分借送养之名出卖亲生子女与民间送养行为的界限。区分的关键在于行为人是否具有非法获利的目的。应当通过审查将子女“送”人的背景和原因、有无收取钱财及收取钱财的多少、对方是否具有抚养目的及有无抚养能力等事实，综合判断行为人是否具有非法获利的目的。

具有下列情形之一的，可以认定属于出卖亲生子女，应当以拐卖妇女、儿童罪论处：

（1）将生育作为非法获利手段，生育后即出卖子女的；

（2）明知对方不具有抚养目的，或者根本不考虑对方是否具有抚养目的，为收取钱财将子女“送”给他人的；

(3)为收取明显不属于“营养费”、“感谢费”的巨额钱财将子女“送”给他人的；

(4)其他足以反映行为人具有非法获利目的的“送养”行为的。

不是出于非法获利目的，而是迫于生活困难，或者受重男轻女思想影响，私自将没有独立生活能力的子女送给他人抚养，包括收取少量“营养费”、“感谢费”的，属于民间送养行为，不能以拐卖妇女、儿童罪论处。对私自送养导致子女身心健康受到严重损害，或者具有其他恶劣情节，符合遗弃罪特征的，可以遗弃罪论处；情节显著轻微危害不大的，可由公安机关依法予以行政处罚。

(三)典型案例

【案件索引】

案由：蔡某占、杨某华拐卖儿童案

审理法院：河南省内乡县人民法院

案号：(2015)内刑初字第232号

【基本案情】

公诉机关：内乡县人民检察院

被告人：蔡某占

被告人：杨某花

2012年农历八月二十一，内乡县瓦亭镇魏河村村民魏某某生一男孩，被告人蔡某占(魏某某的丈夫)以抚养不起为名义，找到被告人杨某花(算命的“神婆”)，讲述了自己的家庭情况及不想抚养该男孩的想法，杨某花得知该情况后，介绍给本村的杨某某(另案处理)及其儿子孙某(已死亡)，杨某某和孙某表示愿意抚养该男孩，孙某与蔡某占联系，蔡某占索要65,000元现金，经过孙某、杨某花的讨价还价，以56,000元的价格成交。2012年农历九月二十四夜，蔡某占以56,000元的价格将自己的亲生男孩卖给邓州市十林镇河池村的杨某某抚养。

2014年阴历八月初二，魏某某又生一女孩。内乡县瓦亭镇魏河村村民崔某某得知后找到蔡某占之哥嫂蔡某某、袁某某，提出如果蔡某占不愿抚养，他愿意介绍给他人抚养，蔡某某、袁某某二人征求蔡某占的意见，蔡某占表示不愿意抚养。崔某某通过其女儿崔某丁将女婴介绍给郑州市惠济区古荥镇岭君峪村村民柴某某、崔某甲夫妇抚养。2014年8月3日，柴某某、崔某甲及崔某丁从郑州赶到内乡县第二人民医院，经蔡某占同意，柴某某、崔某甲二人出资20,000元将该女婴买走。

【法院判决】

法院认为,被告人蔡某占以非法获利为目的,将自己的孩子出卖给他人抚养,并收取对方巨额钱财,被告人杨某花,明知蔡某占要将自己的儿子卖给他人,积极从中介绍、斡旋、接送,两人的行为均符合拐卖儿童罪的法定构成要件,构成拐卖儿童罪,且系共同犯罪,内乡县人民检察院指控成立,法院予以支持。被告人蔡某占在共同犯罪中起主要作用,系主犯,应当按照其参与的全部犯罪定罪处罚。鉴于被告人蔡某占认罪态度较好,依法可酌情从轻处罚。被告人杨某花在共同犯罪中起次要、辅助作用,系从犯,应当从轻或减轻处罚。鉴于被告人杨某花确有悔罪表现,适用缓刑不致再危害社会,依法可以宣告缓刑。法院为打击犯罪,依法保护妇女儿童的人身自由不受侵犯,依照《刑法》第25条第1款、第26条、第27条、第64条、第72条、第73条、第240条之规定,判决如下:

1. 被告人蔡某占犯拐卖儿童罪,判处有期徒刑5年6个月,并处罚金10,000元。(刑期自判决执行之日起计算,判决执行前先行羁押,羁押一日折抵刑期一日,即自2015年4月2日起至2020年10月1日止。罚金于判决生效后30日内缴纳。)

2. 被告人杨某花犯拐卖儿童罪,判处有期徒刑3年,缓刑4年,并处罚金10,000元。(缓刑考验期自判决确定之日起计算,罚金于判决生效后10日内缴纳。)

3. 被告人蔡某占非法所得76,000元依法予以追缴。

(四)律师小结

在民间送养中,出于感谢,收养人一般会给予送养人一定的“营养费”“感谢费”等费用,以补贴送养方因生育子女而支出的花费,为送养儿童母亲补充营养,为家庭困难的送养方给予一定的资助,但给付这些费用需要有一个度。在送养子女时若约定收取巨额“营养费”“感谢费”,很可能被认定为以非法获利为目的出卖子女,涉嫌构成拐卖儿童罪。

四、被他人收养后对生父母还有赡养义务吗?

(一)律师观点

收养成立后,会产生两个方面的法律效力,一是收养的拟制效力,二是收养的解除效力。收养的拟制效力为收养人与被收养人双方各自享有法律规定的父母子女的权利并承担父母子女的义务，表现为养父母对未成年养子女负有抚养、教育和保护的义务，成年养子女对养父母负有赡养、扶助和保护的义务以及相互有继承的权利。收养的解除效力为消除养子女与生父母的权利义务关系，被收养人与生父母的自然血缘关系无法被切断。

收养成立后，养子女与生父母之间法律上的权利义务关系消除，生父母不再对已送养他人的子女承担抚养、教育和保护的义务，不再作为子女的法定代理人和监护人，互相之间也不再享有相互继承遗产的权利。除与生父母之外，养子女与生父母的其他近亲属之间的权利义务关系也相应消除，此为收养的解除效力。生父母无须对被抚养人承担抚养、教育和保护的义务，同样，被收养人无须再对其生父母承担赡养等义务。

（二）法律依据

《民法典》

第一千一百一十一条 自收养关系成立之日起，养父母与养子女间的权利义务关系，适用本法关于父母子女关系的规定；养子女与养父母的近亲属间的权利义务关系，适用本法关于子女与父母的近亲属关系的规定。

养子女与生父母以及其他近亲属间的权利义务关系，因收养关系的成立而消除。

第一千一百一十七条 收养关系解除后，养子女与养父母以及其他近亲属间的权利义务关系即行消除，与生父母以及其他近亲属间的权利义务关系自行恢复。但是，成年养子女与生父母以及其他近亲属间的权利义务关系是否恢复，可以协商确定。

（三）典型案例

【案件索引】

案由：纪某香、吕某敬与吕某忠、吕某传、吕某海、吕某丽赡养纠纷案

审理法院：山东省青岛市即墨区人民法院

案号：(2019)鲁0282民初6170号

【基本案情】

原告：纪某香

原告：吕某敬

被告：吕某忠

被告:吕某传

被告:吕某海

被告:吕某丽

原告纪某香、吕某敬系夫妻关系,共有四个儿女,即本案四被告吕某忠、吕某传、吕某海、吕某丽。被告吕某忠自小过继给其大伯吕某民,其大伯无儿女。吕某忠户口迁至其大伯户口下。吕某民去世后,被告吕某忠即到外地参加工作。原告按当地风俗分家,被告吕某海、吕某传均分得宅基地及房产,被告吕某忠未参与分家。因吕某民有旧房三间,被告吕某忠将其拆旧建新,吕某忠在外工作,户口不在本村,该房屋登记在原告吕某敬名下。因对该房所有权产生纠纷,吕某忠曾于2017年起诉吕某敬,经法院审理,确认房屋为吕某忠继承吕某民旧房拆旧翻新,确认房屋为吕某忠所有。吕某忠一直在该房屋居住至今。

【法院判决】

法院认为,本案争议焦点为:被告吕某忠与其大伯吕某民是否构成收养关系?被告吕某忠是否应该对原告尽赡养义务?根据法律规定,被告大伯吕某民(过继)收养被告吕某忠,符合收养条件。虽未办理正式收养登记手续,但根据案件查明事实,应认定已构成收养关系。自收养关系成立之日起,养子女与生父母及其他近亲属间的权利义务关系,因收养关系的成立而消除。因此二原告要求被告吕某忠履行赡养义务无法律和事实依据,遂判决:

1. 被告吕某传、吕某海、吕某丽自2019年10月起每人每月支付原告纪某香、吕某敬赡养费1000元。

2. 驳回原告纪某香、吕某敬对被告吕某忠的诉讼请求。

(四)律师小结

无论是《民法典》实施前还是实施后,国家都保护合法的收养关系,养父母和养子女间的权利和义务,适用父母子女关系的有关法律规定。收养不仅关系当事人的利益,也涉及社会的整体利益,尽管生父母与被收养生子女有切不断的血缘关系,但在法律上双方已不存在父母子女关系所享有的权利和义务。实际生活中,有部分生父母在其年老体弱时,看到以前送养的子女生活条件较好,便生出让已经被收养的子女承担为其养老的义务的念头,要求其履行赡养义务,这是没有事实和法律依据的。生父母可以与被收养生子女协商,让其负担部分赡养义务,若生子女同意,法律并不禁止。

五、收养人虐待未成年养子女怎么办?

(一)律师观点

每个孩子都值得珍爱,收养孩子是善心之举,收养本身是一件值得赞扬的好事,但现实生活中难免会出现收养人在收养后不仅不依法履行抚养、教育、保护等义务,甚至有虐待、遗弃等侵害未成年养子女合法权益的情况。

《民法典》对收养的解除及解除效力的规定体现出侧重保护收养关系中弱势一方的价值取向,具体表现为:在被收养人还未成年时,侧重保护被收养人的利益;在被收养人成年而收养人年老后,侧重保护收养人的利益。因为被收养人成年之前,其作为无民事行为能力人或限制民事行为能力人,在体力、智力和生存能力方面与已成年的收养人相比均处于弱势。如果收养人不履行抚养义务,甚至遗弃、虐待被收养人,对被收养人的成长将极为不利,致使被收养人将无法健康成长。

未成年人自我保护和自我救助能力有限,送养人作为被收养人的生父母或对其曾经负有监护照顾义务的人或机构,对未成年人被收养后的生活状态应有一定的关注。如果收养人不履行抚养义务,有虐待、遗弃等侵害未成年子女合法权益行为,送养人可以和收养人协商一致解除收养关系;若无法协商,送养人有权单方提起要求解除收养关系的诉讼。法院经审理查明收养人确有不履行抚养义务或遗弃、虐待被收养人的行为,损害被收养人的合法权益的,应当判决解除收养关系。

另外,收养人虐待、遗弃被收养人,侵害被收养人合法权益的,被收养人有权要求收养人承担侵权损害赔偿责任;情节严重的,还可以依法追究其刑事责任。

(二)法律依据

《民法典》

第一千一百一十四条 收养人在被收养人成年以前,不得解除收养关系,但是收养人、送养人双方协议解除的除外。养子女八周岁以上的,应当征得本人同意。

收养人不履行抚养义务,有虐待、遗弃等侵害未成年养子女合法权益行为的,送养人有权要求解除养父母与养子女间的收养关系。送养人、收养人不能达成解除收养关系协议的,可以向人民法院提起诉讼。

第一千一百一十八条 收养关系解除后,经养父母抚养的成年养子女,对缺乏劳动能力又缺乏生活来源的养父母,应当给付生活费。因养子女成年后虐待、遗弃养父母而解除收养关系的,养父母可以要求养子女补偿收养期间支出的抚养费。

生父母要求解除收养关系的，养父母可以要求生父母适当补偿收养期间支出的抚养费；但是，因养父母虐待、遗弃养子女而解除收养关系的除外。

（三）典型案例

【案件索引】

案由：熊某洋、孔某解除收养关系纠纷案

审理法院：江西省抚州市（地区）中级人民法院

案号：(2019)赣10民终1185号

【基本案情】

上诉人（原审被告）：熊某洋

被上诉人（原审原告）：孔某

原审被告：何某莲

孔某与陈某辉于2009年12月5日生下孔某琪，熊某洋与何某莲是再婚夫妇。2010年6月18日，熊某洋、何某莲作为甲方收养人，孔某、陈某辉作为乙方送养人，孔某琪作为丙方被收养人，签订一份收养协议书，协议书约定孔某、陈某辉因感情不和无法保障孔某琪的生活和教育，自愿将其亲生女儿孔某琪送养给熊某洋、何某莲为养女；孔某琪自协议签订之日起即为甲方女儿并改名熊某瑶；甲方愿意尽自己所能将熊某瑶抚养长大，承担其监护人责任等内容。同年7月22日，双方到抚州市临川区民政局办理收养登记证。收养熊某瑶后，因与熊某洋感情不和，何某莲于2012年离家出走。熊某洋和熊某瑶平时居住在临川区利民嘉苑南区的廉租房，熊某洋没有固定工作，两人主要依靠政府低保金生活。日常生活中，西大街街道办事处及社区干部多次到熊某洋、熊某瑶所住廉租房进行帮助，经常能看到熊某洋家里一些不堪情况，比如熊某洋在家经常不做饭也不整理家务，满屋都是又旧又脏的衣服、电饭煲里的饭发霉、屋里发出阵阵恶臭等。熊某瑶一日三餐的饮食时间不规律、不营养，长期不规律不营养的生活导致熊某瑶比同龄人个子矮小。熊某洋还经常因熊某瑶未能完成作业、贪玩等琐事用手、小木棍打熊某瑶。2019年3月7日，熊某瑶又因做作业的事情被养父熊某洋用木棍打肿眼睛、头部也打出了血，伤情为轻微伤。当天，熊某瑶就读的临川四小发现熊某瑶的伤情后立即向公安机关报案。接警的抚州市公安局临川分局六水桥派出所经过调查后于2019年3月14日向熊某洋下达家庭暴力告诫书，对熊某洋给予告诫，要求其停止不法行为，严禁其对熊某瑶再次实施家暴行为。熊某洋收到告诫书后，依然会因未完成作业、贪玩等生活琐事用手、小木棍打熊某瑶。熊某瑶向法庭陈述，因养父经常打她，她不喜欢养父，不想和养父熊某洋继续生活，她愿意回到生父孔某身边生活。本案诉讼过程中，孔某于2019年6月1日以熊某洋长期殴打熊某瑶，严重侵害熊某瑶的身心健康为由，为避免熊某瑶再次面临家庭暴力的现实危险，向法院申请人身保护令。一审法院审查后依法制作人身安全保护令民事裁定书，裁定禁止熊某洋对熊某瑶实施家庭暴力，熊某瑶由生父孔某带离熊某洋住处进行临时庇护等。2019年6月4日，熊某瑶在六水桥派出所民警的协助下由生父孔某从就读的临川四小接回了家，随孔某共同生活。本案审理过程中，熊某瑶的生母陈某辉向一审法院确认，同意解除熊某洋、何某莲与熊某瑶的抚养关系，因其无力抚养熊某瑶，表示不参加本案诉讼，放弃对熊某瑶的抚养权，同意生父孔某抚养熊某瑶。熊某瑶的养母何某莲也向一审法院确认，同意解除与熊某瑶的抚养关系。

熊某瑶随其养父熊某洋及养母何某莲一家三口一起享受民政低保，低保金保障号为SX07×××，经平均核算，熊某瑶个人自2011年至2019年6月共享受低保金43,140元。

【一审法院判决】

一审法院认为，孔某、陈某辉将亲生女儿孔某琪（收养后更名为熊某瑶）送养给熊某洋、何某莲，双方到民政部门办理了收养登记，熊某洋、何某莲与熊某瑶的收养关系依法成立，一审法院予以确认。收养熊某瑶后，熊某洋未能正确处理夫妻关系，其妻子何某莲于2012年因夫妻感情不和离家出走，熊某洋家庭不和睦。熊某洋及养女熊某瑶居住在政府分的廉租房，平时生活来源主要依靠政府低保金，街道办事处及社区经常对熊某洋及养女熊某瑶进行帮扶，但熊某洋依然没有改善居住生活条件，经常满地衣物无人收拾、生活垃圾无人清理，甚至熊某瑶的一日三餐都不能按时营养给予，导致熊某瑶个子比同龄人矮小。在教育小孩方面，熊某洋没有站在父亲的角度悉心耐心教育熊某瑶，而是经常因生活琐事用手、小木棍殴打熊某瑶。甚至在公安机关对其送达家庭暴力告诫书后，熊某洋依然没有改变其经常打骂小孩的陋习。综上所述，从家庭环境、家庭教育、生活水平诸多方面考虑，熊某洋不能为熊某瑶提供一个健康成长的生活环境。何某莲明确表示同意解除收养关系，熊某瑶本人也明确表示不愿意与养父熊某洋继续共同生活，愿意回到亲生父亲身边生活。关于孔某的诉讼主体资格问题，因熊某瑶的亲生母亲陈某辉已明确表示不参加本案诉讼，放弃其对熊某瑶的抚养权，故孔某是本案的适格原告。根据《收养法》（已失效）第26条第2款[①]，收养人不履行抚养义务，有侵害未成年养子女合法权益行为的，送养人有权要求解除养父母与养子女间的收养关系。孔某作为送养人，在熊某洋对熊某瑶经常殴打且无法保证熊某瑶正常生活、教育的情况下，要求解除养父母即熊某洋、何某莲与养女熊某瑶的收养关系于法有据，法院予以支持。根据《收养法》（已失效）第30条第2款[②]的规定，生父母要求解除收养关系的，养父母可以要求生父母适当补偿收养期间支出的生活费和教育费。一审法院按照2009年至2018年的江西省城镇人均消费支出酌定孔某应补偿给熊某洋、何某莲在收养期间为熊某瑶支出的生活费、教育费。经查，该十年的人均消费支出统计数据分别为9740元、10,619元、11,747元、12,776元、13,851元、15,142元、16,732元、17,696元、19,244元、20,760元，结合收养时间2010年6月至2019年6月，扣除政府历年来对熊某瑶个人生活帮扶的低保金43,140元，孔某应补偿熊某洋、何某莲的生活费、教育费为88,847元。综上所述，根据《收养法》（已失效）第26条第2款、第30条第2款，《民事诉讼法》（2017年）第144条[③]之规定，判决：（1）解除熊某洋、何某莲与养女熊某瑶的收养关系；（2）孔某补偿熊某洋、何某莲收养熊某瑶期间的生活费、教育费88,847元，此款在本判决生效之日起10日内付清。

【二审法院判决】

二审法院认为，本案一审的争议焦点为：（1）孔某是否是本案适格原告。（2）孔某要求解除熊某洋、何某莲与熊某瑶之间的收养关系有无事实及法律依据。

关于争议焦点一，法院认为，熊某洋与何某莲收养的女儿熊某瑶原名孔某琪。根据本案现有的证据，可以认定孔某是孔某琪的父亲，理由是：（1）孔某琪的出生医学证明载明其母亲姓名陈某辉，父亲姓名孔某。（2）孔某琪户籍信息记载，可以确认孔某是其父亲。（3）在协商关于孔某琪的收养问题过程中，孔某、陈某辉与熊某洋、何某莲先后于2010年6月5日签订了双方合同书、抱养小孩协议，于2010年6月18日签订了收养协议书，上述合同及协议中均载明孩子的父亲孔某、母亲陈某辉。（4）编号：（赣临）收字第2010（0××）号收养登记证明确载明送养人信息为：孔某、陈某辉夫妇。根据法律规定，当事人一方

---

① 相关规定参见《民法典》第1114条。
② 相关规定参见《民法典》第1118条。
③ 相关规定参见2021年修正的《民事诉讼法》第147条。

请求亲子关系不存在,应提供必要证据予以证明。现熊某洋对自己的主张并未提供任何证据,仅以孔某当年送养熊某瑶为由要求对孔某与熊某瑶的关系进行亲子鉴定,该主张没有法律依据,法院不予准许。孔某是熊某瑶的父亲,也是熊某瑶的送养人,是本案的适格原告。

关于争议焦点二,法院认为,孔某要求解除收养关系的理由为熊某洋对熊某瑶有长期殴打、虐待行为,侵害熊某瑶的身心健康,对于自己的主张,孔某提供了六水桥派出所家庭暴力告诫书、临川四小情况说明、西大街居委会情况说明等证据予以证实,上述证据可以证实熊某洋在家庭环境、家庭教育、生活水平诸多方面不能为熊某瑶提供一个健康成长的生活环境。孔某要求解除收养关系于法有据。关于熊某洋收养熊某瑶期间支出的生活费和教育费问题,熊某洋主张其花费了412,200元,对该主张,熊某洋仅在一审提供了抚州市好时光精品幼儿园的证明,并未附有相关凭证,对于其他费用并未提供证据予以证明,法院对其该项主张不予认定。熊某洋和熊某瑶平时居住在抚州市临川区利民嘉苑南区的廉租房,熊某洋没有固定工作,两人主要依靠政府低保金生活,原判按照2009年至2018年的江西省城镇人均消费支出酌定熊某瑶的生活费、教育费后,扣除收养期间政府对熊某瑶个人生活帮扶的低保金43,140元,确定孔某应补偿熊某洋、何某莲的生活费、教育费为88,847元并无不当。

综上所述,熊某洋的上诉请求不能成立。原判认定事实清楚,适用法律正确,应予维持。依照《民事诉讼法》(2017年)第144条、第170条第1款第1项①的规定,判决如下:驳回上诉,维持原判。

(四)律师小结

上述案例虽发生于《民法典》实施前,但裁判观点仍可继续适用。收养制度是从孩子健康成长的角度考虑,收养能为一些没有孩子的家庭以及孤儿创造一个更和谐美好的环境。当收养人不履行抚养义务,有虐待、遗弃被收养未成年人时,送养人有权单方要求解除收养关系,无须收养人同意。我国《民法典》对收养制度的价值取向是侧重保护收养关系中的弱势一方。被收养的未成年人在体力、智力和生存能力上都处于弱势,如果收养人不履行抚养义务,还虐待被收养人,就会造成被收养人无法健康成长。虐待、遗弃被收养人,行为造成严重后果构成刑事犯罪的,需要依法承担刑事责任。

① 相关规定分别参见2021年修正的《民事诉讼法》第147条、第177条第1款第1项。

六、如何解除收养关系?

(一)律师观点

收养行为在现实生活中很常见,但收养不是简单的两个字。首先,收养是民事法律行为;其次,应满足关于收养的相关规定;最后,还需办理收养登记,收养关系才可成立。收养是收养人与被收养人依照《民法典》的相关规定成立拟制父母子女关系的民事法律行为,既然是拟制的父母子女关系,就有可能会出现各种原因导致收养关系的恶化或事实的解体。所以,如何解除收养关系也成为人们重点关注的问题之一。

收养使养子女与养父母之间形成拟制父母子女关系。因此这一拟制的父母子女关系也可以经由一定的法律程序加以解除。养父母与成年子女间收养关系的解除主要有两种途径:一是双方协议解除;二是向法院提起诉讼解除。收养关系一方或者双方当事人要求解除收养关系,经过双方协商无法达成协议的,可以向法院起诉请求解除收养关系。法院在审理此类案件时,应当从收养法律规定的基本原则出发,从尊重养子女和养父母的实际关系出发,查明解除收养关系的事实和理由,考察双方关系是否达到"关系恶化,无法共同生活"的解除标准,并对双方当事人做好调解工作。无法达成调解协议的,法院依法作出准予或者不准予解除收养关系的判决。依诉讼程序解除收养关系的,收养关系自准予解除收养关系的调解书或判决书生效之日起解除。

当事人协议解除收养关系,子女在8周岁以上的,应征得其同意,且需要到民政部门办理收养关系解除登记,要求当事人持居民户口簿、居民身份证、收养登记证和解除收养关系的书面协议共同到被收养人常住户口所在地的收养登记机关办理解除收养登记。收养登记机关收到解除收养关系登记申请书及有关材料后,应当自次日起30日内进行审查,对于符合收养法律规定的,收养登记机关予以办理解除收养关系的登记,收回收养登记证,发给解除收养关系证明。

收养关系解除后,养子女与养父母以及其他近亲属间的权利义务关系即行消除,未成年养子女与生父母以及其他近亲属间的权利义务关系自行恢复,成年养子女与生父母以及其他近亲属间的权利义务关系是否恢复,由双方协商确定。

(二)法律依据

《民法典》

第一千一百一十四条　收养人在被收养人成年以前,不得解除收养关系,但是收养人、送养人双方协议解除的除外。养子女八周岁以上的,应当征得本人同意。

收养人不履行抚养义务,有虐待、遗弃等侵害未成年养子女合法权益行为的,送养人有权要求解除养父母与养子女间的收养关系。送养人、收养人不能达成解除收养关系协议的,可以向人民法院提起诉讼。

第一千一百一十五条 养父母与成年养子女关系恶化、无法共同生活的,可以协议解除收养关系。不能达成协议的,可以向人民法院提起诉讼。

第一千一百一十六条 当事人协议解除收养关系的,应当到民政部门办理解除收养关系登记。

第一千一百一十七条 收养关系解除后,养子女与养父母以及其他近亲属间的权利义务关系即行消除,与生父母以及其他近亲属间的权利义务关系自行恢复。但是,成年养子女与生父母以及其他近亲属间的权利义务关系是否恢复,可以协商确定。

第一千一百一十八条 收养关系解除后,经养父母抚养的成年养子女,对缺乏劳动能力又缺乏生活来源的养父母,应当给付生活费。因养子女成年后虐待、遗弃养父母而解除收养关系的,养父母可以要求养子女补偿收养期间支出的抚养费。

生父母要求解除收养关系的,养父母可以要求生父母适当补偿收养期间支出的抚养费;但是,因养父母虐待、遗弃养子女而解除收养关系的除外。

(三)典型案例

【案件索引】

案由:柏某芳、李某忠解除收养关系纠纷案

审理法院:安徽省六安市中级人民法院

案号:(2017)皖15民终1117号

【基本案情】

上诉人(原审原告):柏某芳

上诉人(原审被告):李某忠

李某出生于2005年4月4日。2005年7月,李某忠在民政部门办理了李某的收养登记。2017年2月,经江西博中司法鉴定中心鉴定,柏某芳系李某的生物学母亲。2017年3月,柏某芳以为了李某的学习生活方便为由,诉至法院,要求解除李某与李某忠的收养关系,改由柏某芳抚养。

【一审法院判决】

一审法院审理认为,李某忠依法收养李某,李某忠不同意解除收养关系,愿意尽抚养义务,应当维持收养关系。本案中,柏某芳未提出证据证实收养人李某忠有虐待、遗弃等侵害未成年养子女合法权益行为,故柏某芳诉请解除李某与李某忠的收养关系,法院不予支持,判决驳回原告柏某芳的诉讼请求。

【二审法院判决】

二审法院认为,本案争议焦点为上诉人柏某芳主张解除其子与被上诉人李某忠的收养关系能否成立。《收养法》(已失效)第26条[①]规定,收养人在被收养人成年以前,不得解除收养关系,但收养人、送养人双方协议解除的除外,养子女年满10周岁以上的,应当征得本人同意。收养人不履行抚养义务,有虐待、遗弃等侵害未成年养子女合法权益行为的,送养人有权要求解除养父母与养子女间的收养关系。送养人、收养人不能达成解除收养关系协议的,可以向法院起诉。本案李某于2005年4月4日出生;7月21日,六安市裕安区民政局根据李某忠的申请审查认为被收养人李某与收养人李某忠之间符合收养要件,为收养人李某忠办理收养登记证,确认收养关系自登记之日起成立,因此,李某忠与李某之间的收养关系符合法律规定,非满足法定条件不得解除。柏某芳依据鉴定意见,确定柏某芳系李某生物学母亲的事实,主张解除其子李某与被上诉人李某忠的收养关系,但未提供李某忠不履行抚养义务,存在虐待、遗弃等侵害被收养人李某合法权益行为的证据,因此,应承担举证不能的法律责任,柏某芳的此项诉讼请求不能成立。至于上诉人李某忠的上诉请求,因其诉讼请求与本案缺乏关联性,不予审查。综上所述,上诉人柏某芳、上诉人李某忠的上诉请求均不能成立,应予驳回。原判认定事实清楚,适用法律正确,应予维持。根据《民事诉讼法》(2017年)第170条第1款第1项[②]之规定,判决如下:驳回上诉,维持原判。

(四)律师小结

上述案例中,原告因不能提供收养人不履行抚养义务,存在虐待、遗弃等侵害被收养人合法权益行为的证据,故法院没有支持其诉讼请求,收养关系未被解除。该案判决时依据的《收养法》已因《民法典》的生效而失效,此后类似解除收养关系

① 相关规定参见《民法典》第1114条。

② 相关规定参见2021年修正的《民事诉讼法》第177条第1项。

的案件应当参照《民法典》的规定处理。解除收养关系可以通过诉讼，但须提供充分证据证明存在解除收养关系条件的有关事实，法院解除收养关系的判决生效后即收养关系解除。协议解除收养关系的，需要到收养登记机关办理收养关系解除登记，收养登记机关发给解除收养关系证明后，收养关系才得以解除。

七、解除收养关系后，子女可以继承生父母的遗产吗？

（一）律师观点

养子女与其生父母之间本具有自然血亲关系，该自然血亲关系因收养行为所具有的解除效力而消除。当收养关系被解除，引起养子女与其生父母之间自然血亲关系消除的原因消失，养子女与其生父母的自然血亲关系可以恢复。未成年养子女由于尚不具有完全民事行为能力和独立生活的能力，需要有人代理其作出法律行为，并履行监护职责。为了保证在收养关系解除之后，能有人继续承担对未成年养子女抚养、教育和保护的义务，确保未成年人的生活不因收养关系的解除而陷入困境，法律规定在养子女未成年时解除收养关系的，养子女与生父母的血亲关系自然恢复。养子女在收养后改变姓氏的，可以恢复为生父或生母的姓氏。父母子女关系恢复后，双方的权利义务关系也因此恢复，生父母需要重新承担抚养、教育和保护子女的义务，且双方有相互继承遗产的权利。

养子女成年之后，因其已具有完全民事行为能力和意思能力，能够判断、辨识社会关系及其意义，决定自己的身份，法律上为尊重养子女的独立人格及其意愿，赋予养子女身份选择权，成年养子女可以选择恢复与生父母的血亲关系，经与生父母协商一致，重新加入生父母的家庭之中，取得与生父母互相继承遗产的权利，并承担赡养生父母的义务。应注意的是，如果养子女与生父母协商决定恢复父母子女关系，则双方之间的权利义务关系是完全的，不因生父母曾经将子女送养而受到影响，子女应承担赡养生父母的义务，不得以生父母曾将其送养，未履行抚养、教育和保护义务为由，而拒绝履行对生父母的赡养义务。如果成年养子女对生父母将其送养的事实始终无法释怀，因常年不与生父母共同生活而感情淡漠，不愿与生父母恢复父母子女关系，则双方不能恢复父母子女关系，不能相互继承遗产，成年子女也没有承担赡养生父母的法定义务。

总而言之，养子女与养父母及其近亲属之间，因解除收养而使得相关权利义务关系消除；养子女与生父母及其近亲属之间的法律关系则视养子女是否成年而有所区别。养子女尚未成年的，收养关系解除后，其与生父母的权利义务关系自动恢复,在这种情况下,养子女可以继承生父母的遗产;养子女已成年的,应与生父母在平等自愿基础上协商确定权利义务关系是否恢复,如一方不愿恢复关系,那么双方对彼此的财产均不享有继承权。

(二)法律依据

《民法典》

第一千一百一十一条　自收养关系成立之日起,养父母与养子女间的权利义务关系,适用本法关于父母子女关系的规定;养子女与养父母的近亲属间的权利义务关系,适用本法关于子女与父母的近亲属关系的规定。

养子女与生父母以及其他近亲属间的权利义务关系,因收养关系的成立而消除。

第一千一百一十七条　收养关系解除后,养子女与养父母以及其他近亲属间的权利义务关系即行消除,与生父母以及其他近亲属间的权利义务关系自行恢复。但是,成年养子女与生父母以及其他近亲属间的权利义务关系是否恢复,可以协商确定。

(三)典型案例

【案件索引】

案由:黄某1与黄某2、季某法定继承纠纷案

审理法院:上海市浦东新区人民法院

案号:(2018)沪0115民初74035号

【基本案情】

原告:黄某1

被告:黄某2

被告:季某

被继承人黄华某于2018年6月25日去世,生前未婚,无子女。被继承人黄华某的父亲黄某泉(2006年5月6日去世)与母亲范某宝(1981年3月14日去世)共生育黄士某(2015年3月21日去世)、黄茂某(2017年11月13日去世)、被继承人黄华某及原告黄某1、被告黄某2、被告季某六位子女。被告季某于15个月时被季某宝、胡某英收养,双方建立养父母与养子女关系,后双方因琐事发生矛盾,季某宝、胡某英起诉要求解除与季某的养父母与养子女关系,后双方达成调解协议,2002年10月17日,法院出具(2002)浦民一(民)初字第11655号民事调解书,确认双方解除养父母与养子女关系。

被继承人黄华某系残疾人，残疾人证上记载监护人为原告黄某1，自2005年入住上海市浦东新区航头镇下沙敬老院至其去世。本案庭审中，原告陈述在被继承人入住敬老院期间，原告将系争房屋出租，租金由原告、被告及被继承人等六人分得，被继承人分得的租金用于其在敬老院的开销，现租金剩余4509元在原告处，被继承人每月享受低保补助1270元，也用于其在敬老院开销。2018年1月30日，系争房屋权利人登记为被继承人黄华某。审理中，原告、被告均确认系争房屋的市场价值为1,200,000元。原告、被告因系争房屋的继承问题产生纠纷，故原告起诉至本院，请求判如所请。

【法院判决】

法院认为，遗产是公民死亡时遗留的个人合法财产。继承开始后，按照法定继承办理；有遗嘱的，按照遗嘱继承或者遗赠办理；有遗赠扶养协议的，按照协议办理。系争房屋权利人为被继承人黄华某，系争房屋为其遗产，被继承人黄华英去世前未留有遗嘱或遗赠，故本案适用法定继承。本案争议焦点在于：(1)被告季某是否有权继承系争房屋；(2)原告主张多继承系争房屋及被告黄某2丧失系争房屋的继承权是否成立。针对第一个争议焦点，被收养人与其亲兄弟姐妹之间的权利义务关系因收养关系的成立而消除，不能互为第二顺序继承人。收养关系解除后，养子女与养父母及其他近亲属间的权利义务关系即行消除，与生父母及其他近亲属间的权利义务关系自行恢复，但成年养子女与生父母及其他近亲属间的权利义务关系是否恢复，可以协商确定。被告季某从小被收养，其与被继承人黄华某之间的权利义务关系因收养关系的成立而消除，不能成为黄华某的第二顺序继承人。季某与养父母解除收养关系时已成年，故其与被继承人黄华某之间的权利义务关系在收养关系解除后不能自行恢复，被告季某未能证明其与被继承人黄华某之间的权利义务关系已协商恢复，故季某要求作为黄华某的第二顺序继承人继承系争房屋缺乏依据，不予支持。针对第二个争议焦点，黄华某生前长期生活于敬老院，日常生活有敬老院照料，黄华某本人每月享有一定的补助收入，且有系争房屋的租金收益，说明黄华某生前并不需要原告、被告予以经济扶助。原告举证不能证明被告黄某2有丧失继承权的情形，也不足以证明原告对被继承人尽了主要扶养义务，故其要求认定被告黄某2丧失继承权及原告在继承系争房屋时予以多分，均缺乏依据，不予支持。系争房屋应由原告黄某1与被告黄某2均等继承，各自继承1/2产权。根据原告、被告对系争房屋的处理意见及系争房屋现状，系争房屋由原告继承所有，由原告按照原告、被告确认的系争房屋市场价值支付被告黄某2该房屋1/2折价款计600,000元。综上所述,依照《收养法》(已失效)第29条[①],《继承法》(已失效)第10条、第13条第1款[②]和《物权法》(已失效)第99条、第100条[③]之规定,判决如下:

1. 上海市浦东新区六里新村×××号×××室房屋归原告黄某1继承所有。

2. 原告黄某1于本判决生效之日起10日内支付被告黄某2折价款600,000元。

(四)律师小结

解除收养关系后,子女是否可以继承生父母的遗产,首先要看解除收养关系时子女是未成年还是已成年,对此,《民法典》沿袭了《继承法》(已失效)的规定,上述案例中依据的《收养法》和《继承法》随着《民法典》的实施而失效,在以后的案件中应根据《民法典时间效力规定》选择适用的法律。养子女在未成年时解除与养父母的收养关系的,其与生父母之间的权利义务关系自行恢复,有权继承生父母的遗产。如果是在成年后解除与养父母的收养关系,并通过协商恢复了与生父母之间的权利义务关系,也有权继承生父母的遗产,若没有通过协商恢复与生父母之间的权利义务关系,则不能继承遗产。

八、解除收养关系后,养父母有权要求养子女补偿吗?

(一)律师观点

收养制度最主要的目的是让遭遇变故、无所依托的未成年人能够通过被他人收养得到良好的照顾和养育,并健康长大。在收养关系存续期间,养父母对养子女的生活和教育付出了大量的时间、精力和金钱,若收养关系一旦解除后,养子女便不承担对养父母的赡养义务,这对收养人是不公平的。本着公平原则,在解除收养关系时,养父母有权主张经济补偿。

养父母的经济补偿权可分为向养子女主张补偿和向养子女的生父母主张补偿两种类型,两种类型补偿的条件和范围有所不同。养父母向养子女提出经济补偿的条件是:养子女已经成年;养子女成年之后对养父母有虐待、遗弃的行为;因养子

① 相关规定分别参见《民法典》第1117条。

② 相关规定分别参见《民法典》第1127条、第1130条。

③ 相关规定分别参见《民法典》第303条、第304条。

女的上述过错行为导致了收养关系的解除。补偿义务的主体是已成年的养子女本人,补偿的范围是全额补偿养父母在收养期间支出的抚养费。同时,经养父母抚养的成年养子女,对缺乏劳动能力又缺乏生活来源的养父母,应当给付生活费,这虽不是经济补偿,但因养父母在养子女未成年时承担了抚养养子女的义务,因此在其缺乏劳动能力又缺乏生活来源时成年养子女要履行相应的赡养义务,给付生活费。养父母向生父母提出经济补偿的条件是:养子女尚未成年;生父母要求解除收养关系;收养关系的解除并非因养父母对养子女的虐待、遗弃行为导致。补偿义务的主体是生父母,补偿的范围是适当补偿养父母在收养期间支出的抚养费。

通过比较可见,因养子女的虐待、遗弃导致解除收养关系的,养子女对收养关系的解除具有重大过错,为了惩罚养子女的不道德行为,无论养父母是否处于生活困难状况以及养子女本身的经济状况如何,养子女均应按养父母在收养期间支付的抚养费数额,全额向养父母进行补偿。而对于生父母要求解除收养关系的,按《民法典》第1114条的规定,只能发生在被收养人成年之前。因被收养人尚未成年,养父母抚养养子女投入有限,且生父母要求解除收养关系的原因不能一概归咎于生父母,故对于生父母要求解除收养时的补偿范围,不宜确定为全额补偿,而为适当补偿。实践中,应结合双方对于解除收养关系的比较过错、生父母的负担能力、养父母的经济状况等因素综合考量确定补偿标准和补偿数额。并且生父母承担补偿义务以养父母无虐待、遗弃养子女的情形为条件,如果生父母是因养父母虐待、遗弃养子女提出解除收养,为体现对养父母过错行为的惩罚,养父母无权向生父母提出经济补偿要求。

(二)法律依据

《民法典》

第一千一百一十四条 收养人在被收养人成年以前,不得解除收养关系,但是收养人、送养人双方协议解除的除外。养子女八周岁以上的,应当征得本人同意。

收养人不履行抚养义务,有虐待、遗弃等侵害未成年养子女合法权益行为的,送养人有权要求解除养父母与养子女间的收养关系。送养人、收养人不能达成解除收养关系协议的,可以向人民法院提起诉讼。

第一千一百一十五条 养父母与成年养子女关系恶化、无法共同生活的,可以协议解除收养关系。不能达成协议的,可以向人民法院提起诉讼。

第一千一百一十八条 收养关系解除后,经养父母抚养的成年养子女,对缺乏劳动能力又缺乏生活来源的养父母,应当给付生活费。因养子女成年后虐待、遗弃养父母而解除收养关系的,养父母可以要求养子女补偿收养期间支出的抚养费。

生父母要求解除收养关系的，养父母可以要求生父母适当补偿收养期间支出的抚养费；但是，因养父母虐待、遗弃养子女而解除收养关系的除外。

(三)典型案例

【案件索引】

案由：张某甲、李某某诉张某乙解除收养关系纠纷案

审理法院：江西省吉安市青原区人民法院

案号：(2015)青民初字第735号

【基本案情】

原告：张某甲

原告：李某某

被告：张某乙

原告张某甲、李某某夫妻一直居住在吉安市青原区，二人未生育小孩，前后共收养二个儿子、二个女儿。被告张某乙8岁时随他人流落东固镇，二原告将其收养为子，供被告读书至初中，二原告抚养被告5年，“文化大革命”期间，被告独自回到广东省五华县老家，在老家生活了六七年。1973年，被告在不知道二原告已收养其他子女、以为二原告仍然膝下无子的情况下，又回到二原告身边，与二原告共同生活，被告负责家庭的农活。在被告36岁时，二原告与被告夫妻分家，并约定被告赡养张某甲，二原告收养的另一个儿子赡养李某某，此后，被告每月均会给张某甲大米等食品以尽赡养义务。2006年八九月，因张某甲拒收被告送过去的大米，加之被告认为张某甲在其困难时不借钱帮助其渡过难关、张某甲在卖掉街上的店面时不告知被告等原因，双方矛盾激化，被告之后再未赡养张某甲。庭审期间，被告张某乙明确表示同意解除收养关系。另查明：(1)原告张某甲生于1924年9月14日，现已年满91周岁，原告李某某生于1932年8月17日，现已年满83周岁，二原告缺乏劳动能力又缺乏生活来源；被告张某乙因患脉管炎脚部留下残疾，目前在东固街上一家私人开办的拉丝厂上班。(2)1975年左右，二原告将自己收养的另一个女儿许配给张某乙，婚礼及费用均由二原告负责。(3)2006年左右，因新农村建设，拆除二原告的老房子，被告将该老房子旧木料出售后得款3200元，并非6000元，原告亦对此金额表示认可，该款未归还二原告。

【法院判决】

法院认为，原告张某甲、李某某夫妇在被告张某乙8岁时将其收养，抚养被告到13岁，并供其读书，被告20岁时又回到二原告身边，被告也赡养二原告近20年，二原告虽未办理收养登记手续，但事实上双方以父子、母子相称，亲友、群众也公认原告、被告之间为父子、母子关系，且该行为发生在《收养法》（已失效）实施之前，故双方已形成事实上的收养关系，该收养关系合法有效，受法律保护；原告、被告双方本应珍惜这份难得的养父母子女亲情，但自2006年八九月至案件审理时，由于种种原因，双方关系持续恶化，形同陌路，被告不再尽赡养义务。二原告诉至法院要求解除收养关系，被告在庭审中亦明确表示同意解除收养关系，对此法院予以照准，故对二原告要求与被告解除收养关系的诉讼请求，法院依法予以支持。我国法律规定，只有在成年被收养人存在虐待、遗弃收养人的情况下，收养人才可以主张被收养人给付已经花费的抚养费用和教育费，二原告并未提供证据证明被告对其二人存在虐待、遗弃的行为，因此，二原告要求被告按照收养期间花费15,000元抚养费和操办婚事花费45,000元的费用标准计算费用过高，法院应酌情核减；我国法律同时规定，经养父母抚养的成年养子女，对缺乏劳动能力又缺乏生活来源的养父母，应当给付生活费，二原告确已抚养被告5年，且被告现已成人并已独立生活，现二原告年老、缺乏劳动能力又缺乏生活来源，原告、被告双方之间的收养关系解除后，被告应承担二原告晚年的部分生活费用，根据二原告收养四个子女、被告患有残疾且年逾六旬的实际情况，结合当地生活水平，法院酌定被告张某乙给付二原告生活费用10,000元。原告房屋旧料出售后得款的3200元，被告虽主张张某甲已将此款赠送给其盖房用，但未提供相应的证据证明，被告应将该款归还原告。被告辩称其已赡养原告近20年，并为张某甲操办70岁、80岁大寿，已经补偿了二原告的抚养费用，法院认为，抚养人的抚养行为与被抚养人的赡养行为并不是一种交易行为，不能以金钱来衡量，抚养人对被抚养人的身体状况是没有选择权利的，无论被抚养人是健康还是患病，也无论抚养人付出多少费用，只要处于被抚养期间，抚养人就要最大限度地确保被抚养人享有基本的生存权，否则就构成遗弃，同样，赡养人对被赡养人的身体状况也没有选择权利，无论被赡养人是健康还是患病，也无论赡养人付出多少费用，只要处于被赡养期间，赡养人就要最大限度地确保被赡养人享有基本的生存权，否则也构成遗弃。被告辩称其赡养行为已经补偿了二原告的抚养费用、其不需给付二原告生活费的主张缺乏法律依据，应不予支持，被告应给付二原告生活费。据此，依照《收养法》（已失效）

第27条、第30条第1款[①],《物权法》(已失效)第34条[②],《民事诉讼法》(2017年)第64条第1款[③]之规定,判决如下:

1. 解除原告张某甲、李某某与被告张某乙之间的收养关系。

2. 被告张某乙给付原告张某甲、李某某生活费10,000元,并归还原告张某甲、李某某房屋旧料款3200元,合计13,200元,限被告张某乙在本判决生效后15日内给付。

3. 驳回原告张某甲、李某某的其他诉讼请求。

(四)律师小结

无论是《收养法》(已失效)还是《民法典》,法律均规定,生父母要求解除收养关系和因成年养子女遗弃、虐待养父母导致解除收养关系时,养父母享有经济补偿权。至于收养人与送养人达成协议解除收养关系的,首先应尊重收养各方的意思自治,如收养各方在解除收养协议中已对收养解除后的经济、财产事宜作出约定的,应按当事人的约定处理;若各方在解除收养时未对相关经济补偿事宜达成一致意见而诉至法院的,则应结合收养各方对于解除收养关系的比较过错,具体分析认定补偿数额。

---

① 相关规定分别参见《民法典》第1115条、第1118条。

② 相关规定参见《民法典》第235条。

③ 相关规定参见2021年修正的《民事诉讼法》第67条第1款。

第二编

继　承

第一章　一般规定

一、自然人死亡后，哪些财产属于遗产范围？

（一）律师观点

当继承开始，分配遗产的时候，最重要的就是界定遗产的范围，只有确定好了遗产范围，才能更好地判断遗产归属以及进行遗产分配。

遗产范围，是指被继承人在死亡后遗留的，可以作为遗产被继承的财产范围。确定遗产范围，是判断遗产归属、进行遗产分配的前提和基础。对于何为遗产，学界有广义和狭义之分，狭义仅指积极财产，即财产权利，是指死者生前个人享有的财物和可以继承的其他合法权益，如债权和著作权中的财产权益等。而广义则既包括积极财产，还包括消极财产，即财产义务，也即死者生前所欠的个人债务。实践中所说的遗产大多数是指积极财产，不包括消极财产，这便于民众对遗产内涵的理解和认识，在司法实务中也有利于避免在理解与适用上出现混乱。对于遗产的具体范围，《民法典》采用了“正面概括列举加反面排除”的方式予以规定，即遗产是自然人死亡时遗留的个人合法财产，放弃了《继承法》（已失效）仅采用列举的方式，这是因为财产权利会随着社会经济和社会生活的变化而变化，会不断增添新的内容，如果遗产范围采用安全列举的方式，难免会存在立法的漏洞，进而增加法律被修改、补充的可能，不利于法的稳定。

何为个人合法财产？就形式而言，财产包括物权、债权、知识产权、股权等财产性权益，根据其字面含义和法律理解，我们可以认为遗产中的个人合法财产是指：第一，被继承人死亡时遗留下来的财产，这是遗产在时间上的限定性。被继承人死亡前，其财产不能成为遗产，不发生继承问题。实践中，有的子女在其父母生病住院期间就要分割所谓的“遗产”，这种行为不仅是不道德的，也是违法的，侵犯了他人的财产权利。第二，被继承人的个人财产，不属于个人的财产不能成为遗产，这是遗产在范围上的限定性。比如夫妻共同财产，在分割时要先将夫妻共同财产中的一半分出为配偶所有，其余才是被继承人的遗产。第三，被继承人的合法财产，不是被继承人合法取得和合法享有的财产，不能成为遗产，这是遗产的法定性、合法性要求。被继承人非法取得的财产,如通过抢劫、盗窃、诈骗或非法侵占国家、集体或者其他个人的财产等不法手段取得的财产不得作为遗产。同时,这就要求财产的权属关系明确,不存在权利瑕疵或所有权纠纷,如果某项财产存在权利纠纷,应当先通过仲裁、诉讼等途径明确其所有权属于被继承人后才能作为遗产进行分配,否则法院也不会处理该项财产。

(二)法律依据

《民法典》

第一百二十四条 自然人依法享有继承权。

自然人合法的私有财产,可以依法继承。

第一千一百二十二条 遗产是自然人死亡时遗留的个人合法财产。

依照法律规定或者根据其性质不得继承的遗产,不得继承。

第一千一百五十三条 夫妻共同所有的财产,除有约定的外,遗产分割时,应当先将共同所有的财产的一半分出为配偶所有,其余的为被继承人的遗产。

遗产在家庭共有财产之中的,遗产分割时,应当先分出他人的财产。

《民法典继承编解释(一)》

第二条 承包人死亡时尚未取得承包收益的,可以将死者生前对承包所投入的资金和所付出的劳动及其增值和孳息,由发包单位或者接续承包合同的人合理折价、补偿。其价额作为遗产。

第三十九条 由国家或者集体组织供给生活费用的烈属和享受社会救济的自然人,其遗产仍应准许合法继承人继承。

(三)典型案例

【案件索引】

案由:杨某、黄某1等与黄某法定继承纠纷案

审理法院:四川省广安市广安区人民法院

案号:(2021)川1602民初720号

【基本案情】

原告:杨某

原告:黄某1

被告:黄某2

被告:黄某3

原告杨某与黄某青系丧偶再婚，婚后未生育子女。杨某与前夫黄某平（已故）育有一子，即本案另一原告黄某1，黄某青与前妻丁某英（已故）育有二女，即本案被告黄某2、黄某3。杨某与黄某青婚后，一直与三子女共同生活。2020年12月28日，黄某青因病去世。黄某青去世时，在中国农业银行广安石笋分理处有两个银行账户，其中账号为2267××××8300的账户中有三笔存款，金额分别为13,449.89元、10,393.80元、20,000元，合计43,843.69元；账号为6228××××4611的账户有存款61.02元。同时，2020年12月28日，杨某从6228××××4611账户中取款3400元并存放于己处。

【法院判决】

法院认为，依照《民法典》第1122条、第1127条之规定，遗产是自然人死亡时遗留的个人合法财产，配偶、子女、父母为第一顺序继承人。原告黄某1虽系黄某青继子，但从6岁起便随黄某青、杨某及被告黄某2、黄某3共同生活，与黄某青系具有扶养关系的继父子，故本案原告、被告均为黄某青的第一顺序继承人，对黄某青的遗产享有平均的继承权利。

黄某青去世时，在中国农业银行广安石笋分理处的两个银行账户中共有存款余额43,904.71元，属于黄某青与杨某的夫妻共同财产，其中50%即21,952.35元由原告杨某所有，另21,952.35元应纳入遗产分配，由原告杨某、黄某1与被告黄某2、黄某3各继承5488元。同时，2020年12月18日杨某从黄某青的6228××××4611账户中取出的3400元亦属于夫妻共同财产，其中1700元由原告杨某所有，另1700元应纳入遗产分配，由原告杨某、黄某1与被告黄某2、黄某3各继承425元。综上所述，依照《民法典》第1122条、第1127条、第1130条，《民事诉讼法》第64条①之规定，判决如下：

1.黄某青去世时在中国农业银行广安石笋分理处账号为2267××××8300账户中的存款共43,843.69元，其中50%计21,921.85元归原告杨某所有，另21,921.85元系黄某青遗产，由原告杨某、黄某1，被告黄某2、黄某3各继承5480.40元。

2.黄某青去世时在中国农业银行广安石笋分理处账号为6228××××4611账户中的存款61.02元，其中50%计30.50元归原告杨某所有，另30.50元系黄某青遗产，由原告杨某、黄某1，被告黄某2、黄某3各继承7.60元。

---

① 相关规定参见2021年修正的《民事诉讼法》第67条。

3. 杨某从黄某青账户(开户行:中国农业银行广安石笋分理处,账号:6228××××4611)中取出的3400元,其中50%计1700元归原告杨某所有,另1700元系黄某青遗产,由原告杨某、黄某1,被告黄某2、黄某3各继承425元。

(四)律师小结

由上述案例可知,遗产是自然人死亡时遗留的个人合法财产,夫妻一方死亡的,应当先将夫妻共同所有的财产的一半分出为配偶所有,其余的才是被继承人的遗产。在继承遗产时,有遗嘱或遗赠的,按遗嘱或遗赠处理,没有遗嘱、遗赠或遗嘱、遗赠中未处理的部分按照法定继承处理,即按照法定遗产继承顺序先由配偶、子女、父母等第一顺位继承人依法进行继承分割。

二、死亡赔偿金可以作为遗产继承吗?

(一)律师观点

公民因各种事故死亡的,往往会获得一笔死亡赔偿金。而近年来随着人身损害赔偿案件的增多,要求对死亡赔偿金进行分割的案件也逐年增多,有些当事人不了解死亡赔偿金的性质,认为其是死者留下的遗产。

生命权是最重要的人格权利,而法律尤其是民法对于生命权的救济却是无能为力的,损害赔偿的基本功能是填补损失,但是在生命权被侵害的情况下,生命的丧失却是无法弥补的,因为人死不能复生,失去的生命是无法恢复原状的。生命的无价性决定了其无法用金钱衡量,任何试图对生命进行定价的行为只能是对人格尊严的侮辱和贬低。生命权被侵害,对于受害者来说,法律已是无能为力,但是人作为一个社会主体,处于家庭关系、朋友关系、社会关系之中,死亡的损害后果会延及自然人所处的社会生活圈,会给其亲友特别是近亲属带来情感上的痛苦、收入来源的减损等损害后果,影响近亲属的正常生活。此时,死者近亲属对于所遭受的损害,可以基于自身权利受损害而向侵权人提出损害赔偿,请求内容主要包括因侵权行为致受害人死亡给其近亲属带来的精神损害和因死者生命逝去造成家庭成员未来收入的减少以及实际支付的医药费、丧葬费等费用,这是对自然人生命保护的应有之义。

死亡赔偿金虽源于被继承人之死亡,但该赔偿金真正的产生时间是被继承人死亡后,其本质是对死者近亲属的抚恤或赔偿,因此,不属于被继承人遗留的财产范围。

对此，虽然法律并无明确规定，但最高人民法院在《关于空难死亡赔偿金能否作为遗产处理的复函》中已明确，死亡赔偿金是基于死者死亡对死者近亲属所支付的赔偿，死亡赔偿金的权利人是死者近亲属，而非死者，因此死亡赔偿金不宜认定为遗产。

（二）法律依据

《民法典》

第一百二十四条　自然人依法享有继承权。

自然人合法的私有财产，可以依法继承。

第一千一百二十二条　遗产是自然人死亡时遗留的个人合法财产。

依照法律规定或者根据其性质不得继承的遗产，不得继承。

《人身损害赔偿案件解释》

第十五条　死亡赔偿金按照受诉法院所在地上一年度城镇居民人均可支配收入或者农村居民人均纯收入标准，按二十年计算。但六十周岁以上的，年龄每增加一岁减少一年；七十五周岁以上的，按五年计算。

第十六条　被扶养人生活费计入残疾赔偿金或者死亡赔偿金。

最高人民法院《关于空难死亡赔偿金能否作为遗产处理的复函》（〔2004〕民一他字第26号）

广东省高级人民法院：

你院粤高法民一请字（2004）1号《关于死亡赔偿金能否作为遗产处理的请示》收悉。经研究，答复如下：

空难死亡赔偿金是基于死者死亡对死者近亲属所支付的赔偿。获得空难死亡赔偿金的权利人是死者近亲属，而非死者。故空难死亡赔偿金不宜认定为遗产。

（三）典型案例

【案件索引】

案由：钱某1、钱某2与钱某3分割死亡赔偿金纠纷案

审理法院：江苏省常熟市人民法院

案号：（2018）苏0581民初2663号

【基本案情】

原告：钱某甲

原告：钱某乙

被告：钱某丙

原告钱某乙、被告钱某丙与钱某戊(已去世)、钱某己(先于钱某戊去世)系兄弟姐妹,原告钱某甲与其他兄弟姐妹系同母异父关系。2016年1月17日14时15分许,台某军驾驶车辆发生交通事故造成钱某戊受伤。交警大队出具道路交通事故认定书,认定台某军负事故的全部责任,过某坡、钱某戊不负事故责任。交通事故发生后,中国平安财产保险有限公司常熟支公司于2016年1月29日垫付了1万元,2016年6月16日,刘某静(台某军家属)与钱某丙达成人民调解协议书,刘某静补偿钱某戊亲属11万元(法律赔偿除外);钱某戊亲属对台某军的行为给予谅解,并要求司法机关不再追究台某军的刑事责任。2016年11月2日,常熟市人民法院核定因钱某戊交通事故死亡所造成的各项损失如下:医疗费454,725.31元、住院伙食补助费2650元、营养费2650元、护理费5300元、丧葬费30,891.50元、死亡赔偿金631,941元、精神损害抚慰金50,000元、误工费2000元、交通费800元,合计1,180,957.81元。判决:(1)中国平安财产保险股份有限公司常熟支公司在交强险限额范围内赔偿钱某丙、钱某甲、钱某乙12,000元。(2)都邦财产保险股份有限公司岳阳中心支公司在商业三责险范围内赔偿钱某丙、钱某甲、钱某乙100万元。(3)岳阳金翔物流有限公司赔偿原告钱某丙、钱某甲、钱某乙168,957.81元;被告台某军对被告岳阳金翔物流有限公司上述赔偿义务中的128,957.81元承担共同还款责任;被告郓城大胜大件运输有限公司对被告岳阳金翔物流有限公司上述赔偿义务中的48,957.81元承担共同还款责任。

【法院判决】

法院认为,本案系因死亡赔偿金分割而引发的纠纷。对于死亡赔偿金分割,法律并无明确的标准界定。就其性质而言,死亡赔偿金不是死者遗产,是对死者家属的赔偿,即对受害人近亲属因受害人死亡导致的经济补偿和精神抚慰。至于死亡赔偿金的分配主体,应是与死者生前共同生活的家庭成员中的近亲属,即配偶、子女、父母,但又不同于遗产分配中的法定继承,应当根据与死者生前共同生活时间的长短、生前共同生活的紧密程度及依赖性等因素适当分割,而非均分。在本案中,钱某戊父母双亡,且未娶妻生子,原告钱某乙、钱某丙与钱某戊系同一父母亲的兄弟姐妹,原告钱某甲与被告钱某戊系同母异父的姐弟,故原告、被告作为钱某戊的兄弟姐妹均有权依法分割死亡赔偿金和精神损害抚慰金等。钱某戊为多重二级残疾人,父母双亡,也未结婚生子,平时一直与被告钱某丙共同居住生活,并由被告钱某丙进行照顾,故钱某戊因交通事故死亡,影响最大的是与其长期共同生活的被告钱某丙。钱某甲与钱某戊系同母异父的姐弟，钱某甲出嫁将近60年，且根据证人证言，其很少看望并照顾钱某戊。钱某乙与钱某戊虽系同父同母的姐弟，但其也已出嫁50多年，且根据证人证言，其很少看望并照顾钱某戊，故综合上述因素后酌情分配死亡赔偿金等，由钱某甲享有10%、钱某乙享有15%、钱某丙享有75%。至于谅解费11万元，其性质与死亡赔偿金相同，故应当按照死亡赔偿金的分配方法进行处理。钱某戊的医疗费454,725.31元由钱某丙垫付，应当归钱某丙所有。关于丧葬费30,891.50元，钱某戊的丧事主要由钱某丙进行操办，该费用应当在赔偿款中扣除给被告钱某丙。钱某丙在(2016)苏0581民初3866号中花费的58,000元和案件受理费9352.40元应当在赔偿款中予以扣除。交通费800元因二原告未支出，被告钱某丙称由其支出，故也应当在赔偿款中予以扣除。关于护理费5300元，主要是由钱某丙在护理，二原告及其子女也曾轮流护理过，法院酌情扣除2650元。在扣除上述费用后原告钱某甲应分得73,187.20元，其诉前已拿到的10,000应予以扣除；原告钱某乙应分得109,780.80元，其诉前已拿到的10,000应予以扣除；被告钱某丙应分得548,904元。被告钱某丙已经领取了都邦财产保险股份有限公司岳阳中心支公司的赔偿款100万元及台某军补偿款11万元，在扣除上述费用后已取得的533,580.79元应予以扣除。被告岳阳金翔物流有限公司的赔偿款168,957.81元和案件受理费9333.40元目前在常熟市人民法院账户内。为减少当事人诉累，各方应得款项可在已到账的款项内直接进行支取。

(四)律师小结

上述案例虽发生于2018年，但最高人民法院《关于空难死亡赔偿金能否作为遗产处理的复函》仍是有效的，该复函明确了死亡赔偿金并非死者遗产。死亡损害赔偿并不是对死者生命的赔偿，法律关注的是活着的人的利益，因此，死亡损害赔偿虽不能作为死者的遗产进行继承，死者近亲属却可以基于其自身固有利益受损害而享有赔偿请求权，死亡赔偿金对近亲属受到的财产损害和精神痛苦进行的赔偿，也是为了让生者能够有更好的生活，使其能够满足基本的生活需要。

三、农村土地承包经营权可以继承吗?

(一)律师观点

实践中，我国农村土地的类型分为耕地、草地以及其他依法用于农业的土地，依照承包主体的不同，农村土地承包分为“家庭承包”和“其他方式的承包”两类。“家庭承包”的承包方是本集体经济组织的农户，“其他方式的承包”是指不宜采取家庭承包方式的荒山、荒沟、荒丘、荒滩等农村土地，通过招标、拍卖、公开协商等方式承包，承包方的主体可以是本集体经济组织成员，也可以是本集体经济组织以外的单位或者个人。根据《农村土地承包法》的有关规定，无论是哪种方式，承包方应得的承包收益作为遗产，都能依法继承，如种植的农作物本身以及卖出农作物获得的金钱、出租承包地获得的租金等。

根据《农村土地承包法》和有关司法解释，林地承包的承包人死亡，其继承人可以在承包期内继续承包。这主要是考虑林地的投资较大，种植树木的收益周期长，承包期相对也较长，故在承包期内实际上允许继续承包经营权。对于除林地外的家庭承包，法律未授予继承人可以继续承包的权利。当承包农地的农户家庭中的一人或几人死亡，承包经营仍然是以户为单位，承包地仍由该农户的其他家庭成员继续承包经营；当承包经营农户家庭的成员全部死亡，由于承包经营权的取得是以集体成员权为基础，该土地承包经营权归于消灭，农地应收归农村集体经济组织另行分配，不能由该农户家庭成员的继承人继续承包经营。否则，对集体经济组织其他成员的权益造成损害，对农地的社会保障功能产生消极影响。

若是通过招标、拍卖、公开协商等方式取得的“四荒”（荒山、荒沟、荒丘、荒滩）土地的承包经营权，根据《农村土地承包法》的有关规定，在承包期内，其继承人可以继续承包，司法实践中大多将此理解为一种可继承的用益物权。“四荒”土地取得方式属于商业化，其财产属性更突出，并且先期投入更多，风险更大，明确继承人在承包期的继续承包权，对于提高植被覆盖率、防治水土流失和土地荒漠化、改善生态环境和农业生产条件、促进农民脱贫致富和农业可持续发展、最大限度地提高承包人的积极性，均具有重要意义，因此，允许一定期限的继续承包符合经济发展要求。

（二）法律依据

《民法典》

第一百二十四条 自然人依法享有继承权。

自然人合法的私有财产，可以依法继承。

第三百二十六条 用益物权人行使权利，应当遵守法律有关保护和合理开发利用资源、保护生态环境的规定。所有权人不得干涉用益物权人行使权利。

第三百三十二条 耕地的承包期为三十年。草地的承包期为三十年至五十年。林地的承包期为三十年至七十年。

前款规定的承包期限届满，由土地承包经营权人依照农村土地承包的法律规定继续承包。

第一千一百二十二条　遗产是自然人死亡时遗留的个人合法财产。

依照法律规定或者根据其性质不得继承的遗产，不得继承。

《农村土地承包法》

第二条　本法所称农村土地，是指农民集体所有和国家所有依法由农民集体使用的耕地、林地、草地，以及其他依法用于农业的土地。

第三条　国家实行农村土地承包经营制度。

农村土地承包采取农村集体经济组织内部的家庭承包方式，不宜采取家庭承包方式的荒山、荒沟、荒丘、荒滩等农村土地，可以采取招标、拍卖、公开协商等方式承包。

第十六条　家庭承包的承包方是本集体经济组织的农户。

农户内家庭成员依法平等享有承包土地的各项权益。

第三十二条　承包人应得的承包收益，依照继承法的规定继承。

林地承包的承包人死亡，其继承人可以在承包期内继续承包。

第五十条　荒山、荒沟、荒丘、荒滩等可以直接通过招标、拍卖、公开协商等方式实行承包经营，也可以将土地经营权折股分给本集体经济组织成员后，再实行承包经营或者股份合作经营。

承包荒山、荒沟、荒丘、荒滩的，应当遵守有关法律、行政法规的规定，防止水土流失，保护生态环境。

第五十四条　依照本章规定通过招标、拍卖、公开协商等方式取得土地经营权的，该承包人死亡，其应得的承包收益，依照继承法的规定继承；在承包期内，其继承人可以继续承包。

《农村土地承包纠纷案件解释》

第二十三条　林地家庭承包中，承包方的继承人请求在承包期内继续承包的，应予支持。

其他方式承包中，承包方的继承人或者权利义务承受者请求在承包期内继续承包的，应予支持。

（三）典型案例

【案件索引】

案由：衡某、王某1等与王某继承纠纷案

审理法院：河北省承德市双滦区人民法院

案号：(2021)冀0803民初16号

【基本案情】

原告:衡某

原告:王某1

原告:王某2

被告:王某3

被告:王某4

王某7、李某系夫妻关系,二人婚生五子女:长子王某国(于2001年10月22日因交通事故去世)、次子王某3、三子王某4、长女王某5、次女王某6。1999年二轮土地承包时,王某7、李某属于单立户,承包了偏桥子镇老沟门村耕地2.134亩(约0.142公顷),分别位于老沟门××门坎××、××、河西0.4亩(约0.027公顷)。李某于2015年11月21日去世,王某7于2020年1月21日去世。原告衡某、王某1、王某2向法院起诉请求判令其三人与二被告王某3、王某4各自继承二被继承人王某7、李某2.134亩(约0.142公顷)土地承包经营权1/3的面积;三原告要求继承0.711亩(约0.047公顷)的经营权。

【法院判决】

法院认为,《农村土地承包法》对土地承包经营权的继承作出规定,对于家庭承包,只有林地承包人死亡,其继承人才可以在承包期内继续承包,而耕地或草地等农用地的承包经营权不能继承。本案王某7和李某系家庭承包耕地,其户内登记的人口只有王某7、李某,二人死亡后,其土地承包经营权消灭,故三原告诉讼请求缺乏法律依据,法院不予支持。依照《农村土地承包法》第32条的规定,判决如下:驳回原告衡某、王某1、王某2的诉讼请求。

(四)律师小结

我国《农村土地承包法》对土地承包经营权继承人的继续承包采取了两种不同的规定,对于家庭承包,只有林地承包人死亡,其继承人才可以在承包期内继续承包,而耕地或草地等农用地上的土地承包经营权不能继续承包;通过招标、拍卖、公开协商等方式取得的“四荒”土地的承包经营权,在承包期内,其继承人可以继续承包。

四、农村宅基地上房屋被征收的,补偿款可以作为遗产继承吗?

(一)律师观点

依据我国相关法律规定,农村宅基地的所有权和使用权是分离的,宅基地的所有权属于集体，村民基于集体经济组织成员资格取得宅基地使用权，可以在宅基地上兴建住宅及其他附属物，但不能随意对宅基地进行处置。宅基地属于集体组织所有，不是村民的财产，不能继承；而宅基地上的房屋是村民自己出资兴建，属于村民自己的个人财产或者家庭共有财产。我国法律对继承人继承农村房屋无限制，村民去世的，宅基地上的房屋可以作为遗产由继承人继承。因此，宅基地上房屋被征收的，所获得的补偿款自然能够作为遗产继承。

（二）法律依据

《民法典》

第一百一十七条　为了公共利益的需要，依照法律规定的权限和程序征收、征用不动产或者动产的，应当给予公平、合理的补偿。

第一百二十四条　自然人依法享有继承权。

自然人合法的私有财产，可以依法继承。

第一千一百二十二条　遗产是自然人死亡时遗留的个人合法财产。

依照法律规定或者根据其性质不得继承的遗产，不得继承。

《土地管理法》

第四十八条　征收土地应当给予公平、合理的补偿，保障被征地农民原有生活水平不降低、长远生计有保障。

征收土地应当依法及时足额支付土地补偿费、安置补助费以及农村村民住宅、其他地上附着物和青苗等的补偿费用，并安排被征地农民的社会保障费用。

征收农用地的土地补偿费、安置补助费标准由省、自治区、直辖市通过制定公布区片综合地价确定。制定区片综合地价应当综合考虑土地原用途、土地资源条件、土地产值、土地区位、土地供求关系、人口以及经济社会发展水平等因素，并至少每三年调整或者重新公布一次。

征收农用地以外的其他土地、地上附着物和青苗等的补偿标准，由省、自治区、直辖市制定。对其中的农村村民住宅，应当按照先补偿后搬迁、居住条件有改善的原则，尊重农村村民意愿，采取重新安排宅基地建房、提供安置房或者货币补偿等方式给予公平、合理的补偿，并对因征收造成的搬迁、临时安置等费用予以补偿，保障农村村民居住的权利和合法的住房财产权益。

县级以上地方人民政府应当将被征地农民纳入相应的养老等社会保障体系。被征地农民的社会保障费用主要用于符合条件的被征地农民的养老保险等社会保险缴费补贴。被征地农民社会保障费用的筹集、管理和使用办法，由省、自治区、直辖市制定。

（三）典型案例

【案件索引】

案由：孙某英、萧县圣泉乡人民政府房屋拆迁安置补偿合同纠纷案

审理法院：安徽省宿州市中级人民法院

案号：(2021)皖13民终1029号

【基本案情】

上诉人（原审原告）：孙某英

被上诉人（原审被告）：萧县圣泉乡人民政府

被上诉人（原审被告）：孙某松

孙某英的父母分别于1998年、2005年去世，孙某英系唯一子女。孙某英父母去世前，曾居住的院落原有三间堂屋，两间东屋。孙某英父母去世后，该院落土地上附属物长期失修。2008年，三间堂屋自然倒塌，东屋主体完整，有破漏。2010年8月27日，孙某松申领了该土地的使用证。2013年，孙某松出资修建了东屋；2018年出资修建了堂屋。2019年6月5日，圣泉乡人民政府与孙某松签订《滨湖路三期项目（第一阶段）货币补偿协议》，载明：被征收人姓名：孙某松；被征收房屋情况：住宅补偿面积27.93平方米，院内空地面积430.02平方米；助拆面积188.36平方米；货币补偿情况：住宅房屋补偿金额45,135元，院内空地面积补129,006元，助拆费56,508元；奖金、搬迁补助：货币补偿奖励8379元，搬迁补助费112元，附属物金额27,459元；合计补偿金额266,599元。违约责任及约定条款：本协议签字生效后，双方共同遵守，单方不得擅自涂改和变动内容，若被征收房屋及附属物与第三方发生纠纷和土地纠纷被征收人自行解决，并承担相关责任，被征收人需对所提供的证据真实性负责。孙某松、孙某明在被征收人栏签字确认，圣泉乡人民政府在协议批准人栏加盖印章确认。协议签订后，孙某松领取了征收补偿款。孙某英知晓后就补偿款问题与圣泉乡人民政府和孙某松发生纠纷。孙某英遂提起行政诉讼，要求撤销孙某松的土地使用证。一审法院于2019年12月16日作出(2019)皖1322行初34号行政判决，判决撤销原萧县国土资源局为孙某松颁发的××号土地证。孙某松不服，提起上诉。安徽省宿州市中级人民法院于2020年5月12日作出(2020)皖13行终58号行政判决，判决驳回上诉，维持原判。孙某英因向孙某松催要补偿款未果，提起本案诉讼。

【一审法院判决】

一审法院认为，本案系房屋拆迁安置补偿合同纠纷，圣泉乡人民政府作为协议批准人与作为被征收人的孙某松签订了《货币补偿协议》，圣泉乡人民政府按照约定支付孙某松拆迁补偿款并拆除了房屋，该协议现已履行完毕。孙某英知晓后就拆迁补偿款问题与圣泉乡人民政府和孙某松发生纠纷而提起行政诉讼，法院以颁证程序违法为由，判决撤销了为孙某松颁发的案涉土地使用证。孙某英主张圣泉乡人民政府、孙某松返还住宅房屋补偿款45,135元、货币补偿奖励8379元、助拆费15,000元、院内空地补偿款129,006元，并赔偿损失10,000元。本案中，孙某英主张案涉房屋系孙某松父亲孙某明借用，但孙某松予以否认，孙某英并无其他证据佐证。孙某松主张案涉房屋系出资2000元购买，并证人提供证言予以佐证。该证人证言虽系孤证，但并不能排除孙某松家人出资购买的可能性，且孙某松家人在使用案涉房屋时，案涉院落土地上附属物因长期失修，三间堂屋自然倒塌，东屋主体虽完整，但有破漏，系孙某松家人出资对案涉房屋进行重新修建。从孙某英提供的现有证据来看，虽拆迁补偿款被孙某松领取，孙某松的案涉土地使用证被撤销，但圣泉乡人民政府与孙某松签订的货币补偿协议并没有被确认无效或者撤销。《合同法》(已失效)第58条①规定："合同无效或者被撤销后，因该合同取得的财产，应当予以返还；不能返还或者没必要返还的，应当折价补偿。有过错的一方应当赔偿对方因此所受的损失，双方都有过错的，应当各自承担相应的责任。"故孙某英的上诉请求于法无据，不予支持。综上所述，一审法院依照《合同法》(已失效)第58条，《民事诉讼法》(2017年)第64条第1款、第144条②之规定，判决：驳回孙某英的诉讼请求。

【二审法院判决】

二审法院认为，农村宅基地房屋的动迁补偿，一般分为房屋补偿和宅基地使用权补偿。地上物的补偿，应当归房屋权利人，原权利人已死亡的，可依继承关系处理。根据原国土资源部、中央农村工作领导小组办公室、财政部、原农业部《关于农村集体土地确权登记发证的若干意见》第6条的规定，已拥有一处宅基地的本农民集体成员、非本农民集体成员的农村或者城镇居民，因继承房屋占用农村宅基地的，可按规定登记发证，在集体土地使用登记栏应注记"该权利人为本农民集体原成员住宅的合法继承人"。本案中，案涉土地源于孙某英父

① 相关规定参见《民法典》第157条。

② 相关规定分别参见2021年修正的《民事诉讼法》第67条第1款、第147条。

母生前居住的院落，该院落原有的地上附属物系孙某英父母所建，虽孙某英的户籍已不在案涉土地及房屋所在地的集体经济组织，但其并不因此丧失对宅基地上其父母遗留房屋的继承权。案已查明，案涉土地原房屋虽年久失修，部分倒塌，但并未完全丧失使用价值，故原房屋及院落对应的拆迁安置利益应由孙某英享有。具体来说：(1)虽(2020)皖13行终58号行政判决认定案涉土地上原有三间堂屋后来部分倒塌，但从孙某松提供的其维修时的照片来看，三间堂屋损毁严重，仅剩后墙及部分山墙，已基本丧失使用价值，鉴于三间堂屋系孙某松修缮，且一直由其管理使用，该部分拆迁面积及其他新建面积共计188.36平方米对应的拆迁利益助拆费56,508元(300元/平方米×188.36平方米)应归于孙某松，孙某英主张助拆费事实依据不足，法院不予支持；(2)从当事人各方自认的两间东屋主体完整的事实来看，老建面积27.93平方米对应的是原两间东屋，故该部分所对应的住宅房屋补偿金额45,135元(1616元/平方米×27.93平方米)、货币补偿奖励8379元(300元/平方米×27.93平方米)及拆迁补助费112元(4元/平方米×27.93平方米)应归于孙某英所有；(3)院内空地面积430.02平方米包含在案涉宅基地范围内，该户原权利人孙某英的父母已经去世，在集体经济组织未明确表示反对情况下，孙某英作为其父母的继承人及原房屋的所有权人，院内空地面积补偿款129,006元(300元/平方米×430.02平方米)应归其所有。根据上述分析，孙某英应分得案涉房屋及院落拆迁安置利益182,632元(45,135元+8379元+112元+129,006元)，鉴于圣泉乡政府已将案涉协议项下的货币补偿全部支付给孙某松，孙某松无法定依据即占有案涉协议项下所有安置利益，侵害了孙某英的财产权，依法应予以返还，故孙某松应将其中的182,632元返还孙某英。孙某英要求孙某松赔偿损失10,000元无事实依据，应予驳回。虽孙某松主张案涉房屋系其以2000元的价格从孙某英母亲处购得，但其仅提供证人证言，无其他证据予以佐证，孙某松对房屋的修缮行为并不导致房屋产权的变化，一审法院在孙某松提供的证人证言系孤证的情况下，以不能排除孙某松家人出资购买房屋的可能性及案涉协议未被撤销或确认无效为由，驳回孙某英的全部诉讼请求不妥，法院予以纠正。

综上所述，孙某英的上诉请求部分成立，部分予以支持；一审判决认定部分事实清楚，但适用法律及裁判结果均有不当，予以纠正。依照《物权法》(已失效)第42条[①]，《侵权责任法》(已失效)第6条、第15条第1款第4项[②]，

① 相关规定参见《民法典》第117条。

② 相关规定分别参见《民法典》第1165条、第179条。

《继承法》(已失效)第3条[①],《民事诉讼法》(2017年)第170条第1款第2项[②]之规定,判决如下:

1. 撤销安徽省萧县人民法院(2020)皖1322民初7463号民事判决。

2. 孙某松于本判决生效后10日内返还孙某英征收补偿款182,632元。

3. 驳回孙某英的其他诉讼请求。

(四)律师小结

根据我国《土地管理法》的相关规定,征收土地应当依法支付土地补偿费、安置补助费以及农村村民住宅和其他地上附着物等的补偿费用,宅基地上的房屋可以作为遗产由继承人继承,相应的房屋被征收所获得的补偿款自然能够作为遗产被继承。

五、"五险一金"可以作为遗产继承吗?

(一)律师观点

无论是公司企业的职工,还是灵活就业人员,绝大部分人每个月都需要缴纳"五险一金"的费用。"五险一金",是指养老保险、医疗保险、工伤保险、生育保险、失业保险和住房公积金。"五险一金"能否作为遗产继承,要分开来看。

养老保险和医疗保险由职工个人和单位共同缴纳基本保险金。基本养老金由个人账户养老金和统筹养老金组成,个人账户养老金具有较强的储蓄性质,属于个人所有,如果参保人员死亡,无论是在职时去世还是领取基本养老保险待遇时去世,其个人账户储存额的余额都是可以依法继承的;但统筹养老金部分不能作为遗产继承。医疗保险也分为两个部分,一个是就医账户,另一个是金融账户。就医账户中的钱只可以用于就诊时直接支付,不能作为遗产继承;而金融账户中的钱是可以随意支取的,可以作为遗产继承。

工伤保险、生育保险由用人单位缴费,个人无须缴费,因此职工死亡后工伤保险金和生育保险金由国家统筹,不能作为遗产由已故职工的继承人继承,若职工属于工亡的,工伤保险基金应当支付丧葬费、一次性工亡补助金、供养亲属抚恤金。

---

① 相关规定参见《民法典》第1122条。

② 相关规定参见2021年修正的《民事诉讼法》第177条第1款第2项。

失业保险虽然由用人单位和职工共同缴费，但是个人缴纳的比例极小，职工死亡后，账户中的失业保险金划入国家统筹账户，不能作为遗产继承。

公积金也由两部分组成，一部分是从职工工资中扣取的，另一部分由单位划拨。根据《住房公积金管理条例》可知，职工个人缴存的住房公积金和职工所在单位为职工缴存的住房公积金，属于职工个人所有。遗产是公民的个人合法财产，因此公积金当然可以作为遗产继承，职工死亡或者被宣告死亡的，职工的继承人、受遗赠人可以提取职工住房公积金账户内的存储余额。

（二）法律依据

《民法典》

第一百二十四条 自然人依法享有继承权。

自然人合法的私有财产，可以依法继承。

《社会保险法》

第十四条 个人账户不得提前支取，记账利率不得低于银行定期存款利率，免征利息税。个人死亡的，个人账户余额可以继承。

第十五条 基本养老金由统筹养老金和个人账户养老金组成。

基本养老金根据个人累计缴费年限、缴费工资、当地职工平均工资、个人账户金额、城镇人口平均预期寿命等因素确定。

第17条参加基本养老保险的个人，因病或者非因工死亡的，其遗属可以领取丧葬补助金和抚恤金；在未达到法定退休年龄时因病或者非因工致残完全丧失劳动能力的，可以领取病残津贴。所需资金从基本养老保险基金中支付。

第二十三条 职工应当参加职工基本医疗保险，由用人单位和职工按照国家规定共同缴纳基本医疗保险费。

无雇工的个体工商户、未在用人单位参加职工基本医疗保险的非全日制从业人员以及其他灵活就业人员可以参加职工基本医疗保险，由个人按照国家规定缴纳基本医疗保险费。

第三十三条 职工应当参加工伤保险，由用人单位缴纳工伤保险费，职工不缴纳工伤保险费。

第四十四条 职工应当参加失业保险，由用人单位和职工按照国家规定共同缴纳失业保险费。

第五十三条 职工应当参加生育保险，由用人单位按照国家规定缴纳生育保险费，职工不缴纳生育保险费。

《住房公积金管理条例》

第三条　职工个人缴存的住房公积金和职工所在单位为职工缴存的住房公积金，属于职工个人所有。

第二十四条　职工有下列情形之一的，可以提取职工住房公积金账户内的存储余额：

（一）购买、建造、翻建、大修自住住房的；

（二）离休、退休的；

（三）完全丧失劳动能力，并与单位终止劳动关系的；

（四）出境定居的；

（五）偿还购房贷款本息的；

（六）房租超出家庭工资收入的规定比例的。

依照前款第（二）、（三）、（四）项规定，提取职工住房公积金的，应当同时注销职工住房公积金账户。

职工死亡或者被宣告死亡的，职工的继承人、受遗赠人可以提取职工住房公积金账户内的存储余额；无继承人也无受遗赠人的，职工住房公积金账户内的存储余额纳入住房公积金的增值收益。

第二十九条　住房公积金的增值收益应当存入住房公积金管理中心在受委托银行开立的住房公积金增值收益专户，用于建立住房公积金贷款风险准备金、住房公积金管理中心的管理费用和建设城市廉租住房的补充资金。

《工伤保险条例》

第三十九条　职工因工死亡，其近亲属按照下列规定从工伤保险基金领取丧葬补助金、供养亲属抚恤金和一次性工亡补助金：

（一）丧葬补助金为6个月的统筹地区上年度职工月平均工资；

（二）供养亲属抚恤金按照职工本人工资的一定比例发给由因工死亡职工生前提供主要生活来源、无劳动能力的亲属。标准为：配偶每月40%，其他亲属每人每月30%，孤寡老人或者孤儿每人每月在上述标准的基础上增加10%。核定的各供养亲属的抚恤金之和不应高于因工死亡职工生前的工资。供养亲属的具体范围由国务院社会保险行政部门规定；

（三）一次性工亡补助金标准为上一年度全国城镇居民人均可支配收入的20倍。

伤残职工在停工留薪期内因工伤导致死亡的，其近亲属享受本条第一款规定的待遇。

一级至四级伤残职工在停工留薪期满后死亡的，其近亲属可以享受本条第一款第（一）项、第（二）项规定的待遇。

（三）典型案例

【案件索引】

案由：刘某与胡某、廖某继承纠纷案

审理法院：江西省宁都县人民法院

案号：(2021)赣0730民初133号

【基本案情】

原告：刘某

被告：胡某

原告刘某与被告胡某系被继承人刘某林的父母，刘某与胡某已在1981年2月办理了离婚手续；被告廖某系被继承人刘桂林的配偶，廖某与刘某林未共同生育子女，也未抱养子女。被继承人刘某林于1980年7月4日出生，于2020年5月1日因病去世。刘某林生前在上海市对外服务有限公司厦门分公司工作，其养老保险个人账户余额36,253.22元、个人住房公积金账户余额111,312.94元，上述款项共计147,566.16元。刘某林留有债务：欠谢某泉（刘某林的姑父）20,000元、欠黎某华（刘某林的表姐夫）20,000元、欠廖某玉（刘某林的岳父）5000元、欠廖某平（被告廖某的哥哥）20,000元，共计债务65,000元。刘某在庭审中表示，其取得了刘某林的养老保险金和个人住房公积金后，上述债务均由其负责偿还。

【法院判决】

法院认为，遗产是公民死亡时遗留的个人合法财产。继承从被继承人死亡时开始。继承开始后，按照法定继承办理；有遗嘱的，按照遗嘱继承或者遗赠办理；有遗赠抚养协议的，按照协议办理。继承开始后，继承人放弃继承的，应当在遗产处理前，作出放弃继承的表示。本案中无证据表明被继承人刘某林生前留有遗嘱或遗赠抚养协议，故应按法定继承进行遗产继承。原告刘某和被告胡某系被继承人刘某林的父母，被告廖某系被继承人刘某林的配偶，故原告、被告均是法律规定的第一顺序继承人，有权继承刘某林的遗产。胡某当庭明确表示放弃继承刘某林的遗产，并表示刘某林的债务也与其无关，法院在此予以确认。据此，刘某林的遗产应由原告刘某和被告廖某按法定继承办理。刘某林死后，留有养老保险个人账户余额36,253.22元、个人住房公积金账户余额111,312.94元，上述款项共计147,566.16元。对于刘某林的上述款项，刘某主张应归其一人继承所有，由其去相关部门领取；而廖某则表示其同意刘某林的养老保险个人账户余额36,253.22元、个人住房公积金账户余额111,312.94元归刘某继承所有，但是刘某林生前所欠下的65,000元债务要刘某负责偿还。对此，刘某表示其领取了刘某林的养老保险个人账户余额36,253.22元、个人住房公积金账户余额111,312.94元后，刘某林所欠的债务65,000元由其负责偿还。因此，根据当事人意思自治原则，被继承人刘某林的养老保险个人账户余额36,253.22元、个人住房公积金账户余额111,312.94元均归原告刘某一人继承所有；刘某林生前所欠债务65,000元，由刘某在继承刘某林的遗产范围内承担清偿责任。对于被告廖某辩解称位于宁都县庵边村委会楼上7层东边房屋一套，是其与刘某林于2015年8月22日共同购买的，要求该套房屋归其所有。刘某表示刘某林去世前曾嘱咐其该套房屋归廖某所有，其本人也同意上述房屋归廖某所有。法院认为，因刘某和廖某均表示尚未办理该套房屋的相关房屋产权手续，未取得相关房屋产权证书，故对该房屋所有权的归属，法院不作认定，但刘某与廖某双方的前述处理意见，法院也不予评价。根据《民法典时间效力规定》第1条第2款"民法典施行前的法律事实引起的民事纠纷案件，适用当时的法律、司法解释的规定，但是法律、司法解释另有规定的除外"的规定，本案原告、被告之间的继承事实及行为均发生在民法典施行前，故应适用当时的法律法规。综上所述，依照《继承法》(已失效)第3条、第5条、第10条、第13条、第15条、第25条、第33条①之规定，判决如下：

被继承人刘某林名下的养老保险个人账户余额36,253.22元、个人住房公积金账户余额111,312.94元，共计147,566.16元，由原告刘某继承所有；被继承人刘某林生前所欠债务共计65,000元，由原告刘某在继承刘某林的遗产范围内承担清偿责任。

(四)律师小结

根据《民法典时间效力规定》，上述案例虽在2021年审判，但继承事实及行为均发生在《民法典》施行前，故应适用当时的法律法规，即《继承法》(已失效)的相关规定实际上与《民法典》的规定亦是一致的。"五险一金"包括养老、失业、医疗、工伤、生育保险和住房公积金，基本养老保险和医疗保险中的个人账户余额，作为个人财产可以依法继承，其他保险只有统筹账户，个人死亡后除工亡外不再享有相

① 相关规定分别参见《民法典》第1122条、第1123条、第1127条、第1130条、第1132条、第1124条、第1161条。

关待遇,住房公积金存储余额由继承人继承,没有继承人的纳入住房公积金的增值收益,应当存入住房公积金管理中心在受委托银行开立的住房公积金增值收益专户,用于建立住房公积金贷款风险准备金、住房公积金管理中心的管理费用和建设城市廉租住房的补充资金。

六、有限责任公司的自然人股东死亡,其股东资格能否作为遗产被继承?有多个继承人的,由谁继承?

(一)律师观点

随着市场经济的不断发展,公司股权已成为很多家庭的资产重要组成部分,股权问题会引发很多纠纷,其中股权继承就是很多家庭面临的问题。

《公司法》规定,公司股东依法享有财产收益、参与重大决策和选择管理者等权利。股东权利既有财产权利的一面,如资产收益权,取得收益和分红等,也有非财产权利的一面,如投票权、参与决策权等。法律规定,自然人股东死亡后,其合法继承人可以继承股东资格;但是,公司章程另有规定的除外。这一规定赋予了所有股东在制定公司章程时就自然人股东死亡时,公司及其他股东是否接受该股东的继承人作为股东这一事项的事前选择权。因此,股东资格能否继承受到公司章程的限制,当公司章程针对股东资格继承存在限制性约定时,继承人的股东继承资格才会受到影响。法律之所以增加这一限制,主要是考虑有限责任公司除具有资合性以外还包括人合性,有限责任公司各股东之间的合作基于相互间的信任,股东相互信任和共同投资是公司设立的基础。自然人股东死亡后,其继承人毕竟已不是原股东本人,股东身份实际上发生了变化。在此情况下,其他股东对原股东的信任无法自然转变为对继承人的信任,若其他股东不愿继续与继承人合作,可以通过公司章程约定限制股东资格继承权;若是在公司章程没有排除继承人成为股东的情况下,自然人死亡的,其继承人可以依法继承股东资格,继承人继承股东资格后便成为股东。

实践中还存在一个问题,当自然人股东死亡后,在同一顺序上存在多个继承人的,如何确定由谁继承?司法实务中,有些法院会直接判决各继承人应继承的股权份额,但也有法院判决被继承人持有的公司股权由所有继承人继承,未明确股权分割的比例。如果公司股东不同意继承人继承公司股权,不予配合办理股权变更登记,继承人要继承公司股权就需要经历两个诉讼,第一个是股东资格确认之诉,第二个是继承诉讼。前者似乎更加符合诉讼当事人的利益,一次性确认继承人的股东身份并确定各继承人所继承股权的份额,可以减少当事人讼累。此外,由于《公司法》对有限公司的股东人数作出了限制,不得超过 50 人,因此,各继承人继承股东资格后公司股东人数未突破 50 人的,各继承人均可继承股东资格,按照《民法典》继承编的规定分得相应股份;若多个继承人成为股东后突破了 50 人的限制,就违反了《公司法》的规定,此时应由继承人之间协商,由部分继承人将股东资格转让给其他继承人,以使股东人数符合法律规定;当然,也可以由所有继承人将股东资格转让给其他股东。

(二)法律依据

《民法典》

第一百二十四条 自然人依法享有继承权。

自然人合法的私有财产,可以依法继承。

第一千一百二十二条 遗产是自然人死亡时遗留的个人合法财产。

依照法律规定或者根据其性质不得继承的遗产,不得继承。

《公司法》

第四条 公司股东依法享有资产收益、参与重大决策和选择管理者等权利。

第二十四条 有限责任公司由五十个以下股东出资设立。

第七十五条 自然人股东死亡后,其合法继承人可以继承股东资格;但是,公司章程另有规定的除外。

(三)典型案例

【案件索引】

案由:李某强与合阳县食品有限责任公司股东资格确认纠纷案

审理法院:陕西省合阳县人民法院

案号:(2021)陕 0524 民初 388 号

【基本案情】

原告:李某强

被告:合阳县食品有限责任公司

被告合阳县食品公司创建于 1963 年,属县办国有企业。1995 年 7 月公司改制为合阳县食品有限责任公司(以下简称食品公司)。该公司共有股东 48 个,其中国家股股东 1 个,由合阳县国有资产管理局折价向公司入股形成;个人股东 47 个,由公司员工以货币出资和原合阳县食品公司企业量化资产及奖励给员工的全部资产向公司入股形成。公司章程认缴的每个个人股出资额为5895.32元，其中本人出资（货币出资1500元，实物折价1447.66元）和代表出资（货币出资1500元，实物折价1447.66元）。出资比例为1.482%。自食品公司成立以来，股东经多次变更，截至2019年7月24日，食品公司股东共有16名。原告李某强的妻子成某某系被告公司的老职工、原始股东。被告食品公司工商登记的《股东名册》载明成某某认缴的出资额为0.59万元，持股比例为1.490%。2017年4月30日，原告妻子成某某因病去世。2020年12月31日，陕西省合阳县公证处作出（2020）陕渭合证民字第661号公证书，证明被继承人成某某生前在食品公司遗有股权（认缴0.59万元，持股比例1.490%）。李某强具有继承和保管上述遗产的资格，有权领取上述遗产。原告李某强的股东资格，及股权变更登记相关手续，被告食品公司至今未予办理。

【法院判决】

法院认为，《公司法》第75条规定，“自然人股东死亡后，其合法继承人可以继承股东资格；但是，公司章程另有规定的除外。”本案中，原告李某强的妻子成某某去世前在被告食品公司持有1.490%的股权，成某某去世后，其继承人李某强对自己的继承人身份和资格进行了公证，其他继承人对原告李某强的继承无异议。故李某强作为原告提起本案诉讼，要求继承其妻子成某某的股东资格，其主体资格符合法律规定。被告食品公司公司章程第44条规定，“在公司经营期间，股东不得退股。股东可以相互转让其全部出资。向股东以外的人转让其出资时，须经三分之二以上表决权的股东同意……”但该条并未对股权继承问题作出另行规定，对公司章程中没有明确规定的情形则应按法律规定处理。即本案中，应按《公司法》第75条“自然人股东死亡后，其合法继承人可以继承股东资格”的规定而支持李某强继承成某某在食品公司的股东资格。故法院对原告李某强要求确认其股东资格并由被告办理及第三人协助办理股权变更相关手续的诉讼请求予以支持。依据《民法典》第1123条、第1124条，《公司法》第31条、第32条、第75条，最高人民法院《关于适用〈公司法〉若干问题的规定（三）》第23条之规定，判决如下：

1. 确认原告李某强继承取得成某某在被告食品公司的股东资格。

2. 被告食品公司在本判决生效之日起30日内将原告李某强载入股东名册，签发出资证明书，并向公司登记机关申请办理原告李某强继承取得的股权变更登记手续。

3. 第三人白某某、车某法、杜某鹏、贺某全、雷某莉、魏某会、刘某英、刘某昌、刘某侠、马某兰、杨某、张某、张某佑、闫某贵、王某协助被告食品公司办理原告李某强继承取得的股权变更登记手续。

(四)律师小结

继承人能否继承股东资格,首先要看公司章程是否对此作出规定,章程有规定的,依照章程办理;章程没有规定的,被继承人死亡后,在公司章程没有排除性规定的情况下,已故股东的继承人就可继承股东资格成为股东,如果公司股东不同意继承人继承公司股权,不予配合办理股权变更手续,继承人可以提起股东资格确认之诉。

七、遗产继承的方式有哪些?

(一)律师观点

作为所有权人,每个人都可以按照自己的意愿处分自己的财产,被继承人也同样如此,可以在生前对自己所有的财产提前做好安排与处理。根据继承方式与被继承人的意思是否有关,继承可以分为遗嘱继承和法定继承。

遗嘱继承,是指被继承人在生前订立合法有效的遗嘱,指定某一或数个继承人继承自己的遗产。

法定继承,是指在被继承人未立遗嘱或者所立遗嘱未处分的部分遗产,根据法律规定由特定范围的继承人按照法律规定的顺序、份额等继承,根据亲属关系的远近,法定继承人的第一顺序是配偶、子女、父母;第二顺序是兄弟姐妹、祖父母、外祖父母。

当然,被继承人的遗产还可以因被继承人自己生前的意思表示而由继承人以外的人取得,有两种方式:第一种是遗赠,即被继承人在生前订立遗嘱,将遗产赠与国家、集体,或者法定继承人以外的组织、个人;第二种是遗赠扶养协议,这是我国特有的一种遗产处理方式,被继承人与继承人以外的组织或者个人签订协议,由该组织或者个人作为扶养人负担被继承人生养死葬的义务,被继承人的全部或部分财产在其死后转归扶养人所有,该方式主要出现在老人无人赡养的情况下。从法律性质上讲,遗赠扶养协议是一种双务合同。这种扶养协议体现了被扶养人生前的自主意思,应当充分尊重,同时这种双务合同体现了双方当事人的意思,理应比仅体现一方意思的遗嘱效力优先，因此，在自然人生前与他人签订了遗赠扶养协议时，应当依遗赠扶养协议优先处理所涉遗产。

针对个人遗产继承方式，除了上述四种情形以外，还有两种特别情形，分别是代位继承和转继承。代位继承，是指被继承人的子女先于被继承人死亡的，由被继承人的子女的晚辈直系血亲代位继承，代位继承人一般只能继承他的父亲或者母亲有权继承的遗产份额。转继承，是指继承人在被继承人死亡后，在遗产继承前死亡的，其继承份额由其他继承人承受。代位继承和转继承并不是遗产的处理方式，只是基于特殊情况法律作出的特别规定。

（二）法律依据

《民法典》

第一千一百二十三条 继承开始后，按照法定继承办理；有遗嘱的，按照遗嘱继承或者遗赠办理；有遗赠扶养协议的，按照协议办理。

第一千一百二十七条 遗产按照下列顺序继承：

（一）第一顺序：配偶、子女、父母；

（二）第二顺序：兄弟姐妹、祖父母、外祖父母。

继承开始后，由第一顺序继承人继承，第二顺序继承人不继承；没有第一顺序继承人继承的，由第二顺序继承人继承。

本编所称子女，包括婚生子女、非婚生子女、养子女和有扶养关系的继子女。

本编所称父母，包括生父母、养父母和有扶养关系的继父母。

本编所称兄弟姐妹，包括同父母的兄弟姐妹、同父异母或者同母异父的兄弟姐妹、养兄弟姐妹、有扶养关系的继兄弟姐妹。

第一千一百二十八条 被继承人的子女先于被继承人死亡的，由被继承人的子女的直系晚辈血亲代位继承。

被继承人的兄弟姐妹先于被继承人死亡的，由被继承人的兄弟姐妹的子女代位继承。

代位继承人一般只能继承被代位继承人有权继承的遗产份额。

第一千一百二十九条 丧偶儿媳对公婆，丧偶女婿对岳父母，尽了主要赡养义务的，作为第一顺序继承人。

第一千一百三十条 同一顺序继承人继承遗产的份额，一般应当均等。

对生活有特殊困难又缺乏劳动能力的继承人，分配遗产时，应当予以照顾。

对被继承人尽了主要扶养义务或者与被继承人共同生活的继承人，分配遗产时，可以多分。

有扶养能力和有扶养条件的继承人，不尽扶养义务的，分配遗产时，应当不分或者少分。

继承人协商同意的，也可以不均等。

第一千一百三十二条　继承人应当本着互谅互让、和睦团结的精神，协商处理继承问题。遗产分割的时间、办法和份额，由继承人协商确定；协商不成的，可以由人民调解委员会调解或者向人民法院提起诉讼。

第一千一百三十三条　自然人可以依照本法规定立遗嘱处分个人财产，并可以指定遗嘱执行人。

自然人可以立遗嘱将个人财产指定由法定继承人中的一人或者数人继承。

自然人可以立遗嘱将个人财产赠与国家、集体或者法定继承人以外的组织、个人。

自然人可以依法设立遗嘱信托。

第一千一百四十五条　继承开始后，遗嘱执行人为遗产管理人；没有遗嘱执行人的，继承人应当及时推选遗产管理人；继承人未推选的，由继承人共同担任遗产管理人；没有继承人或者继承人均放弃继承的，由被继承人生前住所地的民政部门或者村民委员会担任遗产管理人。

第一千一百五十二条　继承开始后，继承人于遗产分割前死亡，并没有放弃继承的，该继承人应当继承的遗产转给其继承人，但是遗嘱另有安排的除外。

第一千一百五十八条　自然人可以与继承人以外的组织或者个人签订遗赠扶养协议。按照协议，该组织或者个人承担该自然人生养死葬的义务，享有受遗赠的权利。

《民法典继承编解释（一）》

第三条　被继承人生前与他人订有遗赠扶养协议，同时又立有遗嘱的，继承开始后，如果遗赠扶养协议与遗嘱没有抵触，遗产分别按协议和遗嘱处理；如果有抵触，按协议处理，与协议抵触的遗嘱全部或者部分无效。

第四十条　继承人以外的组织或者个人与自然人签订遗赠扶养协议后，无正当理由不履行，导致协议解除的，不能享有受遗赠的权利，其支付的供养费用一般不予补偿；遗赠人无正当理由不履行，导致协议解除的，则应当偿还继承人以外的组织或者个人已支付的供养费用。

(三)典型案例

【案件索引】

案由:张某某、徐某1与徐某2、沈某遗赠扶养协议纠纷案

审理法院:上海市崇明区人民法院

案号:(2021)沪0151民初1737号

【基本案情】

原告:张某某

原告:徐某1

被告:徐某2

被告:沈某

原告张某某与徐某祥(于2004年8月14日死亡)系夫妻关系,婚后育有二女一子,即原告徐某1、被告徐某2及案外人徐某3,被告徐某2、沈某系夫妻关系。系争房屋为上海市崇明区××镇××村××701号及701号1室占地面积90平方米二层楼房一幢,于1996年8月15日获批翻建,房屋立基人为徐某祥、原告张某某、徐某1。2007年8月15日,两原告与两被告签订《房产处分及房产遗赠抚养文书》,约定:(1)张某某与在世时的老伴徐某祥决定:将坐落于××村××7队29丘占地90平方米二层楼房之产权中属于张某某、徐某祥夫妻二人的份额处分给徐某2、沈某夫妻所有;(2)张某某的赡养由徐某2、沈某夫妻负责;(3)徐某1将坐落于××村××7队29丘占地90平方米二层楼房之产权中属于自己的份额赠与徐某2、沈某夫妻所有;(4)徐某1的生老病死等生活均由徐某2、沈某夫妻负责;(5)张某某、徐某1依照徐某祥的遗愿并出于自己的意愿,请徐某2、沈某夫妻入住娘(徐)家。徐某2、沈某夫妻已于徐某祥去世后即入住娘(徐)家,并对楼房作了相应装修。徐某祥死亡后,其遗产尚未进行分割。

【法院判决】

法院认为,本案争议焦点为:(1)两原告是否有权解除系争《房产处分及房产遗赠抚养文书》;(2)两被告是否应当将上海市崇明区××镇××村××701号及701号1室房屋腾退并返还两原告。

关于争议焦点一,法院认为,根据法律规定,自然人可以与继承人以外的组织或者个人签订遗赠扶养协议。本案中,系争《房产处分及房产遗赠抚养文书》约定两被告负责两原告的生养死葬等事宜,两原告将其与徐某祥共有的系争房

屋产权份额处分给两被告，符合遗赠扶养协议的外观表征，但其具体内容属于部分无效、部分有效。

关于系争协议中的无效部分。根据法律规定，继承人具有法定的扶养牵连关系，不属于遗赠扶养协议的适格主体，故遗赠扶养协议中涉及法定继承人的部分应属无效。被告徐某2与徐某祥系父女关系，与原告张某某系母女关系，与原告徐某1系姐弟关系，其系两原告及徐某祥的法定继承人，不属于遗赠扶养协议的适格主体，故系争协议中两原告将自己及徐某祥对于系争房屋的产权份额处分给被告徐某2的约定无效。

关于系争协议中的有效部分。第一，系争协议中约定被告沈某负责两原告的生养死葬等事宜，并享有相应的受遗赠权利，该约定系双方当事人真实意思表示，不违反法律、行政法规的强制性规定，不违背公序良俗，依法应属有效。第二，根据法律规定，遗赠扶养协议的本质是遗赠人与扶养人之间互付对价、双务有偿的财产合同。对于一方无处分权而与他人订立双务有偿的合同，无处分权的情形本身并不影响合同的效力。本案系争协议中约定，原告张某某与在世时的老伴徐某祥决定将二人对于系争房屋的产权份额处分给被告沈某，实则为原告张某某无权处分徐某祥的遗产，但该部分约定亦系双方当事人真实意思表示，依法应属有效。

根据法律规定，民事法律行为部分无效，不影响其他部分效力的，其他部分仍然有效。对于系争协议有效的部分，两原告要求予以解除。法院认为，尽管遗赠扶养协议的本质为财产合同，但其具有更强的人身属性，需要双方基于彼此信任，在一段时间内稳定持续地履行约定义务。本案中，原告、被告均承认双方之间存在矛盾，两原告为此曾报警寻求解决，且原告方曾多次就本案纠纷事实向法院提起诉讼，足以证明双方矛盾较为尖锐，信任基础已经丧失，客观上导致双方无法继续履行，故两原告主张解除系争协议中有效部分的诉讼请求，符合法律规定，法院予以支持。两原告直接以提起诉讼方式主张解除协议，根据法律规定，协议解除时间以起诉状副本送达两被告之日即2021年3月20日为准。

关于争议焦点二，法院认为，根据法律规定，继承从被继承人死亡时开始。继承开始后，继承人未明确表示放弃继承的，视为接受继承。遗产未分割的，即为共同共有。本案中，徐某祥死亡后，其遗产尚未进行分割，故其在系争房屋中的份额由包括被告徐某2在内的各继承人共同共有。因涉及案外人利益，综合案件的实际情况，关于系争房屋的腾退及返还问题，法院在本案中暂不予处理，当事人可另行诉讼解决。

据此,依照《民法典》第565条第2款,《民法典时间效力规定》第1条第2款、第10条,《继承法》(已失效)第31条第1款①,《继承法意见》(已失效)第56条②之规定,判决如下:

1. 原告张某某、徐某1与被告徐某2、沈某签订的《房产处分及房产遗赠抚养文书》中涉及徐某2的约定无效,其余部分于2021年3月20日解除。

2. 原告张某某、徐某1的其余诉讼请求,不予支持。

(四)律师小结

根据《民法典》的规定,遗产继承有遗嘱继承、遗赠、遗赠扶养协议、法定继承四种方式,其中,效力最低的是法定继承,遗赠扶养协议的效力最高。因此,被继承人可以通过不同的方式处理自己的遗产,既可以在生前立遗嘱处分自己的遗产,也可以与他人签订遗赠扶养协议处分自己的遗产,还可以不做任何意思表示而根据法律规定处理遗产。不过,为了防止意外事情发生,被继承人可以事先立好遗嘱,同时建议被继承人在生前指定专业的律师作为遗嘱执行人,继承开始后遗嘱执行人为遗产管理人,对遗产进行有效管理,防止遗产贬值、毁损、灭失,以免因遗产继承问题引发家事纠纷,亲人对簿公堂。

八、法定继承人继承遗产的份额,应当如何确定?

(一)律师观点

在没有遗嘱遗赠、遗嘱遗赠无效或遗嘱遗赠存在未处理的遗产时,应当根据相关法律规定按照继承人的优先顺序进行遗产继承,实际上也就是按照法定继承方式继承遗产。法定继承根据一定的继承顺序进行遗产分配,第一顺序为配偶、子女、父母;第二顺序为兄弟姐妹、祖父母、外祖父母。继承开始后,先由第一顺序继承人继承,没有第一顺序继承人或虽有第一顺序继承人但全部放弃或丧失继承权的,才由第二顺序继承人继承。按照法定继承分配遗产份额时,如果同一继承顺序中仅有一位法定继承人,则被继承人的遗产统归继承人所有,并不发生遗产分配问题。被继承人有若干个法定继承人的,必然发生同一继承顺序的法定继承人之间对被继承人所留遗产如何分配的问题。遗产分配原则,是指同一顺序的继承人有

---

① 相关规定参见《民法典》第1158条。

② 相关规定参见《民法典继承编解释(一)》第40条。

两个或两个以上时，遗产如何进行分配的原则。如何确定继承人从被继承人遗产中应当分得的份额，是法定继承的重要问题之一。

根据《民法典》的规定，在一般情况下，同一顺序的各个法定继承人，在生活状况、劳动能力和对被继承人所尽的赡养义务等方面条件基本相同或相近时，所应继承的份额应当均等，即平均分配遗产，这是对同一顺序继承人继承权的平等保护。同一顺序的法定继承人法律地位是平等的，不分男女老幼，无论是有血缘关系、婚姻关系还是拟制的血缘关系，都平等地享有继承财产的权利，并应该均等地获得遗产，这也是法定继承遗产分配的总原则。

当然，由于存在特殊情况，有时也可以不均等地分配遗产，总体来说，存在以下几种情形：

第一，对生活有特殊困难又缺乏劳动能力的继承人，分配遗产时应当予以照顾。这是照顾型的不均等，属于这种特殊情况的继承人，必须要同时具备“生活有特殊困难”和“缺乏劳动能力”两个条件。继承人虽有特殊困难但有劳动能力，或者虽缺乏劳动能力但生活并无特殊困难，都不在照顾之列。“生活有特殊困难”，是指继承人没有独立生活来源或其经济收入难以维持最起码的生活水平。“缺乏劳动能力”，是指继承人尚无劳动能力或因年迈、病残等原因，丧失或部分丧失劳动能力的情况。对于这种继承人，一旦具备上述两个条件，就应当予以照顾，在取得的遗产份额上应多于其他继承人。照顾的界限和具体的份额应根据其生活特殊困难和缺乏劳动能力的程度来决定。需要注意的是，继承人是否有特殊困难，是否缺乏劳动能力，应以遗产分割时的情况为判断标准。继承人中有缺乏劳动能力又没有生活来源的人，即使遗产不足以清偿债务，也应为其保留适当遗产，然后再按《民法典》和《民事诉讼法》的有关规定清偿债务。

第二，对被继承人尽了主要扶养义务或者与被继承人共同生活的继承人，分配遗产时可以多分。这是鼓励型的不均等，对尽了主要扶养义务或者与被继承人共同生活的继承人给予鼓励，主要目的是弘扬中华民族的优良传统，保护老人的合法权益。“尽主要扶养义务”，是指继承人对被继承人在生活方面承担了主要劳务，比如做饭、照顾、护理等，或主要负担其生活费用，给予经济上的扶持。有的继承人与被继承人长期生活在一起，相互照顾体贴，对被继承人特别是老年人起到了精神慰藉的作用，理应多分遗产。该分配原则不具有强制性，在分配遗产时可以多分，但不是应当多分。比如，在第一顺序法定继承人中，不仅包括上述两种继承人，还包括生活有特殊困难又缺乏劳动能力的人，后者属于依法应当予以照顾的，因而在分配遗产时，如果遗产数量不多，则必须先多分给生活有特殊困难又缺乏劳动能力的继承人，至于对被继承人尽了主要扶养义务或者与被继承人共同生活的继承人，则可能仅取得较少的遗产份额。有的继承人虽然尽了主要扶养义务,但其收入明显高于其他继承人,就不一定非多分遗产不可。

第三,有扶养能力和有扶养条件的继承人,不尽扶养义务的,分配遗产时,应当不分或者少分。这是惩罚型的不均等,针对的是继承人在有扶养能力和扶养条件,且被继承人又需要接受继承人的扶养时,继承人却不尽扶养义务的情况。这里的"不尽扶养义务",通常是指尚未达到遗弃的程度,此时在分配遗产时应当不分或少分。当然,如果继承人有扶养能力和扶养条件,愿意尽扶养义务,但被继承人因自身有固定收入和劳动能力等原因,明确表示不要求其扶养的;或继承人没有扶养能力和扶养条件,其不尽扶养义务是因客观原因造成,而不是主观上拒不履行或不愿尽扶养义务的,分配遗产时,一般不会因此而影响其继承的份额。

第四,继承人协商同意的,也可以不均等。继承人之间在不违背法律和道德的前提下,可以自行协商,确定各个继承人的遗产继承份额。继承人协商一致同意不均等分配遗产,应当充分尊重当事人的意愿,可以某些人多分,某些人少分甚至不分,但一定是继承人自愿、真实的意思表示,不能利用欺诈、胁迫手段使继承人作出不分或少分遗产的意思。同时还需要注意的是,协商型的不均等必须是全体继承人一致同意不均分,而不能实行少数服从多数原则,如果各继承人之间无法协商一致而起诉到法院,在没有其他特别需要考虑的因素时,法院将按照同一顺序的继承人均等继承遗产份额的原则分割被继承人的遗产。

(二)法律依据

《民法典》

第一千一百二十七条 遗产按照下列顺序继承:

(一)第一顺序:配偶、子女、父母;

(二)第二顺序:兄弟姐妹、祖父母、外祖父母。

继承开始后,由第一顺序继承人继承,第二顺序继承人不继承;没有第一顺序继承人继承的,由第二顺序继承人继承。

本编所称子女,包括婚生子女、非婚生子女、养子女和有扶养关系的继子女。

本编所称父母,包括生父母、养父母和有扶养关系的继父母。

本编所称兄弟姐妹,包括同父母的兄弟姐妹、同父异母或者同母异父的兄弟姐妹、养兄弟姐妹、有扶养关系的继兄弟姐妹。

第一千一百三十条 同一顺序继承人继承遗产的份额,一般应当均等。

对生活有特殊困难又缺乏劳动能力的继承人,分配遗产时,应当予以照顾。

对被继承人尽了主要扶养义务或者与被继承人共同生活的继承人,分配遗产时,可以多分。

有扶养能力和有扶养条件的继承人,不尽扶养义务的,分配遗产时,应当不分或者少分。

继承人协商同意的,也可以不均等。

第一千一百三十一条 对继承人以外的依靠被继承人扶养的人,或者继承人以外的对被继承人扶养较多的人,可以分给适当的遗产。

第一千一百三十二条 继承人应当本着互谅互让、和睦团结的精神,协商处理继承问题。遗产分割的时间、办法和份额,由继承人协商确定;协商不成的,可以由人民调解委员会调解或者向人民法院提起诉讼。

《民法典继承编解释(一)》

第十六条 代位继承人缺乏劳动能力又没有生活来源,或者对被继承人尽过主要赡养义务的,分配遗产时,可以多分。

第十七条 继承人丧失继承权的,其晚辈直系血亲不得代位继承。如该代位继承人缺乏劳动能力又没有生活来源,或者对被继承人尽赡养义务较多的,可以适当分给遗产。

第十九条 对被继承人生活提供了主要经济来源,或者在劳务等方面给予了主要扶助的,应当认定其尽了主要赡养义务或主要扶养义务。

第二十条 依照民法典第一千一百三十一条规定可以分给适当遗产的人,分给他们遗产时,按具体情况可以多于或者少于继承人。

第二十一条 依照民法典第一千一百三十一条规定可以分给适当遗产的人,在其依法取得被继承人遗产的权利受到侵犯时,本人有权以独立的诉讼主体资格向人民法院提起诉讼。

第二十二条 继承人有扶养能力和扶养条件,愿意尽扶养义务,但被继承人因有固定收入和劳动能力,明确表示不要求其扶养的,分配遗产时,一般不应因此而影响其继承份额。

第二十三条 有扶养能力和扶养条件的继承人虽然与被继承人共同生活,但对需要扶养的被继承人不尽扶养义务,分配遗产时,可以少分或者不分。

(三)典型案例

【案件索引】

案由:苏某1与苏某2、苏某3继承纠纷案

审理法院:天津市河北区人民法院

案号:(2020)津0105民初6169号

【基本案情】

原告:苏某1

被告:苏某2

被告:苏某莉

被告:王某

苏某文于1971年通过所在单位天津动力机厂取得坐落于天津市河北区永生里平房3号(3间号)的房屋承租权,此时苏某文处于离婚后未再婚状态。苏某文与支某琛婚后共生育4个子女,长子原告苏某1,长女被告苏某2、次女被告苏某莉、三女被告王某,苏某文与支某琛于1962年12月24日离婚后与孙某英结婚,孙某英与前夫生育2个子女,即儿子闫某1、女儿闫某2。苏某文于2003年9月24日死亡,孙某英于2011年10月21日死亡,苏某文、孙某英的父母均先于其死亡。原告提供的证人即苏某文的邻居裴某来、孙某成证明苏某1在苏某文、孙某英结婚后与其长期共同生活,苏某1与孙某英形成扶养关系,苏某1长期照顾苏某文并为苏某文花费了丧葬费和购买了墓地。现上述房屋已于2016年3月23日被征收,已被拆迁,房屋征收部门为第三人天津市河北区住房和建设委员会,房屋征收实施单位为第三人天津市华海房产公司,天津市河北区人民政府出具的房屋征收补偿决定书明确,选择货币补偿方式的给予承租人货币补偿785,942.40元,或选择房屋产权调换方式的给予承租人补偿费633,742.40元。因苏某文已死亡,权利人无法确定,尚未签订拆迁协议,被继承人苏某文、孙某英均没有遗嘱。

【法院判决】

法院认为,坐落于天津市河北区永生里平房3号(3间号)房屋为被继承人苏某文个人取得承租权的公产房屋,该房屋已被征收,征收单位针对该房屋给予的补偿权益属于苏某文个人财产,苏某文已于2003年9月24日死亡,苏某文生前无遗嘱,苏某文的父母均先于其死亡,应由其法定第一顺序继承人即其子女原告苏某1,被告苏某2、苏某莉、王某以及配偶孙某英继承。原告、被告均明确表示第三人闫某1和闫某2未与苏某文共同生活,闫某1和闫某2的户籍在苏某文与孙某英结婚后未与苏某文登记在一起,苏某文填写的履历表中未填写闫某1和闫某2信息,原告提供的证人即苏某文的邻居裴文来、孙某成明确表示没有见过闫某1和闫某2,没有证据证明闫某1和闫某2与苏某文形成扶养关系。考虑原告苏某1与苏某文长期共同生活且对苏某文生活上进行了长期照顾和为苏某文花费丧葬费、购买墓地的实际情况,故以苏某1、苏某2、苏某莉、王某、孙某英每人各继承讼争房价值补偿469,000元的1/5份额即每人应继承93,800元,除讼争房价值补偿以外的其他补助费用由苏某1享有为宜。孙某英已于2011年10月21日死亡,孙某英生前无遗嘱,孙某英应继承的份额应由其子女、父母继承,孙某英父母均先于其死亡,继子苏某1与孙某英长期共同生活形成扶养关系,孙某英享有的份额应由其子女第三人闫某1、闫某2、有扶养关系的继子原告苏某1每人享有1/3。考虑讼争房屋征收前主要由苏某1使用的客观情况,以讼争房征收补偿安置权益由苏某1享有为宜,但苏某1应给付苏某2、苏某莉、王某、闫某1、闫某2相应的继承份额补偿款。因原告同意给付三被告每人补偿款10万元,系原告自愿,不违反法律规定,法院予以照准。原告苏某1应给付被告苏某210万元、苏某莉10万元、王某10万元、第三人闫某131,266.67元(469,000元×1/5×1/3)、第三人闫某231,266.67元(469,000元×1/5×1/3)。综上所述,依照《民法典》第1122条、第1127条、第1130条,《民事诉讼法》(2017年)第144条[①]之规定,判决如下:

1.坐落于天津市河北区永生里平房3号(3间号)房屋的征收补偿安置权益由原告苏某1享有。

2.本判决生效后60日内,原告苏某1给付被告苏某2 10万元、被告苏某莉10万元、被告王某10万元。

3.原告苏某1给付第三人闫某131,266.67元、第三人闫某231,266.67元,上述款项由原告苏某1负责保管。

4.驳回原、被告其他诉讼请求。

(四)律师小结

在有配偶的情况下,分配遗产时首先应对夫妻共同财产进行分割,以明确个人遗产范围。如有遗嘱或遗赠、遗赠扶养协议,它们之间没有抵触的,则分别处理;如有抵触,则按遗赠抚养协议优先处理。对于遗嘱、遗赠、遗赠扶养协议未处理的财产或不存在遗嘱或遗赠扶养协议的,则按照法定继承方式确定份额,在均等分配遗产的总原则下,考虑多方面情况,不仅照顾老人的赡养,也对子女自身的权利义务进行明确的划分,虽然总体上是份额均等划分,但是某些特殊情况下也存在不均等分配,有些可以少分甚至不分,有些可以多分。

---

① 相关规定参见2021年修正的《民事诉讼法》第147条。

九、相互有继承关系的数人在同一事件中死亡的，如何确定继承关系？

（一）律师观点

继承法律关系的产生，同其他法律关系的产生一样，需要以一定的法律事实为根据，能够引起继承法律关系产生的法律事实，在《民法典》继承编上只有被继承人的死亡。继承从被继承人死亡时开始，即确定继承开始的时间，应以被继承人死亡的时间为准。然而实践中有时候由于遇到同一事件，比如遭遇车祸，会造成数人死亡的情况，如果是几个相互有继承关系的人在同一意外事件中死亡，一方面死亡先后顺序的确定对其继承人如何继承遗产很关键，另一方面有时又难以确定死亡先后顺序，此时法律作出相应规定。

相互有继承关系的数人在同一事件中死亡，能够确定死亡时间的，由后死亡的人继承先死亡的人的遗产，后死亡的人继承后，再由后死亡的人的继承人来继承他的遗产。同一事故死亡难以确定死亡时间的，根据《民法典》的规定按照法定规则推定被继承人死亡时间，即推定没有其他继承人的人先死亡；都有继承人的，辈分不同，推定长辈先死亡；辈分相同，推定同时死亡，相互不发生继承。例如，张三及其奶奶在同一事件中死亡，难以确定死亡时间，若张三除奶奶外没有其他继承人，则推定张三先死亡，奶奶后死亡；若张三不是孤儿，两人均有其他继承人，则推定奶奶先死亡，张三后死亡。这一拟制规则主要是为了更好地保护继承人的利益，也符合继承的顺序和遗产的传承。

（二）法律依据

《民法典》

第一千一百二十一条 继承从被继承人死亡时开始。

相互有继承关系的数人在同一事件中死亡，难以确定死亡时间的，推定没有其他继承人的人先死亡。都有其他继承人，辈份不同的，推定长辈先死亡；辈份相同的，推定同时死亡，相互不发生继承。

第一千一百二十八条 被继承人的子女先于被继承人死亡的，由被继承人的子女的直系晚辈血亲代位继承。

被继承人的兄弟姐妹先于被继承人死亡的，由被继承人的兄弟姐妹的子女代位继承。

代位继承人一般只能继承被代位继承人有权继承的遗产份额。

第一千一百五十四条 有下列情形之一的，遗产中的有关部分按照法定继承办理：

（一）遗嘱继承人放弃继承或者受遗赠人放弃受遗赠；

（二）遗嘱继承人丧失继承权或者受遗赠人丧失受遗赠权；

（三）遗嘱继承人、受遗赠人先于遗嘱人死亡或者终止；

（四）遗嘱无效部分所涉及的遗产；

（五）遗嘱未处分的遗产。

《民法典继承编解释（一）》

第一条　继承从被继承人生理死亡或者被宣告死亡时开始。

宣告死亡的，根据民法典第四十八条规定确定的死亡日期，为继承开始的时间。

（三）典型案例

【案件索引】

案由：刘某与李某转继承纠纷案

审理法院：辽宁省朝阳市中级人民法院

案号：（2020）辽13民终1877号

【基本案情】

上诉人（原审被告）：李某

被上诉人（原审原告）：刘某

田某德与王某芹原系夫妻关系。被告李某系王某芹的母亲，李某的丈夫王某海于2015年7月23日去世。田某德与王某芹生育长女田某1、次女田某2。田某3系田某1与原告刘某非婚生女。田某2未婚。2017年1月29日田某德因病去世，田某德父母已先于田某德去世。2020年1月19日，王某芹、田某1、田某2、田某3四人在建平县一氧化碳中毒死亡。田某德在辽宁建平农村商业银行股份有限公司小塘支行新城分理处遗产有：卡号56××81中的存款10万元及利息，卡号56××50中的存款1万元及利息，卡号62××52中的存款192元及利息，田某德在建平县房屋3间，共有人为6人，土地使用者为田某俊，对该房产刘某以后永远放弃继承；王某芹在中国人寿保险股份有限公司建平县支公司保险金3万元，投保人王某芹，被保险人王某芹，该赔偿款已划入李某指定银行账户，刘某同意应继承份额归李某所有，抵顶丧葬费用。田某有位于大连市经济技术开发区大地街楼房1处（所有权证号2018××××376），有抵押。田某1名下的雪佛兰小型轿车1辆（车牌号为辽N××××），现在李某处存放。田某1在中国人寿保险股份有限公司辽宁省分公司保险合同中的保险利益，投保人田某1，被保险人田某1，受益人田某3。王某芹、田某1、田某2、田某3四人去世后，建平县小塘镇人民政府民政办公室给予李某临时救助火化费等6500元。

【一审法院判决】

一审法院认为，遗产继承第一顺序继承人为配偶、子女、父母。田某德去世后，田某德在辽宁建平农村商业银行股份有限公司小塘支行新城分理处遗产有110,192元，属于田某德与王某英夫妻关系存续期间共同财产，田某德去世后立即发生继承，应先将属于王某芹个人财产的55,096元及利息在共同财产中分割，田某德遗产为存款55,096元及利息。由第一顺位继承人王某芹、田某1、田某2按份额继承，即每人应继承18,365元本金及对应的存款利息。因田某德的遗产在没有分割之前，继承开始之后，王某芹、田某1、田某2、田某3同时于2020年1月19日去世，继承人没有表示放弃继承，并于分割遗产之前死亡的，其继承遗产的权利转移给他的合法继承人。相互有继承关系的几个人在同一事件中死亡，如不能确定死亡先后时间的，推定没有继承人的人先死亡，即田某2先去世，田某2遗产由王某芹继承，王某芹总计遗产91,826元。死亡人各自都有继承人的，如几个死亡人辈分不同，推定长辈先死亡，即王某芹先去世，其遗产由法定继承人李某、田某1继承，各自继承份额45,913元。田某1去世后，田某1应继承田某德、王某芹遗产存款64,278元及对应的利息和位于大连市经济技术开发区大地街楼房1处、雪佛兰小型轿车1辆(车牌号为辽N×××××)、在中国人寿保险股份有限公司辽宁省分公司保险合同中的保险利益(保单号:110821××××××2085)，由继承人田某3继承。田某3系刘某与田某1非婚生女，田某3去世后其遗产应由法定继承人刘某继承。刘某自愿放弃田某德在建平县房屋的继承、王某芹在中国人寿保险股份有限公司辽宁省分公司建平县支公司保险金3万元的继承，系其本人真实意思表示，法院予以采纳。法院依照《继承法》(已失效)第10条①，《继承法意见》(已失效)第2条、第52条②，《民事诉讼法》(2017年)第134条③的规定，判决:(1)田某德名下在辽宁建平农村商业银行股份有限公司小塘支行新城分理处遗产:卡号56×××81中的存款10万元及利息，卡号56×××50中的存款1万元及利息，卡号62×××52中的存款192元及利息，合计本金110,192元及相对应利息，由原

① 相关规定参见《民法典》第1127条。

② 相关规定参见《民法典》第1121条、第1152条。

③ 相关规定参见2021年修正的《民事诉讼法》第147条。

告刘某继承本金64,278元,由被告李某继承本金45,913元及3个卡中全部利息;(2)田某1名下位于大连市经济技术开发区大地街楼房1处由原告刘某继承;(3)田某1名下雪佛兰小型轿车1辆(车牌号为辽N×××××)由原告刘某继承,被告于本判决发生法律效力后3日内给付原告;(4)田某1名下在中国人寿保险股份有限公司辽宁省分公司保险合同中的保险利益归原告刘某继承。

【二审法院判决】

二审法院认为,虽然田某3并非被上诉人刘某与田某1的婚生女,但刘某提供的出生证明可以证实刘某确为田某3的生父。因此,刘某系田某3的第一顺序继承人,依法有权继承田某3的遗产。上诉人在审理期间未能提供有效证据证明刘某未对田某3尽到抚养义务,也未能举证证明刘某有不能继承田某3财产的情形。刘某与田某3没有婚姻关系,刘某对田某3没有赡养、抚养或扶助义务,故上诉人关于刘某不能继承田某3遗产的主张,法院不予支持。依据《继承法意见》(已失效)第2条的规定,虽然田某2未婚,没有子女,但田某2仍有继承人即本案上诉人李某。原审判决以田某2没有继承人为由认定田某2在案涉事故中最先死亡,属于适用法律错误。根据上述规定,本案应推定王某芹先死亡,其死亡后财产由其母亲李某及女儿田某2、田某1共同继承,平均分配。因田某1有第一顺序继承人,推定田某2、田某1同时死亡,田某2的财产全部由李某继承。原审判决关于田某德名下存款110,192元及利息的判决存在错误,应予纠正。上诉人在二审期间未能提供证据证明田某名下的案涉车辆及房产属于家庭共有财产,其关于上述财产的主张没有事实依据。案涉建平县小塘镇道虎沟村房屋3间,因土地使用者及房屋所有权人牵涉案外人,被上诉人刘某也表示不再要求继承该房屋份额,为不影响他人权利,本案不对上述房屋进行分割。综上所述,原审法院判决适用法律错误,依法应予纠正。依照《民事诉讼法》(2017年)第170条第1款第2项①之规定,判决如下:

1. 撤销建平县人民法(2020)辽1322民初868号民事判决书。

2. 田某德名下存款及利息由上诉人李某继承67,339元及所有利息,由被上诉人刘某继承42,852元。

3. 田某1名下位于大连市经济技术开发区大地街楼房1处、雪佛兰小型轿车1辆(车牌号为辽N×××××)由被上诉人刘某继承。

4. 田某1名下在中国人寿保险股份有限公司辽宁省分公司保险合同中的保险利益由被上诉人刘某继承。

5. 驳回被上诉人刘某其他诉讼请求。

① 相关规定参见2021年修正的《民事诉讼法》第177条第1款第2项。

(四)律师小结

《民法典》第 1121 条第 2 款关于死亡先后顺序推定的规定实际上是从保护继承人利益角度予以拟制的,需要注意的是:在同一事故中,能够确定实际死亡时间的,按照实际死亡时间确定继承关系,只有在难以确定死亡时间的情况下,才适用该规则推定死亡时间;并且适用前提是相互具有继承关系的数人在同一事故中死亡,相互没有继承关系的人之间对此不予适用。上述案例虽发生于《民法典》实施前,但因相关规定未作修改,裁判观点仍适用。

十、法定继承、遗嘱继承、遗赠和遗赠扶养协议,哪个效力优先?

(一)律师观点

法定继承,又称无遗嘱继承,即在被继承人无遗嘱的情况下按照法律规定的继承人范围、继承人顺序、遗产分配原则等进行的遗产继承方式。法定继承作为遗嘱继承的对称,是排除了被继承人立有遗嘱或所立遗嘱无效或遗嘱未处理部分及出现遗嘱继承人拒绝接受遗产等情况下的遗产继承,故法定继承又称为无遗嘱继承。遗嘱继承,是指继承人按照被继承人生前所立的合法有效的遗嘱进行继承的一种方式。在遗嘱继承中,订立遗嘱的人为遗嘱人,遗嘱指定的继承遗产的人为遗嘱继承人。遗赠,是指自然人以遗嘱的方式将个人合法财产的一部分或全部赠送给法定继承人以外的其他人或国家、集体组织的一种遗产处理方式。遗赠和遗嘱继承一样,作为法律行为,都是在自然人死亡后才发生法律效力。在遗赠中,立遗嘱人为遗赠人,遗嘱所指定接受遗赠财产的人为受遗赠人,也称遗赠受领人。遗赠扶养协议,是指遗赠人生前与扶养人订立的关于扶养人承担遗赠人生养死葬义务,并于遗赠人死亡后享有按约取得其遗产权利的协议。遗赠扶养协议是一种平等、有偿和互为权利义务的民事法律关系。

继承开始后,一般按先后顺序处理遗产,即遗赠扶养协议优先考虑,遗嘱或遗赠次之,法定继承最后考虑。

继承方式并存的,则需要分不同情况处理:遗赠扶养协议与遗嘱并存的,两种方式所涉遗产没有抵触的,遗产分别按协议和遗嘱处理;有抵触的,优先按遗赠扶养协议处理,与协议相抵触的遗嘱全部或部分无效。遗赠扶养协议与遗赠并存的,同上述遗赠扶养协议与遗嘱的处理方式。遗嘱和遗赠并存的,两种方式均有效,并无哪种方式优先的问题。一旦发生冲突,如对同一财产既有遗嘱也有遗赠,需考虑案件的具体情况和公平性因素，从被继承人所立遗嘱或遗赠的时间、证据的形式判断其真实意思表示。若均为当事人真实意思表示的，以在后的遗嘱或遗赠优先；若均为同一日设立的，可以认定共有或平均分配所涉财产等。

被继承人无遗赠扶养协议、无遗嘱或遗赠、出现上述继承方式无效的情形以及上述方式未处理的遗产部分，则应该按照法定继承处理遗产。

（二）法律依据

《民法典》

第一千一百二十三条　继承开始后，按照法定继承办理；有遗嘱的，按照遗嘱继承或者遗赠办理；有遗赠扶养协议的，按照协议办理。

第一千一百三十三条　自然人可以依照本法规定立遗嘱处分个人财产，并可以指定遗嘱执行人。

自然人可以立遗嘱将个人财产指定由法定继承人中的一人或者数人继承。

自然人可以立遗嘱将个人财产赠与国家、集体或者法定继承人以外的组织、个人。

自然人可以依法设立遗嘱信托。

第一千一百五十八条　自然人可以与继承人以外的组织或者个人签订遗赠扶养协议。按照协议，该组织或者个人承担该自然人生养死葬的义务，享有受遗赠的权利。

《民法典继承编解释（一）》

第三条　被继承人生前与他人订有遗赠扶养协议，同时又立有遗嘱的，继承开始后，如果遗赠扶养协议与遗嘱没有抵触，遗产分别按协议和遗嘱处理；如果有抵触，按协议处理，与协议抵触的遗嘱全部或者部分无效。

（三）典型案例

【案件索引】

案由：刘某与邹某1、邹某2继承纠纷案

审理法院：吉林省洮南市人民法院

案号：（2021）吉0881民初573号

【基本案情】

原告：刘某

被告：邹某1

被告：邹某2

原告刘某与被告邹某1、邹某2为母子关系,原告丈夫邹某永于2020年8月7日因病去世。邹某永去世前遗留一张开具于中国农业银行股份有限公司洮南煤窑支行的银行卡,内有部分存款与利息。原告要求继承此张银行卡内全部存款与利息,因与二被告协商未果,遂诉至法院。

【法院判决】

法院认为,遗产系公民死亡时遗留的个人合法财产。邹某永因病去世并未留有遗嘱,邹某永的父母已去世。现有原告和二被告作为法定继承人,有权继承邹某永的遗产。邹某永在中国农业银行股份有限公司洮南煤窑支行开户的银行卡内遗留的存款与利息,属于其遗产范围,依法予以分割。经法院调查,被告邹某1、邹某2均放弃继承权利,且邹某永父母均已去世,故对于原告刘某要求继承此张银行卡内全部存款与利息的诉讼主张,法院予以支持。

综上所述,依照《民法典》第1122条、第1123条、第1130条、第1153条、第1156条、第90条、第241条之规定,判决如下:邹某永名下开具于中国农业银行股份有限公司洮南煤窑支行的银行卡内全部存款与利息归原告刘某继承所有。

(四)律师小结

遗嘱扶养协议的效力优先于遗嘱和遗赠,遗嘱和遗赠的效力优先于法定继承。这样规定是因为遗嘱扶养协议、遗嘱和遗赠充分体现了被继承人自由处分个人财产的独立意志,法律予以尊重和完善。而遗赠扶养协议中的扶养人对生前的被继承人尽到了扶养义务,出于权利与义务对等的原则,应当让其按照协议优先取得遗产。

十一、受遗赠人如何表示接受赠与?

(一)律师观点

自然人可以通过遗赠的方式将财产赠与法定继承人以外的个人或组织,受遗赠人则有权接受或放弃该遗赠。根据《民法典》的规定,遗赠是遗嘱人用遗嘱的方式将个人财产的一部分或全部于死后赠与国家、集体或法定继承人以外的个人或组织的一种法律制度,遗赠人就是在遗嘱中指定的接受其遗赠财产的人。自然人以遗嘱的形式将其个人的财产赠给国家、集体或者法定继承人以外的人,一旦该自然人死亡,受遗赠人知道被继承人遗赠的行为,即存在接受遗赠或放弃遗赠的问题。接受遗赠或放弃遗赠,都是单方的民事法律行为,受遗赠人作出单方表示即可发生法律效力,产生接受遗产或放弃遗产的后果,那受遗赠人需要如何作出单方表示呢?

首先,接受遗赠的主体可以是受遗赠人本人,也可以是其代理人;放弃遗赠的主体,一般应为受遗赠人本人,法定代理人对无民事行为能力或限制民事行为能力的人,不能代为放弃,这也是为了更好地保护他们的利益。其次,接受遗赠是有时间限制的,受遗赠人应当在知道或应当知道受遗赠后60日内作出接受遗赠的意思表示,并且必须是明确的意思表示,即该表示行为必须能够确认为有接受遗赠的意思表示,受遗赠人可以以书面或其他形式作出表示,但要达到能够确认接受遗赠的程度,如受遗赠人虽未以书面或口头表示接受,但其特定行为能够反映其接受遗赠,也应认定为接受继承,不能简单以未作出书面表示等即否认其接受遗赠的权利。实践当中,受遗赠人想要接受遗赠的,最好还是以书面形式作出,如进行公证,避免引起不必要的争议。

同时,如果遗赠附有义务,则需履行义务才能得到遗赠,但是否先予履行义务,须视被继承人遗赠的要求。实践中,如果义务能够履行,而受遗赠人无正当理由不履行,经受益人或其他继承人请求,法院可以取消其接受附义务部分遗产的权利,由提出请求的继承人或受益人负责按遗嘱人的意愿履行义务,接受遗产;如果附义务遗赠人确实因客观原因等不能履行,则需视具体情况处理受遗赠遗产的权利限制问题,目前法律对此没有明确规定,需要在司法实务中针对个案进行探讨。

(二)法律依据

《民法典》

第一千一百二十四条　继承开始后,继承人放弃继承的,应当在遗产处理前,以书面形式作出放弃继承的表示;没有表示的,视为接受继承。

受遗赠人应当在知道受遗赠后六十日内,作出接受或者放弃受遗赠的表示;到期没有表示的,视为放弃受遗赠。

第一千一百四十五条　继承开始后,遗嘱执行人为遗产管理人;没有遗嘱执行人的,继承人应当及时推选遗产管理人;继承人未推选的,由继承人共同担任遗产管理人;没有继承人或者继承人均放弃继承的,由被继承人生前住所地的民政部门或者村民委员会担任遗产管理人。

《民法典继承编解释(一)》

第二十九条　附义务的遗嘱继承或者遗赠,如义务能够履行,而继承人、受遗赠人无正当理由不履行,经受益人或者其他继承人请求,人民法院可以取消其接受附义务部分遗产的权利,由提出请求的继承人或者受益人负责按遗嘱人的意愿履行义务,接受遗产。

第三十八条 继承开始后，受遗赠人表示接受遗赠，并于遗产分割前死亡的，其接受遗赠的权利转移给他的继承人。

第四十四条 继承诉讼开始后，如继承人、受遗赠人中有既不愿参加诉讼，又不表示放弃实体权利的，应当追加为共同原告；继承人已书面表示放弃继承、受遗赠人在知道受遗赠后六十日内表示放弃受遗赠或者到期没有表示的，不再列为当事人。

（三）典型案例

【案件索引】

案由：郑某等与安某2遗赠纠纷案

审理法院：北京市东城区人民法院

案号：(2021)京0101民初7178号

【基本案情】

原告：安某1

原告：郑某

被告：安某2

位于北京市东城区××胡同5号2号房屋（北侧西数第一间）系被继承人安某丽生前个人所有房屋。原告安某1与原告郑某系母子关系，被继承人安某丽系安某1姑姑。1993年5月22日，安某丽与被告安某2通过北京市公证处办理收养关系，双方形成养母女关系。2020年5月21日，安某丽去世。安某丽生前未婚，亦无其他亲生子女。安某1、郑某和安某2均表示安某丽父母均早年去世，安某丽哥哥安某英亦早年去世，安某丽无其他继承人。安某丽立有遗嘱两张（以下简称涉诉遗嘱），其中第一张内容为，“我今年73岁，对于未来的安排如下：今后我的生活等一切事宜都由我四侄女安某1和她的儿子郑某负责，我身后的财产都立给她们。安某丽”。第二张内容为：“在我安某丽名下坐落于北京市东城区××胡同5号北房一间，遗赠给安某1和郑某（安某1之子） 安某丽 二〇一九年三月二十一日 星期四”。

【法院判决】

法院认为，自然人可以立遗嘱将个人财产赠与国家、集体或者法定继承人以外的组织、个人。继承开始后，按照法定继承办理；有遗嘱的，按照遗嘱继承或者遗赠办理；有遗赠扶养协议的，按照协议办理。受遗赠人应当在知道受遗赠后60日内，作出接受或者放弃受遗赠的表示；到期没有表示的，视为放弃受遗赠。结合本案，被继承人安某丽生前立有遗嘱，将其名下涉诉房屋赠与安某1与郑某。对此遗嘱中的遗赠内容，原、被告均认可其真实性，故安某丽名下涉诉房屋应按照遗赠进行办理。同时，证人安某3的证人证言证明安某1和郑某于2020年11月方才得知遗嘱内容，随后二人提起本案诉讼要求继承涉诉房屋，可以认定二原告在知道受遗赠后60日内作出了接受遗赠的意思表示。虽然被告安某2出示多份录音证据用以证明安某1在遗嘱订立前后与安某丽联络频繁，但录音的内容均无法充分证明安某1早已知悉涉诉遗嘱的内容。安某2虽然提交了安某丽于2020年5月3日的录音录像，但该录音录像内容没有相关见证人的见证，不符合录音录像遗嘱的形式要求。对于安某2所称安某1和郑某并未负责安某丽生活全部事宜一节，因涉诉遗嘱并非法律所规定的遗赠抚养协议，故对于安某2的答辩意见，法院不予采纳。对于安某1与郑某要求继承涉诉房屋的诉讼请求，于法有据，法院予以支持。综上所述，依照《民法典》第1123条、第1133条、第1137条之规定，判决如下：被继承人安某丽名下位于北京市东城区××胡同5号2号房屋（北侧西数第一间）由原告安某1和郑某共同继承。

（四）律师小结

受遗赠人有接受或放弃受遗赠的权利。受遗赠人若选择接受遗赠的，法律规定应当在知道受遗赠后60日内作出接受遗赠的表示，这里的“知道”应作扩大解释，包括“知道”和“应当知道”。“应当知道”必须有充分的证据证明，遗产管理人应当以书面形式通知受遗赠人，“知道”一般以受遗赠人收到通知为准。若到期没有表示的，法律会视为放弃接受遗赠，这是默示的推定。

十二、继承人如何表示放弃遗产继承？

（一）律师观点

放弃继承，是指继承开始后继承人不接受被继承人遗产的意思表示。财产继承权是公民的一项重要权利，继承人有放弃该权利的自由，放弃继承也是一种单方法律行为，一般情况下其本人可以自主决定是否行使或放弃，不受他人干涉。放弃继承权是继承人对自己继承的遗产行使支配权。

首先，放弃继承的意思表示须在继承开始后、遗产分割前这一期间作出。继承开始前,继承人尚无继承权或处于权利不确定状态,不存在权利的放弃问题;遗产分割后,遗产权属已经明确,再行放弃,属于对自己财产的处分,也就是说,遗产处理之后再作出放弃的意思表示,放弃的不是继承权,而是财产的所有权。其次,放弃继承必须以明示的方式以书面形式向遗产管理人或者其他继承人表示,不能以默示的方式作出。司法解释规定,在诉讼中,继承人向法院以口头方式表示放弃继承的,要制作笔录,由放弃继承的人签名,这也与《民法典》中要求的书面形式相一致。此前,根据有关规定,用口头方式表示放弃继承的,如本人承认,或有其他充分证据证明的,也应当认定其有效,随着《民法典》及《民法典继承编解释(一)》的实施,该规定已不再适用,因此,口头放弃继承的不再有效。最后,放弃继承的意思表示应当由具有民事行为能力的继承人亲自作出,且必须是真实的意思表示。法定代理人一般不能代理无民事行为能力人或限制民事行为能力人作出放弃继承的意思表示,除非不放弃继承对继承人有利益损害;如果是因受欺骗、胁迫等,让继承人违背真实意思而作出放弃继承的意思表示,则放弃继承属无效行为。

同时,放弃继承在一定情况下可以反悔,但时间必须在遗产处理之前。例如放弃继承在遗产处理之后,即不予承认,因为遗产一旦处理,则继承已经结束,法律如果再行支持反悔,将使遗产处理问题长期处于不稳定状态,不利于遗产的利用和效益的发挥,也将使遗产分割后已经稳定的社会经济关系受到影响。继承人对放弃继承反悔的,如果对此有争议,需要恢复继承的继承人可提起恢复继承权之诉,请求法院对其继承权予以确认,是否恢复则由法院根据其提出的具体理由来决定。反悔的正当理由可以是放弃并非自己的真实意思表示,如因误解、被欺骗或受胁迫、威胁作出放弃继承或为了诉讼方便在相关诉讼中表示放弃继承。

(二)法律依据

《民法典》

第一千一百二十四条 继承开始后,继承人放弃继承的,应当在遗产处理前,以书面形式作出放弃继承的表示;没有表示的,视为接受继承。

受遗赠人应当在知道受遗赠后六十日内,作出接受或者放弃受遗赠的表示;到期没有表示的,视为放弃受遗赠。

第一千一百六十一条 继承人以所得遗产实际价值为限清偿被继承人依法应当缴纳的税款和债务。超过遗产实际价值部分,继承人自愿偿还的不在此限。

继承人放弃继承的,对被继承人依法应当缴纳的税款和债务可以不负清偿责任。

《民法典继承编解释(一)》

第三十二条　继承人因放弃继承权,致其不能履行法定义务的,放弃继承权的行为无效。

第三十三条　继承人放弃继承应当以书面形式向遗产管理人或者其他继承人表示。

第三十四条　在诉讼中,继承人向人民法院以口头方式表示放弃继承的,要制作笔录,由放弃继承的人签名。

第三十五条　继承人放弃继承的意思表示,应当在继承开始后、遗产分割前作出。遗产分割后表示放弃的不再是继承权,而是所有权。

第三十六条　遗产处理前或者在诉讼进行中,继承人对放弃继承反悔的,由人民法院根据其提出的具体理由,决定是否承认。遗产处理后,继承人对放弃继承反悔的,不予承认。

第三十七条　放弃继承的效力,追溯到继承开始的时间。

(三)典型案例

【案件索引】

案由:李某芳与李某玲、李某生继承纠纷案

审理法院:天津市滨海新区人民法院

案号:(2021)津0116民初7756号

【基本案情】

原告:李某芳

被告:李某玲

被告:李某生

被告:李某梅

被告:李某华

李某某与曹某某系夫妻关系,原告李某芳与被告李某玲、李某生、李某梅、李某华系二人的子女。李某某于1992年11月24日去世,曹某某于2020年11月21日去世。坐落于塘沽××楼×-×-×××号房屋原系李某某承租的公租房,李某某去世后,曹某某经房改购买了该房屋的所有权,登记在曹某某名下。2021年2月10日,李某玲、李某生、李某梅、李某华出具《证明》,证明:该房屋是李某芳全款购买。因上述房屋拆迁,曹某某用拆迁补偿款购买了坐落于塘沽××里×-×-×××号房屋,于2009年2月2日登记在曹某某名下。

曹某某去世后,2020 年 12 月,李某玲、李某生、李某梅、李某华出具《承诺书》,承诺:放弃母亲曹某某唯一房产(塘沽××里×-×-×××号房屋)的继承权,永不后悔。因李某生拒绝协助原告办理过户手续,李某芳诉至法院。

【法院判决】

法院认为,坐落于塘沽××里×-×-×××号房屋登记在曹某某名下,曹某某死亡后,李某玲、李某生、李某梅、李某华出具《承诺书》,承诺放弃该房产的继承权,因此,李某玲、李某生、李某梅、李某华对该房屋不再享有继承权利。原告李某芳作为法定继承人,有权继承位于天津市滨海新区塘沽××里×-×-×××号房屋。按照法律规定,当事人对自己提出的主张,有责任提供证据。按照相关规定,放弃继承反悔必须有可据恢复的正当理由。被告李某生主张《承诺书》存在重大误解且显失公平,对放弃继承的意思表示反悔。因其未能提交充足的证据证明该主张成立,法院不予承认。

依据《继承法》(已失效)第 10 条①、《民事诉讼法》(2017 年)第 64 条第 1 款②、《民法典时间效力规定》第 1 条第 2 款、《继承法意见》(已失效)第 50 条③之规定,判决如下:

被继承人曹某某名下坐落于天津市滨海新区塘沽××里×-×-×××号房屋由原告李某芳所有,被告李某玲、李某生、李某梅、李某华协助李某芳办理房屋过户手续,过户至李某芳名下,过户的相关税费由李某芳负担。

(四)律师小结

无论是遗嘱继承还是法定继承,在继承开始之后,若继承人表示自己放弃继承遗产,应该在处理遗产之前作出,要是在此之前没有作出放弃遗产继承的表示,就视为其接受继承。

十三、继承人放弃继承权后又反悔的,能否重新取得继承权?

(一)律师观点

放弃继承权是继承人自愿放弃无偿取得被继承人的合法遗产的权利,这种行

---

① 相关规定参见《民法典》第 1127 条。

② 相关规定参见 2021 年修正的《民事诉讼法》第 67 条第 1 款。

③ 相关规定参加《民法典继承编解释(一)》第 36 条。

为是出自继承人自身内心意思的真实表示，继承人放弃继承的意思表示，应当在继承开始之后，遗产分割处理之前以书面形式向其他继承人表示，通过微信、邮件、传真等数据电文形式放弃遗产的，参照《民法典》合同编中的规定也可视为以书面方式放弃遗产继承，或在诉讼中以口头方式表示放弃继承并在法院制作的笔录中签名，其效力可以追溯到继承开始的时间。

继承人在表示自己放弃继承权之后又反悔的，能不能再次取得继承权，首先需要看遗产是否已经继承分割完毕。如果遗产已经分配完毕，就不能再反悔；若遗产还没有开始继承，这样的情况下，放弃继承权的当事人若反悔，可以向法院申请撤回放弃继承权，之后法院再根据具体的情况来决定是否采纳。也就是说，放弃继承权之后又反悔的，应当在遗产分割前作出表示，在遗产分割后才反悔的，法院将不予支持，继承人将不能再分得遗产。并且其在遗产处理之前反悔的，须要有可据恢复的正当理由，如因被欺骗、胁迫、威胁或因误解等非自己的真实意思表示而作出放弃继承，法院根据当事人提出的具体理由确定是否承认。

(二)法律依据

《民法典》

第四百六十四条 合同是民事主体之间设立、变更、终止民事法律关系的协议。

婚姻、收养、监护等有关身份关系的协议，适用有关该身份关系的法律规定；没有规定的，可以根据其性质参照适用本编规定。

第四百六十九条 当事人订立合同，可以采用书面形式、口头形式或者其他形式。

书面形式是合同书、信件、电报、电传、传真等可以有形地表现所载内容的形式。

以电子数据交换、电子邮件等方式能够有形地表现所载内容，并可以随时调取查用的数据电文，视为书面形式。

《民法典继承编解释(一)》

第三十三条 继承人放弃继承应当以书面形式向遗产管理人或者其他继承人表示。

第三十四条 在诉讼中，继承人向人民法院以口头方式表示放弃继承的，要制作笔录，由放弃继承的人签名。

第三十五条 继承人放弃继承的意思表示，应当在继承开始后、遗产分割前作出。遗产分割后表示放弃的不再是继承权，而是所有权。

第三十六条 遗产处理前或者在诉讼进行中，继承人对放弃继承反悔的，由人民法院根据其提出的具体理由，决定是否承认。遗产处理后，继承人对放弃继承反悔的，不予承认。

第三十七条 放弃继承的效力,追溯到继承开始的时间。

(三)典型案例

【案件索引】

案由:姜某娟与姜某忠遗嘱继承纠纷案

审理法院:吉林省扶余市人民法院

案号:(2017)吉0781民初3834号

【基本案情】

原告:姜某娟

被告:姜某忠

原告姜某娟与被告姜某忠系兄妹关系。原告、被告的父亲姜某、母亲沈某文于2012年10月29日订立了一份遗嘱,内容为:(1)二立遗嘱人共有固定资产砖瓦结构两间一廊,东侧一仓房,两房合计建筑面积95.30平方米,间数为3.25间,两间一廊和东侧仓房共有一个房屋产权证,产权证号为吉房权扶农字第970××××号,此房坐落于三岔河镇李家店村,待二立遗嘱人均故去后,该两间一廊和东侧仓房由姜某忠、姜某娟二人继承,两人分别继承上述所立遗嘱房屋的50%;(2)继承人姜某忠、姜某娟所继承的遗产,要在二立遗嘱人全部过世后,才能继承,二立遗嘱人单方过世,二继承人不能继承过世方所留下的财产;(3)继承人姜某忠系姜某的亲生子,继承人姜某娟系二立遗嘱人的养女;(4)姜某过世后,其丧葬费用由姜某忠承担,沈某文过世后,其丧葬费由姜某娟承担。立遗嘱人姜某、沈某文分别签字、捺印。杜某利代书,见证人刘某奇、李某签字、捺印。原告诉请法院按照父母遗嘱来分割遗产。

【法院判决】

法院认为,继承从被继承人死亡时开始。继承开始后,按法定继承办理;有遗嘱的,按照遗嘱或者遗赠办理;有遗赠扶养协议的,按照协议办理。原告、被告的父母生前立有遗嘱,遗嘱的方式为代书遗嘱,有见证人刘某奇、李某当场见证,代书人杜某利代书,见证人、代书人和立遗嘱人都签名、捺印,该份遗嘱符合代书遗嘱的形式要件,且遗嘱内容合法,被告对遗嘱的效力不存异议,故继承开始后,按照遗嘱继承办理。关于原告是否放弃了继承权,《继承法意见》第47条①规定:"放弃继承应当以书面形式向其他继承人表示,用口头方式表示放弃

① 相关规定分别参见《民法典继承编解释(一)》第33条和第34条。

继承,本人承认,或者有其他充分证据证明的,也应当认定有效。"具体到本案中,被告没有提供原告向其表示放弃继承的书面形式,被告抗辩原告曾口头表示放弃继承,但原告不承认,被告提供的证人出庭证言不能充分证明原告口头表示过放弃,对被告的抗辩,法院不予采信。且被继承人在遗嘱中明确表示,要在二立遗嘱人全部过世后,才能继承,二立遗嘱人单方过世,二继承人不能继承过世方所留下的财产。由此可以看出,被继承人沈某文、姜某立遗嘱的真实意思是在被继承人都去世后,继承人方能继承遗产。其目的是防止继承人在被继承人一人死亡后,继承人继承遗产后不赡养生存的被继承人。且诉争的遗产系被继承人夫妻共同财产,是一个整体的财产,不可分割,被继承人有共同的处分权利,只有在被继承人全部死亡后,才能发生继承。如果原告在被继承人全部死亡后,作出口头放弃的意思表示,且被告有充分证据予以证明,是可以发生放弃继承的效力的。所以在被继承人为两人,且处分的财产是两人共同财产,被继承人又明确表示必须在两人都死亡后,才能发生继承的效力的情况下,才发生放弃继承的情况。被告关于赡养姜义,以及丧葬费的支出的抗辩,是法定继承中是否多分配遗产考虑的因素,因本案系遗嘱继承,与本案没有关联性,对被告的抗辩,法院不予采信。综上所述,依照《继承法》(已失效)第17条[①]、《继承法意见》(已失效)第47条的规定,判决如下:被继承人姜某、沈某文死亡后遗产位于扶余市三岔河镇李家店村的房屋(两间一廊)、东侧仓房(产权证号为吉房权扶农字第970××××号)由原告姜某娟继承1/2产权份额,被告姜某忠继承1/2产权份额。

(四)律师小结

继承人放弃继承后,一般不再享有其放弃的遗产继承权,若其在遗产处理之前或在诉讼进行中反悔的,须有可据恢复的正当理由,如因被欺骗、胁迫、威胁或因误解等非自己的真实意思表示而作出放弃继承,由法院根据其提出的具体理由确定是否认可。遗产处理后,继承人对放弃继承反悔的,不予承认。上述案例中,被告没有提供原告向其表示放弃继承的书面形式,被告抗辩原告曾口头表示放弃继承,但原告不承认,被告提供的证人出庭证言不能充分证明原告口头表示过放弃,对被告的主张,不予采信。随着《民法典》的生效,此后继承人应当以书面形式放弃继承,若以口头方式放弃的,需向法院表示并由法院制作笔录,由放弃继承的人签名

① 相关规定参见《民法典》第1135条。

确认，这一点《民法典》有所改动。

十四、继承人在哪些情形下会丧失继承权？继承权丧失后还能恢复吗？

（一）律师观点

继承权是继承人依法取得被继承人遗产的权利，但是在有些情况下，除了当事人自己可以主动放弃继承权外，当事人的某些不当行为也会导致其丧失继承权，这种情况下就是被动地丧失了继承权。

继承权的丧失，是指继承人因对被继承人或其他继承人有法律规定的违法行为而被依法剥夺继承被继承人遗产的资格，从而丧失继承权。在继承人具有丧失继承权的法定事由时，其继承权丧失后继承人一般不能再继承其遗产。继承权的丧失，是因为非基于继承人的意志而出现的，并非继承人自己主动放弃继承权，而是被动失去继承权的情况。《民法典》继承编在《继承法》（已失效）的基础上，增加了继承权丧失的法定事由，并对继承权丧失后能否恢复的情形、受遗赠人丧失受遗赠权作出规定，对继承权丧失制度进一步完善。根据《民法典》的规定，继承人有以下违法行为之一的，将会丧失继承权：

第一，故意杀害被继承人。故意包括直接故意和间接故意，直接故意，是指行为人明知其行为必然或可能发生危害社会的结果，并希望该结果发生；间接故意，是指放任危害结果发生不加以制止。并且，无论继承人出于何种动机，无论是既遂还是未遂，也无论是否受到刑事责任的追究，只要实施故意杀害被继承人行为的，都将依法丧失继承权。但是精神病患者在发作期实施的杀害行为，因其不能辨认、控制自己行为而造成危害后果，并非出于主观故意，而是由于精神病理障碍使其完全丧失理智，故不属于“故意杀害”的情形，其继承权不能被剥夺；继承人因正当防卫、紧急避险杀害继承人而不负刑事责任的，亦不构成继承权丧失之事由。

第二，为争夺遗产而杀害其他继承人。同上面的杀害一样，无论是否既遂，也无论是否追究刑事责任，只要是因争夺遗产的目的杀害其他继承人，都会丧失继承权，如果是出于其他动机杀害的，当事人虽会受刑事责任追究，但不会因此丧失继承权。杀害行为的主观意图是需要重点考察的问题，要结合行为人自己的供述、被害人陈述、证人证言以及具体情况加以判断。

第三，遗弃被继承人或者虐待被继承人情节严重。继承人对年老、病残、年幼或者没有独立生活能力的被继承人，依法负有抚养、扶养、赡养义务，不履行该义务且情节严重的，应当丧失继承权。这里的情节严重，可以根据继承人实施虐待行为的时间、手段、后果和社会影响等方面综合认定。并且如果认定情节严重,无论是否追究其刑事责任,都将丧失继承权。

第四,伪造、篡改、隐匿或者销毁遗嘱,情节严重。该行为违背了被继承人的真实意思,侵犯了被继承人生前对自己财产的处分权,同时也侵害了其他继承人的继承权,在情节严重时也应当丧失继承权。可以根据继承人实施该行为的目的、结果、方式等认定是否属于情节严重。

第五,以欺诈、胁迫手段迫使或者妨碍被继承人设立、变更或者撤回遗嘱,情节严重。这是《民法典》继承编在《继承法》(已失效)基础上新增加的一个法定丧失继承权的事由,如继承人故意隐瞒或告知虚假情况,欺骗被继承人,或通过威胁手段迫使被继承人陷入恐惧而设立、变更或撤回之前所订遗嘱。该行为同样违背了遗嘱人的遗嘱自由权,损害其他继承人的合法权益。

继承人一旦丧失继承权,也就失去了其作为继承人的资格,不再具有继承人的法律地位,亦即丧失了其继承遗产的可能性。根据法律规定,继承人一旦实施上述五种行为之一的,符合法律规定的法定事由,无论是法定继承人还是遗嘱继承人,都将丧失继承权。根据《民法典继承编解释(一)》的规定,继承人之间因是否丧失继承权发生纠纷,向法院提起诉讼的,由法院依据相关规定,判决确认其是否丧失继承权。因此,只有法院才能确认继承人丧失继承权,其他任何单位或个人都无权确认。

此外,根据继承权丧失后能否恢复,可以分为继承权的绝对丧失和相对丧失。继承权绝对丧失,是指因发生某种使继承人丧失继承权的法定事由,该继承人再也不能享有对被继承人已经丧失的继承权,无恢复的可能;继承权相对丧失,是指继承人虽因发生某种法定事由而丧失继承权,但在具备一定条件时(通常为被继承人宽恕),其继承权最终可不丧失。根据《民法典》继承编相关规定可知,故意杀害被继承人、因争夺遗产而杀害其他继承人属于继承权绝对丧失的法定情形。遗弃、虐待被继承人;伪造、篡改、隐匿或者销毁遗嘱;以欺诈、胁迫手段迫使或者妨碍被继承人设立、变更或者撤回遗嘱三项情节严重的违法行为,属于继承权相对丧失的法定情形,当继承人有所悔改后,被继承人表示宽恕或事后在遗嘱中将其列为继承人的,该继承人不再丧失继承权。

(二)法律依据

《民法典》

第一千一百二十五条 继承人有下列行为之一的,丧失继承权:

(一)故意杀害被继承人;

（二）为争夺遗产而杀害其他继承人；

（三）遗弃被继承人，或者虐待被继承人情节严重；

（四）伪造、篡改、隐匿或者销毁遗嘱，情节严重；

（五）以欺诈、胁迫手段迫使或者妨碍被继承人设立、变更或者撤回遗嘱，情节严重。

继承人有前款第三项至第五项行为，确有悔改表现，被继承人表示宽恕或者事后在遗嘱中将其列为继承人的，该继承人不丧失继承权。

受遗赠人有本条第一款规定行为的，丧失受遗赠权。

第一千一百五十四条 有下列情形之一的，遗产中的有关部分按照法定继承办理：

（一）遗嘱继承人放弃继承或者受遗赠人放弃受遗赠；

（二）遗嘱继承人丧失继承权或者受遗赠人丧失受遗赠权；

（三）遗嘱继承人、受遗赠人先于遗嘱人死亡或者终止；

（四）遗嘱无效部分所涉及的遗产；

（五）遗嘱未处分的遗产。

《民法典继承编解释（一）》

第五条 在遗产继承中，继承人之间因是否丧失继承权发生纠纷，向人民法院提起诉讼的，由人民法院依据民法典第一千一百二十五条的规定，判决确认其是否丧失继承权。

第六条 继承人是否符合民法典第一千一百二十五条第一款第三项规定的“虐待被继承人情节严重”，可以从实施虐待行为的时间、手段、后果和社会影响等方面认定。

虐待被继承人情节严重的，不论是否追究刑事责任，均可确认其丧失继承权。

第七条 继承人故意杀害被继承人的，不论是既遂还是未遂，均应当确认其丧失继承权。

第八条 继承人有民法典第一千一百二十五条第一款第一项或者第二项所列之行为，而被继承人以遗嘱将遗产指定由该继承人继承的，可以确认遗嘱无效，并确认该继承人丧失继承权。

第九条 继承人伪造、篡改、隐匿或者销毁遗嘱，侵害了缺乏劳动能力又无生活来源的继承人的利益，并造成其生活困难的，应当认定为民法典第一千一百二十五条第一款第四项规定的“情节严重”。

第十七条 继承人丧失继承权的，其晚辈直系血亲不得代位继承。如该代位继承人缺乏劳动能力又没有生活来源，或者对被继承人尽赡养义务较多的，可以适当分给遗产。

（三）典型案例

【案件索引】

案由：裴某鸟、刘某与陆某江继承纠纷案

审理法院：四川省渠县人民法院

案号：(2020)川1725民初1943号

【基本案情】

原告：裴某鸟

原告：刘某

被告：陆某江

2007年11月21日，两原告裴某鸟、刘某的女儿裴某购买了位于渠县渠江镇后溪街的二手房屋一套，建筑面积77.8平方米，房产证号：渠房权证字第20070××××号。2008年5月11日，裴某与被告陆某江在渠县民政局登记结婚。2008年6月14日下午，在江苏省苏州市浒关镇龙华一村×幢×××室出租房内，被告陆某江因琐事与裴某发生争执扭打，后以菜刀砸头、卡颈的手段将裴某杀死，后逃离现场。2008年7月7日，被告陆某江被抓获。2008年11月21日，江苏省苏州市中级人民法院作出(2008)苏中刑一初字第0129号刑事判决书，判决被告陆某江犯故意杀人罪，判处无期徒刑，剥夺政治权利终身。后二原告一直居住在被继承房屋内。被继承人裴某未生育子女。

【法院判决】

法院认为，继承权是自然人基于一定的身份关系享有的权利，我国法律明确规定了继承权丧失的法定条件。根据《继承法》(已失效)第7条[①]"继承人有下列行为之一的，丧失继承权：(一)故意杀害被继承人的……"第10条[②]"遗产按照下列顺序继承：第一顺序：配偶、子女、父母。……"的规定，被告陆某江故意杀害其妻裴某的行为，刑事上已通过刑事审判得到相应的法律制裁，民事上则丧失了对其妻遗产的继承权，承担相应的民事法律后果。被继承人裴某死亡时未生育子女，第一顺序继承人只有其父母，即二原告。案涉房屋又为被继承人婚前购买，系婚前财产，亦是裴某的遗产。因此，二原告请求继承被继承人裴

① 相关规定参见《民法典》第1125条。

② 相关规定参见《民法典》第1127条。

某婚前购买的渠江镇后溪街的二手房屋(房产证号:渠房权证字第20070××××号)的诉讼请求,法院予以支持。综上所述,二原告的诉讼请求成立,法院予以支持。依照《继承法》(已失效)第7条、第10条,《民事诉讼法》(2017年)第144条[①]之规定,判决如下:位于渠县渠江镇后溪街房屋(房产证号:渠房权证字第20070××××号)由原告裴某鸟、刘某继承。

(四)律师小结

如前所述,继承权的丧失有五种法定情形,继承权丧失的,从继承开始之日起发生法律效力。如果继承权的丧失是在继承开始后由法院确认的,则法院对继承人丧失继承权的确认,溯至继承开始时就发生法律效力。同时,继承人丧失继承权,丧失的仅是针对某个特定被继承人的遗产继承资格,对其他被继承人的继承权不受影响。并且继承人丧失继承权的,其晚辈直系血亲不得代位继承,但是如果该代位继承人缺乏劳动能力又没有生活来源,或者对被继承人尽赡养义务较多的,可以适当分给遗产。对此《民法典》仍保持和《继承法》(已失效)同样的规定,不一样的是,《民法典》对因某些法定事由导致继承权丧失的,给予了恢复的可能性。

① 相关规定参见2021年修正的《民事诉讼法》第147条。

第二章　法定继承

一、什么是代位继承？《民法典》对此有什么改变？

（一）律师观点

代位继承，是指被继承人的子女先于被继承人死亡时，由被继承人子女的晚辈直系血亲代替先死亡的长辈直系血亲继承被继承人遗产，以及在被继承人无配偶、子女、父母继承其财产，被继承人的兄弟姐妹又先于被继承人死亡时，由被继承人兄弟姐妹的子女代替先死亡的父母继承被继承人遗产的一项法定继承制度，后者也是《民法典》新增加的内容，将代位继承的范围扩大至被继承人兄弟姐妹的子女，换言之，侄女、侄子、外甥、外甥女可以代位继承叔伯、姑姑、舅舅、姨母的遗产。应当特别明确的是，只有被继承人的子女不能被代位继承时，被继承人的兄弟姐妹才能成为被代位继承人。该新增规定可以有效避免遗产无人继承的情形出现，保持遗产在亲属之间流转，符合我国的继承传统。

先于被继承人死亡的继承人，称为被代位继承人；代替被代位人继承遗产的人，称为代位继承人。代位继承的发生，要求被代位继承人必须先于被继承人死亡，且被代为继承人拥有继承权，即未丧失继承权，此时代位继承人可以继承被代位继承人有权继承的遗产份额。

若继承人丧失继承权，其晚辈直系血亲不得代位继承。如该代位继承人缺乏劳动能力又没有生活来源，或者对被继承人尽赡养义务较多，可以适当分给遗产。如果被代位继承人在继承开始后才死亡，因其已取得继承权，只是还未来得及分割遗产，此时发生的是转继承而非代位继承，按照转继承的规定处理，即其应继承的遗产份额转由他的法定继承人或遗嘱继承人承受。

代位继承仅适用于法定继承，在遗嘱继承和遗赠协议中不能发生代位继承和代位受遗赠。换言之，如果遗嘱人通过遗嘱或遗赠指定子女以外的人作为继承人或受遗赠人，之后该继承人或受遗赠人先于遗嘱人死亡的，遗嘱继承人或受遗赠人的晚辈直系血亲不能通过代位继承来继承遗嘱人的遗产，因为遗嘱继承人或者受遗赠人先于遗嘱人死亡，遗嘱或者遗赠协议则失去效力，遗嘱人或者遗赠人若没有重新订立遗嘱或遗赠协议，在其死亡后留下的财产将按照法定继承处理。

（二）法律依据

《民法典》

第一千一百二十五条 继承人有下列行为之一的，丧失继承权：

（一）故意杀害被继承人；

（二）为争夺遗产而杀害其他继承人；

（三）遗弃被继承人，或者虐待被继承人情节严重；

（四）伪造、篡改、隐匿或者销毁遗嘱，情节严重；

（五）以欺诈、胁迫手段迫使或者妨碍被继承人设立、变更或者撤回遗嘱，情节严重。

继承人有前款第三项至第五项行为，确有悔改表现，被继承人表示宽恕或者事后在遗嘱中将其列为继承人的，该继承人不丧失继承权。

受遗赠人有本条第一款规定行为的，丧失受遗赠权。

第一千一百二十八条 被继承人的子女先于被继承人死亡的，由被继承人的子女的直系晚辈血亲代位继承。

被继承人的兄弟姐妹先于被继承人死亡的，由被继承人的兄弟姐妹的子女代位继承。

代位继承人一般只能继承被代位继承人有权继承的遗产份额。

第一千一百三十一条 对继承人以外的依靠被继承人扶养的人，或者继承人以外的对被继承人扶养较多的人，可以分给适当的遗产。

《民法典继承编解释（一）》

第十四条 被继承人的孙子女、外孙子女、曾孙子女、外曾孙子女都可以代位继承，代位继承人不受辈数的限制。

第十五条 被继承人的养子女、已形成扶养关系的继子女的生子女可以代位继承；被继承人亲生子女的养子女可以代位继承；被继承人养子女的养子女可以代位继承；与被继承人已形成扶养关系的继子女的养子女也可以代位继承。

第十七条 继承人丧失继承权的，其晚辈直系血亲不得代位继承。如该代位继承人缺乏劳动能力又没有生活来源，或者对被继承人尽赡养义务较多的，可以适当分给遗产。

《民法典时间效力规定》

第十四条 被继承人在民法典施行前死亡，遗产无人继承又无人受遗赠，其兄弟姐妹的子女请求代位继承的,适用民法典第一千一百二十八条第二款和第三款的规定,但是遗产已经在民法典施行前处理完毕的除外。

(三)典型案例

【案件索引】

案由:李某甲与李某乙等人代位继承纠纷案

审理法院:陕西省宝鸡市陈仓区人民法院

案号:(2021)陕0304民初187号

【基本案情】

原告:李某甲

被告:李某乙

被告:李某丙

被告:李某丁

被告:李某戊

原告李某甲之父李某庚与被继承人李某已系兄弟关系,被继承人李某已系原告叔父。被继承人李某已生于1962年××月××日,于2020年10月16日在甘肃省兰州市打工期间在一出租房内去世,生前未婚,无子女,其兄弟三人:李某娃、李某庚及被继承人李某已,父母均已去世。李某娃、李某庚先于被继承人李某已去世。李某娃生前有两子:被告李某丙、李某丁;李某庚生前有两子一女:原告李某甲,被告李某乙、李某戊。被继承人李某已生前打工之余,与原告共同居住生活,去世后,原告为其操办了丧葬事宜,并承担了被继承人李某已的丧葬费用。经查明,被继承人李某已有如下遗产:中国邮政储蓄银行股份有限公司兰州市段家滩支行定期存折一张(620600××××××××)、中国邮政储蓄银行银行卡(借记卡)一张(尾号2138)及富德生命人寿保险股份有限公司两份"生命如意宝一号年金保险"(保险合同号码分别为:P×××××4079、P××××3797)、幸福人寿保险股份有限公司"幸福财富4.0年金保险"一份(保险合同号码为:8800×××××176)。在本案审理中,被告李某乙、李某丙、李某丁、李某戊均自愿放弃继承被继承人李某已的所有遗产。被继承人李某已再无其他继承人。

【法院判决】

法院认为,自然人的继承权受法律保护。《民法典》第1123条规定:"继承开始后,按照法定继承办理;有遗嘱的,按照遗嘱继承或者遗赠办理;有遗赠扶养协议的，按照协议办理”。本案中既无遗嘱，又无相关协议，故本案涉及的遗产应按照法定继承依法予以分割。被继承人李某巳去世后，因无第一顺序继承人，且第二顺序继承人均已去世，《民法典》第1128条第2款规定：“被继承人的兄弟姐妹先于被继承人死亡的，由被继承人的兄弟姐妹的子女代位继承。”根据该规定，本案原告、被告依法可代位继承被继承人李某巳的遗产。本案遗产的范围，依据《民法典》第1122条之规定：“遗产是公民死亡时遗留的个人合法财产。”根据本案证据可确定，被继承人李某巳的遗产包括银行存款及相关保险权益。被继承人李某巳生前，与原告共同居住生活，去世后，原告为其操办了丧葬事宜，丧葬费用均由原告承担。且被告李某乙、李某丙、李某丁、李某戊自愿放弃对被继承人李某巳遗产的继承权，依据《民法典》第130条的规定：“民事主体按照自己的意愿依法行使民事权利，不受干涉。”据此，规定被告李某乙、李某丙、李某丁、李某戊有权处分自己的民事权益。故被继承人李某巳的遗产应由原告予以继承。

综上所述，依据《民法典》第130条、第1120条、第1122条、第1123条、第1128条第2款之规定，判决如下：

1. 被继承人李某巳名下中国邮政储蓄银行股份有限公司兰州市段家滩支行定期存款(620600××××××××)及中国邮政储蓄银行银行卡存款(尾号2138)由原告李某甲继承。

2. 被继承人李某巳名下富德生命人寿保险股份有限公司两份“生命如意宝一号年金保险”(保险合同号码分别为：P×××××4079、P×××××3797)及幸福人寿保险股份有限公司一份“幸福财富4.0年金保险”(保险合同号码为：8800×××××176)的相关权益由原告李某甲继承。

(四)律师小结

代位继承制度是法定继承中的一项重要制度，为适应社会需求，我国《民法典》在《继承法》(已失效)的基础上扩大了被代位继承人的范围，避免当独生子女丧失继承权，被继承人又没有其他法定继承人时，出现被继承人的遗产无人继承而收归国家的结果，以更好地保障私有财产在亲属内部间进行流转，促进血亲关系的发展。

二、丧偶儿媳、丧偶女婿可以继承公婆、岳父母的遗产吗？

（一）律师观点

法定继承是以继承人与被继承人之间存在的血缘关系或婚姻关系为前提和依据的，儿媳与公婆、女婿与岳父母之间没有血缘关系，两者属于姻亲关系。《民法典》规定，遗产的法定继承的第一顺序为配偶、子女、父母，第二顺序为兄弟姐妹、祖父母、外祖父母。由此可知，儿媳、女婿并不在法定继承人的范围。从婚姻家庭法律关系上讲，儿媳与公婆、女婿与岳父母之间并无扶养、赡养的权利和义务，一般情况下，彼此之间不发生法定继承关系。

但现实生活中，有些儿媳或女婿不仅与其配偶共同赡养公婆或岳父母，而且在丧偶以后甚至再婚以后仍然继续赡养、照料公婆或岳父母。因此，《民法典》继承编沿用了《继承法》（已失效）的规定，将尽了赡养义务的丧偶儿媳和丧偶女婿作为第一顺序继承人，列入法定继承人的范围中，这也体现了权利与义务相一致的原则。法律赋予对公婆或岳父母尽了主要赡养义务的丧偶儿媳或丧偶女婿第一顺序法定继承人的地位，在保护老人利益的同时，又兼顾了对老人承担主要赡养义务的丧偶儿媳或丧偶女婿的利益，使他们得到应得的一份遗产。

在确认丧偶儿媳和丧偶女婿对公婆和岳父母遗产的继承权时，存在一个必要条件，即要求丧偶儿媳和丧偶女婿对公婆、岳父母尽主要赡养义务，其认定标准是对被继承人生活提供了主要经济来源或在劳务等方面给予了主要扶助，具体表现在两个方面：一方面，在经济上为老人生活提供了帮助，老人主要依靠其提供的经济来源生活。对于没有生活来源或者其生活来源不足以维持其基本生活条件的老人来讲，不仅应当从生活上进行照料，而且在经济上也应给予生活费、医疗费等方面的资助；另一方面，为老人日常生活提供劳务帮助，如共同生活，经常照料，为老人做饭、打扫卫生，在老人生病时送医院进行护理等。同时，无论是生活上的照料，还是经济上的供养，必须是经常性、长期性的，如果只是偶尔给几次钱、做几回饭、看望几次、提供有限的劳务帮助等，只能视为对老人有过帮助，不能认定为尽了主要赡养义务，不能取得第一顺序法定继承人资格。

（二）法律依据

《民法典》

第一百二十四条　自然人依法享有继承权。

自然人合法的私有财产，可以依法继承。

第一千一百二十二条 遗产是自然人死亡时遗留的个人合法财产。

依照法律规定或者根据其性质不得继承的遗产，不得继承。

第一千一百二十七条 遗产按照下列顺序继承：

（一）第一顺序：配偶、子女、父母；

（二）第二顺序：兄弟姐妹、祖父母、外祖父母。

继承开始后，由第一顺序继承人继承，第二顺序继承人不继承；没有第一顺序继承人继承的，由第二顺序继承人继承。

本编所称子女，包括婚生子女、非婚生子女、养子女和有扶养关系的继子女。

本编所称父母，包括生父母、养父母和有扶养关系的继父母。

本编所称兄弟姐妹，包括同父母的兄弟姐妹、同父异母或者同母异父的兄弟姐妹、养兄弟姐妹、有扶养关系的继兄弟姐妹。

第一千一百二十九条 丧偶儿媳对公婆，丧偶女婿对岳父母，尽了主要赡养义务的，作为第一顺序继承人。

《民法典继承编解释（一）》

第十八条 丧偶儿媳对公婆、丧偶女婿对岳父母，无论其是否再婚，依照民法典第一千一百二十九条规定作为第一顺序继承人时，不影响其子女代位继承。

第十九条 对被继承人生活提供了主要经济来源，或者在劳务等方面给予了主要扶助的，应当认定其尽了主要赡养义务或主要扶养义务。

（三）典型案例

【案件索引】

案由：王某1与陈某等法定继承纠纷案

审理法院：北京市大兴区人民法院

案号：（2020）京0115民初20336号

【基本案情】

原告：王某1

被告：毕某1

被告：毕某2

被告：毕某3

被告：陈某

毕某瑞与王某1系夫妻关系,婚后育一子毕某武,二女毕某1、毕某2。毕某武(1978年2月4日出生)与陈某系夫妻关系,婚后育有一女毕某3。毕某武于2016年10月14日因死亡注销户口,毕某瑞于2020年7月14日去世。关于诉争的15号院、17号院落房屋情况,双方均认可北房一共为10间、南房一共为10间。关于建房情况,王某1称北房是其与毕某瑞于1996年建设,一共建设10间。陈某、毕某3称北房系以毕某武为主建设的,毕某瑞参与建房,当时建房9间,陈某、毕某武于2010年8、9月在17号院北房最西侧建房1间。关于北房建设情况,王某1的证人王某2称当时是毕某瑞找其建房、加院墙、门楼,具体建房时间记不清了,大概在1996年、1997年、1998年。毕某3、陈某的证人张某称北房9间是1998年建的,主要是毕某武操持建房,找的王某2建房。关于南房10间,王某1称是2010年建造的,王某1与毕某瑞出资1万元、毕某2出资10万元、毕某1出资2万元,在东西两个院落建造南房10间,是其与毕某2、毕某1、毕某瑞出资建设。陈某、毕某3称南房10间是毕某武与陈某建设,向毕某1借款不到2万元,向毕某2借款10万元,2012年还了2万元,还借了陈某庆的钱,建房一共花了十七八万元,另建造17号院北房最西侧房屋一间。陈某庆出庭作证称其是陈某的哥哥,2010年给陈某建南房10间,主要负责运输,给陈某拉沙子和建材,并借给陈某5万元。常某永出庭作证称其与陈某系邻居,毕某武找其帮忙建南房,和另外一个人垫南房一排房的地基,干了两天。庭审中,陈某、毕某3提交了毕某会的证言,称毕某瑞和王某1在村里有老房子,毕某会出资购买了毕某瑞和王某1的老房子,当时是1999年,即新房建成后卖得老房。王某1对此不予认可。

关于户口情况,17号院的户籍在册人口为毕某武、毕某3、陈某。陈某、毕某3称15号院的户籍在册人口为王某1和毕某瑞。关于居住情况,陈某称其与毕某武结婚后一直在15号院居住,王某1、毕某瑞一直在17号院居住,毕某武生病后,为了便于照顾,让毕某瑞和王某1搬到15号院居住。

陈某提交了为毕某瑞办理丧葬事宜的相关票据,证明其对毕某瑞尽到了赡养义务,王某1对票据真实性认可。王某1称其与毕某1、毕某2均有相应的支出,陈某在办理丧葬期间收取了相应的礼钱,大约有2万元。

【法院判决】

法院认为,根据《民法典时间效力规定》第1条第2款的规定,《民法典》施行前的法律事实引起的民事纠纷案件,适用当时的法律、司法解释的规定,但是法律、司法解释另有规定的除外。本案中,引起民事纠纷的法律事实发生于《民法典》施行前,故应当适用当时的法律、司法解释的规定。

遗产是自然人死亡时遗留的个人合法财产。继承开始后,按照法定继承办理;有遗嘱的,按照遗嘱继承或者遗赠办理;有遗赠扶养协议的,按照协议办理。毕某瑞去世时没有遗嘱,故本案按法定继承办理。

本案的争议焦点是毕某瑞的遗产范围。根据《土地管理法》第 62 条的规定,农村村民一户只能拥有一处宅基地。本案中,根据查明的事实,毕某武、陈某、毕某 3 的户口在 17 号院,毕某瑞、王某 1 的户口在 15 号院,已经事实上进行了分户。根据王某 1 与陈某分别提交的村委会证明,毕某瑞门牌号为 15 号院、毕某武的门牌号为 17 号院。

关于北房的建房情况。17 号院北房 5 间,从陈某、毕某 3 提交的房屋照片可以看出,北房西侧第一间与其余北房 4 间的建设时间明显不一致,故法院认定北房西数第一间系 2010 年建设,其余 4 间系 20 世纪 90 年代建设。根据查明的事实,北房在建房时毕某武已经成年,其当时并未结婚分家单过,依据生活常理,毕某武对建造的 15 号院、17 号院北房,除 17 号院北房西数第一间外的其余 9 间亦有贡献,与毕某瑞、王某 1 形成了共同共有关系。关于南房 10 间及 17 号院北房西数第一间,综合法院的证据及当事人陈述,建设于 2010 年。关于出资情况,毕某 1、毕某 2 均有出资,毕某 2 出资较多,陈某称建南房 10 间共花费十七八万元,还借了其哥哥陈某庆 5 万元,可以看出,陈某、毕某武,毕某 2、毕某 1 均对南房 10 间进行出资出力,依据生活习惯,从公平角度出发,此类出资出力属于子女对父母的帮扶,并不改变房屋所有权的性质。依据农村生活习俗,南房 10 间分别建造在 15 号院、17 号院的宅基地上,毕某武作为王某 1、毕某瑞唯一的儿子,生前与王某 1、毕某瑞共同生活居住,故南房 10 间及 17 号院北房西数第一间属于毕某武、陈某、毕某瑞、王某 1 共同共有物。

共同共有人在共有的基础丧失或者有重大理由需要分割时,可以请求分割。具体到房屋分割,依据农村习俗和建房情况,法院认定 17 号院北房除西数第一间外其余 4 间属于毕某武单独享有所有权,17 号院北房西数第一间和南房 5 间属于毕某武与陈某共有,15 号院北房 5 间及南房 5 间属于王某 1 和毕某瑞共有。因毕某武去世时,并未有遗嘱,故按照法庭继承办理,第一顺位继承人为陈某、毕某 3、毕某瑞、王某 1。关于 17 号院北房除西数第一间外其余 4 间,属于毕某武遗产,由陈某、毕某 3、毕某瑞、王某 1 各享有 1/4 的份额,故对 17 号院北房西数第一间和南房 5 间,陈某享有 5/8 的份额,毕某 3、毕某瑞、王某 1 各享有 1/8 的份额。

根据上述分析，毕某瑞的遗产范围为15号院的北房5间及南房5间的1/2、17号院北房除西数第一间外其余4间的1/4的份额、北房西数第一间和南房5间1/8的份额。被继承人的子女先于被继承人死亡的，由被继承人的子女的直系晚辈血亲代位继承。毕某武作为毕某瑞的继承人，先于毕某瑞死亡，毕某3作为毕某武的女儿，可代位继承毕某瑞的遗产。根据《民法典》第1129条的规定，丧偶儿媳对公婆、丧偶女婿对岳父母尽了主要赡养义务的，作为第一顺序继承人。结合陈某提交的给毕某瑞办理丧葬事宜的票据，王某1对票据真实性认可，可以看出陈某在毕某武去世后对毕某瑞履行了生养死葬的义务，故陈某可以作为第一顺序的继承人继承毕某瑞的遗产。同一顺序继承人继承遗产的份额，一般应当均等，对于15号院房屋的继承份额，有南房5间、北房5间，从有利生产、方便生活的原则出发，基于对王某1老年人利益保护的角度，结合现有生活居住情况，法院酌定北房5间由王某1所有，南房5间由王某1、陈某、毕某3、毕某1、毕某2各继承1/5的份额。对于17号院北房除西数第一间外其余4间房屋1/4的份额，由王某1、陈某、毕某2、毕某1、毕某3各享有1/20的份额，王某1加上其拥有的1/4的份额，王某1共对17号院北房除西数第一间外其余4间房屋共享有6/20的份额。关于17号院北房西数第一间和南房5间1/8的份额，王某1、陈某、毕某2、毕某1、毕某3各享有1/40的份额，王某1加上自身拥有的1/8的份额，其共享有6/40的份额。

基于有利生产、方便生活、不减损物的使用价值的原则，农户一户一宅的原则，法院酌定陈某、毕某3将其继承的毕某瑞15号南房5间2/5的份额置换王某1、毕某2、毕某1继承毕某瑞17号院落房屋份额以及王某1自己在17号院落房屋的份额。故17号院由陈某、毕某3享有所有权，15号院北房5间由王某1所有，经折算王某1、毕某2、毕某1继承毕某瑞在17号房屋的份额比例，加上王某1、毕某2、毕某1继承15号院南房各自的继承份额，南房5间王某1继承1/2的份额，毕某2、毕某1各继承1/4的份额。

综上所述，依据《继承法》（已失效）第3条、第5条、第10条、第11条、第12条、第13条、第29条[①]，《土地管理法》第62条，《民法典时间效力规定》第1条第2款之规定，判决如下：

1. 17号院落房屋由陈某、毕某3享有所有权。

2. 15号院落北房5间由王某1所有，南房5间由王某1继承1/2的份额，毕某1、毕某2各继承1/4的份额。

---

① 相关规定参见《民法典》第1122条、第1123条、第1127条、第1128条、第1129条、第1130条、第1156条。

（四）律师小结

百善孝为先。若丧偶儿媳、丧偶女婿对公婆、岳父母劳心劳力，尽了主要赡养义务，法律规定这种情形下丧偶儿媳、丧偶女婿作为第一顺序继承人继承公婆或岳父母的遗产。该规定既能鼓励丧偶儿媳或丧偶女婿承担赡养公婆或岳父母的义务，使年老的公婆或岳父母生活得到照料，又能充分发挥家庭的社会职能，兼顾双方的利益，符合法理和国情。上述案例中，由于陈某在毕某武去世后对毕某瑞履行了生养死葬的义务，法院认定陈某可以作为第一顺序的继承人继承毕某瑞的遗产。

三、子女与父母断绝亲属关系后，是否还能继承父母的遗产？

（一）律师观点

父母和子女的关系一般是基于血缘形成的，子女对父母的遗产享有继承权建立在双方拥有亲子关系的前提下。但现实生活中，有些子女与父母的关系非常差，矛盾很深，甚至有些还会作出断绝关系的行为。

子女与亲生父母之间是一种天然的血亲关系，子女只有在被他人收养的情况下才能解除与亲生父母的关系，在其他情形下，父母子女间的关系不因单方声明而解除。父母与子女由于家庭矛盾而出具的脱离父母与子女关系的声明或协议没有法律效力，在法律上得不到承认，即这种协议对基于血亲关系而产生的法定继承权没有影响。因此，断绝父子父女、母子母女关系的说法没有法律依据，双方的父母子女关系依然存在，受法律保护，子女依然是父母的法定继承人，在没有订立遗嘱的情况下，子女仍有权继承父母的遗产。

现实生活中，父母之所以要与子女断绝亲属关系，很大一部分原因是子女不孝。此时，在没有设立遗嘱的情况下，可以根据《民法典》第 1125 条关于继承人丧失继承权的规定取消子女的继承权，或者根据第 1130 条关于继承人有扶养能力和有扶养条件而不尽扶养义务的规定给该子女不分或者少分遗产。否则，父母仅声明断绝亲属关系而没有证据证明子女有上述两种情形，又没有订立遗嘱的，那么子女仍能够根据法定继承分得遗产。

（二）法律依据

《民法典》

第一千一百二十五条　继承人有下列行为之一的，丧失继承权：

（一）故意杀害被继承人；

（二）为争夺遗产而杀害其他继承人；

（三）遗弃被继承人，或者虐待被继承人情节严重；

（四）伪造、篡改、隐匿或者销毁遗嘱，情节严重；

（五）以欺诈、胁迫手段迫使或者妨碍被继承人设立、变更或者撤回遗嘱，情节严重。

继承人有前款第三项至第五项行为，确有悔改表现，被继承人表示宽恕或者事后在遗嘱中将其列为继承人的，该继承人不丧失继承权。

受遗赠人有本条第一款规定行为的，丧失受遗赠权。

第一千一百二十七条 遗产按照下列顺序继承：

（一）第一顺序：配偶、子女、父母；

（二）第二顺序：兄弟姐妹、祖父母、外祖父母。

继承开始后，由第一顺序继承人继承，第二顺序继承人不继承；没有第一顺序继承人继承的，由第二顺序继承人继承。

本编所称子女，包括婚生子女、非婚生子女、养子女和有扶养关系的继子女。

本编所称父母，包括生父母、养父母和有扶养关系的继父母。

本编所称兄弟姐妹，包括同父母的兄弟姐妹、同父异母或者同母异父的兄弟姐妹、养兄弟姐妹、有扶养关系的继兄弟姐妹。

第一千一百三十条 同一顺序继承人继承遗产的份额，一般应当均等。

对生活有特殊困难又缺乏劳动能力的继承人，分配遗产时，应当予以照顾。

对被继承人尽了主要扶养义务或者与被继承人共同生活的继承人，分配遗产时，可以多分。

有扶养能力和有扶养条件的继承人，不尽扶养义务的，分配遗产时，应当不分或者少分。

继承人协商同意的，也可以不均等。

第一千一百五十三条 夫妻共同所有的财产，除有约定的外，遗产分割时，应当先将共同所有的财产的一半分出为配偶所有，其余的为被继承人的遗产。

遗产在家庭共有财产之中的，遗产分割时，应当先分出他人的财产。

（三）典型案例

【案件索引】

案由：朱某1等与朱某2法定继承纠纷案

审理法院：北京市朝阳区人民法院

案号:(2018)京0105民初3352号

【基本案情】

原告:张某

原告:朱某1

被告:朱某2

被继承人朱某3(2015年10月5日去世)与原告张某系夫妻,二人系初婚,婚后育有一子一女,分别为长女原告朱某1和长子被告朱某2。登记在张某名下的涉案房屋为张某与朱某3的夫妻共同财产。朱某3未留有遗嘱。

2009年5月22日,朱某3、张某夫妇经律师居中传递与被告签订《协议书》(以下简称《协议书(一)》)一份,主要内容为:自2006年7月以后,被告与父母没有任何联系,父母要求被告把户口从父母的户口本上迁至他自己住所,被告同意,被告提出今后不管父母的事,父母同意,今后断绝父子、母子一切来往;自协议生效后3日内被告将户口迁出。朱某3、张某、被告分别作为甲、乙、丙方在《协议书(一)》落款处签字。2009年6月18日,被告作为丙方在约定户口迁出事宜的《协议书》(以下简称《协议书(二)》)落款处签字,朱某3为该协议甲方、张某为乙方,《协议书(二)》就被告迁出户口及逾期履行违约金等进行了详尽的约定。此后,被告将其户口自涉案房屋中迁出。被告自2006年之后未向朱某3、张某夫妇支付过赡养费,亦未负担过朱某3在养老院的开销及医疗费用。

【法院判决】

法院认为,遗产是公民死亡时遗留的个人合法财产,具有继承资格的继承人可依法继承。朱某3于2015年死亡后未立有遗嘱,法院依照法定继承的法律规定对朱某3针对涉案房屋享有的50%产权份额予以继承分配。《继承法》(已失效)第13条[①]规定,有扶养能力和有扶养条件的继承人,不尽扶养义务的,分配遗产时,应当不分或者少分。本案的争议焦点在于被告是否对被继承人即被告父亲朱某3尽到了赡养义务。

子女对父母的赡养,是赡养人基于近亲属关系,对被赡养人长期、稳定的身心照顾,既包括金钱上的付出,亦包括行为上的照顾,含有财产与人身双重属性。经法院查证认定,被告自2006年起近十年的时间,从未探望父母,亦未向父母支付过一笔赡养费用,在父亲生病及在养老院期间从未悉心照顾,亦未负担过养老院的开销。被告有赡养能力和条件,不尽赡养义务,应当适用《继承

① 相关规定参见《民法典》第1130条。

法》(已失效)有关“不分遗产”的规定。故涉案房屋50%的产权份额应在二原告间平均分割,由二原告各继承25%的份额。

另需指出的是,乌鸦反哺,羊羔跪乳,为人岂能忘怀双亲。被告不仅在法律上有赡养母亲的义务,在道德上亦应承担起对母亲的赡养责任。法院望其不忘母亲十月怀胎生育被告在前,十余年抚养被告在后,在本案结案后尽心赡养母亲,主动摒弃前嫌,自思自省,弥补裂痕,重建良好亲情关系。

综上所述,法院依照《继承法》(已失效)第10条、第13条、第26条①之规定,判决如下:

北京市朝阳区香河园中里×号楼×门×层×××号房屋由原告张某与原告朱某1共同继承,其中原告张某占75%的份额,原告朱某1占25%的份额。

(四)律师小结

上述案例中,被告与父母虽断绝了父子、母子关系,但该断绝协议并不能解除双方亲属关系,在被继承人朱某3没有设立遗嘱的情况下,应由具有继承资格的法定继承人按照继承顺序继承其个人遗产,依法予以分配,被告作为法定继承人仍享有继承权。但本案被告近十年的时间没有探望父母,亦未向父母支付过一笔赡养费用,在父亲生病及在养老院期间从未悉心照顾,亦未负担过养老院的开销,法院根据《继承法》(已失效)有关“不分遗产”的规定,即有扶养能力和扶养条件的继承人,不尽扶养义务的,分配遗产时,应当不分或者少分,判决涉案房屋50%的产权份额应在二原告间平均分割,由二原告各继承25%的份额,被告不分得遗产,并在判决书中告诫被告在本案结案后尽心赡养母亲,主动摒弃前嫌,重建良好亲情关系,对进一步弘扬中华民族敬老、养老的美德具有典型意义。《民法典》的相关条文内容未作改变,该裁判观点仍可适用。

四、独生子女能继承父母的全部遗产吗?

(一)律师观点

现实生活中会有这样的情况,父母死亡后,独生子女就当然地认为父母留下的房产由自己全部继承,但是去房屋登记部门办理过户登记时却遭到拒绝,理由是该

① 相关规定分别参见《民法典》第1127条、第1130条、第1153条。

房屋还有其他继承人。

按照《民法典》有关规定，第一顺序继承人除了子女，还有配偶和父母。如果没有专门设立遗嘱或遗赠，一般都是按照法定继承来分配遗产，根据法律规定，如无有效遗嘱或遗赠，遗产将由在世的第一顺序继承人继承，如果第一顺序继承人都不在世，则由在世的第二顺序继承人继承。也就是说，独生子女虽然属于第一顺序继承人，但不一定是唯一的第一顺序继承人。

若独生子女的祖父母、外祖父母均先于独生子女的父母去世，这时父母的遗产就由该独生子女全部继承。例如，王某是独生子，他的祖父母、外祖父母早已死亡，现在王某的父亲死亡，王某父母名下的房子要分为两部分，一部分是母亲的个人财产，另一部分作为父亲的遗产由王某和其母亲各继承一半，因此王某仅享有该房产1/4 的份额，其母亲则享有 3/4 的份额。待将来其母亲过世后，其母亲的遗产由王某一人继承，此时王某就享有房产的全部份额。

但是若独生子女的父母均先于独生子女的祖父母、外祖父母去世，祖父母、外祖父母作为第一顺序继承人也可以分得相应的财产，那么，该独生子女就不能继承父母的全部遗产。例如，王某是独生子，父亲在其年幼时因意外死亡，其父母名下的房产同样应先分为两部分，一部分是其母亲的个人财产，属于其父亲的另一部分房产作为遗产，分为 4 份由王某和其母亲、王某的祖父、王某的祖母各继承一份，此时，王某和祖父、祖母各享有房产份额的 1/8，其母亲享有 5/8。待王某的母亲去世后，也要分情况，如果王某的外祖父母均先于母亲去世的，王某就可以继承其母亲的 5/8 份额，再加上王某从其父亲处继承的 1/8，总共能继承房产份额的 3/4。若其母亲去世时其外祖父母尚在，其母亲的 5/8 份额要分成三份，王某仅能继承其中一份，也就是 5/24，再加上从其父亲处继承的份额，王某总共能继承房产份额的 1/3。

因此，从法定继承的角度来看，如果父母没有遗嘱，独生子女很难百分之百继承父母的遗产，与独生子女同为第一继承顺序的继承人还包括逝者的配偶和父母，他们都有继承权。在没有遗嘱的情况下，按照《民法典》相关规定继承遗产，有继承权的家人过世时间顺序、家庭成员的构成等具体因素都影响着独生子女能否完全继承父母遗产。

（二）法律依据

《民法典》

第一千一百二十三条　继承开始后，按照法定继承办理；有遗嘱的，按照遗嘱继承或者遗赠办理；有遗赠扶养协议的，按照协议办理。

第一千一百二十七条　遗产按照下列顺序继承：

(一)第一顺序:配偶、子女、父母;

(二)第二顺序:兄弟姐妹、祖父母、外祖父母。

继承开始后,由第一顺序继承人继承,第二顺序继承人不继承;没有第一顺序继承人继承的,由第二顺序继承人继承。

本编所称子女,包括婚生子女、非婚生子女、养子女和有扶养关系的继子女。

本编所称父母,包括生父母、养父母和有扶养关系的继父母。

本编所称兄弟姐妹,包括同父母的兄弟姐妹、同父异母或者同母异父的兄弟姐妹、养兄弟姐妹、有扶养关系的继兄弟姐妹。

(三)典型案例

【案件索引】

案由:刘某与张某法定继承纠纷案

审理法院:葫芦岛市龙港区人民法院

案号:(2021)辽1403民初361号

【基本案情】

原告:刘某

被告:张某

被告张某与被继承人刘某1系夫妻关系,原告刘某系被告张某与被继承人刘某1的独生女,被继承人刘某1已去世。被告张某与被继承人刘某1的共同财产有位于葫芦岛市龙港区望海寺渤船重工××××号房屋,双方认可该房屋价值60,000元;位于锦州市古塔区房屋,双方认可该房屋价值约为200,000元。庭审时,被告张某称被继承人刘某1无其他财产,原、被告均认可除原、被告外,被继承人刘某1无其他第一顺位继承人,同时被告张某表示自己同原告刘某共同生活,愿意将案涉房屋归原告刘某所有,原告刘某对此未提出异议。

【法院判决】

法院认为,遗产是自然人死亡时遗留的个人合法财产。根据《民法典》第1127条的规定:"遗产按照下列顺序继承:第一顺序:配偶、子女、父母。第二顺序:兄弟姐妹、祖父母、外祖父母。继承开始后,由第一顺序继承人继承,第二顺序继承人不继承;没有第一顺序继承人继承的,由第二顺序继承人继承。本编所称子女,包括婚生子女、非婚生子女、养子女和有扶养关系的继子女"。被告张某作为被继承人的配偶,原告刘某作为被继承人的独生女,均是第一顺序继承人,均有权依法继承被继承人刘某1的遗产。关于两处房屋如何分配的问题,该两处房屋均为被告张某与被继承人刘某1共同财产,每户房屋中的1/2份额为被告张某所有,每户房屋剩余1/2份额应作为刘某1的遗产由二位继承人平均分配。考虑到家事纠纷具有特殊性,本案被告一直与原告一起生活,由原告照顾,在不违反法律规定的情况下,法院尊重当事人的意思表示,被告张某自愿表示将案涉两处房屋归原告刘某所有,原告对此亦未提出异议,故案涉房屋归原告刘某所有,由原告刘某给付被告张某相应的房屋折价款,即位于葫芦岛市龙港区望海寺渤船重工××××号房屋归原告刘某所有,由原告给付被告房屋折价款45,000元(60,000元-60,000元×1/2×1/2);位于锦州市古塔区的房屋归原告刘某所有,由原告给付被告房屋折价款150,000元(200,000元-200,000元×1/2×1/2)。

(四)律师小结

独生子女不一定能继承父母的全部遗产,法定继承中独生子女的祖父母、外祖父母也是继承人之一;在父母一方死亡时,另一方也是继承人之一,并且要先分割夫妻共同财产,确定被继承人的遗产范围。实践中,为了使独生子女继承父母一方或双方的全部遗产,被继承人可以在生前订立合法有效的遗嘱,通过遗嘱处分遗产,由其子女继承。

五、在农村,对老年人生前房屋翻新扩建作出较多贡献的人,是否可以主张继承该房屋?

(一)律师观点

农村老旧住房翻新扩建引起的继承纠纷一直是一个热点问题。例如,张某的父亲有三个孩子,但父亲一直由张某照顾,其一直与父亲居住在父亲的老房子里,因老房子年久失修,张某出钱翻新扩建。现在父亲去世,张某的两兄弟想来分房——张某的情况是众多同类案件的典型。

翻建过程并不必然是将原有房屋完全拆除重建,也可能是在原有房屋的基础上利用原有房屋的地基,或者使用原有房屋拆除后的建筑材料翻建。翻建行为并没有改变原有房屋的结构,翻建后的房屋中包含了原有房屋的价值,因此,翻建行为不能必然构成物权取得上的新建,从而使翻建人取得翻建后房屋的全部所有权。

翻新扩建并未改变房屋的产权,原权利人仍然享有所有权。在翻新扩建中贡献较大的人,主张宅基地房屋共有权或者在继承中多分,混淆了两种法律关系。在翻建中贡献较大的人不能主张房屋共有权,在房屋真正的权利人逝世后,该房屋进入被继承人的遗产范畴,若无遗嘱或遗赠扶养协议,按法定继承来分割。对于在翻建中贡献较大的人针对该房屋主张的相应补偿请求,法院应根据相应证据,尊重风俗习惯,从公平角度出发,在判断法律关系性质属于赠与、亲属间无偿帮扶抑或债务的基础上,确定是否支持。并且在分配遗产时,可以考虑因为一方对房屋的贡献较大,且对父母所尽赡养义务较多,在分配遗产的时候予以适当多分。

(二)法律依据

《民法典》

第一千一百三十条　同一顺序继承人继承遗产的份额,一般应当均等。

对生活有特殊困难又缺乏劳动能力的继承人,分配遗产时,应当予以照顾。

对被继承人尽了主要扶养义务或者与被继承人共同生活的继承人,分配遗产时,可以多分。

有扶养能力和有扶养条件的继承人,不尽扶养义务的,分配遗产时,应当不分或者少分。

继承人协商同意的,也可以不均等。

《土地管理法》

第十二条　土地的所有权和使用权的登记,依照有关不动产登记的法律、行政法规执行。

依法登记的土地的所有权和使用权受法律保护,任何单位和个人不得侵犯。

(三)典型案例

【案件索引】

案由:杨某玉诉杨某来、杨某陆法定继承纠纷案

审理法院:北京市第二中级人民法院

案号:(2011)二中民终字第22694号

【基本案情】

原告:杨某陆

被告:杨某来

杨某陆、杨某来与杨某玉系兄弟姐妹关系,父母为杨某林(已于2001年5月10日死亡)和陆某某(已于2004年3月3日死亡)。位于北京市丰台区××

楼118号的宅基地使用权人及其地上北房5间的产权人系杨某林。杨某来曾在1998年在北京市丰台区××楼118号院内被批新建南房3间。2000年3月,院内5间北房经北京市丰台区花乡人民政府批准翻建。杨某来称北房5间均为他与妻子所建,不应作为杨某林遗产处理,杨某林和陆某某生前对房屋曾作出处理,其对父母尽了赡养义务,房屋应归其所有。杨某陆与杨某玉认为该房为父母遗产,请求法院分割。

【一审法院判决】

一审法院认为,本案争议之宅基地使用权人及其地上5间北房的产权人已经有关部门认定为杨某林,因杨某林已过世,该北房5间应属被继承人杨某林之遗产,依照继承法有关规定,由于杨某林生前未立有遗嘱或遗赠扶养协议,故本案争议房产应按法定继承进行处理;考虑本案各继承人的实际居住和生活状况、对老人的赡养情况等,对本案争议房产,法院依法酌情予以处理。被告杨某来的辩解,缺乏相关充分证据予以佐证,法院对此不予采信。依据《继承法》(已失效)第5条①、《民事诉讼证据规定》(2008年)第2条②之规定,判决:坐落于北京市丰台区××楼118号北房5间房屋,其中北房东侧第一间归原告杨某玉所有;北房西侧第一间归被告杨某陆所有;其余北房中间三间归被告杨某来所有。

【二审法院判决】

二审法院认为,本案二审争议的焦点之一是诉争北房5间是否为杨某林、陆某某遗产的问题。根据已查明的事实,诉争5间北房系2000年3月经北京市丰台区花乡人民政府批准翻建,房屋所在的宅基地使用权人登记为杨某林。经原审法院向×××村委会询问,该村委会亦认可诉争北房5间的产权归杨某林所有。杨某来等作为家庭成员,其虽称建房时自己有出资行为,但鉴于诉争北房5间系在杨某林、陆某某夫妇的宅基地及原有旧房基础上翻建,故诉争房屋的产权理应归杨某林、陆某某夫妇所有。杨某来的出资行为,应当被认定为对父母房屋的添附行为,该出资并不能直接改变房屋的所有权性质。杨某来向原审法院出示的协议书中,亦未明确约定翻建房屋归杨某来所有,而是约定所有财产由杨某来继承。鉴于该协议书杨某林、杨某玉均未签字认可,故原审法院认定诉争房屋系杨某林、陆某某的遗产并无不当,应予维持。本案二审争议的焦点之二是原审法院判决当事人享有的遗产份额是否适当的问题。杨某来

① 相关规定参见《民法典》第1123条。

② 2019年修正的《民事诉讼证据规定》已无对应规定。

上诉称杨某陆已通过分家的方式取得了父母财产，故无权再取得诉争北房5间中的财产。杨某陆在其父母生前虽取得了父母的部分财产，并不妨碍其依照继承法的相关规定，继承父母的遗产。原审法院考虑杨某来对房屋的贡献较大，且对父母所尽赡养义务较多，在分配遗产的时候予以了适当多分，该遗产的分配于法有据，应予维持。据此判决驳回上诉，维持原判。

（四）律师小结

上述案例中，杨某来的出资被认定为添附行为，未改变房屋的所有权性质，房屋的产权仍然属于杨某林。杨某林、陆某某过世后，房屋应作为遗产来分割，原审法院考虑杨某来对房屋的贡献较大，且对父母所尽赡养义务较多，在分配遗产的时候予以了适当多分。从上述案例裁判情况可知，在农村，对老年人生前宅基地上房屋翻新扩建确实存在贡献的人，据此主张享有宅基地房屋共有权或者增加相应继承份额的，由于这种主张混淆了两种不同的法律关系，即基于继承获得的物权请求权和基于翻新扩建贡献的债权请求权，法院不予支持。对于其据此主张的相应补偿请求，法院应根据实际情况判断法律关系性质，从而确定是否支持补偿请求。上述案例虽发生于《民法典》实施前，但对于该问题的理解在《民法典》实施后同样适用，案例所依据的《继承法》随着《民法典》的生效而失效，此后则应根据《民法典时间效力规定》选择适用具体的法律。

第三章　遗嘱继承和遗赠

一、公民可以通过哪些方式立遗嘱？

（一）律师观点

随着经济社会的发展以及民众法律意识的增强，越来越多的人选择通过遗嘱方式来安排自己的“身后事”，将遗产留给自己“心仪”之人。遗嘱，是指遗嘱人生前在法律允许的范围内，按照法律规定的方式对其个人遗产进行处理，并于遗嘱人死亡时发生效力的法律行为。

遗嘱是单方法律行为，即遗嘱是基于遗嘱人单方面的意思表示即可发生预期法律后果的法律行为。遗嘱要求遗嘱人具备完全民事行为能力，限制行为能力人和无民事行为能力人不具有遗嘱能力，不能设立遗嘱。

《民法典》中新增加了打印遗嘱和录像遗嘱两种形式，即当前根据法律规定设立遗嘱的方式有自书遗嘱、代书遗嘱、打印遗嘱、以录音录像形式立的遗嘱、公证遗嘱以及危急情况下的口头遗嘱这几种形式，并且公证遗嘱不再具有优先效力。自书遗嘱由遗嘱人亲笔书写，签名，注明年、月、日；代书遗嘱要求有两个见证人在场，由其中一名代书，遗嘱人与见证人分别签名，注明年、月、日；打印遗嘱也要求两个见证人，每一页都应有遗嘱人与见证人签名，注明年、月、日；以录音录像形式立的遗嘱，应当有两个以上见证人在场，遗嘱人与见证人应当在录音录像中记录其姓名和肖像以及年、月、日；公证遗嘱由遗嘱人到公证机构办理；紧急情况下的口头遗嘱，应当由两个以上见证人在场见证，要注意的是，危急情况消除后，遗嘱人能够以其他形式立遗嘱而未以其他形式立遗嘱的，所立的口头遗嘱无效。

（二）法律依据

《民法典》

第一千一百三十三条　自然人可以依照本法规定立遗嘱处分个人财产，并可以指定遗嘱执行人。

自然人可以立遗嘱将个人财产指定由法定继承人中的一人或者数人继承。

自然人可以立遗嘱将个人财产赠与国家、集体或者法定继承人以外的组织、个人。

自然人可以依法设立遗嘱信托。

第一千一百三十四条　自书遗嘱由遗嘱人亲笔书写，签名，注明年、月、日。

第一千一百三十五条　代书遗嘱应当有两个以上见证人在场见证，由其中一人代书，并由遗嘱人、代书人和其他见证人签名，注明年、月、日。

第一千一百三十六条　打印遗嘱应当有两个以上见证人在场见证。遗嘱人和见证人应当在遗嘱每一页签名，注明年、月、日。

第一千一百三十七条　以录音录像形式立的遗嘱，应当有两个以上见证人在场见证。遗嘱人和见证人应当在录音录像中记录其姓名或者肖像，以及年、月、日。

第一千一百三十八条　遗嘱人在危急情况下，可以立口头遗嘱。口头遗嘱应当有两个以上见证人在场见证。危急情况消除后，遗嘱人能够以书面或者录音录像形式立遗嘱的，所立的口头遗嘱无效。

第一千一百三十九条　公证遗嘱由遗嘱人经公证机构办理。

第一千一百四十条　下列人员不能作为遗嘱见证人：

（一）无民事行为能力人、限制民事行为能力人以及其他不具有见证能力的人；

（二）继承人、受遗赠人；

（三）与继承人、受遗赠人有利害关系的人。

（三）典型案例

【案件索引】

案由：张某1与杨某等遗嘱继承纠纷案

审理法院：上海市嘉定区人民法院

案号：(2021)沪0114民初16641号

【基本案情】

原告：张某1

被告：杨某

被告：张某2

原告张某1与被告张某2系父子，张某2系被继承人张某3与金某的独子，张某3、金某的父母均已死亡。系争房屋系二被继承人生前购买，产权登记在张某3名下。2004年9月23日金某离世，未立遗嘱。2005年2月4日，被告杨某与张某3再婚，居住于系争房屋内。张某3于2021年1月2日留有自书遗嘱，确认案涉房屋由原告继承并拥有房屋的产权，杨某对案涉房屋享有居住权，自张某3去世满5年拥有独立房屋后即无偿放弃案涉房屋的居住权，若没有独立房屋则由当事人协商解决等。该遗嘱由张某3亲笔签名，张某2签名，张某2代原告签名，杨某签名确认。张某3于2021年2月18日21时50分因多发性骨髓瘤死亡。2021年3月12日，原告出具声明书，表示接受张某3于2021年1月2日自书遗嘱中确定的遗赠房屋。对原告于2021年3月12日出具的声明书，两被告均不持异议。

【法院判决】

法院认为，自然人可以立遗嘱将个人财产赠与国家、集体或者法定继承人以外的组织、个人。被继承人张某3系坐落于上海市嘉定区××街道迎××路××弄××号××室系争房屋的权利人，张某3通过自书遗嘱将系争房屋赠与原告，原告系张某3孙子，故张某3所立自书遗嘱的性质应当为遗赠。对于张某3的上述行为，两被告在遗嘱上签名确认，对房屋归属原告均无异议。张某3所立自书遗嘱上，原告的签名系由被告张某2代笔，落款日期为2021年1月6日。原告出具的声明书表示，其于2021年2月25日知晓遗赠事宜，并于2021年3月12日表示接受遗赠，两被告对原告所出具的声明书均不持异议，故法院认定原告接受遗赠的表示符合法律规定的期限，系争房屋应当按照被继承人张某3所立自书遗嘱进行处分，由原告继承该房屋，两被告应当配合原告办理房屋过户登记。至于被告杨某在该房屋中的居住权情况，原告及被告张某2均认可被告杨某在系争房屋中享有5年居住权，法院予以确认，若居住权期限届满后原、被告之间就居住权问题产生争议，应待实际发生时另行处理。根据张某3所立自书遗嘱，法院认定杨某所享有居住权的起算时间应为张某3离世之日即2021年2月18日。

综上所述，依照《民法典》第366条、第368条、第371条、第1122条第1款、第1223条、第1224条第2款、第1133条第3款、第1134条之规定，判决如下：

1. 被继承人张某3名下坐落于上海市嘉定区××街道迎××路××弄××号××室房屋归原告张某1所有，被告杨某、张某2应当配合原告办理房屋过户登记手续。

2. 被告杨某享有坐落于上海市嘉定区××街道迎××路××弄××号××室房屋自2021年2月18日起计算5年的居住权。

(四)律师小结

关于遗嘱的订立方式,《民法典》有详细规定,规定了6种形式,并且对每种遗嘱订立方式都进行了严格规定,不符合法律规定的,则为无效遗嘱,不能按照遗嘱继承。因此,建议有关当事人在订立遗嘱时务必要注意满足法律规定的遗嘱条件,有需要的可以请专业律师为自己订立遗嘱,防止出现遗嘱无效的情形。

二、如何订立一份合法有效的遗嘱?

(一)律师观点

在遗嘱继承纠纷案件中,有大量的遗嘱因为不规范而被法院宣告无效,订立一份合法有效的遗嘱至关重要。遗嘱作为单方法律行为,也需满足法定条件,符合法律规定。

第一,遗嘱人需具备订立遗嘱的民事行为能力,无民事行为能力人或限制民事行为能力人订立的遗嘱无效。如何确保遗嘱人在订立遗嘱时具备相应的民事行为能力,可结合遗嘱人的实际身体状况,通过行为能力鉴定及到三甲医院开具健康状况诊断证明书等手段证明遗嘱人具备订立遗嘱的行为能力。

第二,遗嘱人订立遗嘱的意思表示需真实,受胁迫、欺诈所立的遗嘱或伪造的遗嘱无效,遗嘱被篡改的,篡改的内容无效。基于此,遗嘱人订立遗嘱时,需排除利害关系人的妨碍。如代书遗嘱中,遗嘱系遗嘱人配偶所写,见证人亦属于利害关系人,在此情况下,遗嘱很有可能因遗嘱人订立遗嘱的意思表示不真实而导致无效。

第三,不违反法律、行政强制性规定,不违背公序良俗。如遗嘱中未保留给年迈多病且无固定经济收入的父母、未成年子女的必要份额,会导致遗嘱部分无效。

第四,各类遗嘱的形式符合相应的法律规定。对于自书遗嘱、代书遗嘱、打印遗嘱、录音录像遗嘱、口头遗嘱、公证遗嘱,《民法典》分别规定了以这些方式订立的遗嘱所必须满足的形式要件,包括自书遗嘱由遗嘱人亲笔书写,签名,注明年、月、日;代书遗嘱应当有两个以上见证人在场见证,由其中一人代书,并由遗嘱人、代书人和其他见证人签名,注明年、月、日;打印遗嘱应当有两个以上见证人在场见证,遗嘱人和见证人应当在遗嘱每一页签名,注明年、月、日;以录音录像形式立的遗嘱,应当有两个以上见证人在场见证。遗嘱人和见证人应当在录音录像中记录其姓名或者肖像,以及年、月、日;遗嘱人在危急情况下可以立口头遗嘱,口头遗嘱应当有两个以上见证人在场见证,危急情况消除后,遗嘱人能够以书面或者录音录像形式立遗嘱的，所立的口头遗嘱无效；公证遗嘱由遗嘱人经公证机构办理，公证机构按照相关法律规定和程序对遗嘱进行公证。

（二）法律依据

《民法典》

第一千一百三十四条 自书遗嘱由遗嘱人亲笔书写，签名，注明年、月、日。

第一千一百三十五条 代书遗嘱应当有两个以上见证人在场见证，由其中一人代书，并由遗嘱人、代书人和其他见证人签名，注明年、月、日。

第一千一百三十六条 打印遗嘱应当有两个以上见证人在场见证。遗嘱人和见证人应当在遗嘱每一页签名，注明年、月、日。

第一千一百三十七条 以录音录像形式立的遗嘱，应当有两个以上见证人在场见证。遗嘱人和见证人应当在录音录像中记录其姓名或者肖像，以及年、月、日。

第一千一百三十八条 遗嘱人在危急情况下，可以立口头遗嘱。口头遗嘱应当有两个以上见证人在场见证。危急情况消除后，遗嘱人能够以书面或者录音录像形式立遗嘱的，所立的口头遗嘱无效。

第一千一百三十九条 公证遗嘱由遗嘱人经公证机构办理。

第一千一百四十条 下列人员不能作为遗嘱见证人：

（一）无民事行为能力人、限制民事行为能力人以及其他不具有见证能力的人；

（二）继承人、受遗赠人；

（三）与继承人、受遗赠人有利害关系的人。

第一千一百四十三条 无民事行为能力人或者限制民事行为能力人所立的遗嘱无效。

遗嘱必须表示遗嘱人的真实意思，受欺诈、胁迫所立的遗嘱无效。

伪造的遗嘱无效。

遗嘱被篡改的，篡改的内容无效。

《民法典继承编解释（一）》

第二十六条 遗嘱人以遗嘱处分了国家、集体或者他人财产的，应当认定该部分遗嘱无效。

第二十八条 遗嘱人立遗嘱时必须具有完全民事行为能力。无民事行为能力人或者限制民事行为能力人所立的遗嘱，即使其本人后来具有完全民事行为能力，仍属无效遗嘱。遗嘱人立遗嘱时具有完全民事行为能力，后来成为无民事行为能力人或者限制民事行为能力人的，不影响遗嘱的效力。

（三）典型案例

【案件索引】

案由：高某2等与高某3遗嘱继承纠纷案

审理法院：北京市第二中级人民法院

案号：(2021)京02民终8715号

【基本案情】

上诉人(原审被告)：高某1

上诉人(原审被告)：高某2

被上诉人(原审原告)：高某3

高某7与李某某原系夫妻关系，二人共生育三子：高某1、高某2、高某3。李某某于1997年12月2日死亡。高某7与姚某云于2000年6月登记结婚，于2010年9月经法院判决离婚，二人婚后未生育子女。高某7于2019年5月28日死亡。高某7系中国人民解放军北京卫戍区丰台第十离职干部休养所(以下简称丰台第十干休所)离休干部，其于1998年购买军队房改住房一套，该房屋登记在高某7名下，产权证号：京房权证军陆丰移私字第××××号。

高某3向法院提交2009年10月21日高某7所立代书遗嘱一份，要求继承该套房屋。遗嘱内容为："立遗嘱人：高某7，男，1927年10月13日生，住北京市×××11号，身份证：××××××××××××××××××。我在立遗嘱时头脑清醒，说话正常，请田某和窦某做见证人，委托李某代书遗嘱。北京市×××11号是我的房子，房产编号：北京市土地管理局：京房权证军陆丰移私字第××××号。在我死后归我的小儿子高某3(身份证号××××××××××××××××××)所有，由高某3独自继承。立遗嘱地点：北京市×××11号。立遗嘱时间：贰零零玖年拾月贰拾壹日。本遗嘱一式叁份(原件一份，复印件2份)由立遗嘱人、继承人、见证人各一份。立遗嘱人：高某7。见证人：田某。见证人：窦某。代书人：李某。"为证明遗嘱的真实性，高某3提交丰台第十干休所于2019年9月29日出具的证明一份，内容为："高某7系我所离休老干部，患有帕金森病，行动不便，双手因病抖动已无法正常书写，在2009年10月要求所里安排人员协助高某7做代书遗嘱。本着为老干部服务的宗旨，经所里安排，高某7本人同意，于2009年10月21日在其家中做代书遗嘱。此遗嘱是高某7本人要求，所里协助。"高某1、高某2对上述遗嘱的真实性均不予认可，并质疑高某7在订立遗嘱时的行为能力。高某3提交原北京军区总医院干部病房三科(神经内科病房)2009年10月12日出具的诊断证明书一份,载明:“姓名:高某7。年龄:82。临床诊断:帕金森病。处理:目前患者意识清楚,语言表达和记忆力尚清晰。”高某3另提交高某7的病历手册,记载2009年12月20日“神清、语利”“神志清楚、查体合作”。

庭审中,上述遗嘱中的代书人李某,见证人田某、窦某均到庭陈述并接受质证,李某、田某均表示系受丰台第十干休所指派为高某7代书遗嘱并进行见证,窦某表示系受高某7委托进行见证。三人均表示上述遗嘱系高某7的真实意思表示,高某7患有帕金森病,手部抖动,但思维清楚,遗嘱系高某7本人签字,代书人、见证人处的签名均系本人书写。

高某1、高某2另案提起诉讼要求分割高某7遗留的存款以及相关部门发放的丧葬费、抚恤金,法院审理后已就存款、丧葬费、特别抚恤金进行了判决分割。

【一审法院判决】

一审法院认为,遗产是公民死亡时遗留的个人合法财产。继承从被继承人死亡时开始。继承开始后,按照法定继承办理;有遗嘱的,按照遗嘱继承或者遗赠办理。公民可以立遗嘱将个人财产指定由法定继承人的一人或者数人继承。代书遗嘱应当由两个以上见证人在场见证,由其中一人代书,注明年、月、日,并由代书人、其他见证人和遗嘱人签名。根据本案查明的事实,涉案房屋系高某7的合法遗产,高某7订立代书遗嘱指定涉案房屋由高某3一人继承,该份遗嘱符合法定的形式要件,应为合法有效的遗嘱。高某1、高某2质疑遗嘱的真实性及高某7的精神状态和行为能力,根据代书人、见证人的陈述及高某3提交的诊断证明及病历手册,可以认定高某7在订立遗嘱时神志清楚,且系高某7的真实意思表示,高某1、高某2未能就其主张举证,故对其二人的辩称意见法院不予采纳,遗产房屋应当按照立遗嘱人高某7的意愿由高某3继承。对于双方所述的民政部门应当发放的高某7抚恤金,因双方未能提交相应证据,法院亦无法核实抚恤金的具体数额,故法院对该部分不予处理,双方可待实际发放后另行主张权利。据此,一审法院判决:坐落于×××11号房屋由高某3继承,高某1、高某2于判决生效之日起15日内协助高某3办理上述房屋的不动产权变更登记手续。

【二审法院判决】

二审法院认为,本案的争议焦点为被继承人高某7所立代书遗嘱是否有效。

第一，代书遗嘱应当有两个以上见证人在场见证，由其中一人代书，注明年、月、日，并由代书人、其他见证人和遗嘱人签名。从案涉遗嘱形式上来看，有两个见证人在场，见证人具有完全民事行为能力，并与遗产继承人无利害关系，遗嘱由李某代书，由田某、窦某见证，遗嘱上注明了年、月、日，并由代书人李某、其他见证人田某、窦某、遗嘱人高某7签名，该遗嘱符合代书遗嘱的形式要件。

第二，被继承人高某7虽然患有多种疾病，但原北京军区总医院干部病房三科诊断证明书记录亦记载高某7意识清楚，语言表达和记忆力尚清晰。遗嘱代书人、见证人李某、田某、窦某均陈述在订立遗嘱时高某7神志清楚，精神正常，语言表达清晰，且具有表达自己真实意思的能力，故应认定被继承人高某7订立遗嘱时具有遗嘱能力，且丰台第十干休所的证明也可以佐证遗嘱系高某7的真实意思表示。

第三，本案中，代书人及见证人虽对代书遗嘱的订立细节陈述略有出入，但对遗嘱由谁叙述、由谁代书、由谁见证、是否为高某7本人签字等遗嘱订立过程的陈述完整，且能互相印证。法院认为，高某3已经完成其对于案涉遗嘱真实性的举证责任，高某1、高某2上诉主张案涉遗嘱订立过程3位代书人、见证人叙述不一致，该遗嘱的订立过程不能认定符合法定形式要件，但未能就此提供相应证据予以证明，故高某1、高某2该项上诉理由法院难以采纳。

综合上述缘由，法院认为案涉房屋系高某7的合法遗产，高某7订立代书遗嘱指定涉案房屋由高某3一人继承，该份遗嘱符合法定的形式要件，应为合法有效的遗嘱。一审法院据此判决案涉房屋由高某3一人继承，并无不当，法院予以维持。

综上所述，高某1、高某2的上诉请求不能成立，应予驳回；一审判决认定事实清楚，适用法律正确，应予维持。依照《民事诉讼法》(2017年)第170条第1款第1项①的规定，判决如下：驳回上诉，维持原判。

（四）律师小结

上述案例中，主张遗嘱有效的人在庭审过程中提交了有效的证据：代书遗嘱的人以及医院出具的遗嘱人意识清醒的证明，遗嘱人单位对于遗嘱的真实性也出庭说明情况。因无其他证据推翻遗嘱，故法院认定该代书遗嘱真实有效。遗嘱生效除要满足法律规定的形式要件外，还要求遗嘱人在订立遗嘱时必须具有遗嘱能力，

---

① 相关规定参见2021年修正的《民事诉讼法》第177条第1款第1项。

意识清醒，且遗嘱须是遗嘱人的真实意思表示，任何人不得通过欺诈、胁迫、伪造、篡改等手段使遗嘱人对遗嘱内容作出改变，否则遗嘱无效。

三、作为遗嘱见证人需要具备哪些条件？

（一）律师观点

立遗嘱是一个民事法律行为，除了自书遗嘱无须有见证人，打印遗嘱、录音录像遗嘱、口头遗嘱、代书遗嘱均必须要有见证人在场，打印遗嘱、录音录像遗嘱、代书遗嘱必须有见证人签名，否则遗嘱不发生法律效力。遗嘱见证人是遗嘱人订立遗嘱时，在遗嘱订立现场对遗嘱的真实性做证明的人。遗嘱见证人直接关系着打印遗嘱、录音录像遗嘱、口头遗嘱与代书遗嘱的法律效力以及遗产的处理，因此要严格规定担任遗嘱见证人的条件。

我国《民法典》对遗嘱见证人的范围设有排除性规定，规定了不能作为遗嘱见证人的情形，包括无民事行为能力人、限制民事行为能力人以及其他不具有见证能力的人、继承人、受遗赠人及与继承人、受遗赠人有利害关系的人。换言之，作为遗嘱见证人需要满足这样几个条件：

首先，只有自然人才可以成为遗嘱见证人，法人或者非法人组织是没有资格作为遗嘱见证人的，并且该自然人应是具备见证能力的完全民事行为能力人。

其次，与遗嘱没有利害关系。利害关系人包括受益的和受损的，无论何种利害关系，都有可能对遗嘱人施加影响，不利于遗嘱人的真实意思表示。

最后，与继承人、受遗赠人没有利害关系。部分与遗嘱有利害关系的人会利用见证人来达到影响遗嘱人订立遗嘱的意愿，为了保证遗嘱的真实性与客观性，见证人不能与继承人、受遗赠人有利害关系，主要包括继承人、受遗赠人的债权人、债务人、共同经营的合伙人、遗嘱受益人的配偶等，若受遗赠一方为法人组织的，该法人组织的领导及与该法人组织有利害关系的人亦不具备遗嘱见证人的资格。需要注意的是，放弃继承遗产的法定继承人同样不具备作为遗嘱见证人的主体资格。

见证人在见证时需与遗嘱人在同一时间面对面地完成遗嘱的订立，见证人需认真倾听遗嘱人所表达的意愿，在完成遗嘱订立前，见证人不得中途离开。另外，遗嘱人不得在遗嘱订立完毕后再找其他见证人签名表示见证，否则该遗嘱无效。

（二）法律依据

《民法典》

第一千一百三十四条　自书遗嘱由遗嘱人亲笔书写，签名，注明年、月、日。

第一千一百三十五条　代书遗嘱应当有两个以上见证人在场见证，由其中一人代书，并由遗嘱人、代书人和其他见证人签名，注明年、月、日。

第一千一百三十六条　打印遗嘱应当有两个以上见证人在场见证。遗嘱人和见证人应当在遗嘱每一页签名，注明年、月、日。

第一千一百三十七条　以录音录像形式立的遗嘱，应当有两个以上见证人在场见证。遗嘱人和见证人应当在录音录像中记录其姓名或者肖像，以及年、月、日。

第一千一百三十八条　遗嘱人在危急情况下，可以立口头遗嘱。口头遗嘱应当有两个以上见证人在场见证。危急情况消除后，遗嘱人能够以书面或者录音录像形式立遗嘱的，所立的口头遗嘱无效。

第一千一百四十条　下列人员不能作为遗嘱见证人：

（一）无民事行为能力人、限制民事行为能力人以及其他不具有见证能力的人；

（二）继承人、受遗赠人；

（三）与继承人、受遗赠人有利害关系的人。

《民法典继承编解释（一）》

第二十四条　继承人、受遗赠人的债权人、债务人，共同经营的合伙人，也应当视为与继承人、受遗赠人有利害关系，不能作为遗嘱的见证人。

（三）典型案例

【案件索引】

案由：周某1与张某、周某2、周某3遗嘱继承纠纷案

审理法院：湖南省衡阳市雁峰区人民法院

案号：（2021）湘0406民初695号

【基本案情】

原告：周某1

被告：张某

被告：周某2

被告：周某3

被告张某与周某某系夫妻关系，原告周某1与被告周某2、周某3均系周某某之子。周某某于2019年12月20日因病去世。位于衡阳市××路××号××房(产权证号：衡房权证城南字第0××7号，建筑面积62.68平方米)属于张某与周某某夫妻共同财产。因政府拆迁，2021年3月3日，张某与衡阳市雁峰区黄茶岭街道办事处签订了一份《房屋拆迁补偿协议书》，黄茶岭街道办事处以“拆一赔一，找补差价”产权置换形式将位于衡阳市雁峰区某房屋安置给张某。该房屋已经交付但尚未办理不动产权证。周某1向法院提起诉讼，请求共同继承位于衡阳市雁峰区××街道××小区××栋××房以及各被告共同支付原告房屋份额折价款4万元。

【法院判决】

法院认为，继承从被继承人死亡时开始，继承开始后，由第一顺序继承人继承，没有第一顺序继承人的由第二顺序继承人继承。本案张某、周某1、周某2、周某3系周某某第一顺序继承人，且除本案当事人外，周某某无其他第一顺序继承人，故张某、周某1、周某2、周某3可依法继承周某某的遗产。《民法典》第1122条第1款规定：“遗产是自然人死亡时遗留的个人合法财产。”位于衡阳市雁峰区房屋系位于衡阳市房屋拆迁安置而来，而衡阳市房屋属于张某与周某某的夫妻共同财产，故张某、周某某对拆迁安置后的衡阳市雁峰区某房屋各享有一半的权利，张某、周某1、周某2、周某3对属于周某某的部分可依法进行继承。《民法典》第1123条规定：“继承开始后，按照法定继承办理；有遗嘱的，按照遗嘱继承或者遗赠办理；有遗赠扶养协议的，按照协议办理。”第1130条第1款规定：“同一顺序继承人继承遗产的份额，一般应当均等。”张某提出其年老多病，对周某某尽到了主要的扶养义务，应当多分。法院认为，因本案的4当事人均年事已高，张某提出其尽到主要扶养义务但未提供证据，故对张某的意见，法院不予采纳，周某某的遗产由4人平均分割。周某1、周某2、周某3对涉案房屋各享有1/8的份额，张某对涉案房屋享有5/8的份额。对周某1提出折价补偿的意见，因涉案房屋尚未办理不动产权登记，房屋归谁所有不能确定，在庭审中张某、周某2也明确表示不愿意进行折价补偿，故法院仅确定各自的继承份额，对周某1主张折价补偿的意见，法院不予采纳。周某1主张周某某留有遗嘱，根据周某1提交的证据，遗书系打印件，根据《民法典》第1136条的规定：“打印遗嘱应当有两个以上见证人在场见证。遗嘱人和见证人应当在遗嘱每一页签名，注明年、月、日。”庭审中，仅有一个见证人到庭作证，见证人陈述在签名时仅有一个见证人在场，并且见证人没有注明签名的年、月、日，不符合打印遗嘱关于见证人的形式要件。且周某某作为遗嘱人没有在打印的遗嘱上签名,而是仅加盖一个私章,也不符合打印遗嘱的生效要件。故对周某1主张按遗嘱分配遗产的意见,法院不予采纳。遂判决如下:(1)位于衡阳市雁峰区某房由张某、周某1、周某2、周某3共同继承,属4人共同所有,共中张某占房屋5/8的份额、周某1、周某2、周某3各占房屋1/8的份额;(2)驳回原告周某1其他诉讼请求。

(四)律师小结

遗嘱见证是见证人通过自己亲临现场的感知来证明遗嘱的效力,而法人或者非法人组织是法律上拟制的人,并不具备这种能力,因此遗嘱见证人必须是自然人。而且作为遗嘱见证人的人应当具有完全民事行为能力和应有的见证能力,如代书遗嘱的见证人应有书写能力,录音录像遗嘱、口头遗嘱的遗嘱见证人应耳聪目明等。实践中,通过见证人见证订立遗嘱的情形越来越多,因此而产生的纠纷也日益增多。遗嘱见证人的目的是保证遗嘱人表达真实意愿,在继承开始时,有继承纠纷出现,见证人可以证明遗嘱订立的真实性。遗嘱见证人的资格审查极为重要,在实践中要格外注意这个问题,在各种方式订立的遗嘱中,也需特别注意细节问题,比如在录音录像遗嘱中遗嘱人和见证人均应记录其姓名或肖像,应当清晰说出自己的正式姓名、身份证号,并记录年、月、日。

四、共同遗嘱是否有效?

(一)律师观点

共同遗嘱是两个或两个以上公民于同一份书面形式上所订立的遗嘱。我国《民法典》对共同遗嘱未作专门规定,一般来说,共同遗嘱分为形式上的共同遗嘱和实质上的共同遗嘱,其中形式上的共同遗嘱是指一份遗嘱书上存在两份或以上内容独立的遗嘱;实际上的共同遗嘱是指两个或两个以上的遗嘱人将其内容共同或相关的意思表示形成一个整体的遗嘱意思表示,定格于同一遗书上。

形式上的共同遗嘱中各遗嘱人的意思表示是完全独立的,其仅需符合遗嘱设立的要件即可生效,共同遗嘱人先后死亡时,共同遗嘱中关于已经死亡的遗嘱人的内容自其死亡时发生效力,继承人可以开始继承已经死亡的遗嘱人份额内的财产,未死亡的遗嘱未生效。

实际上的共同遗嘱中各遗嘱人之间的遗嘱表示不是完全独立的,而是相互牵连和制约的,主要内容包括相互指定对方为自己的遗产继承人、共同指定第三人为遗产的继承人、相互指定对方为自己的遗产继承人并规定后死者将遗产留给某第三人。实质上的共同遗嘱是否有效存在一定争议,但司法实践中,大部分法院均是肯定其效力的。

第一,对于相互指定对方为自己的遗产继承人的共同遗嘱的生效时间,自任何一方死亡时即时生效,死亡方的意思表示生效,生存方的意思表示失效。

第二,对于相互指定对方为自己的遗产继承人并规定后死者将遗产留给第三人的共同遗嘱,一方死亡仅致该死亡方的遗嘱部分生效,双方都死亡时遗嘱全部生效,且为了遵循诚实信用原则以及对个人意思表示自由的保护,共同遗嘱在世的一方不得以任何形式撤销或者变更已经死亡的遗嘱人的遗嘱内容。

第三,对于共同指定第三人为遗产继承人的共同遗嘱,仅在共同遗嘱人都死亡后整个共同遗嘱才发生效力,并且后死亡的一方在死亡前可以对归属于其个人财产的那部分遗嘱内容进行撤销、变更。

(二)法律依据

《民法典》

第一千一百三十三条 自然人可以依照本法规定立遗嘱处分个人财产,并可以指定遗嘱执行人。

自然人可以立遗嘱将个人财产指定由法定继承人中的一人或者数人继承。

自然人可以立遗嘱将个人财产赠与国家、集体或者法定继承人以外的组织、个人。

自然人可以依法设立遗嘱信托。

第一千一百三十四条 自书遗嘱由遗嘱人亲笔书写,签名,注明年、月、日。

第一千一百三十五条 代书遗嘱应当有两个以上见证人在场见证,由其中一人代书,并由遗嘱人、代书人和其他见证人签名,注明年、月、日。

第一千一百三十六条 打印遗嘱应当有两个以上见证人在场见证。遗嘱人和见证人应当在遗嘱每一页签名,注明年、月、日。

第一千一百三十七条 以录音录像形式立的遗嘱,应当有两个以上见证人在场见证。遗嘱人和见证人应当在录音录像中记录其姓名或者肖像,以及年、月、日。

第一千一百三十九条 公证遗嘱由遗嘱人经公证机构办理。

第一千一百四十二条 遗嘱人可以撤回、变更自己所立的遗嘱。

立遗嘱后,遗嘱人实施与遗嘱内容相反的民事法律行为,视为对遗嘱相关内容的撤回。

立有数份遗嘱,内容相抵触的,以最后的遗嘱为准。

(三)典型案例

【案件索引】

案由:朱某2与董某、朱某3、朱某4、朱某5、孙某、朱某1遗嘱继承纠纷案

审理法院:山东省济宁市任城区人民法院

案号(2021)鲁0811民初2256号

【基本案情】

原告:朱某2

被告:董某

被告:朱某1

被告:朱某3

被告:朱某4

被告:朱某5

被告:孙某

朱某某与董某系再婚夫妻,婚后未生育子女。朱某某前妻因病去世,朱某某与前妻育有四名子女,分别为女儿朱某3、朱某4,儿子朱某5、朱某兵。董某与前夫系离异,二人育有一子季某。朱某兵与前妻系离异,二人育有一子朱某2。后朱某兵与孙某登记结婚,婚后生育一子朱某1。2011年6月11日朱某某因病去世,2012年4月9日朱某兵因病去世。朱某某与董某婚后共同购买位于济宁市建设路××号中区××宿舍4号楼东1单元1层西户房屋一套,房权证号:中区(房改)字第××号,房屋所有权人为朱某某。2011年5月26日,朱某某与董某共同委托朱某全、孔某义为其代书遗嘱,代书人朱某全手写的遗嘱内容为:"……我们决定在我们百年之后将我们现在所居住的济宁市市中区××宿舍4号楼东1单元1层西户拥有的一套住房[建筑面积73.8平方米,房产证号:(房改)字第××号]给次子朱某兵的儿子朱某2,房产权属于朱某2所有。望其他子女们不要因为该房产发生争执。遗嘱人:朱某某 董某 代书人:朱某全 见证人:朱某全 孔某义 2011年5月26日"。2021年1月22日,原告朱某2以遗嘱继承纠纷为由诉至法院,请求法院依法确认朱某某于2011年5月26日出具的遗嘱有效,依法判决位于济宁市任城区中区××宿舍4号楼东1单元1层西户[中区(房改)字第××号]不动产50%份额(被继承人朱某某份额)归原告所有以及各被告配合原告对涉案的不动产办理登记手续。

【法院判决】

法院认为，遗产是公民死亡时遗留的个人合法财产，公民的继承权依法受到保护，继承开始后，按照法定继承办理，有遗嘱的按照遗嘱继承或者遗赠办理。本案中，遗嘱属于代书遗嘱，符合代书遗嘱形式要件，系朱某某与董某的真实意思表示。该遗嘱也属于合立遗嘱，系朱某某与董某共同订立的夫妻共同遗嘱，是对夫妻合法财产的正当处分。作为一种特殊遗嘱类型，一方死亡后，该共同遗嘱部分发生效力，待夫妻全部死亡时，遗嘱才能全部生效。签订本案遗嘱的一方朱某某死亡，签订遗嘱的另一方董某及其他被告均认可该遗嘱有效，故法院认定该遗嘱合法有效，发生部分效力。对原告要求继承遗嘱中所涉房屋中被继承人朱某某份额归原告所有的诉讼请求，法院予以支持，各被告人应配合原告办理相应的不动产产权变更登记手续。判决如下：

1. 依法确认 2011 年 5 月 26 日朱某某与董某签订的遗嘱合法有效。

2. 被继承人朱某某名下坐落于济宁市任城区建设路××号中区××宿舍 4 号楼东 1 单元 1 层西户[房屋所有权证号：中区(房改)字第××号]房屋产权的 50% 的份额归原告朱某 2 所有。

3. 被告董某、朱某 3、朱某 4、朱某 5、孙某、朱某 1 于本判决生效之日起 10 日内协助原告朱某 2 办理房屋产权变更登记手续。

(四)律师小结

共同遗嘱是遗嘱的特殊情况，与一般遗嘱在形式上存在差异。我国法律虽未规定共同遗嘱，但也并未排除共同遗嘱的有效性，而且从法院对共同遗嘱案件所作的判决来看，我国法院是认可共同遗嘱的效力的。遗嘱的生效自遗嘱人死亡之日开始，而共同遗嘱由于在主体上存在多数人，这就意味着在一般情况下，遗嘱人会有先后死亡的顺序，直接导致共同遗嘱在生效时间上具有差异。共同遗嘱的各方均在世时，可以协商一致撤销或者变更共同遗嘱，也可以单方撤回共同遗嘱中关于自己的那部分财产处分，但是需要通知其他方的遗嘱人。

五、无法认定遗嘱真实性的，举证责任如何分配？

(一)律师观点

遗嘱，是指遗嘱人生前在法律允许的范围内，按照法律规定的方式对其遗产或其他事务所做的个人处理，并于遗嘱人死亡时发生效力的法律行为。我国法律充分尊重遗嘱人的意思表达，遗嘱人可以按照自己的意愿处分自己的遗产。但是遗嘱在有效方面有如下要求：第一，遗嘱人必须有遗嘱能力，即遗嘱人必须具有完全民事行为能力；第二，须为遗嘱人真实意思表示，非欺诈、胁迫、非伪造、非篡改；第三，不违反法律、行政法规强制性规定，不违背公序良俗；第四，各类遗嘱的形式符合相应的法律规定。遗嘱满足上述条件才是合法有效的。

遗嘱真实性无法确定时，举证责任如何分配？“谁主张，谁举证”是举证责任分配的一般规则。主张遗嘱继承者，不仅应当就遗嘱的存在承担举证责任，而且对于遗嘱的形式符合法定形式要求，即对遗嘱具有形式合法性负有举证责任。主张遗嘱继承者对上述两方面完成举证的，若其提供了符合法律规定的遗嘱，应当视为主张遗嘱继承人完成了举证责任，推定该遗嘱为真实、合法有效的遗嘱。如果其他继承人没有异议，应当按照遗嘱进行继承分配；若其他继承人有异议，案件事实的举证责任发生转移，由提出异议的其他继承人举证证明遗嘱的非真实性，并承担证明责任，如可以提起诉讼，对遗嘱的真伪申请鉴定。

（二）法律依据

《民法典》

第一千一百四十三条 无民事行为能力人或者限制民事行为能力人所立的遗嘱无效。

遗嘱必须表示遗嘱人的真实意思，受欺诈、胁迫所立的遗嘱无效。

伪造的遗嘱无效。

遗嘱被篡改的，篡改的内容无效。

《民事诉讼法解释》

第九十一条 人民法院应当依照下列原则确定举证证明责任的承担，但法律另有规定的除外：

（一）主张法律关系存在的当事人，应当对产生该法律关系的基本事实承担举证证明责任；

（二）主张法律关系变更、消灭或者权利受到妨害的当事人，应当对该法律关系变更、消灭或者权利受到妨害的基本事实承担举证证明责任。

(三)典型案例

【案件索引】

案由:滕某1与孙某等继承纠纷案

审理法院:北京市第一中级人民法院

案号:(2020)京01民终6560号

【基本案情】

上诉人(原审被告):滕某1

被上诉人(原审原告):滕某2

被上诉人(原审原告):滕某3

被上诉人(原审原告):孙某

滕某4与郭某1系夫妻,两人共生有子女三人:长子滕某2、次子滕某5、女儿滕某1。滕某4于1992年10月15日因病去世并注销户口,郭某1于2010年5月25日去世。滕某5与郭某2婚后生有一子滕某3,2001年3月9日,滕某5与郭某2离异。2004年6月8日,滕某5与孙某再婚。2016年3月20日,滕某5因病去世。某楼305号房屋系在滕某4去世后,由郭某1向国营五二九厂购买,使用女方工龄21年,男方工龄35年。该房屋实际房价为18,611元,加相关费用实际购房款为19,369.3元。2008年10月22日,郭某1取得某楼305号房屋的产权证。对于上述出资,滕某1称系其出资帮助母亲购买,并提交了其收入证明。现该房屋由滕某1使用。庭审中各方均认可某楼305号房屋现值为600万元,滕某2、滕某3、孙某要求折价补偿,滕某1主张房屋所有权。除某楼305号房屋外,滕某1主张的某楼408号房屋为承租房屋。

庭审中,滕某1主张滕某5留有遗嘱,将滕某5继承的某楼305号房屋的份额由滕某1继承,为此滕某1提交了日期为2015年12月16日滕某5签字的"致滕某1妹妹的信",该信内容为:"鉴于咱大哥滕某2在咱妈病重住院直至去世,对咱妈的病情不闻不问,漠不关心,让咱妈走得很伤心,对于这样的大哥我永远都不会原谅他。自咱妈退休后,一直是我妹滕某1照顾,咱妈留给咱俩中关村的房产,我的份额由我妹滕某1继承。我2015年因病住进309医院,我病重期间都由我妻孙某全天照料,我的儿子滕某3从没尽过做儿子的义务,漠不关心,无情无义,与滕某2如出一辙,让我寒心至极,对于滕某3这个不孝之子,我永远都不想再见到他。为了支付高额的医疗费用,我与我妻卖掉了海淀区二里庄的住房,为了方便看病,我与我妻租住在医院附近,我看病所剩余额及属于我名下的财产全部由我妻孙某继承，与滕某3没有任何关系。另外，我身前身后的一切事情都由我妻和我妹全权处理，滕某3、滕某2无权插手我的任何事情，我永远不想见到他俩”。

滕某2及滕某3对“致滕某1妹妹的信”是否为滕某5书写提出异议。诉讼中，经滕某1申请，法院委托中天司法鉴定中心对“致滕某1妹妹的信”全部书写内容及签字与样本中的字迹及签名是否为同一人书写进行鉴定，该中心出具情况说明：因目前样本材料多为签名字迹样本，其他字迹样本与检材内容字迹没有相同字，故此“致滕某1妹妹的信”中内容字迹不具备比对检验条件，不予受理全部书写内容字迹的鉴定委托，只对“滕某5”签名进行司法鉴定。对于签名的鉴定意见：检材中信的最后一行“滕某5”签名与样本签名是同一人所写。

【一审法院判决】

一审法院认为，依据《继承法》（已失效）第5条[①]的规定：“继承开始后，按照法定继承办理；有遗嘱的，按照遗嘱继承或者遗赠办理；有遗赠扶养协议的，按照协议办理。”郭某1去世时未留有遗嘱，其遗产应按法定继承处理，由其继承人滕某2、滕某5、滕某1继承。

滕某1主张的滕某5已通过“致滕某1妹妹的信”用立遗嘱的方式将滕某5继承的某楼305室中的遗产份额由其继承一节，因滕某2、滕某3对该信内容及签名真实性均提出异议，而《民事诉讼证据规定》第92条规定：“私文书证的真实性，由主张以私文书证证明案件事实的当事人承担举证责任。私文书证由制作者或者其代理人签名、盖章或捺印的，推定为真实。”而滕某1提交的记载遗嘱内容的“致滕某1妹妹的信”属私文书证，在继承纠纷中，应由持有遗嘱并主张遗嘱真实一方承担遗嘱真实性举证证明责任。庭审中，经滕某1申请，法院委托中天司法鉴定中心对该信全部书写内容及签字与样本中的字迹及签名是否为同一人书写进行鉴定，因受样本所限，该鉴定中心不予受理全部书写内容字迹的鉴定委托，只对“滕某5”签名进行司法鉴定。对于签名的鉴定意见：检材中信的最后一行“滕某5”签名与样本签名是同一人所写。故法院确认“致滕某1妹妹的信”尾部签名系滕某5本人所签，该信内容依据现有证据不能证明系滕某5本人亲笔书写。《继承法》（已失效）第17条[②]规定：“自书遗嘱由遗嘱人亲笔书写，签名，注明年、月、日。”因遗嘱是遗嘱人单方作出的在其死亡后

① 相关规定参见《民法典》第1123条。

② 相关规定参见《民法典》第1134条。

才发生效力的民事法律行为，由于当事人已死亡，是否其真实意思表示无法自证。故我国《继承法》（已失效）对遗嘱形式作出了严格规定，目的是防止确定死者终意表示内容的困难，促使遗嘱人审慎为意思表示，防止他人伪造、变造、篡改遗嘱。对于违反法定形式要件的遗嘱，不宜认定为有效。故《继承法》（已失效）明确规定自书遗嘱须本人亲笔书写并签名，而遗嘱持有人除证明签名真实性外，同时需证明遗嘱内容为立遗嘱人本人亲笔书写，以体现立遗嘱人本人立遗嘱的意思表示。虽《民事诉讼证据规定》第92条规定："私文书证由制作者或者其代理人签名、盖章或捺印的，推定为真实。"但《继承法》（已失效）第17条对于公民立遗嘱的行为及自书遗嘱的形式均有明确而严格的要求，即除"本人签名并注明年、月、日"外需要由遗嘱人亲笔书写，故在《继承法》（已失效）对遗嘱形式另有明确规定的情况下，遗嘱持有人的证明责任应满足该规定的要求，高于一般书证的举证责任，即其不仅需要证明该遗嘱中签名真实的一般证明责任，亦应满足《继承法》（已失效）对遗嘱形式另有规定的特殊证明责任，即"亲笔书写"。本案中，对于"致滕某1妹妹的信"中遗嘱内容的字体，因不具备比对检验条件，未能作出鉴定意见，故对该信中遗嘱内容是否为滕某5本人亲笔书写证据不足，滕某1应当承担举证不能的法律责任并承担不利后果。综上所述，滕某5签名的"致滕某1妹妹的信"中的遗嘱内容无效。《继承法》（已失效）第27条①规定："有下列情形之一的，遗产中的有关部分按照法定继承办理：……（四）遗嘱无效部分所涉及的遗产"，故对于滕某5继承的其母亲遗产份额应按法定继承处理。

对于继承顺序及分配的具体份额，《继承法》（已失效）第10条②规定："遗产按照下列顺序继承：第一顺序：配偶、子女、父母"。同一顺序继承人继承遗产的份额，一般应当均等。对被继承人尽了主要扶养义务或者与被继承人共同生活的继承人，分配遗产时可以多分。有扶养能力和有扶养条件的继承人，不尽扶养义务的，分配遗产时应当不分或者少分。郭某1去世后，其个人财产应由其第一顺序继承人滕某2、滕某5、滕某1继承，对于继承份额一般应均等。根据滕某1提交的证据可见，滕某5、滕某1对郭某1所尽赡养义务较多，但尚不能证明二人尽了主要赡养义务，故三位继承人继承的份额应当均等。对于滕某1主张的房屋由其出资，证据并不充分，法院不予认定。故滕某2、滕某5、滕某1每人继承其母郭某遗产房屋1/3的份额。

---

① 相关规定参见《民法典》第1154条。

② 相关规定参见《民法典》第1127条。

滕某5后于其母亲郭某1去世,其遗产应由其继承人继承。其继承人为其子滕某3及其再婚妻子孙某,因滕某2、滕某3起诉时未将孙某列为被告,而孙某经法院联系后不愿参加诉讼,又不表示放弃实体权利,故依据《继承法意见》(已失效)第60条①的规定:"继承诉讼开始后,如继承人、受遗赠人中有既不愿参加诉讼,又不表示放弃实体权利的,应追加为共同原告",故法院依法追加孙某作为原告。《继承法》(已失效)第26条②规定:"夫妻在婚姻关系存续期间所得的共同所有的财产,除有约定的以外,如果分割遗产,应当先将共同所有的财产的一半分出为配偶所有,其余的为被继承人的遗产。"滕某5继承的遗产房屋份额,为其与其妻孙某在婚姻关系存续期间所得的共同所有的财产,应先分出一半为孙某所有,另外一半为滕某5遗产,由孙某与滕某3继承。

对于房屋的继承,《继承法》(已失效)第29条③规定:"遗产分割应当有利于生产和生活需要,不损害遗产的效用。不宜分割的遗产,可以采取折价、适当补偿或者共有等方法处理。"本案中,对于仅有的一套遗产房屋,不宜实物分割,庭审中滕某2、滕某3、孙某要求折价补偿,滕某1主张所有权,此方案有利于生活需要且不损害房屋效用,法院不持异议,考虑补偿数额较高,给付期限法院酌情适当延长。

综上所述,一审法院判决:(1)郭某1遗产北京市海淀区某楼305号房屋由滕某1继承;(2)滕某1于判决生效后6个月内给付滕某2房屋折价补偿款200万元,给付滕某3房屋折价补偿款50万元;给付孙某房屋折价补偿款150万元;(3)驳回滕某2、滕某3其他诉讼请求。

【二审法院判决】

二审法院认为,本案中,郭某去世时未留有遗嘱,其遗产应按法定继承处理,由其继承人滕某2、滕某5、滕某1继承。关于滕某5遗嘱的效力问题,法院认为,滕某5签名的"致滕某1妹妹的信"中的遗嘱内容合法有效,理由如下:

首先,根据《民事诉讼证据规定》第92条的规定,私文书证由制作者或者其代理人签名、盖章或捺印的,推定为真实。本案中,经鉴定,检材中信的最后一行"滕某5"签名与样本签名是同一人所写,故从形式上可以推定该遗嘱的真实性。其次,根据鉴定机构出具的情况说明:因目前样本材料多为签名字迹样本,其他字迹样本与检材内容字迹没有相同字,故此"致滕某1妹妹的信"中内容字

---

① 相关规定参见《民法典继承编解释(一)》第44条。

② 相关规定参见《民法典》第1153条。

③ 相关规定参见《民法典》第1156条。

迹不具备比对检验条件，不予受理全部书写内容字迹的鉴定委托，只对“滕某5”签名进行司法鉴定。由于完成鉴定需要较为严格苛刻的条件，对遗嘱全文进行笔迹鉴定确实存在客观困难，因此，基于现有条件，对遗嘱全文是否为滕某5本人所书写，无法通过鉴定程序来予以认定，但这不等于该遗嘱并非滕某5本人书写。最后，私文书证的真实性，由主张以私文书证证明案件事实的当事人承担举证责任。根据《民事诉讼法解释》第108条的规定，对负有举证证明责任的当事人提供的证据，法院经审查并结合相关事实，确信待证事实的存在具有高度可能性的，应当认定该事实存在。即本证的证明标准为高度盖然性证明标准，而并非绝对确定的标准。本案中，检材中信的最后一行“滕某5”签名系滕某5本人所签，且该份遗嘱书证主文字迹、书写用笔的墨迹与落款处滕某5的签字并无明显区别，从形式上看较为一致，能够达到高度盖然性的证明标准，在无相反证据的情况下，应当认定滕某5遗嘱的真实性。综上所述，一审判决对证明标准的认定错误，二审法院予以纠正。对于滕某5继承的某楼305号房屋份额，为其与其妻孙某在婚姻关系存续期间所得的共同所有的财产，应先分出一半为孙某所有，另外一半为滕某5遗产。根据遗嘱内容，对于滕某5的遗产部分，由滕某1继承。

关于继承份额，根据《继承法》(已失效)第13条[①]的规定，对被继承人尽了主要扶养义务或者与被继承人共同生活的继承人，分配遗产时，可以多分。本案中，根据滕某1提交的生活缴费票据、穿刺检查同意书等证据，可以认定滕某1对被继承人郭某1尽了主要扶养义务，法院酌情予以多分。滕某1主张某楼305号房屋由其出资购买，证据并不充分，法院不予采信。

综上所述，滕某1的上诉请求，合理部分法院予以支持，不合理部分法院予以驳回。依照《民事诉讼法》(2017年)第170条第1款第2项[②]之规定，判决如下：(1)维持一审法院民事判决第一项；(2)撤销一审法院民事判决第二、三项；(3)滕某1于本判决生效后6个月内给付滕某2房屋折价补偿款190万元；(4)滕某1于本判决生效后6个月内给付孙某房屋折价补偿款95万元；(5)驳回滕某2、孙某其他诉讼请求；(6)驳回滕某3的诉讼请求。

---

① 相关规定参见《民法典》第1130条。

② 相关规定参见2021年修正的《民事诉讼法》第177条第1款第2项。

（四）律师小结

上述案例所依据的《继承法》及《继承法意见》已因《民法典》及《民法典继承编解释（一）》的实施而失效，法院在审理之后的案件时应根据《民法典时间效力规定》选择适用的法律法规。在继承诉讼中，原则上应当由持有遗嘱并主张遗嘱真实的一方来承担举证责任。在因无法提供足够的鉴定对比样本而导致不能鉴定遗嘱笔迹的情况下，相关书证样本在对方当事人控制之下，承担举证责任的当事人可以在举证期限届满前书面申请法院责令对方当事人提交，对方当事人无正当理由拒不提交的，法院可以认定申请人所主张的书证内容为真实。也就是说，如有证据证明一方当事人持有鉴定对比样本，即其持有的有遗嘱人笔迹的书面材料而拒不提供的，法院可根据案情认定持有方承担不利后果。如果主张遗嘱继承者完成了存在以及形式合法的举证责任，其他继承人有异议的，此时举证责任转移给有异议的继承人，如异议继承人举证不能的，则承担不利后果。

六、夫妻一方擅自通过遗嘱处分夫妻共有财产的行为有效吗？

（一）律师观点

遗嘱是遗嘱人处分其个人财产的民事行为，只能就遗嘱人个人的合法财产作出处置。遗嘱人以遗嘱处分了属于国家、集体或者他人所有的财产的，遗嘱的该部分内容应认定无效。夫妻共同财产需要由夫妻共同处分，但日常生活小额支出除外。对于大额支出，如房产，必须由双方协商一致处理，一方擅自处分，另一方可以主张撤销或者要求对方赔偿损失。夫妻一方超越日常家事代理权限的处分夫妻共同财产的行为为无权处分行为，若得不到另一方的追认，即为无效。立遗嘱人遗嘱处分的财产必须是其有权处理的财产，《民法典》第 1133 条第 2 款规定：“公民可以立遗嘱将个人财产指定由法定继承人的一人或者数人继承。”因此，公民只能通过遗嘱处分自己的个人财产，包括个人婚前财产及婚后共同财产中属于其本人的部分，处分他人财产的遗嘱内容部分无效，其他部分若没有无效事由，则依然有效。

（二）法律依据

《民法典》

第一千零六十二条　夫妻在婚姻关系存续期间所得的下列财产，为夫妻的共同财产，归夫妻共同所有：

(一)工资、奖金、劳务报酬;

(二)生产、经营、投资的收益;

(三)知识产权的收益;

(四)继承或者受赠的财产,但是本法第一千零六十三条第三项规定的除外;

(五)其他应当归共同所有的财产。

夫妻对共同财产,有平等的处理权。

第一千一百三十三条 自然人可以依照本法规定立遗嘱处分个人财产,并可以指定遗嘱执行人。

自然人可以立遗嘱将个人财产指定由法定继承人中的一人或者数人继承。

自然人可以立遗嘱将个人财产赠与国家、集体或者法定继承人以外的组织、个人。

自然人可以依法设立遗嘱信托。

第一千一百五十四条 有下列情形之一的,遗产中的有关部分按照法定继承办理:

(一)遗嘱继承人放弃继承或者受遗赠人放弃受遗赠;

(二)遗嘱继承人丧失继承权或者受遗赠人丧失受遗赠权;

(三)遗嘱继承人、受遗赠人先于遗嘱人死亡或者终止;

(四)遗嘱无效部分所涉及的遗产;

(五)遗嘱未处分的遗产。

《民法典继承编解释(一)》

第二十六条 遗嘱人以遗嘱处分了国家、集体或者他人财产的,应当认定该部分遗嘱无效。

(三)典型案例

【案件索引】

案由:关某、兰某与冯某遗嘱继承纠纷案

审理法院:天津市滨海新区人民法院

案号:(2021)津0116民初11215号

【基本案情】

原告:关某

原告:兰某

被告:冯某

被继承人兰某1与原告关某系原配夫妻,二人共生育子女一人,即原告兰某。被告冯某为兰某1之母,被继承人兰某1出生于1962年3月20日,于2019年1月15日因病去世,生前立有遗嘱。兰某1死亡时留有遗产如下:天津市滨海新区××南里××室房屋0.5%份额、天津市滨海新区××南里402室房屋50%份额(所有权人登记为原告关某)等。2020年12月21日,天津市滨海新区人民法院作出(2020)津0116民初20867号民事判决书,判决××南里201号房屋50%份额,由兰某按遗嘱继承,该判决已生效,房产份额已分割。关于被继承人兰某1遗产及其所在单位发放费用的分割处理问题,原告与被告存在争议,无法达成一致意见。二原告为了维护其合法权益,特诉至法院。

【法院判决】

法院认为,关于房屋的遗嘱,为兰某1生前真实意思表示,其对相应权属的处分应为合法有效。其明确××南里××室1%的房屋产权份额由兰某继承,关某具有管理权和使用权;××南里402室房屋由兰某、关某共同居住使用,待关某百年后由兰某继承,因上述房产及份额是兰某1和关某的夫妻共同财产,兰某1和关某各占一半的份额,兰某1无权处分关某所占房屋的份额,故该部分处分应为无效,兰某1对自己所占房屋份额的处分应具有法律效力。由此可见,××南里××室1%的房屋产权份额析产后(0.5%)由兰某继承,兰某享有上述房屋99.5%的权属,关某享有上述房屋0.5%的权属。关于××南里402室房屋,析产后有50%权属属于兰某1的遗产,该50%权属由关某与兰某继承各25%的权属,由此可见,关某享有上述房屋75%权属,兰某享有25%的权属。作出以下判决:

1. ××南里××室1%的房屋产权份额析产后0.5%的房屋权属由原告兰某继承,原告兰某享有上述房屋99.5%的房屋权属,原告关某享有上述房屋0.5%的房屋权属;

2. ××南里402室房屋析产后的25%房屋权属由原告兰某继承,遗产25%的房屋权属由原告关某继承,原告关某享有该房屋75%的房屋权属,原告兰某享有该房屋25%的房屋权属。

(四)律师小结

夫妻一方对夫妻关系存续期间的财产的处分,需征得配偶的同意。夫妻一方未经对方同意,擅自做出重大处分决定的,另一方有权否认该处分的法律效力,但如第三人有理由相信该处分为夫妻双方共同意思表示并构成善意取得的,另一方不得以不同意或不知道为由对抗该善意第三人。遗嘱是公民处分自己财产的一种方式，法律尊重并保护公民行使财产处分权的自由，但该自由不可以涉及他人的财产权利。因此，为了保证遗嘱的有效性，避免引起不必要的继承纠纷，在立遗嘱时，如果要给继承人分配夫妻共有部分的财产，切记要双方协商一致才可以共同设立遗嘱，擅自通过遗嘱处分夫妻共同财产的行为因超出了自己的财产范围而部分无效。

七、遗嘱订立人可以撤回或者变更遗嘱吗？

（一）律师观点

遗嘱是自然人生前按照法律规定处分自己的财产以及安排与财产相关的事务，并于死亡后发生继承效力的单方民事行为。遗嘱是被继承人单方的财产处分意愿，遵循自愿原则，不受他人干涉。

遗嘱撤回，是指遗嘱人在订立遗嘱后又通过实施某些行为来撤销自己原来所订立的遗嘱。遗嘱变更，是指遗嘱人在订立遗嘱后又对遗嘱内容进行修改。遗嘱订立人可以对其已经订立的遗嘱进行任意撤回或者变更，法律充分尊重遗嘱人的意思表示，不需要满足法定的变更或者撤回事由，但是遗嘱人要想撤回或者变更遗嘱，必须要依照法律规定的方式和程序进行。

根据《民法典》的规定，遗嘱订立人可以通过以下几种方式变更或撤回之前所立的遗嘱：方式一，直接通过书面形式明示变更或撤回原遗嘱；方式二，以立新遗嘱的方式变更或撤回原遗嘱；方式三，立遗嘱后，遗嘱人实施与遗嘱内容相反的民事法律行为的，视为对遗嘱相关内容的撤回。

一般而言，遗嘱人在撤回或者变更遗嘱的时候同样需要遵循订立遗嘱时的法律要件，例如，在变更或者撤回遗嘱时，遗嘱人应当是完全民事行为能力人，具备变更或者撤回遗嘱的能力；变更或者撤回遗嘱应当是遗嘱人的真实意思表示，不能是处于被欺骗、胁迫等违背遗嘱人真实意思表示的情况下变更、撤回；变更或者撤回遗嘱的形式应当满足《民法典》继承编中规定的几种遗嘱形式之一，具体采用哪种形式来变更或者撤回，由遗嘱人自行确定。需要注意的是，如果遗嘱人通过销毁原先所订立的遗嘱来达到撤回遗嘱的目的，就不需要满足某一种形式要件。当原先订立的遗嘱被变更、撤回或者视为撤回后，则以撤回、变更后的遗嘱内容为准，换言之，已经订立的遗嘱被撤回或者变更后会产生“覆盖”的法律后果，即只要遗嘱人出于自己真实的意思表示作出新的改变遗嘱的行为，则以该最新的遗嘱行为为准，若是撤回之前所立遗嘱后未订立新遗嘱的，则视为没有订立遗嘱，可以适用法定继承。

（二）法律依据

《民法典》

第一千一百四十二条　遗嘱人可以撤回、变更自己所立的遗嘱。

立遗嘱后，遗嘱人实施与遗嘱内容相反的民事法律行为的，视为对遗嘱相关内容的撤回。

立有数份遗嘱，内容相抵触的，以最后的遗嘱为准。

（三）典型案例

【案件索引】

案由：张某与冷某1继承纠纷案

审理法院：甘肃省兰州市西固区人民法院

案号：(2020)甘0104民初2108号

【基本案情】

原告：张某

被告：冷某1

原告张某与冷某某于1998年4月16日在西固区民政局登记结婚，双方婚后于2003年1月29日购买了案涉房屋，后冷某某于2019年5月19日因病去世。原告与冷某某均系二婚，且婚后未育有子女，被告冷某1系冷某某与其前妻所生。冷某某去世后，原告多次与被告协商案涉房屋继承事宜，但被告均以各种理由予以拒绝，原告为维护自身合法权益，诉至法院，请求法院判令原、被告依法继承冷某某名下的位于兰州市西固区××路街道某房屋（价值500,000元）。

【法院判决】

法院认为，遗产是公民死亡时遗留的个人合法财产，继承从被继承人死亡时开始。继承开始后，按照法定继承办理；有遗嘱的，按照遗嘱继承或者遗赠办理。案涉房屋［房权证号：房权证兰房（西房改）产字第4××3号］系被继承人冷某某与原告张某于婚后购买并缴纳房款，虽该房屋系被继承人冷某某单位的福利分房，但这并不影响该房屋为其二人夫妻共同财产的事实。被告冷某1辩称该房屋折抵工龄的41.5%房屋与原告无关及该房屋购房款中的一半即

28,000元是被告的大伯冷某2、姑姑冷某3代替被告出资,剩余一半房款是被继承人与原告出资购买,占总房屋的29.25%[(1-41.5%)÷2],这部分房屋才是被继承人与原告的夫妻共同财产的答辩理由无事实和法律依据,故对该答辩理由法院不予采信。本案中被告提交的家庭会议决议虽为复印件,且也未以遗嘱命名,但该家庭会议决议内容是由被继承人冷某某与原告张某,证人冷某2、冷某3协商确定后,由冷某2代为书写,被继承人冷某某与原告张某,证人冷某2、冷某3签字并注明年、月、日予以确认;家庭会议决议的内容也是围绕本案诉争房屋对被告冷某1成家立业、该房屋如何居住使用及父母百年后该房屋如何继承所作出,且原告张某认可该决议的内容,尤其是其中第4项:"父母均过世后,房产由冷某1继承居住,由冷某1付给斌斌壹至贰万元作为抚慰金"是由原告张某本人提出后所写,该项中提到的斌斌是其亲生儿子,故法院认为,即使按照原告张某所述,该家庭会议决议原件已被其撕毁,也不影响被告提交的该家庭会议决议复印件的效力,该家庭会议决议复印件符合代书遗嘱的形式要件,实为代书遗嘱,证人冷某2及冷某3作为原告、被告的近亲属,应视为该份代书遗嘱的见证人。原告张某虽称被继承人冷某某的签名系其代签,但因其申请笔迹鉴定后未向鉴定机构提供家庭会议决议原件,导致鉴定终止,其应承担相应的不利后果,故对该陈述内容法院不予认可。依据该家庭会议决议的内容,被继承人冷某某所有的本案诉争房屋的一半房产应由被告冷某1继承所有,而原告张某作为遗嘱人现仍在世,其有权撤回遗嘱中涉及其所有的财产部分的内容,故其所有的本案诉争房屋的一半房产仍归其本人所有。考虑双方现在的实际生活状况及社会稳定等因素,被告冷某1父母均已去世,目前其未结婚,且无稳定收入和其他住房,原告张某较被告冷某1而言,生活及家庭状况相对稳定,故法院认为本案诉争房屋由被告冷某1继承所有更为适宜,但其应向原告张某支付房屋继承折价款。在本案审理过程中,经法院核实,双方均认可诉争房屋现价值为700,000元,故被告冷某1应向原告张某支付房屋继承折价款350,000元。遂作出判决如下:

1. 位于兰州市西固区××路街道某房屋[房权证号:房权证兰房(西房改)产字第4××3号]由被告冷某1继承所有。

2. 被告冷某1于本判决生效之日起30日内向原告张某支付房屋继承折价款350,000元。

(四)律师小结

遗嘱人可以根据自己的意志自由变更或者撤销遗嘱,但需符合法律规定。遗嘱的变更与撤回有明示方式和推定方式两种,遗嘱撤回或者变更只要符合法律规定的撤回或者变更的条件,自遗嘱作出改变之时就发生效力。遗嘱撤回的,自撤回生效时起,被撤回的遗嘱作废,以新设立的遗嘱为遗嘱人处分自己财产的真实意思表示,并确定遗嘱的效力和执行。遗嘱撤回后遗嘱人没有设立新的遗嘱的,视为被继承人未立遗嘱,则按照法定继承的规定来分配被继承人的财产。遗嘱变更的,自变更生效时起,以变更后的遗嘱内容为遗嘱人的真实意思表示,通过确定该变更后的遗嘱有效性,依照变更后的遗嘱执行。

八、怎样理解遗嘱中的“必留份”?

(一)律师观点

自然人虽然有通过遗嘱处分个人财产的自由,但是该遗嘱自由会受到一定限制。遗嘱自由是继承制度中一项非常重要的原则,但是世界上没有绝对的自由,所有的自由都是相对的,遗嘱自由亦是如此。我国法律对遗嘱自由的限制主要就是遗嘱订立人在立遗嘱时应当为缺乏劳动能力又没有生活来源的继承人保留必要的遗产份额,如果没有为其保留必要的份额,那么在继承开始时法院会直接从遗产总额中扣减一部分的遗产交与此类继承人,扣减之后剩余的部分才可以按照遗嘱中确定的遗产分配规则进行遗产分配。根据《民法典》继承编的规定,“必留份”规则是对遗嘱人订立遗嘱时的限制,该限制也需要条件,即“必留份”的对象要同时满足两个条件:缺乏劳动能力和没有生活来源。

缺乏劳动能力,是指该继承人不具备或者不完全具备独立劳动的能力,不能依靠自身的劳动能力取得收入以维持生活。那么司法实务中应当如何判断缺乏劳动能力呢?通常来说,如果该继承人年幼、年老体弱或者身患重病瘫痪在床等,通过一般日常生活经验法则即可确定的,就不需要对其是否具有劳动能力进行鉴定。如确有需要,也可以通过法院委托鉴定的方式来判断。

没有生活来源,是指该继承人没有稳定的经济收入,无法从他人或者社会处获取必要的生活资料。怎么判断没有生活来源呢?对于该项条件,不能简单通过继承人是否有收入来确定,应当从继承人的收入水平、收入是否稳定、是否有社会保险、是否有固定居所等多方面综合考虑。

特别需要注意的是,法律规定中的“必留份”仅针对遗嘱人的法定继承人,如配偶、父母、子女、兄弟姐妹、祖父母、外祖父母等;并且判断继承人是否缺乏劳动能力又没有生活来源的时间应界定在遗嘱生效时,而非遗嘱订立时。为了照顾这些弱势群体,对于享有必留份的继承人的继承权是绝对优先的,即优先于被继承人的债权人的债权以及国家对被继承人的税收权。

(二)法律依据

《民法典》

第一千一百三十五条 代书遗嘱应当有两个以上见证人在场见证,由其中一人代书,并由遗嘱人、代书人和其他见证人签名,注明年、月、日。

第一千一百四十一条 遗嘱应当为缺乏劳动能力又没有生活来源的继承人保留必要的遗产份额。

《民法典继承编解释(一)》

第二十五条 遗嘱人未保留缺乏劳动能力又没有生活来源的继承人的遗产份额,遗产处理时,应当为该继承人留下必要的遗产,所剩余的部分,才可参照遗嘱确定的分配原则处理。

继承人是否缺乏劳动能力又没有生活来源,应当按照遗嘱生效时该继承人的具体情况确定。

(三)典型案例

【案件索引】

案由:樊某2、王某与樊某1继承纠纷案

审理法院:山东省荣成市人民法院

案号:(2019)鲁1082民初6992号

【基本案情】

原告:樊某2

原告:王某

被告:樊某1

原告樊某2、王某系樊某4的父母,被告樊某1系樊某4之子。樊某4与被告之母徐某婚后于2011年2月16日以229,956.48元共同贷款购买了位于荣成市青阳西区的房产(以下简称涉案房产)。2011年4月5日,樊某4与徐某协议离婚,约定儿子樊某1由原告直接抚养,涉案房产归樊某4所有,购房时向亲戚借款94,000元及向银行贷款160,000元均由樊某4偿还。2011年5月13日,涉案房产尚未过户,樊某4与徐某即登记复婚。2014年4月,樊某4出国至意大利打工,其间于2017年10月确诊为肺癌,在意大利治疗一段时间后于2018年2月28日回国。2018年12月9日,樊某4因病去世。2018年3月16日,樊某4立有遗嘱一份,明确说明诉争房产由二原告继承。二原告遂起诉到法院,请求法院判令案涉房屋归其继承所有。

【法院判决】

法院认为,《继承法》(已失效)第17条第2款①规定,代书遗嘱应当有两个以上见证人在场见证,由其中一人代书,注明年、月、日,并由代书人、其他见证人和遗嘱人签名。本案中,原告方提交的遗嘱上有立遗嘱人樊某4、代书人杨某军律师以及两名见证人的签字捺印,同时附有该遗嘱代书形成经过的视频资料,从中清晰可见代书人杨某军按立遗嘱人樊某4陈述书写了遗嘱内容,樊某4对遗嘱内容查看无误后签字捺印,见证人于某、刘某查某无误后亦予签字捺印。再者,代书人杨某军律师经法院调查,对涉案遗嘱形成事宜予以认可。故涉案遗嘱符合继承法规定的形式要件。

关于遗嘱内容的问题,对于被告方以涉案遗嘱未保留儿子樊某1继承份额为由提出的抗辩,根据《继承法》(已失效)第2条②的规定,继承从被继承人死亡时开始,相应的遗嘱则自继承开始时生效。本案中樊某4于2018年12月9日去世,此时被告樊某1仅为年满9周岁的未成年人,且直至本案诉讼时,樊某1仍未成年。依据《继承法意见》(已失效)第37条第2款③关于"继承人是否缺乏劳动能力又没有生活来源,应按遗嘱生效时该继承人的具体情况确定"之规定,被告樊某1在继承开始时应属缺乏劳动能力且无生活来源的继承人。虽然樊某1尚有母亲徐某须承担抚养之责,但不能因樊某4身患重病而免除樊某4对樊某1的法定抚养义务;且《继承法》(已失效)第19条④关于"遗嘱应当对缺乏劳动能力又没有生活来源的继承人保留必要的遗产份额"的规定,并未将是否有抚养人提供抚养义务并列为条件之一。被告樊某1作为未成年人,其本身在经济上不依其主动能力而有生活保障,仅以抚养义务人的给予,不应认定为有生活来源。现本案中无证据证实被告樊某1存在《继承法》(已失效)第7

① 相关规定参见《民法典》第1135条。

② 相关规定参见《民法典》第1121条。

③ 相关规定参见《民法典继承编解释(一)》第25条。

④ 相关规定参见《民法典》第1141条。

条[①]规定的丧失继承权的行为，故依据《继承法意见》(已失效)第37条第1款[②]关于"遗嘱人未保留缺乏劳动能力又没有生活来源的继承人的遗产份额，遗产处理时，应当为该继承人留下必要的遗产，所剩余的部分，才可参照遗嘱确定的分配原则处理"之规定，应当认定涉案遗嘱因被继承人樊某4在处分涉案房产时对未成年继承人未保留必要遗产份额而部分无效。

至于被继承人樊某4在遗嘱中陈述，徐某持有较多其汇给国内的打工收入，足以保障被告生活的情况，一方面，原告、被告对该情况意见不一，而该事实亦未经其他诉讼程序给予有效认定，本案中无法当然认定樊某4为被告樊某1保留了适当遗产份额；另一方面，本案中原告仅诉请对涉案房产进行遗嘱继承，对于樊某4是否还有其他遗产以及徐某是否持有樊某4其他遗产的问题，不宜在本案中一并处理。且即使樊某4确实存在其他遗产，双方完全可以继续另案主张继承分割，本案处理结果并不损害原告、被告的继承利益。关于被告樊某1继承享有必留份的具体数额，结合考虑樊某1的教育生活费用以及母亲徐某应当承担的抚养义务，法院酌情确定被告樊某1对涉案房产享有3/10的继承权。参照樊某4、徐某在2133号离婚诉讼中对涉案房产协商确定的价值数额23万元，在具体分割涉案房产时以涉案房产归二原告所有，二原告向被告支付遗产分割差额款6.9万元(23万元×3/10)为宜。遂作出判决如下：(1)涉案房产归原告樊某2、王某共同所有；(2)二原告于本判决生效之日起10日内共同向被告樊某1支付遗产分割差额款69,000元。

(四)律师小结

《继承法》(已失效)和《民法典》都规定了必留份制度，必留份制度的本质就是为了保障那些对财产有迫切需要的法定继承人的利益，通过法律强制性的规定将被继承人遗产中的一部分无条件地分给这些法定继承人继承，因此上述案例虽发生于《民法典》实施前，但裁判观点是不变的。一般来说，对遗嘱人的财产具有急切需要的人通常与其存在抚养、扶养、赡养等关系，尽管遗嘱人死亡后对这些人不再负有法律上的义务，但为了更好地保障这些既缺乏劳动能力又没有生活来源的法定继承人的生活，在遗嘱人死亡后留有财产的情况下，法律便不允许遗嘱人通过遗嘱排除他们的继承遗产的权利，该制度同时兼顾了伦理道德和社会情感。

---

① 相关规定参见《民法典》第1125条。

② 相关规定参见《民法典继承编解释(一)》第25条。

第四章　遗产的处理

一、遗产管理人需要履行哪些职责?

(一)律师观点

近年来,我国经济迅猛发展,人民生活日益富足且个人拥有的财产价值逐渐升高,个人资产形式的表现呈现多样化的趋势。遗产能否得到妥善、有效的管理,关系继承人、遗产债权人等利害关系人的利益以及社会交易秩序的稳定。现实生活中,被继承人死亡后,由于需要操办丧葬事宜、处理一些死者身后事等,继承人可能不会立刻要求分割遗产。另外,也存在遗产继承人不确定、无法通知其他继承人、需要等待受遗赠人作出放弃或接受的意思表示等情况。此外,由于财产种类、形式的不断增多,股权、股票、债券、基金、网络虚拟财产等新兴财产所涉及的资产价值较大且流动灵活,确定遗产时往往由于无法查明而忽略了该部分财产。因此,我国法律设立了遗产管理人制度。

遗产管理人,是指对被继承人遗留的个人合法财产进行保存和管理的人。遗产管理人制度是我国《民法典》新增加的制度,以便更好地保护遗产,使遗产保值、增值,按照遗嘱人的意愿分配遗产。根据《民法典》的规定,遗产管理人应履行以下职责:

第一,清理遗产并制作遗产清单。遗产管理人首先要查清遗产的名称、数量、地点、价值等状况,在对有关遗产查清的基础上,遗嘱管理人应编制遗产清单,全面、准确地载明遗产的具体情况,既包括对积极财产的记载,也包括对消极财产的记载。遗产清单制作完成后,还要经过公证。

第二,遗产管理人应当查明并且通知承受遗产的权利人,包括继承人、受遗赠人、遗赠扶养协议中的扶养人等,也应查明被继承人的债权人和债务人。遗产管理人应当对已知的继承人、受遗赠人、债权人进行通知,告知继承的开始,以便他们对是否接受遗赠或申报债权作出表示。在无法得知继承人、受遗赠人、债权人时,遗产管理人应当向法院申请公告,公告的继承人、受遗赠人、债权人等在公告所规定的期限内表明是否受遗赠、是否放弃继承或申报债权。

第三,采取必要措施防止遗产毁损。在遗产管理人管理遗产时,为了保护遗产,需要采取必要的处分措施,如变卖易腐物品、修缮房屋、进行必要的营业行为、收取到期债权等。这些处分措施不能超越必要限度,若超出限度,则属于遗产管理人的非必要处分行为,对继承人、受遗赠人等造成损害的,遗产管理人要承担赔偿责任,如遗产管理人故意毁坏遗产、将遗产无偿赠与他人等。在遗产管理中,如果有必要进行诉讼的,如为了取得到期债权,遗产管理人可以向法院提起诉讼。

第四,处理被继承人的债权债务。遗产管理人在通知或公告后,对于有关遗产债务应当按照一定的顺序进行清偿,该清偿以遗产的实际价值为限,对同一顺序的债务无法全部清偿的,可以按一定的比例清偿。只有在债务清偿完毕后还有剩余遗产的,才能按照被继承人的遗嘱执行。

第五,按照遗嘱或者依照法律规定分割遗产。继承开始后,如果存在被继承人遗产的人不是继承人,或者存有遗产的是放弃继承权的继承人,应当将遗产进行集中管理。若只有一个继承人,则应当及时将遗产移交给继承人。如果有两个以上继承人,则应当进行遗产分割,将分割后的遗产分别交给各个继承人。

第六,实施与管理遗产有关的其他必要行为。

(二)法律依据

《民法典》

第一千一百四十七条 遗产管理人应当履行下列职责:

(一)清理遗产并制作遗产清单;

(二)向继承人报告遗产情况;

(三)采取必要措施防止遗产毁损、灭失;

(四)处理被继承人的债权债务;

(五)按照遗嘱或者依照法律规定分割遗产;

(六)实施与管理遗产有关的其他必要行为。

(三)典型案例

【案件索引】

案由:孟某德与张某娟、韩某民间借贷纠纷案

审理法院:山东省青州市人民法院

案号:(2021)鲁0781民初397号

【基本案情】

原告:孟某德

被告:张某娟

被告:韩某

被告张某娟与孟某安于2005年1月12日登记结婚,被告韩某(时年16岁)随母改嫁后与孟某安共同生活,后孟某安于2020年8月左右因病死亡。孟某安生前因经营需要分别于2013年8月2日、2018年5月30日、2018年6月25日向原告孟某德借款40,000元、3300元、2200元,并为原告出具借据3份。2018年12月18日,孟某安将向原告所借的6笔款项93,800元(2014年5月29日借款3000元、2015年2月3日借款3000元、2015年8月8日借款30,000元、2016年1月4日借款17,000元、2016年1月8日借款25,000元和2016年11月10日借款15,800元)连同按年息10%计算的利息,共计125,306.64元重新为原告出具借据一份。上述借款共计170,806.64元,孟某安未能偿还,原告为实现其债权,诉至法院请求处理。孟某安在2018年5月30日、6月25日和12月18日为原告出具的借据中均载明利息按1万元每年支付利息1000元的标准(年利率10%)计算。同时,孟某安的父母均已去世。诉讼中,被告张某娟、韩某均明确表示放弃继承孟某安的遗产。

【法院判决】

法院认为,借款合同是借款人向贷款人借款,到期返还借款并支付利息的合同。原告孟某德与孟某安之间的民间借贷关系事实清楚、合法有效,孟某安案作为借款人,依法负有偿还借款的义务。孟某安去世后,被告张某娟、韩某作为其法定继承人均放弃继承其遗产,无须在继承孟某安遗产实际价值范围内承担债务清偿责任,但不能当然性排除两被告的遗产管理人职责,两被告作为遗产管理人,应当以孟某安的遗产向原告清偿本案债务。关于原告主张的2018年5月30日、2018年6月25日和2018年12月18日借款的利息,借据中的利息约定并未违反法律规定,法院予以支持。关于原告主张2014年8月10日孟某安向其借款60,000元,但未提供相应的借据等证据,法院对该60,000元借款不予认定。被告张某娟、韩某经法院传票传唤,无正当理由拒不到庭,应视为放弃诉讼权利。遂作出判决如下:

1. 被告张某娟、韩某以孟某安的遗产向原告孟某德清偿借款170,806.64元及利息(其中分别以3300元为基数,自2018年5月30日起计算至实际给付之日止,按年利率10%计算;以2200元为基数,自2018年6月25日起计算至实际给付之日止,按年利率10%计算;以125,306.64元为基数,自2018年12月18日起计算至实际给付之日止,按年利率10%计算;以40,000元为基数,自2021年1月11日起计算至实际给付之日止,按全国银行间同业拆借中心公布的贷款市场报价利率计算)。

2.驳回原告其他诉讼请求。

(四)律师小结

《民法典》中新增了遗产管理人制度,以更好地应对复杂的遗产继承问题,更加有利于保护公民的个人财产。遗产管理人需要对遗产进行妥善管理、清算,避免遗产遭受损毁、灭失,并为被继承人收取债权、偿还债务,在维护继承人和受遗赠人利益的同时也保障了被继承人的债权人和利害关系人的合法权益,有助于在发生遗产纠纷时或无人继承情形下纠纷的处理。在继承开始后,可能会出现暂时没有继承人或遗产归属尚未确定的情形,设立遗产管理人有助于保护被继承人的财产,等相应的继承人出现后或遗产的归属确定后再进行继承,若确定无继承人继承遗产,则将无人继承的财产用于公益事业。对于遗产管理人而言,确定遗产范围,避免财产损失,在继承期间保住遗产的价值,是其职责所在,有利于保障遗产权利人的利益。因此,在被继承人去世后到遗产分割前,遗产管理人要采取相应措施负责防止和降低遗产毁损、灭失的风险。

二、知道被继承人死亡的继承人有义务通知其他继承人吗?

(一)律师观点

现实生活中,家庭的构成方式多样,除了有血缘关系的家庭外,还存在许多因离婚、收养等原因形成的重组家庭或者法律拟制的家庭。养父母与养子女、继父母与继子女以及非婚生子女之间的关系通常都比较复杂,很多都不在一起居住,以至于部分家庭成员都不知道被继承人死亡。有些继承人在知道被继承人死亡后,出于某种原因,如和其他某个继承人关系恶劣、没有直接的血缘关系等,而不告知某些其他继承人被继承人已经死亡的事实。

我国《民法典》规定,继承开始后,知道被继承人死亡的继承人应当及时通知其他继承人和遗嘱执行人。继承人中无人知道被继承人死亡或者知道被继承人死亡而不能通知的,由被继承人生前所在单位或者住所地的居民委员会、村民委员会负责通知。从法律规定来看,必须通知的对象只有其他继承人和遗嘱执行人,受遗赠人、遗赠扶养协议中的扶养人等因不具有法定通知义务,可以通知也可以不通知。负有通知义务的继承人或者单位如果故意隐瞒被继承人死亡的事实,造成其他继承人损失的,应当承担赔偿责任。确实是因为客观原因导致知道被继承人死亡的继承人、被继承人生前所在单位或者住所地的居民委员会、村民委员会均无法通知到所有继承人的,则在分割遗产时将其应继承的份额保留,待能取得联系时,再根据法定继承或者遗嘱内容实现其继承权。

至于负有通知义务的主体如何履行通知的义务,法律没有明确规定。一般来说,负有通知义务的继承人或者单位应当及时通知,是否及时根据具体情况判断,但可以确定的是,要在遗产分割前通知,通知的方式包括书面方式、口头方式以及公告方式。

(二)法律依据

《民法典》

第一千一百五十条　继承开始后,知道被继承人死亡的继承人应当及时通知其他继承人和遗嘱执行人。继承人中无人知道被继承人死亡或者知道被继承人死亡而不能通知的,由被继承人生前所在单位或者住所地的居民委员会、村民委员会负责通知。

(三)典型案例

【案件索引】

案由:张某、田某甲等诉田某戊法定继承纠纷案

审理法院:山东省烟台市中级人民法院

案号:(2016)鲁06民终2507号

【基本案情】

上诉人(原审原告):张某

上诉人(原审原告):田某甲

上诉人(原审原告):田某乙

上诉人(原审原告):田某丙

被上诉人(原审被告):田某戊

原审原告:田某丁

田某善1990年3月12日去世,第一任妻子田李氏,已去世;第二任妻子王

某荣于2000年腊月十六去世。田某善共生有五男四女，长子田某岳已去世，有一子二女；次子田某已去世，妻子仍在世，育有一子二女；三子田某1；四子田某2已去世，有妻子即本案的原告张某，一子即本案的原告田某甲，一女即本案的原告田某乙；五子即本案的被告田某戊；长女即本案的原告田某丙；次女田某莲；三女即本案的原告田某丁；四女田某娥现已去世，丈夫高某云，二子高某志、高某喜。

【一审法院判决】

一审法院认为，继承诉讼为必要共同诉讼。《民事诉讼法》(2017年)第132条①规定：必须共同进行诉讼的当事人没有参加诉讼的，法院应当通知其参加诉讼。《民事诉讼法解释》第73条规定，必须共同进行诉讼的当事人没有参加诉讼的，法院应当依照《民事诉讼法》第132条的规定，通知其参加；当事人也可以向法院申请追加。根据五原告一致陈述，涉案遗产继承人除本案原、被告外，还有其他继承人未参加诉讼，法院为了通知其他继承人参加诉讼，要求五原告提供其他继承人的有效联系方式，但五原告在原审法院限定的期限内未能提供，导致必须共同进行诉讼的当事人未能参加诉讼，本案无法继续审理。依照《民事诉讼法》第132条之规定，裁定：驳回原告张某、田某甲、田某乙、田某丙、田某丁的起诉。

【二审法院判决】

二审法院认为，根据《继承法》(已失效)第23条②的规定，上诉人作为知道被继承人死亡的继承人，应当及时通知其他继承人，上诉人负有通知其他继承人的法定义务，故上诉人主张其不负有提供其他继承人住址、联系方式的义务于法相悖。在本案二审中，上诉人提供了继承人田某3、田某莲的联系方式，且上诉人未提供证据证明其他继承人知道被继承人死亡而无法通知。由此可见，除上诉人之外的其他继承人并不属于知道被继承人死亡而不能通知的情形，不能适用《继承法意见》(已失效)第44条③的相关规定。法院无法确定参加诉讼的当事人对涉诉遗产依法享有的份额，也不能依法对涉案房产的拆迁补偿款进行分割，本案无法继续审理。故原审法院裁定驳回上诉人的起诉，有事实和法

① 相关规定参见2021年修正的《民事诉讼法》第135条。

② 相关规定参见《民法典》第1150条。

③ 相关规定参见《民法典继承编解释(一)》第30条。

律依据,法院予以维持。上诉人的上诉主张不能成立,法院不予支持。原审裁定认定事实清楚,适用法律正确,应予维持。依据《民事诉讼法》(2017 年)第 169 条、第 170 条第 1 款第 1 项及第 175 条①之规定,裁定如下:驳回上诉,维持原裁定。

(四)律师小结

所有拥有继承权的人都有权利参与继承,而参与继承的前提就是知道该继承已经开始。如果继承人根本不知道被继承人死亡,则无法参与继承,也不能对其继承权进行处分,如放弃继承权。因此,法律明确规定了特定的人员或组织有通知继承人的义务。通过法律明确规定,要求相关人员将被继承人死亡的事实通知继承人或者遗嘱执行人,以便保护相关继承人的利益,从而确保继承的顺利进行。当被继承人有多个继承人时,被继承人死亡的事实没有被所有继承人知晓,就会导致遗产长时间处于由所有继承人共有的状态,从而权利无法被确定,有可能对遗产造成损害。需要特别注意的是,知道被继承人死亡的继承人负有通知的义务,此为法定义务,即必须通知,以保证享有继承权的权利人可以及时行使权利,并且使其权利可以得到公平的保护。上述案例中适用的《继承法》及《继承法意见》已失效,法院在之后审理案件时应根据《民法典时间效力规定》选择适用的法律。

三、遗产与夫妻共同财产、家庭共有财产混同的,该怎样进行遗产分割?

(一)律师观点

现实生活中,被继承人生前基于家庭生活需要或其他经济目的,会与配偶、家庭成员或其他社会成员产生财产共有关系。被继承人死亡后,其遗产也就与他人的财产混在一起。遗产是公民死亡时遗留的个人合法财产。家庭成员如父母一方死亡的,对其遗产的继承即告开始。但是,现实生活中父母去世的时间总有先后,兄弟姐妹直到父母均去世后才开始“分家”析产也是常有的情况。但如父亲或母亲一方先去世,长期不办理继承析产,在世一方全面接管钱财,尤其是银行存款、现金等,可能导致财产混同,在另一方也去世时,所遗留财产究竟属于哪一方,可能会引发继承纠纷。

当遗产与夫妻共同财产、家庭共有财产等财产混同时,需要先确定被继承人的

① 相关规定分别参见 2021 年修正的《民事诉讼法》第 176 条、第 177 条第 1 款第 1 项及第 182 条。

遗产的范围。遗产的确定,主要包括以下三种情形:

第一,遗产同夫妻共有财产的区分。遗产中存在夫妻共有财产的情况下,确定遗产时,须首先根据夫妻共同财产分割原则分出一半归在世的配偶所有,另外一半才能作为被继承人的遗产。属于夫或妻一方的个人财产,在夫妻一方死亡时,应当作为死者的遗产,不得作为共同财产分割后再作为遗产。

第二,遗产同家庭共有财产的区分。在确定家庭共有财产时,不能将家庭成员的个人财产当作家庭共同财产。家庭成员的个人财产主要包括:家庭成员没有投入家庭共同生活的财产;约定家庭成员个人所有的财产;基于家庭成员的赠与而获得的财产;未成年子女因继承、受赠与、知识产权所获得的财产等。这些财产都属于个人财产,当财产所有人死亡时,可以作为遗产。

第三,遗产同其他共有财产的区分。除夫妻共有财产、家庭共有财产外,还存在其他形式的财产共有,如合伙共有财产等。当合伙人之一死亡时,应当将被继承人在合伙中的财产份额分出,列入其遗产范围。被继承人在合伙财产中的份额,应当按照出资比例或者协议约定的比例进行确定。如果继承人愿意加入合伙,其他合伙人亦同意继承人加入的,不必对合伙财产进行分割,而是由继承人作为新合伙人享有合伙财产份额。

另外需要注意的是,被宣告无效或被撤销的婚姻,在当事人同居期间所得的财产亦属于共有财产。在一方死亡时,应当将生存一方的份额分出,其余为死者的遗产。

(二)法律依据

《民法典》

第一千一百五十三条 夫妻共同所有的财产,除有约定的外,遗产分割时,应当先将共同所有的财产的一半分出为配偶所有,其余的为被继承人的遗产。

遗产在家庭共有财产之中的,遗产分割时,应当先分出他人的财产。

(三)典型案例

【案件索引】

案由:韩某3、韩某4等继承纠纷案

审理法院:辽宁省沈阳市和平区人民法院

案号:(2021)辽0102民初5512号

【基本案情】

原告:韩某3

被告:韩某4

被告:韩某5

被告:韩某6

原告韩某3与被继承人高某珍共育有四子,分别为韩某4、韩某5、被告韩某6、韩某才。高某珍于2019年4月29日去世,韩某才于2020年5月3日去世,生前与配偶黄某菲育有二子,韩某1、韩某2。原告与被继承人高某珍婚姻关系存续期间,共同购买了沈阳市和平区砂平街房产(建筑面积为57.5平方米)、沈阳市于洪区房产(建筑面积为88.42平方米)。该两处房产均登记在被继承人高某珍名下。(2020)辽0102民初12414号民事判决书认定:韩某才另享有其母高某珍名下两处房产中的部分份额,其中部分属于遗产,虽韩某3、黄某菲、韩某1、韩某2放弃对韩某才遗产的继承,但韩某3、黄某菲、韩某1、韩某2应对刘某处分韩某才遗产负有相应的协助义务。

【法院判决】

法院认为:根据《民法典》第1123条的规定,继承开始后,按照法定继承办理;有遗嘱的,按照遗嘱继承或者遗赠办理;有遗赠扶养协议的,按照协议办理。本案中,被继承人高某珍未立遗嘱,本案应按法定继承办理。根据《民法典》第1153条规定,夫妻共同所有的财产,除有约定的外,遗产分割时,应当先将共同所有的财产的一半分出为配偶所有,其余的为被继承人的遗产。本案中,沈阳市和平区房产、沈阳市于洪区房产是原告与被继承人高某珍婚姻关系存续期间共同购买,系夫妻共同财产,故应当先将共同所有的财产的50%分出为原告所有。

根据《民法典》第1130条第1款的规定,同一顺序继承人继承遗产的份额,一般应当均等。原告韩某3与被告韩某4、韩某5、韩某6及韩某才均为第一顺序继承人,应平均分配被继承人高某珍的遗产。被继承人高某珍生前对两处房产所享有的50%份额,应平均分配。故原告韩某3共享有两处房产的60%份额,韩某4、韩某5、韩某6及韩某才分别享有两处房产的10%份额。根据《民法典》第1152条的规定,继承开始后,继承人于遗产分割前死亡,并没有放弃继承的,该继承人应当继承的遗产转给其继承人,但是遗嘱另有安排的除外。第1124条规定,继承开始后,继承人放弃继承的,应当在遗产处理前,以书面形式作出放弃继承的表示;没有表示的,视为接受继承。根据(2020)辽0102民初12414号民事判决书,韩某3、韩某1、韩某2、黄某菲已放弃对韩某才遗产的继承。故对韩某才应继承的10%份额不再享有权利。

综上所述，根据《民法典》第 1124 条、第 1130 条、第 1152 条、第 1153 条、第 1161 条，《民事诉讼法》第 64 条、第 253 条①之规定，判决如下：

1. 登记在高某珍名下位于沈阳市和平区房产（建筑面积为 57.5 平方米），由原告韩某 3 享有 60% 份额，被告韩某 4、被告韩某 6、被告韩某生、韩某才（已故）各自享有 10% 份额。

2. 登记在高某珍名下位于沈阳市于洪区房产（建筑面积为 88.42 平方米），由原告韩某 3 享有 60% 份额，被告韩某 4、被告韩某 6、被告韩某生、韩某才（已故）各自享有 10% 份额。

3. 驳回原告、被告其他诉讼请求。

（四）律师小结

实践中，出于各种目的和需求，某一公民可能会与他人、家庭其他成员建立财产共有关系，在该公民死亡之后如果不进行析产，就没有办法确定遗产的范围。只有在共有财产中把配偶一方、其他家庭成员以及其他共有人的财产分割出来，才能确定遗产的范围，将遗产与他人的财产区分开，才能保证遗产分割的正确性，保护继承人和其他财产所有人的合法权益。因此，司法实践中，在财产共有关系消灭之后，必须先进行析产确定遗产的范围，才能发生继承，析产在继承中是非常重要的一步。

四、有遗嘱的情况下，遗产还能按照法定继承处理吗？

（一）律师观点

根据《民法典》的规定，我国遗产继承的方式包括法定继承、遗嘱继承、遗赠、遗赠扶养协议四种，其中，遗赠扶养协议效力最高，其次是遗嘱继承和遗赠，法定继承效力最低。法定继承作为遗嘱继承的补充，是基于一定身份关系确定的，法定继承人中有关继承人、继承顺序以及遗产分配的原则由法律直接规定，具有强制性。根据《民法典》第 1154 条的规定，在遗嘱继承过程中，出现某些特定情形时，遗嘱继承涉及的遗产不按照遗嘱继承而按法定继承办理。对此，法律规定了五种对遗嘱继承涉及的特定遗产按照法定的继承办理的情况。

---

① 相关规定分别参见 2021 年修正的《民事诉讼法》第 67 条、第 260 条。

第一,遗嘱继承人放弃继承或者受遗赠人放弃受遗赠。放弃继承或放弃受遗赠都是单方的民事法律行为,当事人无须他人同意即可作出放弃继承或接受遗赠的单方意思表示,同时该单方法律行为一旦成立就发生继承权或受遗赠权消灭的效果,放弃受遗赠的人依法不得对自己的行为进行变更或者撤销,放弃继承的人除有正当事由外也不得反悔。在遗嘱继承人放弃继承遗产或受遗赠人放弃受遗赠的情形下,所涉及的遗产按法定继承的有关规定处理,即不再按照遗嘱继承或遗赠方式办理。

第二,遗嘱继承人丧失继承权或者受遗赠人丧失受遗赠权。继承权的丧失,是指依照法律规定,在发生任一法定事由时取消继承人继承被继承人遗产的资格,受遗赠人丧失受遗赠权适用丧失继承权的规定。《民法典》第1125条规定了五种法定事由,分别是:故意杀害被继承人;为争夺遗产而杀害其他继承人;遗弃被继承人,或者虐待被继承人情节严重;伪造、篡改、隐匿或者销毁遗嘱,情节严重;以欺诈、胁迫手段迫使或者妨碍被继承人设立、变更或者撤回遗嘱,情节严重。继承人有后三种行为,确有悔改表现,被继承人表示宽恕或者事后在遗嘱中将其列为继承人的,该继承人不丧失继承权,仍应按照遗嘱继承办理。

第三,遗嘱继承人、受遗赠人先于遗嘱人死亡或者终止。继承从被继承人死亡开始,只有在继承开始之时尚处于生存状态的自然人,才具有继承能力,才能成为继承人或受遗赠人,遗嘱继承人、受遗赠人只有在遗嘱人死亡后才开始享有继承遗产的权利。遗嘱继承人、受遗赠人先于遗嘱人死亡的情况下,接受遗嘱继承的财产的遗嘱继承人、受遗赠人已不存在,其已不具备继承或受遗赠的能力,即遗嘱人与遗嘱继承人或受遗赠人之间的法律关系已不存在,此时,遗嘱所涉的遗产应按照法定继承的方式来处理。需要注意的是,法定继承中,被继承人子女的直系晚辈血亲或兄弟姐妹的子女可以代位继承;而在遗嘱继承中,遗嘱继承人、受遗赠人的子女不存在代位继承的问题,此种情况下,遗嘱继承人、受遗赠人先于被继承人死亡的,遗嘱中确定由其继承、受赠的财产部分应适用法定继承。

第四,遗嘱无效部分所涉及的遗产。合法有效的遗嘱是适用遗嘱继承的前提,无效遗嘱属于根本没有发生法律效力的遗嘱。《民法典》第1138条和第1143条规定了遗嘱无效的情形,出现上述法律规定的遗嘱无效的情形时,遗嘱所涉的遗产应按照法定继承办理。当然,遗嘱无效分为部分无效和全部无效,例如,被篡改的遗嘱,只有被篡改的内容无效。如果遗嘱部分无效,只有无效部分涉及的财产按照法定继承来办理;如果遗嘱全部无效,遗产所涉及的全部财产均按照法定继承来办理。

第五,遗嘱未处分的遗产。遗嘱未处分的遗产就是遗嘱中未涉及的遗产,包括两种情形:(1)被继承人生前未立遗嘱,其全部遗产应适用法定继承;(2)遗嘱人以遗嘱方式处分了部分遗产,对于其未处分的遗产部分,遗嘱继承人没有权利继承,这部分遗产应按照法定继承的方式来处理。此处指的是第二种情形。

(二)法律依据

《民法典》

第一千一百二十三条 继承开始后,按照法定继承办理;有遗嘱的,按照遗嘱继承或者遗赠办理;有遗赠扶养协议的,按照协议办理。

第一千一百二十四条 继承开始后,继承人放弃继承的,应当在遗产处理前,以书面形式作出放弃继承的表示;没有表示的,视为接受继承。

受遗赠人应当在知道受遗赠后六十日内,作出接受或者放弃受遗赠的表示;到期没有表示的,视为放弃受遗赠。

第一千一百二十五条 继承人有下列行为之一的,丧失继承权:

(一)故意杀害被继承人;

(二)为争夺遗产而杀害其他继承人;

(三)遗弃被继承人,或者虐待被继承人情节严重;

(四)伪造、篡改、隐匿或者销毁遗嘱,情节严重;

(五)以欺诈、胁迫手段迫使或者妨碍被继承人设立、变更或者撤回遗嘱,情节严重。

继承人有前款第三项至第五项行为,确有悔改表现,被继承人表示宽恕或者事后在遗嘱中将其列为继承人的,该继承人不丧失继承权。

第一千一百三十八条 遗嘱人在危急情况下,可以立口头遗嘱。口头遗嘱应当有两个以上见证人在场见证。危急情况消除后,遗嘱人能够以书面或者录音录像形式立遗嘱的,所立的口头遗嘱无效。

第一千一百四十三条 无民事行为能力人或者限制民事行为能力人所立的遗嘱无效。

遗嘱必须表示遗嘱人的真实意思,受欺诈、胁迫所立的遗嘱无效。

伪造的遗嘱无效。

遗嘱被篡改的,篡改的内容无效。

第一千一百五十四条 有下列情形之一的,遗产中的有关部分按照法定继承办理:

(一)遗嘱继承人放弃继承或者受遗赠人放弃受遗赠;

(二)遗嘱继承人丧失继承权或者受遗赠人丧失受遗赠权;

（三）遗嘱继承人、受遗赠人先于遗嘱人死亡或者终止；

（四）遗嘱无效部分所涉及的遗产；

（五）遗嘱未处分的遗产。

（三）典型案例

【案件索引】

案由：吴某2、付某、吴某1遗嘱继承纠纷案

审理法院：山东省滨州市无棣县人民法院

案号：（2020）鲁1623民初3327号

【基本案情】

原告：吴某2

被告：付某

被告：吴某1

吴某功与杨某焕系夫妻关系，仅生育一女，即原告吴某2。2014年8月14日，杨某焕死亡。吴某功与被告付某登记结婚，二人均系再婚，被告付某与前夫之子毛某元随被告付某与吴某功一起生活，并改名为吴某1，即本案另一被告，当时年龄不满10周岁。2020年7月29日，吴某功死亡。吴某功的父母均先于其死亡。

2014年9月9日，吴某功书写遗嘱一份，指定其个人所有的财产：位于无棣县××小区某房屋及无棣县老汽车站南50米的平房5间在其死后由女儿吴某2继承。在庭审过程中，被告付某对遗嘱提出异议，称并非吴某功书写。经原告吴某2申请，法院依法委托烟台富运司法鉴定中心对遗嘱是否为吴某功本人书写进行了司法鉴定，鉴定意见为：除“活着当笑话，事后他就是证明”外，其余内容均为吴某功书写。吴某功与被告付某夫妻关系存续期间购置鲁M6××号江淮牌汽车一辆（原告、被告在庭审中协商现价值9000元），现在被告付某处；吴某功死亡时，留有银行存款44,785元，由原告吴某2从银行提取占有。

【法院判决】

法院认为，吴某功死亡后，继承开始。原告吴某2与被告付某系吴某功的第一顺序法定继承人，有权利继承吴某功的遗产。被告吴某1在未满10周岁时就因母亲付某与吴某功再婚，随母亲付某一起与吴某功生活，吴某功对其进行了抚养教育，与吴某功形成了有抚养关系的继父母子女关系，故其也应与亲生子女享有同等的继承权，作为吴某功的第一顺序法定继承人参与继承。吴某

功生前所立遗嘱，符合自书遗嘱的法定条件，法院予以确认，但吴某功死亡时，被告吴某1年仅15周岁，尚缺乏劳动能力也没有生活来源，因此吴某功所立遗嘱未为其保留必要的遗产份额，应当属于部分无效，法院结合被告吴某1与吴某功共同生活的时间、被告吴某1现在的年龄、遗嘱遗产价值等因素，酌定从遗嘱财产中为其保留20,000元的份额，其余遗嘱中的遗产由原告吴某2继承。鲁M6××号江淮牌汽车、银行存款44,785元系被告付某与吴某功的婚后共同财产，应先分割一半份额给被告付某，剩余另一半份额由原、被告各按1/3比例进行分割，即汽车辆和存款由原告吴某2继承，原告吴某2给付被告付某应得份额35,857元，被告吴某1应得8964元。

综上所述，依照《民法典》第1121条、第1122条、第1123条、第1127条、第1130条、第1133条、第1141条、第1153条、第1154条之规定，判决如下：

1. 吴某功的遗产：位于无棣县××小区某房屋及无棣县老汽车站南50米的平房5间，由原告吴某2继承，原告吴某2给付被告吴某1应预留份额20,000元。

2. 吴某功与被告付某的婚后共同财产：鲁M6××号江淮牌汽车一部、银行存款44,785元，归原告吴某2所有，原告吴某2给付被告付某应得份额35,857元，被告吴某1应得8964元。

（四）律师小结

法定继承是相对遗嘱继承而言的，是遗嘱继承的补充和限制。被继承人立有遗嘱且合法有效的，按照遗嘱继承或者遗赠办理，同时要注意所立遗嘱要为缺乏劳动能力且没有生活来源的继承人保留必要的遗产份额。在出现《民法典》第1154条规定的五种情形之一的，遗产中的有关部分按照法定继承办理。

五、胎儿是否享有继承权？

（一）律师观点

胎儿即遗腹子，是指被继承人死亡时，他的妻子正怀孕的尚未出生的子女。胎儿能否继承遗产，涉及对其继承能力的判定，对于胎儿是否具有继承能力的问题，存在不同的观点。有的认为胎儿不具备继承能力，但法律可以采取一定措施保护胎儿出生后的合法权益；有的认为胎儿在继承开始时可以视为有继承能力，若出生时为死体的，视为自始不存在继承能力。我国法律规定，自然人的民事权利能力始于出生，终于死亡。尽管胎儿不具有继承能力，但是法律赋予其附条件的继承权。《民法典》继承编中有对胎儿应继份的规定，胎儿的应继份，是指对继承开始时存在于母体中的胎儿，在遗产分割时应当为其保留其应当继承的份额。在胎儿出生后，保留份额分为三种情况进行处理：

第一种情况，如果胎儿出生时是活体，这时保留的份额由该婴儿所有，一般由其母亲代为保管。这是因为胎儿虽然还不是法律意义上的"人"，不具备民事行为主体资格，然而却是生命孕育阶段，为其预留份额体现了法律的公平价值；

第二种情况，如果胎儿出生后不久便死亡的，这时为胎儿保留的份额仍为该婴儿所有，由婴儿的法定继承人按照法定继承进行处理；

第三种情况，如果胎儿出生时是死体，即出生时就已经死亡的，这时的胎儿不享有继承权，原先保留的遗产份额由原被继承人的继承人进行分割。

另外，如果有多胞胎，但只保留了一份继承份额，则应从继承人继承的遗产中扣回其他胎儿的应继承份额。

（二）法律依据

《民法典》

第一千一百五十五条　遗产分割时，应当保留胎儿的继承份额。胎儿娩出时是死体的，保留的份额按照法定继承办理。

《民法典继承编解释（一）》

第三十一条　应当为胎儿保留的遗产份额没有保留的，应从继承人所继承的遗产中扣回。

为胎儿保留的遗产份额，如胎儿出生后死亡的，由其继承人继承；如胎儿娩出时是死体的，由被继承人的继承人继承。

（三）典型案例

【案件索引】

案由：江某、唐某与方某法定继承纠纷案

审理法院：安徽省池州市贵池区人民法院

案号：（2018）皖1702民初2068号民

【基本案情】

原告：江某

原告:唐某

被告:方某

被继承人江某1于2018年8月17日意外死亡,遗留下位于贵池区房产一处,该房产系江某1与唐某的夫妻共同财产。江某1的家庭成员包括妻子唐某、儿子江某,即本案二原告,母亲方某,即本案被告。唐某在江某1去世前已怀孕,江某1死亡以后,唐某怀有身孕,孩子年幼,江某1的母亲方某未尽体恤义务,拿走了江某1的房产证、户口簿、身份证、手机。案涉房产于2012年7月4日登记在江某1名下,池字第××号房地权证载明该房产为江某1单独所有。原告认为,江某1的基金账户中有10万元,其中一半也属于唐某,另一半可按遗产进行法定继承。遂诉至法院。

【法院判决】

法院认为,本案系法定继承、分家析产纠纷。被继承人江某1去世时未留下遗嘱或遗赠抚养协议,继承开始后,应按照法定继承办理。被继承人的遗产在家庭共有财产中的,应当先将他人财产析出。原告唐某与被继承人江某1系夫妻关系,江某1去世后应先将共有财产的一半分出为配偶唐某所有。其余一半作为遗产由继承人继承。位于贵池区的房产是在唐某、江某1婚姻关系存续期间所购置的,且双方并无明确约定,即便房产权证上载明由江某1个人所有,但依照《婚姻法》(已失效)的规定,仍应认定为夫妻共同财产。被告主张该房产是由江某1父母购置并且支付首付款和按揭款的,乃是江某1父母对江某1的赠与,是江某1的个人财产,并无证据证明其主张,因此,法院对被告的答辩意见不予采纳。原告所述的其他财产都查无所得,因此遗产即为位于贵池区的房产。原告江某、唐某,被告方某均系被继承人江某1的第一顺位继承人,同时唐某怀有被继承人江某1的遗腹子,由于胎儿尚不具有民事权利主体资格,故胎儿并不具有继承权,但为了保护胎儿的权益,应当为胎儿保留其继承份额。遂作出判决如下:确认池州市贵池区房产(池字第××号房地权证,建筑面积121.46平方米),原告江某享有1/8的份额,原告唐某享有5/8的份额,被告方某享有1/8的份额,余下1/8的份额为唐某腹中胎儿保留。

(四)律师小结

胎儿是一个特殊的未来的继承权利主体,在被继承人死亡前就已存在于母体中。从继承开始以后到遗产分割完毕时,胎儿虽然没有出生,成为现实的权利继承主体,但鉴于继承权本质上是一种身份权利,胎儿作为被继承人的亲生子女,依法应享有继承权，因此，为保护胎儿的合法权益，法律为其拟制了主体资格，保留其应继承的份额，这也符合我国养老育幼的优良传统。但是，法律赋予的胎儿继承权是有附加条件的。在分割遗产时，为胎儿保留遗产份额，也就是把胎儿拟制为享有特留份额的权利人。保留的应继份额的数额，通常应理解为以能够满足该胎儿出生以后至独立生活时为止的生活必需为原则，同时也要考虑被继承人遗产的数额、其他继承人的劳动能力和生活来源等情况。如果继承人在分割遗产时没有为胎儿保留应继份额，或者为胎儿保留的遗产数额过少，则应从继承人所继承的遗产数额中，按比例扣回适当的遗产数额，必要时可以由胎儿的监护人诉诸法律，以切实保护胎儿的合法权益。

六、夫妻一方死亡，另一方再婚时需要返还已继承的遗产吗？

（一）律师观点

再婚，是指夫妻一方死亡后，另一方再与他人结婚的行为。婚姻自由，既适用于未婚男女，也适用于已婚丧偶的男女。不仅包括丈夫死亡后，妻子与他人结婚，也包括妻子死亡后，丈夫与他人再结婚的情况。

依据《民法典》的规定，夫妻一方死亡后，另一方再婚的，再婚的一方有权处分继承来的遗产，任何组织或者个人不得干涉，不得损害夫妻一方死亡后再婚配偶依法所享有的对继承财产的处分权。如有干涉者，权利人可根据《民法典》的规定主张自己的权利，维护其合法权益。当然，权利人也可以向法院提起民事诉讼，由法院依法保护其合法权益。

生存的配偶可以在继承已故配偶的遗产后带产再婚，但是在现实生活中还存在这样的情况：夫妻一方去世后，并未立即开始继承分割遗产，生存的配偶同其他继承人继续共同生活，在其再婚前，其并没有实际取得已故配偶的遗产。那么，在生存的配偶再婚后，其对已故配偶的遗产仍然享有继承权。配偶按照法定继承或遗嘱继承享有继承人的地位，并不因配偶是否再婚而改变。生存的配偶再婚前有权继承，再婚后仍然有权继承。生存的配偶对已故配偶的遗产的继承，是基于其与已故配偶生前存在婚姻关系而具有继承权，该继承权不因生存的配偶是否再婚发生变化，即只要生存的配偶与已故配偶生前保持夫妻关系，就有权以配偶的身份继承已故配偶的遗产。如果在已故配偶生前双方已离婚，双方婚姻关系终止，生存的配偶则无权以配偶身份主张继承已故配偶的遗产。

无论是丧失配偶的妻子还是丧失配偶的丈夫，均有权继承已故配偶的遗产，不因性别的差异而有所不同。当然，如果生存的配偶再婚后自愿放弃继承对已故配偶遗产的权利，法律也是允许的，尊重当事人的意思表示。但这属于在拥有对已故配偶遗产继承权的前提下对继承权的放弃，并非不享有继承权。如丧偶的妇女在改嫁前就已经明确表示放弃继承权，那么其再婚后也就无权再要求继承已故前夫的遗产。

（二）法律依据

《民法典》

第一千零四十六条 结婚应当男女双方完全自愿，禁止任何一方对另一方加以强迫，禁止任何组织或者个人加以干涉。

第一千一百五十七条 夫妻一方死亡后另一方再婚的，有权处分所继承的财产，任何组织或者个人不得干涉。

（三）典型案例

【案件索引】

案由：高某与赵某法定继承纠纷案

审理法院：四川省芦山县人民法院

案号：（2021）川1826民初82号

【基本案情】

原告：高某

被告：赵某1

被告：赵某2

原告高某系被告赵某1、赵某2的母亲，2015年10月16日原告的丈夫、二被告的父亲赵某某因病去世。赵某某去世后，原告将与赵某某共同的积蓄用于为赵某1购置房屋，该房屋现登记在被告赵某1及其妻子名下；被告赵某2出嫁由赵某1主持，并按赵某某遗言陪嫁10万元。赵某某生前与原告高某于2007年，在芦山县××乡××村修建房屋。合同编号为20××××9的土地承包经营权证书对应的地块，由原告高某与赵某某生前共同经营，现部分林木已可采伐；2020年11月24日，原告高某办理了该地块相应林木的采伐许可证，后原告在组织人工进行采伐作业过程中，与被告赵某1发生纷争，双方未能协商解决。原告于2021年1月22日诉来法院，提出本案诉讼请求。

【法院判决】

法院认为,遗产是自然人死亡时遗留的合法财产,包括自然人的收入、房屋、储蓄及其他合法财产。本案位于芦山县××乡××村的一楼一底四间房屋,为原告高某与赵某某于婚姻关系存续期间修建取得;位于合同编号为20××××9土地承包经营权证书对应地块的林木,为原告高某与赵某某于婚姻关系存续期间经营取得;该两处财产系高某与赵某某的夫妻共同财产。根据《民法典》第1153条第1款的规定,夫妻共同所有的财产,除有约定的以外,遗产分割时,应当先将共同所有的财产的一半分出为配偶所有,其余的为被继承人的遗产,法院结合案件事实确认上述两财产的一半为赵某某的遗产。而根据《民法典》第1127条及第1130条的规定,原告高某,被告赵某1、赵某2三人系本案被继承人赵某某的第一顺序继承人,三人可均等分得赵某某的遗产。法院因此确认原告高某享有所请求两处财产2/3的份额,被告赵某1、赵某2享有1/6的份额。赵某1主张其参与涉案林木经营,但未提供足以证明该事实主张的证据,法院对其与父母一起构成共有人的意见不予采纳。另《民法典》第1157条规定,夫妻一方死亡后另一方再婚的,有权处分所继承的财产,任何组织或者个人不得干涉。

据此,依照《民法典》第157条、第1122条、第1127条、第1130条、第1153条第1款《民事诉讼法》(2017年)第13条、第64条第1款①之规定,判决如下:

1. 原告高某对位于芦山县××乡××村的四间房屋享有2/3的份额,被告赵某1、赵某2各自享有1/6的份额。

2. 原告高某对位于芦山县××乡××村,合同编号为2080909号土地承包经营权证书对应的地块内的林木享有2/3的份额,被告赵某1、赵某2各自享有1/6的份额。

(四)律师小结

婚姻自由原则又称婚姻自主,是指婚姻当事人按照法律规定自主自愿地决定自己的婚姻问题,不受任何人的强制或干涉。婚姻自由包括结婚自由和离婚自由。夫妻一方死亡后,另一方再与他人结婚,其享有的对已故配偶遗产的继承权不受影响,任何组织或者个人不得干涉死者配偶再婚后处分其所继承的财产。

① 相关规定分别参见2021年修正的《民事诉讼法》第13条、第67条第1款。

七、什么是遗赠抚养协议?

(一)律师观点

《民法典》规定,公民可以与继承人以外的组织或个人扶养人签订遗赠扶养协议,按照协议,扶养人承担该公民生养死葬的义务,享有受遗赠的权利。遗赠扶养协议,是遗赠人与扶养人签订的、由扶养人承担遗赠人生养死葬的义务,遗赠人将自己的合法财产的一部分或全部于其死后转移给扶养人所有的协议。遗赠抚养协议作为自然人生前对其死亡后遗产的一种处置方式,是一种独具特色的遗产转移方式,是对我国民间长期存在的遗赠扶养协议实践经验的总结和肯定。

遗赠扶养协议属于合同,但其与一般的合同或遗赠有所不同,扶养人取得遗产需以履行扶养义务为前提。遗赠是单方法律行为,遗赠人设立遗嘱时,只要其作出处分自己死后财产的意思表示符合法律规定的形式和实质要件,该遗赠就发生法律效力,无须任何人的同意。即使受遗赠人拒绝接受遗赠,也并不影响该项遗赠的有效成立。

遗赠扶养协议是双务、有偿法律行为。遗赠扶养协议的双方当事人互享权利、互负义务。扶养人承担对遗赠人生养死葬的义务并享有接受遗赠财产的权利;被扶养人享有接受扶养的权利,同时负有将遗产遗赠给扶养人的义务。遗赠扶养协议的有偿性表现在扶养人接受遗赠财产,以对被扶养人进行扶养为代价。当然,这种有偿性并不需要扶养人付出的代价与取得的遗产在价值上完全一致,只要是扶养人与遗赠人的真实意思表示即可。

同时,遗赠扶养协议虽为双务的法律行为,但双方履行义务的时间并不相同。自遗赠扶养协议订立之日起,被扶养人即可要求扶养人履行义务;而在被扶养人死亡之前,扶养人不得要求被扶养人履行转移其财产的义务。虽然双方履行义务的时间不一致,但这不影响遗赠扶养协议的性质,遗赠扶养协议仍是自双方意思表示一致时即成立生效,仍属于诺成性法律行为。

(二)法律依据

《民法典》

第一千一百二十三条　继承开始后,按照法定继承办理;有遗嘱的,按照遗嘱继承或者遗赠办理;有遗赠扶养协议的,按照协议办理。

第一千一百四十四条　遗嘱继承或者遗赠附有义务的,继承人或者受遗赠人应当履行义务。没有正当理由不履行义务的,经利害关系人或者有关组织请求,人民法院可以取消其接受附义务部分遗产的权利。

第一千一百五十八条　自然人可以与继承人以外的组织或者个人签订遗赠扶养协议。按照协议,该组织或者个人承担该自然人生养死葬的义务,享有受遗赠的权利。

《民法典继承编解释(一)》

第三条　被继承人生前与他人订有遗赠扶养协议,同时又立有遗嘱的,继承开始后,如果遗赠扶养协议与遗嘱没有抵触,遗产分别按协议和遗嘱处理;如果有抵触,按协议处理,与协议抵触的遗嘱全部或者部分无效。

第四十条　继承人以外的组织或者个人与自然人签订遗赠扶养协议后,无正当理由不履行,导致协议解除的,不能享有受遗赠的权利,其支付的供养费用一般不予补偿;遗赠人无正当理由不履行,导致协议解除的,则应当偿还继承人以外的组织或者个人已支付的供养费用。

(三)典型案例

【案件索引】

案由:刘某与张某遗赠扶养协议纠纷案

审理法院:河北省涉县人民法院

案号:(2021)冀0426民初1777号

【基本案情】

原告:刘某

被告:张某

原告刘某与被告张某于2011年1月23日订立遗赠抚养协议,约定:"1.张某从立继单之日起姓氏必须改为姓刘(包括子孙后代);2.张某必须善待老人(包括子孙),并确保原告吃饱穿暖,居住舒适,过一个正常人的生活,老人如果有病张某必须负责治疗护理,支付一切经济费用,直到养老送终……"双方在履行协议过程中,因赡养费给付等问题产生矛盾,原告刘某于2017年5月2日诉至法院,法院于2017年5月27日作出(2017)冀0426民初1033号民事判决:被告张某在判决生效后给付原告刘某赡养费每月350元(自2017年5月2日起于每月10日前履行)。判决后,被告张某基本履行了给付赡养费义务,也在原告刘某因病住院时支付了医疗费,并对原告刘某进行了护理。后原告刘某起诉,要求解除与被告张某签订的遗赠抚养协议。

【法院判决】

法院认为,合法的协议应受法律保护。原告刘某与被告张某签订遗赠抚养协议,并约定相关权利义务,系双方真实意思表示,且不违反法律规定,双方均应按照协议约定全面履行各自义务。双方虽曾产生矛盾,但被告张某基本能够按照协议及法院判决履行赡养义务。因此,综合考虑原告刘某的年龄、身体状况等因素,双方继续履行遗赠抚养协议比较妥当。故原告刘某要求解除与被告张某签订的遗赠抚养协议的请求,法院不予支持。综上所述,依照《民法典》第1158条的规定,判决如下:驳回原告刘某的诉讼请求。

(四)律师小结

遗赠扶养协议一经签订,双方应当遵守该协议的各项约定。扶养人应当按照约定履行扶养义务,具体的扶养标准在有约定的情况下按协议约定确定,协议未约定的,应当不低于当地的最低生活水平。鉴于遗赠扶养协议的特殊性,扶养人的扶养义务应是继续性的,不得在被扶养人死亡前中断履行扶养义务。除扶养义务外,扶养人还应按照协议的约定完成被扶养人的丧葬事宜。

八、解除遗赠扶养协议的,扶养人能要回已支出的供养费用吗?

(一)律师观点

遗赠扶养协议实质上同由遗赠人和扶养人签订的合同,在该协议中双方对各自的权利和义务作出相应约定,双方有义务遵守协议中约定的事项,同时其权利也受到法律的保护。尽管遗赠扶养协议的双方不具有协议的任意解除权,但遗赠扶养协议在一定的情形下是可以解除的。遗赠扶养协议的解除分为两种情况:

第一,双方协商一致同意,可以将遗赠扶养协议解除。如果遗赠扶养协议当事人一方的情况发生变化,包括遗赠人另有亲属扶养或扶养人丧失扶养能力,一方当事人有正当理由,可以要求双方协商解除协议,同时双方若对供养费用有约定的则按照双方的约定,尊重当事人的意思自治。无法达成一致意见的,如系遗赠人提出解除协议,遗赠人应对扶养人已尽的义务在经济上给予适当补偿;如系扶养人提出解除协议,遗赠人一般不给予扶养人经济补偿。

第二,遗赠扶养协议中的一方无正当理由不履行,导致协议解除。扶养人或集体组织与公民订有遗赠扶养协议,扶养人或集体组织无正当理由不履行,导致协议解除的，不能享有受遗赠的权利，其支付的供养费一般不予补偿。遗赠人无正当理由不履行，导致协议解除的，则应当偿还扶养人或集体组织已支付的供养费用。

（二）法律依据

《民法典》

第五百零九条　当事人应当按照约定全面履行自己的义务。

第五百六十六条　合同解除后，尚未履行的，终止履行；已经履行的，根据履行情况和合同性质，当事人可以请求恢复原状或者采取其他补救措施，并有权请求赔偿损失。

合同因违约解除的，解除权人可以请求违约方承担违约责任，但是当事人另有约定的除外。

第一千一百五十八条　自然人可以与继承人以外的组织或者个人签订遗赠扶养协议。按照协议，该组织或者个人承担该自然人生养死葬的义务，享有受遗赠的权利。

《民法典继承编解释（一）》

第四十条　继承人以外的组织或者个人与自然人签订遗赠扶养协议后，无正当理由不履行，导致协议解除的，不能享有受遗赠的权利，其支付的供养费用一般不予补偿；遗赠人无正当理由不履行，导致协议解除的，则应当偿还继承人以外的组织或者个人已支付的供养费用。

（三）典型案例

【案件索引】

案由：刘某与黄某变更赡养关系纠纷案

审理法院：北京市顺义区人民法院

案号：（2021）京0113民初7131号

【基本案情】

原告：刘某

被告：黄某

第三人：赵某

原告刘某系本案第三人赵某之女。被告黄某与赵某于2011年11月8日登记结婚，均为再婚，双方再婚后未生育子女。后双方于2019年12月经（2019）京0113民初26404号民事判决书判决准予离婚。该民事判决书已生效。涉诉宅院位于北京市顺义区××镇××村××路××号,院内有北正房4间、西厢房4间。2013年5月29日,刘某与黄某签订《赡养协议》。同年,由刘某出资将涉诉宅院房屋翻建成现在宅院房屋情况。2020年2月,刘某将黄某与赵某作为被告诉至法院,要求确认涉诉正房4间、西厢房4间均归刘某所有。后法院于2020年6月3日作出(2020)京0113民初3747号民事判决书,判决驳回刘某的全部诉讼请求。2020年10月,刘某、赵某将黄某诉至法院,要求分割房屋获得所有权。法院于2020年12月11日作出民事判决:(1)位于北京市顺义区××号宅院内4间北房中东数2间归被告黄某所有,西数2间归原告赵某所有;4间西厢房中北数第一间归被告黄某所有,北数第二间归原告赵某所有,北数第三间厨房、第四间卫生间由双方共同使用;(2)驳回原告刘某、赵某其他诉讼请求。上述民事判决书现均已生效。后刘某再次诉至法院,要求处理。

【法院判决】

法院认为,继承人以外的组织或者个人与自然人签订遗赠扶养协议后,无正当理由不履行,导致协议解除的,不能享有受遗赠的权利,其支付的供养费用一般不予补偿;遗赠人无正当理由不履行,导致协议解除的,则应当偿还继承人以外的组织或者个人已支付的供养费用。

根据本案查明事实,刘某与黄某签订的《赡养协议》其实质为遗赠扶养协议。同时,根据黄某另与他人签订赡养协议的行为,法院认定是黄某的原因导致协议解除,故黄某应当偿还已支付的费用,此费用包括原告建房出资、为黄某垫付的医疗费、给黄某的生活费。原告主张的上述费用金额过高,偏离市场价格,且依据不足,其合理数额由法院酌定。对原告主张的利息一项,于法无据,法院不予支持。据此,依照《民法典继承编解释(一)》第40条,《民事诉讼法解释》第90条、第91条之规定,判决如下:(1)被告黄某于本判决生效之日起7日内给付原告刘某建房出资、赡养费、医疗费各项费用共计127,532.97元;(2)驳回原告刘某的其他诉讼请求。

(四)律师小结

遗赠扶养协议是一种平等有偿的民事法律关系。随着我国老年人人口比重的不断上升,养老也形成一个产业链,有专门的机构和组织作为扶养人与遗赠人签订遗赠扶养协议,其商业性凸显。尽管如此,出于扶养的情感因素考虑,仍应将遗赠扶养协议作为民事合同。遗赠扶养协议虽然是一种合同,但也不是一种纯粹的交易,与商事合同存在差异。遗赠扶养协议一经签订,双方均应遵守协议内容,不得随意解除协议，虽然该协议是有偿的，但扶养人付出的义务并不会必然小于或等于遗赠人所约定给付的遗产，因为扶养义务并不仅仅是物质供养，精神支持与陪伴等也可以作为扶养人履行扶养义务的方式。因此，律师建议在签订遗赠扶养协议时要注意在协议中明确约定具体的遗赠财产的内容和扶养的内容，避免将来发生争议。

九、无人继承又无人受遗赠的遗产，如何处理？

（一）律师观点

无人继承又无人受遗赠的遗产，即无人承受的遗产，是指继承开始后，没有继承人或受遗赠人承受的死者的财产。无人承受的遗产主要包括以下三种情形：一是没有法定继承人、遗嘱继承人或受遗赠人的遗产；二是虽有法定继承人、遗嘱继承人，但均放弃继承或丧失继承权的遗产；三是虽有受遗赠人但放弃接受遗赠或丧失受遗赠权的遗产。根据《民法典》的规定，我国根据死者的身份来确定无人承受遗产的归属。如果死者生前是集体所有制组织成员，包括城镇集体所有制单位的职工、农村集体所有制单位的职工、村民，其无人承受的遗产归死者生前所在的集体所有制组织所有；其他身份的自然人死亡后，其无人承受的遗产归国家所有。

取得无人承受遗产的国家或集体所有制组织，也应当在取得遗产的实际价值范围内负责清偿死者生前所欠的债务，清偿债务后，国家或集体所有制组织才能取得剩余部分的遗产。无人继承又无人受遗赠的遗产在清偿税款和债务后，归属国家或集体所有制组织以前，对于继承人以外的依靠被继承人扶养的人，或者继承人以外的对被继承人扶养较多的人，可以分配给他们适当的遗产。在清偿债务并分配给继承人以外的依靠被继承人扶养的人，或者分配给继承人以外的对被继承人扶养较多的人适当遗产后，剩余遗产收归国家或集体所有制组织所有。

根据《民法典》第1145条的规定，在继承开始后，如有无继承人、受遗赠人不明情形时，应当确定由死者生前住所地的民政部门或者村民委员会担任遗产管理人。遗产管理人按照《民法典》的规定履行职责，在有无继承人、受遗赠人不明的情况下，应清理遗产并制作遗产清单，采取必要措施防止遗产毁损，处理被继承人的债权债务，实施与管理遗产有关的其他必要行为。因此，上述清偿债务和税款以及分配给法律规定的继承人以外的人的行为，可由遗产管理人来具体实施。

(二)法律依据

《民法典》

第一千一百三十一条 对继承人以外的依靠被继承人扶养的人,或者继承人以外的对被继承人扶养较多的人,可以分给适当的遗产。

第一千一百四十五条 继承开始后,遗嘱执行人为遗产管理人;没有遗嘱执行人的,继承人应当及时推选遗产管理人;继承人未推选的,由继承人共同担任遗产管理人;没有继承人或者继承人均放弃继承的,由被继承人生前住所地的民政部门或者村民委员会担任遗产管理人。

第一千一百五十九条 分割遗产,应当清偿被继承人依法应当缴纳的税款和债务;但是,应当为缺乏劳动能力又没有生活来源的继承人保留必要的遗产。

第一千一百六十条 无人继承又无人受遗赠的遗产,归国家所有,用于公益事业;死者生前是集体所有制组织成员的,归所在集体所有制组织所有。

《民法典继承编解释(一)》

第四十一条 遗产因无人继承又无人受遗赠归国家或者集体所有制组织所有时,按照民法典第一千一百三十一条规定可以分给适当遗产的人提出取得遗产的诉讼请求,人民法院应当视情况适当分给遗产。

(三)典型案例

【案件索引】

案由:夏津县苏留庄镇小石堂村民委员会申请认定财产无主特别程序案

审理法院:山东省夏津县人民法院

案号:(2020)鲁1427民特2号

【基本案情】

申请人:夏津县苏留庄镇小石堂村民委员会

夏津县苏留庄镇小石堂村民委员会村民石某亮系孤寡老人,生前生活一直由村委会和敬老院负责照顾。其去世后没有遗产继承人,石某亮个人在山东夏津农村商业银行股份有限公司的存款本金112,000元(其中在山东夏津农村商业银行股份有限公司苏留庄支行存单一张存款本金88,000元、苏留庄支行分理处下存单两张共计存款本金24,000元)及其利息无人继承,申请人夏津县苏留庄镇小石堂村民委员会向法院提交有石某亮的身份证复印件、逝世证明、石某亮在山东夏津农村商业银行股份有限公司存单复印件以及其生前生活状况等证据，申请法院依法认定石某亮在山东夏津农村商业银行股份有限公司的存款200,783.86元为无主财产，并依法判决此款归申请人所有。法院于2020年4月8日在人民法院网以电子公告方式发出认领上述财产的公告，法定公告期间为一年，现已届满，上述财产无人认领。

【法院判决】

法院认为，无人继承又无人受遗赠的遗产，归国家所有，用于公益事业；死者生前是集体所有制组织成员的，归所在集体所有制组织所有。法院受理认定财产无主申请后，经审查核实，发出财产认领公告满一年无人认领的，判决认定财产无主，收归国家或者集体所有。本案石某亮生前是申请人夏津县苏留庄镇小石堂村民委员会成员，其生前名下财产（存款本金112,000元及利息）无人继承又无人受遗赠，根据以上法律规定，该财产应归其生前所在的村集体即夏津县苏留庄镇小石堂村民委员会所有。

依照《民法典》第1160条及《民事诉讼法》（2017年）第192条①的规定，判决如下：石某亮在山东夏津农村商业银行股份有限公司的存款本金112,000元（其中在山东夏津农村商业银行股份有限公司苏留庄支行一张存单存款本金88,000元、苏留庄支行分理处下两张存单共计存款本金24,000元）及相应利息为无主财产，归申请人夏津县苏留庄镇小石堂村民委员会所有。

（四）律师小结

一般情况下，财产由财产所有权人占有、使用、收益、处分，但是，在特殊情况下，财产有可能与主体相脱离而成为无主财产。这种情形下，通过立法确定将无主财产归于国家或集体所有制组织，有助于对该财产的管理和保护，做到物尽其用，更好地发挥财产的效用。同时法律明确规定，将归国家所有的无人承受的遗产用于公益事业，为困难的社会群体和个人提供帮助，为教育、科学、文化、卫生、体育事业，以及环境保护、社会公共设施建设等涉及公共利益的领域提供支持，有利于促进社会发展和进步，维护社会生产和生活的稳定。

① 相关规定参见2021年修正的《民事诉讼法》第199条。

十、法定继承人、遗嘱继承人、受遗赠人同时存在,由谁来清偿被继承人的债务?

(一)律师观点

基于"限定继承"原则,法律规定在分割遗产前应当首先清偿被继承人依法应当缴纳的税款和债务。分割遗产,应当清偿被继承人依法应当缴纳的税款和债务;执行遗赠同样不得妨碍清偿遗赠人依法应当缴纳的税款和债务。在遗产已被分割而尚未清偿遗产债务的情况下,如果在同一继承关系中既有法定继承又有遗嘱继承和遗赠的,从保护债权人利益的角度出发,同时考虑各种继承方式的法律效力,清偿被继承人的债务应当遵循以下顺序:先由法定继承人在其实际继承遗产价值的范围内清偿被继承人依法应当缴纳的税款和债务;如其继承的遗产实际价值不足以清偿被继承人的全部债务,剩余的债务则由遗嘱继承人和受遗赠人按比例用所得遗产清偿。

对于被继承人的债务,法律确定"先法定继承人,后遗嘱继承人和受遗赠人"的清偿责任顺序,体现了"遗嘱继承和遗赠优先于法定继承"的原则,法定继承人并非基于被继承人的意思取得遗产,而是由于其与被继承人存在一定的身份关系并基于法律的规定而取得遗产继承权,故其应首先承担清偿被继承人债务的责任。其后再由遗嘱继承人和受赠人按照比例承担相应的清偿责任。这一安排既贯彻了民法意思自治的原则,充分保护被继承人遗嘱自由和自由处分自己财产的权利,同时,亦是对遗嘱继承人和受遗赠人按照遗嘱取得遗产的权利的尊重和保护。

(二)法律依据

《民法典》

第一千一百五十九条 分割遗产,应当清偿被继承人依法应当缴纳的税款和债务;但是,应当为缺乏劳动能力又没有生活来源的继承人保留必要的遗产。

第一千一百六十二条 执行遗赠不得妨碍清偿遗赠人依法应当缴纳的税款和债务。

第一千一百六十三条 既有法定继承又有遗嘱继承、遗赠的,由法定继承人清偿被继承人依法应当缴纳的税款和债务;超过法定继承遗产实际价值部分,由遗嘱继承人和受遗赠人按比例以所得遗产清偿。

（三）典型案例

【案件索引】

案由：蔺某涛与薛某、王某1不当得利纠纷案

审理法院：山东省青州市人民法院

案号：(2021)鲁0781民初1517号

【基本案情】

原告：蔺某涛

被告：薛某

被告：王某1、

被告：王某2、

被告：钟某珍

王某超，男，青州市××街道××社区居民，系被告薛某之夫，被告王某1、王某2之父，被告钟某珍之子。

2020年年初，原告蔺某涛欲租赁青州市××都街道××里社区建设的二手车市场营业房，王某超因与原告相识，声称可以帮助原告租房。4月26日，原告交付王某超20,000元作为租房预付款，王某超出具收到条一份，内容为："今收到蔺某涛预交任七新二手车市场租赁房两间（每间一万元），共计贰万元现金正。此款应由××村财务收取，王某超做为转交。等房屋达到蔺某涛租用条件时，应全部退还。特此证明　王某超　2020.4.26"。2020年11月14日，王某超因病死亡。原告因未能租赁上述房屋，遂于11月18日到青州市××都街道××里社区居民委员会询问预付款下落，被告知该社区未收到王某超转交的上述预付款，并出具证明一份，内容为："兹证明××街道××社区居民委员会从未收到2020年4月26日发生的王某超代收蔺某涛预交任七新二手车市场租赁两间共计贰万元整，也不知道该事情发生的前因后果。青州市××都街道××里社区居民委员会（章）　2020年11月18日"。为此，原告提起本案诉讼。

王某超死亡后，第一顺序继承人有配偶薛某，女儿王某1、王某2，母亲钟某珍。王某超生前与被告薛某的共同财产有大众牌高尔夫汽车一辆、奥迪牌A6汽车一辆、位于青州市房产一套（青房权证益都字第××号）。王某超死亡后，上述汽车二辆已由被告薛某出卖；其余遗产尚未开始继承。在本案审理过程中，被告薛某、王某1、王某2、钟某珍均表示不放弃继承。

【法院判决】

法院认为,《民法典》第 1163 条规定,“既有法定继承又有遗嘱继承、遗赠的,由法定继承人清偿被继承人依法应当缴纳的税款和债务;超过法定继承遗产实际价值部分,由遗嘱继承人和受遗赠人按比例以所得遗产清偿。”根据上述规定,被继承人死亡后,无论发生法定继承、遗嘱继承或遗赠,均应首先清偿被继承人生前所欠税款和债务。一般而言,此处的债务包括合同之债、侵权损害赔偿之债、不当得利之债、无因管理之债及其他债务。本案中,王某超死亡后留有遗产,被告薛某、王某 1、王某 2、钟某珍作为第一顺序继承人均明确表示不放弃继承,应当视为接受继承,并应据此在继承遗产价值范围内对王某超生前所负债务承担清偿责任。

本案双方当事人的主要争议是:王某超收取原告蔺某涛交付的租房预付款 20,000 元是否构成不当得利。《民法典》第 985 条规定,“得利人没有法律根据取得不当利益的,受损失的人可以请求得利人返还取得的利益”。根据上述规定,民法上的不当得利,是指没有合法根据,在他人利益受损的基础上获得利益。不当得利作为一项独立的法律制度,具有严格的构成要件,即一方获得财产利益、另一方受有损失、获益与受损之间有因果关系、无合法根据。本案中,王某超对青州市××都街道××里社区建设的新二手车市场营业房无处分权,其与原告也不存在房屋租赁合同关系,而仅以代为转交为由收取原告向××社区居委会预交的租赁费 20,000 元,并在收取后未实际转交,上述事实足以证明其收取原告交付的 20,000 元并无合法依据。现原告在支付上述预交款后未租赁房屋,已因此遭受损失,故本案构成不当得利。王某超死亡后留有遗产,上述不当得利债务应由作为其第一顺序继承人的被告薛某、王某 1、王某 2、钟某珍在继承遗产的价值范围内予以偿还。《民法典》第 987 条规定,“得利人知道或者应当知道取得的利益没有法律根据的,受损失的人可以请求得利人返还其取得的利益并依法赔偿损失。”本案中,原告请求被告支付利息符合上述规定,对其相应诉讼请求中的合理部分法院予以支持,超出部分不予支持。

综上所述,依照《民法典》第 985 条、第 987 条、第 1163 条之规定,判决如下:

1. 被告薛某、王某 1、王某 2、钟某珍在继承王某超遗产价值范围内归还原告蔺某涛现金 20,000 元及利息(以 20,000 元为基数,自 2020 年 4 月 27 日至实际支付之日,按照全国银行间同业拆借中心公布的一年期贷款市场报价利率计算)。

2. 驳回原告蔺某涛的其他诉讼请求。

（四）律师小结

根据《民法典》的规定，各继承人和受遗赠人之间并不是按比例分担被继承人的债务，而是根据继承的性质来分担。因为遗嘱继承人和受遗赠人是根据遗嘱取得遗产，法律应当最大程度尊重被继承人的自由意思表示，所以他们应当优先保有遗产，由法定继承涉及的部分来清偿债务。当然，法定继承人仍是以继承的遗产份额为限偿还债务，继承人放弃继承的，对被继承人依法应当缴纳的税款和债务可以不负清偿责任。同时，清偿税款和债务前应当为缺乏劳动能力又没有生活来源的继承人保留必要的遗产。

十一、继承人之间可以转让继承份额吗？

（一）律师观点

我国《民法典》关于遗产分割的时间、办法和份额由继承人协商确定的规定，是指继承人之间可以对继承份额的划分进行协商。根据司法部公证司《关于办理继承权公证和赠与公证等问题的复函》可知，继承权作为一种具有人身性质的财产权利，是不能转让的，因此继承还未开始或者遗产分割前，继承人之间协商同意或者通过一定的对价转让继承权或继承份额是无效的。因为此时继承人还未取得相应遗产的所有权，转让的行为属于无权处理。继承人之间通过协议的方式对继承份额进行划分并转让，应属于对财产所有权的转让，而不是对继承份额本身的转让，因为继承份额具有人身属性，不能直接转让，虽然其最终是以财产的形式来确定，但是继承人在未取得所有权之前不能转让继承权或继承份额，继承人在取得遗产所有权后才享有处分权，可以赠与或转让他人，这是对财产所有权的处分。

（二）法律依据

《民法典》

第一千一百二十八条　被继承人的子女先于被继承人死亡的，由被继承人的子女的直系晚辈血亲代位继承。

被继承人的兄弟姐妹先于被继承人死亡的，由被继承人的兄弟姐妹的子女代位继承。

代位继承人一般只能继承被代位继承人有权继承的遗产份额。

第一千一百三十条　同一顺序继承人继承遗产的份额，一般应当均等。

对生活有特殊困难又缺乏劳动能力的继承人,分配遗产时,应当予以照顾。

对被继承人尽了主要扶养义务或者与被继承人共同生活的继承人,分配遗产时,可以多分。

有扶养能力和有扶养条件的继承人,不尽扶养义务的,分配遗产时,应当不分或者少分。

继承人协商同意的,也可以不均等。

第一千一百三十二条 继承人应当本着互谅互让、和睦团结的精神,协商处理继承问题。遗产分割的时间、办法和份额,由继承人协商确定;协商不成的,可以由人民调解委员会调解或者向人民法院提起诉讼。

第一千一百五十六条 遗产分割应当有利于生产和生活需要,不损害遗产的效用。

不宜分割的遗产,可以采取折价、适当补偿或者共有等方法处理。

司法部公证司《关于办理继承权公证和赠与公证等问题的复函》(〔89〕司公字第10号)

一、关于如何办理继承人为转让其应继承的份额而申办的公证证明事项,同意你处意见,即在未取得应继承财产的所有权之前,继承人之间通过协商的办法转移继承权和继承份额是无法律依据的。我国《继承法》中关于法定继承人之间可以协商继承份额的规定,只是指继承人之间可以对继承份额的划分进行协商。继承权作为一种具有人身性质的财产权利,是不能转让的。因此,继承人放弃继承就不能再通过继承协议的方式将他应继承的份额转让给其他继承人。只有在办理了继承手续,对应继承的份额取得了所有权之后,继承人才能将该份额赠与他人所有。对此,公证处应先办理继承权公证,再办理赠与或转让公证。

(三)典型案例

【案件索引】

案由:毕某1与朱某、毕某2继承纠纷案

审理法院:湖北省武汉市青山区人民法院

案号:(2016)鄂0107民初974号

【基本案情】

原告:毕某1

被告:朱某

被告:毕某2

被告：毕某3

被告：毕某4

被告：李某

被继承人毕某有与配偶张某共生育四个儿子，分别是毕某6（卒于2000年2月）、毕某7（卒于2002年7月27日）、毕某2、毕某民（卒于2005年5月25日）。毕某6生有一女毕某4。毕某7生有一子李某，毕某民生有一女毕某1，朱某系毕某民的妻子。毕某有与前妻生有一子毕某5（卒于2007年9月28日，其妻毕某芳卒于1997年11月28日），毕某5生育一子被告毕某3。位于武汉市青山区房屋（建筑面积63.91平方米）登记在毕某有名下，系毕某有单位武钢耐火材料公司福利分房。1997年7月22日房改售房，毕某有作为购房人，毕某民以儿子身份作为参与计价人，计算两人的工龄优惠后，按标准价购得该房屋部分产权；2002年12月12日，按成本价购得该房屋产权，该房屋权属面积核定后增加1.95平方米，武钢房产交易中心出具成本价房结算通知单，要求业主补款728.10元。朱某补齐房款，交纳房屋所有权证、土地使用证费用163元后，取得房产证和土地证（两证在交款前已办好，房产证办理时间为2007年2月9日）。

2007年9月23日，被告毕某2出具声明，内容为：被继承人毕某有于2004年（系笔误，应为2003年）11月18日去世，毕某有之叁子毕某2特声明放弃对被继承人毕某有位于武汉市青山区房产的继承权，该房产由毕某有已去世的四子毕某明的子女毕某1继承。2007年9月24日，毕某4出具声明，内容为：被继承人毕某有于2004年（系笔误，应为2003年）11月18日去世，毕某有之子毕某6于2000年2月5日去世，毕某6之女毕某4特声明放弃对被继承人毕绪有位于武汉市青山区房产继承权，该房产由毕某民之女毕某1继承（毕某有之子毕某民已去世）。

毕某有去世后，诉争房屋一直由被告朱某、毕某1居住，现诉争房屋面临拆迁，因财产继承事宜朱某、毕某1与其他继承人多次协商未果，因此原告毕某1向法院起诉，列朱某、毕某2、毕某3、李某、毕某4为被告，请求依法继承并分割被继承人毕某有名下位于武汉市青山区房屋。

【法院判决】

法院认为，房改购房是基于人身关系的一种售房，毕某有是房改的购房主体，诉争房屋归毕某有个人所有。毕某民作为计价人参与房改使用购房时获得更多工龄优惠，在毕某有去世后，取得登记在毕某有名下的房产证、土地证时，毕某民的妻子朱某补交诉争房款及相应的费用，虽然不影响房屋产权性质，但在处理遗产时，应参考这种情况，视为毕某民比其他继承人尽赡养义务较多，由毕某民的继承人适当予以多分。

关于毕某有的遗产如何分配。本案应按法定继承纠纷办理。按照法律规定，同一顺序继承人继承遗产的份额一般应当均等，对被继承人尽了主要扶养义务或者与被继承人共同生活的继承人，分配遗产时，可以多分。考虑到毕某有夫妻一直随毕某民共同生活，并由毕某民夫妇照料，且诉争房屋由其部分出资购买，毕某民可以适当多分，因此法院认为由毕某民继承诉争房屋64%的产权份额、毕某2继承诉争房屋14%的产权份额较为适宜。因毕某民现已去世，其应该继承的毕某有遗产份额由其继承人转继承，即由毕某1和朱某共同继承诉争房屋64%的产权份额。毕某3系转继承，继承诉争房屋7%的产权份额，李某系代位继承，李某继承诉争房屋7%的产权份额，毕某4系代位继承，毕某4继承诉争房屋8%的产权份额。

关于毕某2和毕某4对声明内容反悔如何认定。《继承法》(已失效)第15条[①]关于法定继承人之间可以协商继承份额的规定，是指继承人之间可以对继承份额的划分进行协商。继承权作为一种具有人身性质的财产权利，继承人放弃继承就不能再通过继承协议的方式将他应继承的份额转让给其他继承人。继承人对应继承的份额取得了所有权之后，才能将该份额赠与他人所有。毕某2和毕某4均出具声明，表示放弃继承权，该房产由毕某1继承。从毕某2和毕某4出具声明这一事实来看，当初家庭内部成员大部分以上对“诉争房屋由毕某1继承”是认同的。但两人放弃继承权，并不能实现诉争房屋归毕某1一人继承。毕某2和毕某4两人诉讼中寻求反悔，法院予以照准。

依据《继承法》(已失效)第5条、第10条、第11条、第13条、第15条、第25条、第29条[②]，《民事诉讼法》(2017年)第144条[③]之规定，判决如下：登记在毕某有名下位于武汉市青山区房屋由原告毕某1继承28%产权份额、被告朱某继承36%产权份额，被告毕某2继承14%产权份额，被告毕某3继承7%产权份额，被告李某继承7%产权份额，被告毕某4继承8%产权份额。

---

① 相关规定参见《民法典》第1132条。

② 相关规定分别参见《民法典》第1123条、第1127条、第1128条、第1130条、第1132条、第1124条、第1156条。

③ 相关规定参见2021年修正的《民事诉讼法》第147条。

(四)律师小结

上述案例中依据的《继承法》现已失效,法院在审理之后的案件时应根据《民法典时间效力规定》选择适用《继承法》或《民法典》,但由于法律条文内容未作改变,裁判观点仍适用。继承权作为一种具有人身性质的财产权利,继承人放弃继承后就不能再通过继承协议的方式将他应继承的份额转让给其他继承人。因此,存在多个继承人的,若某一个继承人想将他的份额给另一个继承人,不能直接放弃其应继承的份额,而应在办理完继承手续,对应继承的份额取得所有权后,再将该份额赠与他人所有。

十二、被宣告死亡的自然人"复活"后,可以要回已被分配的遗产吗?

(一)律师观点

自然人死亡是引起继承法律关系的唯一法律事实,而自然人死亡在法律概念中包括自然死亡和宣告死亡两种情形。宣告死亡是自然人在法律意义上的生命终结,可能事实上该自然人仍然存活于世。因此,司法实践中会有这样一种情况:法院宣告了某自然人的死亡且根据该自然人的死亡依法完成了继承后,该自然人又重新出现。《民法典》规定,在自然人下落不明满四年或者因意外事件下落不明满二年时,利害关系人可以向法院申请宣告该自然人死亡,法院依法作出宣告死亡的判决。由此可见,宣告死亡作为司法认定的死亡,其本质上是一种事实推定,因此存在自然人并未真实死亡的可能。如果自然人被宣告死亡之后又重新出现,按照《民法典》的相关规定,经本人或利害关系人申请,法院应当撤销对他的死亡宣告。

自然人被宣告死亡后又重新出现的,如果该自然人不要求已继承其财产的继承人返还其财产,则法律不强制要求已取得财产所有权的继承人返还其继承的财产,充分尊重当事人的意思自治。但是法律赋予了被继承人请求依照《民法典》继承编相关规定取得其财产的民事主体返还财产的权利,被继承人被撤销死亡宣告后如果要求继承人返还其继承的财产,继承人应当返还原物,原物不复存在等导致无法返还的,继承人应当给予被继承人适当补偿。现实中常见的案例是自然人被宣告死亡之后,继承人将其房产转让给第三人,第三人支付了合理对价并且办理了过户登记手续,属于善意第三人,其可以合法取得该房屋,被撤销死亡宣告的自然人便不能再要回该房产,应由转让该房屋的继承人给予被继承人一定补偿。当然,法律还规定,若利害关系人隐瞒真实情况,致使他人被宣告死亡而取得其财产的,除应当返还财产外,还应当对由此造成的损失承担赔偿责任。

(二)法律依据

《民法典》

第四十六条 自然人有下列情形之一的,利害关系人可以向人民法院申请宣告该自然人死亡:

(一)下落不明满四年;

(二)因意外事件,下落不明满二年。

因意外事件下落不明,经有关机关证明该自然人不可能生存的,申请宣告死亡不受二年时间的限制。

第四十八条 被宣告死亡的人,人民法院宣告死亡的判决作出之日视为其死亡的日期;因意外事件下落不明宣告死亡的,意外事件发生之日视为其死亡的日期。

第四十九条 自然人被宣告死亡但是并未死亡的,不影响该自然人在被宣告死亡期间实施的民事法律行为的效力。

第五十条 被宣告死亡的人重新出现,经本人或者利害关系人申请,人民法院应当撤销死亡宣告。

第五十三条 被撤销死亡宣告的人有权请求依照本法第六编取得其财产的民事主体返还财产;无法返还的,应当给予适当补偿。

利害关系人隐瞒真实情况,致使他人被宣告死亡而取得其财产的,除应当返还财产外,还应当对由此造成的损失承担赔偿责任。

第一千一百二十一条 继承从被继承人死亡时开始。

相互有继承关系的数人在同一事件中死亡,难以确定死亡时间的,推定没有其他继承人的人先死亡。都有其他继承人,辈份不同的,推定长辈先死亡;辈份相同的,推定同时死亡,相互不发生继承。

《民法典继承编解释(一)》

第一条 继承从被继承人生理死亡或者被宣告死亡时开始。

宣告死亡的,根据民法典第四十八条规定确定的死亡日期,为继承开始的时间。

(三)典型案例

【案件索引】

案由:罗某俊诉胡某香、罗某返还财产纠纷案

审理法院:湖北省武汉市汉阳区人民法院

案号:(2020)鄂0105民初3987号

【基本案情】

原告:罗某俊

被告:胡某香

被告:罗某

1989年1月22日,罗某俊与胡某香生育一女罗某。1999年,罗某俊离家外出。经胡某香申请,武汉市硚口区人民法院于2015年11月26日作出(2014)鄂硚口民一特字第00057号民事判决,判决宣告罗某俊死亡。后经罗某俊申请,武汉市硚口区人民法院于2019年7月29日作出(2019)鄂0104民特80号民事判决,判决撤销(2014)鄂硚口民一特字第00057号民事判决。罗某俊被宣告死亡后,罗某俊与胡某香均未再婚。

位于武汉市武昌区××街×××号(2栋)4层2号房屋(建筑面积65.03平方米)原登记于罗某俊名下,系罗某俊与胡某香的夫妻共同财产。2017年3月29日,湖北省武汉市黄鹤公证处作出(2017)鄂黄鹤内证字第11922号公证书,公证胡某香放弃继承上述房屋属于罗某俊的一半份额,由罗某继承。2017年5月10日,罗某、胡某香与武汉市武昌区房屋征收管理办公室签订武昌区国有土地上房屋征收货币补偿协议书,由后者征收上述房屋。罗某、胡某香选择货币补偿,金额为933,904元。2017年9月14日,罗某领取了上述款项。同年9月18日,罗某向胡某香转款500,000元。2019年11月21日,罗某得知罗某俊申请撤销死亡宣告后向胡某香转款433,919.57元。2018年11月22日,罗某登记结婚。诉讼中,胡某香陈述上述拆迁款已全部消费,包括治疗疾病、交纳社保、抚养罗某、罗某结婚时的开支、罗某子女的花费等费用。

【法院判决】

法院认为,根据《民法通则》(已失效)第25条[①]"被撤销死亡宣告的人有权请求返还财产。依照继承法取得他的财产的公民或者组织,应当返还原物;原物不存在的,给予适当补偿"的规定,罗某俊被撤销死亡宣告后有权要求继承人返还财产。位于武昌区××街×××号(2栋)4层2号的房屋系罗某俊与胡某香的夫妻共同财产,房屋拆迁后的拆迁款933,904元属于双方共同财产,其中的一半即466,952元属罗某俊财产。罗某俊被宣告死亡后,胡某香与罗某就属

① 相关规定参见《民法典》第53条。

于罗某俊的财产进行了公证,即胡某香放弃继承属于罗某俊的遗产,而由罗某继承。罗某领取了房屋全部拆迁款后将其中的500,000元转给胡某香,在罗某俊宣告撤销死亡后,罗某将剩余拆迁款项转入胡某香账户。罗某辩称已履行返还财产的义务,根据上述法律规定,罗某返还继承所得的466,952元的对象系罗某俊而非胡某香,罗某将该款转给胡某香系对自己继承财产的处分,但不能因此免除向罗某俊返还的义务,罗某应当返还466,952元。综上所述,依照《民法通则》(已失效)第25条以及《民事诉讼法》(2017年)第142条[①]之规定,判决如下:

1. 被告罗某向原告罗某俊返还房屋拆迁款466,952元,于本判决发生法律效力之日起10日内付清。

2. 驳回原告罗某俊的其他诉讼请求。

(四)律师小结

上述案例中依据的《民法通则》现已失效,法院在审理之后的案件时应根据《民法典时间效力规定》选择适用的法律,但由于条文内容未作改变,所作的法律理解一致。自然人被宣告死亡是在法律层面上的拟制死亡,是一种事实推定,存在自然人并未死亡的可能。该自然人若重新出现的,由本人或利害关系人申请,法院应当撤销死亡宣告,死亡宣告撤销后,其有权请求已继承其财产的人返还财产,依照《民法典》继承编的规定,取得该被宣告死亡人的财产的自然人或组织,应当返还,无法返还的,则应当给予适当补偿。同时,被宣告死亡的人作为被保险人的,在撤销死亡宣告后,受益人或被保险人的继承人所取得的死亡保险金构成了不当得利,保险人有权请求返还。

---

① 相关规定参见2021年修正的《民事诉讼法》第145条。